Heinrich Rückert

**Geschichte der neuhochdeutschen Schriftspache**

Zweiter Band

Heinrich Rückert

**Geschichte der neuhochdeutschen Schriftspache**
*Zweiter Band*

ISBN/EAN: 9783743381230

Hergestellt in Europa, USA, Kanada, Australien, Japan

Cover: Foto ©Thomas Meinert / pixelio.de

Manufactured and distributed by brebook publishing software (www.brebook.com)

Heinrich Rückert

**Geschichte der neuhochdeutschen Schriftspache**

# Geschichte

der

# Neuhochdeutschen Schriftsprache

von

Heinrich Rückert.

Zweiter Band.

Vom 16. bis zur Mitte des 18. Jahrhunderts.

---

Leipzig,
T. O. Weigel.
1875.

# Inhalt.

Seite.

**Erstes Buch.** Die neuhochdeutsche Schriftsprache im 16.
Jahrhundert. 1—198

**Erste Abtheilung.** Luther als Mittelpunkt der neuhochdeutschen
Schriftsprache seiner Zeit.

**Erstes Capitel.** Die allgemeine Lage der Sprache und Literatur bei
Luthers Eintritt.

Allmähliche Heranbildung der hochdeutschen Schriftsprache zu einer
 wahren Gemeinsprache der deutschen Nation . . . . . . . . . . . 1
Förderndes und Hemmendes auf dem Wege zu diesem Ziele . . . . 6

**Zweites Capitel.** Luthers Ausstattung für seine sprachgeschichtliche
Aufgabe.

Das sittlich-religiöse Interesse als Mittelpunkt seines gesammten literarischen Wirkens . . . . . . . . . . . . . . . . . . . . . . . . 15
Seine lateinische Schriftstellerei . . . . . . . . . . . . . . . . . . . 22

**Drittes Capitel.** Die äußeren bestimmenden Einflüsse für Luthers Sprache.

Charakter seiner schriftstellerischen Thätigkeit . . . . . . . . . . . 27
Seine Stellung im und zum Volke . . . . . . . . . . . . . . . . . 30
Sein Streben nach Allgemeinverständlichkeit . . . . . . . . . . . . 31
Sein Verhältniß zur sächsischen u. kaiserlichen Canzlei-Sprache . . . 32

**Viertes Capitel.** Luthers Sprache und das Mitteldeutsche.

Seine Sprache gegenüber den verschiedenen Mundarten . . . . . . 38
Seine sprachlichen Veränderungen in den späteren Ausgaben seiner
 Schriften . . . . . . . . . . . . . . . . . . . . . . . . . . . . . 41
In Rücksicht auf Gemeinverständlichkeit . . . . . . . . . . . . . . 45
In Bezug auf Sprachform, Lautstand, Flexion und Orthographie . . 49

**Fünftes Capitel.** Luthers Gesammtlautsystem.

Umlaute . . . . . . . . . . . . . . . . . . . . . . . . . . . . . . . 64
Bezeichnung der Vocal-Länge . . . . . . . . . . . . . . . . . . . . 65
Consonanten . . . . . . . . . . . . . . . . . . . . . . . . . . . . . 70

**Sechstes Capitel.** Luthers Wortformen.

Nominalformen . . . . . . . . . . . . . . . . . . . . . . . . . . . . 72
Verbalformen . . . . . . . . . . . . . . . . . . . . . . . . . . . . . 76

**Siebentes Capitel.** Luthers Wortbildung.

Deminutivbildungen . . . . . . . . . . . . . . . . . . . . . . . . . 81
Participialformen . . . . . . . . . . . . . . . . . . . . . . . . . . . 83

**Achtes Capitel. Luthers Wortvorrath.**

Geschlechtsbezeichnung der Substantive . . . . . . . . . . . . . . 84
Wahl der Wörter . . . . . . . . . . . . . . . . . . . . . . . . . . 86
Das Basler Idiotikon von 1523 zu Luthers N. T. . . . . . . . . . 92
Fremdwörter und ihre Behandlung . . . . . . . . . . . . . . . . 111

**Neuntes Capitel. Luthers Satzbau und Stil.**

Würdigung desselben . . . . . . . . . . . . . . . . . . . . . . . . 117
Anklänge an den Curialstil . . . . . . . . . . . . . . . . . . . . . 119
Lateinische Satzfügung . . . . . . . . . . . . . . . . . . . . . . . 122
Verklungene kerndeutsche Wendungen . . . . . . . . . . . . . 126
Bevorzugter Parallelismus der Satzglieder . . . . . . . . . . . . 129
Zweigliedrige Formeln . . . . . . . . . . . . . . . . . . . . . . . 133
Dreigliedrige . . . . . . . . . . . . . . . . . . . . . . . . . . . . . 136
Wortstellung . . . . . . . . . . . . . . . . . . . . . . . . . . . . . 137

**Zweite Abtheilung. Die Gemeinsprache neben Luther.**

**Erstes Capitel. Der von Luther abhängige Schriftstellerkreis.**

Luther als Autorität auf sprachlichem Gebiete . . . . . . . . . 139
Geistliche Liederdichtung nach seinem Vorbild . . . . . . . . . 145
Erbauungsliteratur und Predigt . . . . . . . . . . . . . . . . . 150
Pamphletliteratur . . . . . . . . . . . . . . . . . . . . . . . . . 153
Katholische Schriftsteller. Jesuiten . . . . . . . . . . . . . . . . 159

**Zweites Capitel. Das Verhältniß der Theorie zu Luthers Sprache.**

Luthers eigene Stellung zur Theorie . . . . . . . . . . . . . . . 162
Valentin Ickelsamer . . . . . . . . . . . . . . . . . . . . . . . . 166
Fabian Frank . . . . . . . . . . . . . . . . . . . . . . . . . . . . 169
Albertus Ostrofrancus u. Albert Oelinger . . . . . . . . . . . . 172
Joh. Clajus . . . . . . . . . . . . . . . . . . . . . . . . . . . . . 175

**Drittes Capitel. Die von Luther unabhängige Gemeinsprache des 16. Jahrh.**

Die Dichter Hans Sachs und Fischart . . . . . . . . . . . . . . 177
Die Prosaisten Murner, Pauli, Aventin, Sebastian Frank, Berthold von Chiemsee, Sebastian Münster, Fischart . . . . . . . . . 179

**Viertes Capitel. Die abgeschlossenen und ablehnenden Sprachgruppen und Sprachkreise.**

Die Schweizer. Zwingli. Sebastian Brant . . . . . . . . . . . . 185
Die Niederdeutschen. Thomas Rantzow . . . . . . . . . . . . 191
Auseinandergehen der Ansichten über das wahre Hochdeutsch . . . . 195

**Zweites Buch.** Die neuhochdeutsche Schriftsprache im Zeitalter der reflectirten Schulgelehrsamkeit und exclusiven Bildung. 199—378

**Erste Abtheilung.** Das Eintreten der Reflexion und Exclusivität in der Schriftsprache.

**Erstes Capitel. Das Fremdwesen in der deutschen Sprache des 16. Jahrh.**

Die Neoclassicität . . . . . . . . . . . . . . . . . . . . . . . . . 201
Carl V. und seine Canzlei . . . . . . . . . . . . . . . . . . . . 205

Aufnahme des Französischen an den Höfen und in den vornehmen
  Gesellschaften .................. 212
Der Calvinismus .................. 218

### Zweites Capitel. Die Folgen der Verwälschung.

Mangel an hervorragenden Schriftstellern .......... 222
Sprachmengerei .................. 225

### Drittes Capitel. Die Reform der deutschen Sprache durch Opitz.

Martin Opitz. Charakterisirung seines Auftretens ....... 229
Seine Verdienste um die formale Seite der deutschen Dichtkunst ... 233
Um Stoffwahl und Gehalt derselben ............. 236

### Viertes Capitel. Opitzens Genossen und Gehülfen.

Reaction gegen die Verwälschung ............. 241
Die Fruchtbringende Gesellschaft ............. 243

### Fünftes Capitel. Die hochdeutsche Sprache unter Opitzens Einfluß.

Einleitendes .................... 258
Der Reim bei Opitz .................. 264
Regelung bis dahin noch schwankender Flexions-Formen durch ihn. 267
Sein Periodenbau ................... 273
Sein Purismus .................... 275
Sein Gebrauch von der griechischen und römischen Mythologie ... 277
Seine Schüler und Nachfolger. Valentin Andreä, Moscherosch, Grim-
  melshausen, Paul Schuppius, Paul Fleming, Andreas Tscherning. 279

### Sechstes Capitel. Die Stellung der Theorie zur Schriftsprache.

Christian Gueintz ................... 283
Tilemann Clearius, Joh. Girbert, Phil. Harsdorfer ....... 289
Justus Georg Schottelius ................ 292

### Siebentes Capitel. Die Puristen des 17. Jahrhunderts.

Philipp Zesen u. seine Rosengesellschaft ........... 300
Beispiele seiner Verdeutschung. Etymologisches u. Orthographisches. 303

## Zweite Abtheilung. Die neuhochd. Schriftsprache im Zeitalter des gesunden Menschenverstandes und der rationellen Wissenschaftlichkeit.

### Erstes Capitel. Die Vorkämpfer für die Berechtigung der deutschen Sprache in der Schule und Wissenschaft.

Thatsächliche Mangelhaftigkeit der Sprache für diese Zwecke im 17.
  Jahrhundert ................... 308
Ratichius. Jungius. Helvicus ............... 314
Jacob Böhme .................... 317

### Zweites Capitel. Leibnitz als der Schöpfer einer deutschen Sprache der Wissenschaft, überhaupt der höchsten intellectuellen Interessen.

Seine „Ermahnung an die Teutsche" und seine „Unvorgreiflichen Gedanken" ec. .................. 319
Seine deutschen Schriften ................ 327

Seite.

Anwendung des Deutschen in den verschiedenen Wissenschaftsfächern: Grammatik (Morhof), Philosophie (Wolf), Theologie (Gottfried Arnold), Geschichte (Mascou. Heinr. v. Bünau) . . . . . . . . . . . . . . 331

**Drittes Capitel. Die Umwälzung in der schönen deutschen Literatur und ihrer Sprache durch und seit Weise.**

Lohenstein als Spitze der deutschen poetischen Leistungsfähigkeit nach Opitz . . . . . . . . . . . . . . . . . . . . . . . . . . . . . 337
Umschwung durch Christian Weise . . . . . . . . . . . . . . . 341
Weise's Sprache. . . . . . . . . . . . . . . . . . . . . . . . 343

**Viertes Capitel. Die Theorie der neuhochdeutschen Schriftsprache unter den ersten Einflüssen des modernen wissenschaftlichen Geistes.**

Grammatik: Johann Bödiker . . . . . . . . . . . . . . . . . . 349
Lexikographie: Caspar Stieler (der Spate), Chr. Ernst Steinbach, Frisch . . . . . . . . . . . . . . . . . . . . . . . . . . . . . 365
Deutsche Gesellschaften, deutsche Vorlesungen auf Universitäten (Chr. Thomasius). . . . . . . . . . . . . . . . . . . . . . . . . 366

**Fünftes Capitel. Gottsched als correcter Abschluß dieser ganzen sprachgeschichtlichen Periode.**

Seine Person und Bedeutung . . . . . . . . . . . . . . . . . 370
Sein Verhältniß zur Sprache . . . . . . . . . . . . . . . . . 374

# Erstes Buch.

Die Neuhochdeutsche Schriftsprache im 16. Jahrhundert.

# Erste Abtheilung.
Luther als Mittelpunkt der neuhochd. Schriftsprache seiner Zeit.

## Erstes Capitel.
### Die allgemeine Lage der Sprache und Literatur bei Luthers Eintritt.

Die äußere Geschichte der hochdeutschen Schriftsprache und das Bild ihrer innern Gestaltung bis zum Ende des 15. Jahrhunderts haben gezeigt, daß und wie sich diese Sprache immer weitere Gebiete erobert hat. Ihre räumliche Verbreitung schreitet ungefähr in gleichem Verhältniß fort mit ihrer Ausdehnung über alle Arten von Motiven und Stoffen die sie zu behandeln lernt. Sie kommt dadurch ihrem Ziele, eine wahre Gemeinsprache der deutschen Nation zu werden, immer näher. Sie bemüht sich mehr und mehr der zutreffende Ausdruck für alles geistige Leben und alle practischen Beziehungen der in ihr Schreibenden und Lesenden zu sein und ist darin allen früheren Sprachgestaltungen weit voraus. Denn was auch diese, namentlich die mittelhochdeutsche, die zunächst zur Vergleichung auffordert, an andern Vorzügen rein linguistischer Art gegen sie aufbringen können, so war doch keine davon der ganzen deutschen Nation und der vollen Summe des in ihr enthaltenen Lebensgeistes so gerecht worden wie sie. Vermißt man in ihr häufig genug Feinheit und Beweglichkeit und den Sinn für Maß und Schönheit, was sich alles in einer ältern Vergangenheit an unserer hochdeutschen Sprache so erfreulich herausgebildet hatte, so war das spätere deutsche Mittelalter überhaupt nicht dazu angethan, solche Eigenschaften, die ihm in jeder seiner Lebensäußerungen versagt blieben, in der Sprache herauszutreiben, wenn sie wirklich seine lebendige Sprache, der unmittelbare Pulsschlag seines Blutes sein sollte. Und gerade darin wird man das Hauptverdienst dieser Sprache suchen, daß sie so völlig unmittelbar, so völlig naiv ist und, soweit es bei dem an sich gegebenen Stoffe denkbar, sich allen Eindrücken des Augenblicks und der Umgebung öffnet. Sie ist das gerade Gegentheil von dem, was man unter einer Kunstsprache versteht. Wenn sie aber ihren Beruf für die Nation erfüllen sollte, mußte sie damals so sein, und die Gebrechen, die sie dabei nothwendig oder begrifflich mit in den Kauf zu nehmen hatte, werden nicht sowohl von gewissen Vorzügen aufgewogen, als vielmehr sie sind gegen das innere Muß, welches ihren Character bestimmte, gar nicht in Rechnung zu stellen, denn es sind ungleichartige Größen.

Die deutsche Nation wollte sich in allen Dingen von der Autorität und den Lebensformen des Mittelalters losarbeiten: das wollte sie, auch wenn sie sich der eigentlichen Tragweite ihres Wollens nicht bewußt war. Dabei bedurfte sie einer Sprache, die bloß nach den practischen Bedürfnissen des Augenblicks das Material der Vergangenheit handhabte. Diese Sprache mußte aber auch gerade wie die Nation selbst alle ihre Kräfte mehr und mehr nach einem Punkte zusammendrängen. Denn alles zügellose Gebahren der Individualitäten aller Art bis zu den einzelnen Menschen herunter, das den letzten Jahrhunderten des Mittelalters, insbesondere dem 15., ein so wüstes und ungemüthliches Aussehen giebt, hat doch in einem zwar tief versteckten und nur instinctiven, aber vielleicht deßhalb um so mächtigeren Zuge nach einem Zusammenschluß der ganzen nationalen Kraft sein Gegengewicht. Die deutsche Nation wollte nicht bloß in allen ihren Gliedern sich möglichst frei regen, sie wollte auch das Gefühl ihrer Zusammengehörigkeit durch ein selbstbewußtes Zusammenwachsen dieser Glieder jedem Einzelnen und dem Ganzen, ihr selbst und der übrigen Welt faßlich darstellen. Daß jene auseinanderstrebenden Tendenzen als der naivste oder unmittelbarste Trieb der Zeit und ihrer Menschen einem solchen gerade nach der entgegengesetzten Seite hinzielenden Wollen überall hinderlich werden und wenigstens in der damaligen großen Epoche der Weltgeschichte ihm schließlich den Sieg abgewinnen sollten, war im Anfang des 16. Jahrhunderts noch nicht zu erkennen, und wenn die Nation im Ganzen von dem Glauben, das Ziel ihrer Einigung und Wiederaufrichtung zu erreichen, erfüllt blieb, so hatte sie damals ein gutes Recht dazu.

Eben darum ist es so entscheidend, daß die Sprache gänzlich in die unmittelbare Gegenwart aufging. Nur so konnte auch sie neben und vor den isolirenden und zerklüftenden Mächten, die in ihr walteten, durch andere bestimmt werden, die aus derselben Tiefe des Volksgeistes heraus jetzt in völlig unbewußtem und doch sicher fußendem Ringen eine Sprache zu gestalten versuchten, die der ganzen Nation gehörte und von der ganzen Nation als die ihre erkannt wurde. Noch war auch hier wie in Kirche, Staat, Gesellschaft alles Versuch; aber wer nicht an den bloßen Ecken der Oberfläche haftet, sondern den Blick auf das innere Gefüge des davon bedeckten Leibes richtet, der kann sich dem Eindruck nicht verschließen, daß auch die Sprache von denselben einigenden und ausgleichenden Tendenzen ergriffen war wie die ganze Nation auf allen Gebieten

ihrer Lebensäußerungen, und daß auch sie am Ende des 15.
Jahrhunderts den centrifugalen Trieben nicht bloß die Wage
hielten, sondern bereits das Uebergewicht über jene zu gewinnen
begannen. —

Wie weit die Nation im Ganzen um 1500 von ihrer einheitlichen Neuaufrichtung entfernt war, soll hier nicht erörtert
werden: was der Sprache noch fehlte, um das ihr vorschwebende
Ziel zu erreichen, ist leicht zu sehen und in den letzten Abschnitten des 1. Bandes dieses Werkes so bestimmt als möglich
ausgesprochen. Kurz zusammengefaßt ist es der Mangel an
jeder Art von Autorität oder Dictatur. Niemand wird in
dieser Zeit einen äußerlich anerkannten Mittelpunkt literarischer
oder sprachlicher Bildung und Thätigkeit, eine Hauptstadt im
modernen Sinne fordern. In ganz Europa gab es damals
keine solche, wie es einst Rom und in beschränkterer Weise
Athen und Alexandrien gewesen waren. Deutschland aber besaß wohl einen Ueberfluß von großen und reichentwickelten
Städten, aber es fehlten ihm jene Knotenpunkte des ganzen
nationalen Lebens, die auch im Sinne der Sprachgeschichte dieser
Zeit zu Hauptstädten heranzuwachsen berufen waren wie sie
Frankreich an Paris, England an London, selbst Italien an
Florenz besaß. Von den deutschen Großstädten waren zwölf,
fünfzehn damals einander ungefähr gleich an Bedeutung und
Einfluß und darum keine einzige davon zur Hauptstadt befähigt.
Eine frühere Sprach- und Literaturperiode, die mittelhochdeutsche,
hatte eines solchen äußerlichen und mechanischen Einheitsbandes
nicht bedurft, es also auch nicht entbehrt: ihre Sprachbildung
war begrenzt und zusammengehalten durch die allgemein anerkannten Schranken einer besondern gesellschaftlichen Atmosphäre die wie die Luft überall, überall mit gleichem Rechte und,
falls nur die andern dazu nöthigen Bedingungen sich einfanden,

in gleicher Frische und Stärke heimathsberechtigt war. Jetzt
aber, wo die alte ständische Gliederung der Nation den revolu=
tionären Strömungen zwar äußerlich noch nicht gewichen, aber
jeder lebendigen Beseelung und jeder geistigen Kraft entkleidet
war, jetzt wo die Nation ein wogendes Meer von innerlich
zusammenhanglosen, nur äußerlich durch die Legitimität der
hergebrachten Formen an einander gereihten Atomen darstellte,
fehlte der Sprache dieser gährenden Masse gegenüber jeder feste
Boden unter den Füßen. Sie war nicht mehr die Sprache
einer Coterie, wie man das höfische Mittelhochdeutsche allen=
falls nennen kann, wenn man übelgelaunt ist: sie wollte die
Sprache einer ganzen Nation sein, aber sie konnte es nicht,
weil die Nation selbst erst eine wirkliche Nation werden wollte.
Gerade darum zerbröckelte sie thatsächlich trotz allem ihren aus=
gleichenden und zusammenschließenden Instincte in separatistische
oder particuläre Zufälligkeiten, gegen die jene breite und fest=
gefügte Gleichartigkeit der Vergangenheit doch eine ganz andere
Figur macht. Allerdings kam es zunächst nur auf die Stimmung
oder den Glauben des Publicums an, ob es aus den sprach=
lichen Schöpfungen dieser Zeit mehr jenes trennende oder mehr
jenes vereinigende Wesen heraus empfinden wollte. So wie
der Zug der Geister um die Wende des 15. Jahrhunderts in
Deutschland war ist das letztere das entschieden begünstigte:
man darf behaupten, daß die ungeheuere Majorität der deutschen
Nation damals eine einheitliche Sprache zu haben glaubte,
weil sie eine solche haben wollte. Aber so begreiflich und nothwendig uns auch die ursächliche Verkettung dieser Thatsache
erscheint, an sich war damit für die wirkliche Erreichung des
Zieles einer Einheitssprache noch nichts entschieden. Denn es
konnten ja auch wieder die entgegengesetzten Strömungen die
Uebermacht gewinnen und dann würde umgekehrt der Geist

der zerspaltenden oder auf die Zerspaltung lossteuernden neuen
Periode sich an jene massenhaften Reste des Particularismus,
jene örtlichen Besonderheiten, die in der Sprache stehen geblieben
waren, angeklammert und sie aus den Winkeln, in denen sie
sich noch erhalten hatten, wieder hervorgeholt haben, um sie in
die Mitte des ganzen sprachlichen Wesens zu stellen. Ohnedies
standen genug derartige Besonderheiten nicht bloß in den Winkeln,
sondern in Mitte des Ganzen und der eigenthümliche Respect,
den unsere deutsche Gemüthsart vor allem hat, was eigensinnig
auf seine undurchsichtige Originalität pocht, schützte sie mit einer
Pietät, die zwar an sich immer anerkennenswerth, in diesem
Falle aber jeder organischen Ausgestaltung dieser chaotischen
Zustände sehr hinderlich war. Von diesem Standpunkt aus
erscheint es noch als eine glückliche Fügung, was von einem
andern etwas anders aussieht, daß sich große Stücke des nationalen Sprachgebietes ganz emancipirt und auf eigene Füße gestellt hatten. Daß es eine selbständige niederländische Literatur
und Sprache giebt, ist und bleibt ein Verlust für die Gesammt-
kraft der deutschen. Man mag sich wohl damit auseinander-
setzen und darin zurecht finden, aber nur alberne Sophisterei
oder noch etwas Schlimmeres wird den Verlust eines ganzen
Gliedes am Sprachleib eine gleichgültige Sache heißen. Neben
dem Niederländischen hatte auch, wie gezeigt, das Niederdeutsche
eine äußerlich beinahe unabhängige Existenzsphäre errungen.
Aber in der einmal gegebenen Situation war die Verengerung
der Grenzen ein Vortheil, weil dadurch um so viel weniger
an möglichen Auswüchsen particulärer Selbständigkeitstriebe
auf dem deutschen Sprachboden Platz fand. Ja wenn man
dem undankbaren Geschäfte nachgeht, geschichtliche Möglichkeiten
zu berechnen, es wäre in dieser großen Krisis der Sache der
Einheitssprache vielleicht förderlicher geworden, wenn die süd-

westdeutschen Mundarten wirklich Ernst gemacht hätten mit ihrer nur halb ernstlich gemeinten Isolirung. Wahrscheinlich würde dadurch der Kampf mit den particularistischen Elementen, den wir während eines großen Theils des 16. Jahrhunderts im Südwesten so heftig entbrennen und selbst am Ende dieser Periode noch nicht ganz entschieden sehen, seine hemmende Rückwirkung auf die innere Befestigung der einheitlichen Schriftsprache in dem übrigen Oberdeutschland weniger fühlbar gemacht haben.

Zu allem diesen tritt aber noch etwas Anderes. Noch hatte die neuhochd. Schriftsprache den Kreis der Aufgaben, die überhaupt an eine solche gestellt werden können, nicht einmal vollständig umspannt: sie war nur im Begriff es zu thun. Die eigentliche Fachwissenschaft mittelalterlichen Stiles, wie sie sich an den Universitäten des 14. und 15. Jahrh. trotz dem veränderten Zuschnitt der Zeit doch wesentlich im alten Geiste eingerichtet hatte, war noch immer der internationalen lateinischen Sprache geblieben. Ehe sich noch entscheiden konnte, ob nicht auch hier der vorwärtsstrebende und selbstvertrauende Zug, der durch das deutsche Volk und seine Sprache in dieser Zeit geht, und mit so vielem, was an beiden unerquicklich ist, versöhnen kann, die Mauer des Herkommens und des Schlendrians zerbrechen werde, trat durch die große intellectuelle Revolution des 15. Jahrh. die sich an das Werkzeug der classischen Sprachstudien anlehnt, aber nicht davon erzeugt ist, eine ganz neue Wendung ein. Von der einen Seite läßt sich nicht verkennen, daß unsere deutschen Vorkämpfer des sog. Humanismus fast ausnahmslos von einem hochgespannten patriotischen Idealismus erfüllt sind. Sie halten sich für die geistigen Spitzen der Nation, gründen aber ihre Ansprüche darauf nicht sowohl auf ihre exclusive Bildung als auf ihr warmes und geläutertes Interesse für die Ehre und Größe ihrer Nation, wovon bei den bisherigen Vertretern der Wissenschaft mit ihrem kühlen internationalen Kosmopolitismus oder Indifferentismus in der That keine Spur zu finden war. Gleichviel ob geistlichen oder weltlichen Standes sind die verschiedenen Generationen von Professoren, Doctoren und Magistern, die seit der Gründung der Universität Prag einander ablösten, darin aus einem Gusse und es ist als wenn jene negativ-patriotische Geisteshaltung, die den Stifter von Prag, Karl IV., so eigenthümlich auszeichnet, auch auf seine Stiftung und alle andern nach ihrem Modell geschaffenen ausgeflossen sei. Denn den Kampf, der 1409 zur Verdrängung der Deutschen an jener Ur- und Musteruniversität führte, wird doch Niemand für ein Zeichen des nationalen Pathos auf Seite der deutschen Professoren nehmen: er war ihnen von dem nationalen Fanatismus der Slaven aufgebrungen, sie selbst hätten ihn gerne vermieden. In Folge der dabei vorgekommenen wirklichen und vermeintlichen Beschädigungen und Bedrückungen, die die einzelnen zu erleiden hatten, hat sich ein starker Haß gegen die Böhmen und Hussen auf unsern Universitäten eingestellt, der den Schein, aber auch nichts weiter, eines beleidigten Nationalgefühls trägt. Sobald die Veranlassung aufhörte, zerstob auch dieser Schein von selbst.

Da die alten Bildungsstätten durch den Geist der neuen Wissenschaft innerlich beseitigt waren, als er seit der Mitte des 15. Jahrh. in Deutschland zwar etwas verspätete, aber um so gründlichere Eroberungen an den hellsten Köpfen und wärmsten Herzen machte, hätte damit die große noch ungelöste Aufgabe der deutschen Sprache, daß sie der wirklichen Einheit immer näher geführt werde, nur gefördert werden können. Im tiefsten Grund des Seelenlebens, aus dem sich zuletzt doch alles gestaltet, was eine Nation gleichviel wo producirt, ist der Einfluß des Humanismus unserer Sprache gerade so wie den andern Auf gaben der Zeit, den religiösen und sittlichen unbedingt förderlich gewesen. Aber zwischen jener innersten Tiefe und der Oberfläche mit ihren greifbaren Gestalten liegen sehr viele Schichten verschiedenster Structur über einander, und die Züge und Schicksale der unmittelbaren Wirklichkeit, die die Geschichtschreibung darzustellen hat, hängen ab von den eigenthümlichen Schwingungen der Kräfte die in diesen mittleren Regionen thätig sind. Weil dieses so ist, kann man dem Humanismus zunächst nur ein störendes und in gewissem Sinne sehr gefährliches Hinderniß des gesunden und naturgemäßen Abklärungsprocesses nennen, der sich in unserer Sprache trotz allen ihren Unfertigkeiten und trotz dem Wuste verkehrter Tendenzen oder eigensinniger Marotten zu vollziehen begonnen hatte.

Seine Resultate wären doch um vieles erfreulicher oder augenfälliger geworden, wenn ihnen nicht fortwährend jene völlig naive, daher von Niemand in ihrer Gemeinschädlichkeit erkannte Gegenströmung von Seite der gebildetsten und strebsamsten Kräfte der Nation ganz ohne es zu wissen und zu wollen Hemmnisse in den Weg gelegt hätte, deren Gefährlichkeit eine spätere Zeit leicht ermessen kann, die aber damals Niemand als solche erkannte, während doch unbewußt Jedermann darunter litt. Es war schon ungünstig genug für eine Sprache von der Art, wie die damalige deutsche, wenn ihre ungebundene Naturwüchsigkeit, ihr rein naturalistisches und instinctives Gebahren mit den Augen eines an das Ideal einer Sprachcorrectheit glaubenden Sachkenners angesehen und mit dem daraus abgezogenen Maße gemessen wurde, wenn man theils aus ungelenker Bequemlichkeit, theils aus reflectirter Ueberzeugung die so ganz anders gearteten Glieder der deutschen Rede in das Schema des als classisch geltenden neolateinischen Satzbaus einzwängen wollte, wenn sich der deutsche Wortvorrath

mit einem Ballast von meist ebenso unschönen wie überflüssigen
Fremdwörtern überschütten lassen mußte. Aber alles dies
wiegt doch leicht gegen die eine Thatsache, daß ein Trithemius,
ein Celtis, ein Reuchlin, ein Pirkheimer, ein Bebel, ein Wim=
pfeling, ein Hutten nur Lateinisch schreiben zu dürfen glaubten,
und wenn je einer davon wie Hutten am Ende seiner Lauf=
bahn aus agitatorischer Absicht in die Muttersprache griff, es
dann mit einer sehr natürlichen, aber doch sehr traurigen Un=
beholfenheit in der Prosa, mit einer barbarisch zu nennenden
Rohheit in Vers und Reim that. Wer erkennt in den wärmsten
Stellen des wärmsten deutschen Ergusses Ulrichs von Hutten,
in seiner Klagschrift an alle Stände deutscher Nation, oder in den
Versen und Reimen seines im Mark gewiß herrlichen „Ich habs
gewagt mit sinnen" die elegante und geschmeidige Feder des welt=
berühmten Poeta Laureatus und Orator wieder, das Entsetzen aller
Dunkelmänner, den Stolz und die Hoffnung aller Freunde des
Lichts und der Wahrheit? Dem Einzelnen mag das nicht als Schuld
angerechnet werden, aber man hebt diese ebenso unerfreuliche wie
für das innere Verständniß der deutschen Geschichte hochwichtige
Thatsache nicht dadurch auf, daß man sie beschönigt oder vertuscht.
Vorsätzlich ist der Name des Talentvollsten in dieser ganzen Reihe
glänzender Namen, der des Erasmus, bei Seite gelassen. In seiner
kühlen niederländischen Art ist kein patriotischer Blutstropfen: er
ist der nüchterne Kosmopolit wie er leibt und lebt und insofern
ein unerreichbares Ideal allgemeinst humaner Bildung. Aber
die andern sind alle in ihrer Weise feurige Patrioten und
einige darunter haben in ihrem geschnörkelten Latein der Ehre
ihrer Nation solche ausschweifende Huldigungen dargebracht,
daß man unwillkürlich aber sehr mit Unrecht bloßes Phrasen=
geklingel daraus zu hören vermeint. Denkt man sich diese
Kräfte auf die deutsche Sprache allein gestellt, wie es in dem

gefunden Lauf der Dinge hätte sein müssen, ohne Wahl in sie
oder in eine andere zu greifen, was hätten sie ihr werden
können, werden müssen! Daß sie zu dem Lateinischen griffen,
ist leicht verständlich: wäre es auch nichts weiter gewesen, so
hätte sie allein schon das in seiner Art berechtigte Bedürfniß
aller hervorragenden Geister, sich in einer exclusiven und darum
guten Gesellschaft zu bewegen, dahin treiben müssen. Schrieben
sie deutsch, so standen sie auf gleicher Fläche mit dem unab=
sehbaren plebejischen Troß, der die ganze damalige deutsche
Schriftstellerwelt füllte. Als elegante Latinisten, Poeten und
Oratoren, waren sie schon darum etwas Besseres als die andern,
auch wenn ihre Eleganz nur vor ihren und ihrer Gönner und
Gläubigen Augen zu Rechte bestand. Trithemius und Celtis
sind bekanntlich in Deutschland zugleich die eigentlichen Väter
jener ganz Europa überfluthenden Geschmacklosigkeit, ihre ehr=
lichen Namen lateinisch oder noch lieber griechisch zu verball=
hornen. Das der Renaissance bei aller ihrer unübertroffenen
Genialität doch von Anfang an immanente Unwahre oder Unge=
sunde, das Barocke neben dem feinsten Formensinn, spiegelt sich
darin deutlicher als irgendwo anders und insofern hat die Sache
immerhin eine culturgeschichtliche Bedeutung. Für die deutsche
Sprachgeschichte ist sie an sich nur eine sonderbare Schnurre.
Nirgends ist man so rücksichtslos oder mit solcher gläubigen
Begeisterung in diese Geschmacklosigkeit hineingestürzt und hat
sich darin so behaglich oder so selbstbewußt herumgewälzt wie
bei uns, aber die deutsche Sprache selbst hat davon keine be=
sondere Schädigung empfangen, es müßte denn sein, daß die
Gewöhnung des Auges und des Ohres an solche Namensmon=
strositäten, wie Capnio, Melanchthon, Crotus Rubeanus, oder
auch an solche Abgeschmacktheiten, wie Schurzfleischius, Schwebe=
lius, Snabelius, Heshusius u. s. w. dafür gerechnet werden dürfte.

Was diese Leute aber hervorbrachten, das war doch immer genau in dem Maße ein Verlust für das Ansehen der deutschen Literatur und Sprache, als es in seiner Weise Epoche machte. Die berühmtesten von Deutschen hochdeutsch geschriebenen Bücher dieser Zeit, Brants Narrenschiff, Murners Eulenspiegel und das dritte etwas verspätete Blatt dieses aus einer Wurzel sprießenden Dreiblattes, Paulis Schimpf und Ernst, konnten doch in keiner Weise trotz ihrer Berühmtheit und Beliebtheit etwas von dem Nimbus beanspruchen, der die Facetien des Bebel, das Lob der Narrheit des Erasmus, die Briefe der Dunkelmänner von selbst, weil sie lateinisch waren, umschwebte. Die bloße Beziehung auf die Weltliteratur, der diese von selbst angehörten, wogegen die andern ihr erst durch krüppelhafte Uebersetzungen zugeführt werden mußten, that es auch nicht, obgleich es natürlich ein wichtiges practisches Moment ist. Dem deutschen Publicum gegenüber that es die Vornehmheit, gerade weil es so ganz in plebejischen Orgien schwelgte, und diese war ausschließlich von der Fremdsprache bedingt, die jetzt von dem zwiefachen Glanz der alten kirchlichen Heiligkeit und der neuen Sonne der Wissenschaft und Kunst bestrahlt wurde. Wollte man das technische Verdienst oder gar den Gehalt jener oben einander gegenübergestellten lateinischen und deutschen Erzeugnisse abschätzen, so würde der Vorzug an Gehalt unzweifelhaft auf Seite der deutschen Producte sein, bedingungsweise selbst ein Vorzug des technischen Verdienstes, weil sie ganz natürlich und unmittelbar gesund, diese ganz Grimasse und krank sind. Der Gang der Geschichte hängt aber bekanntlich nicht davon ab, wie Späterlebende irgend eine ihrer Evolutionen auffassen und beurtheilen, sondern wie die Zeit selbst unmittelbar davon berührt und in ihrem Urtheil und Handeln bestimmt wird.

## Zweites Capitel.
### Luthers Ausstattung für seine sprachgeschichtliche Aufgabe.

In diese gemischten Zustände, worin sich hemmende und fördernde Einflüsse mit ungefähr gleicher Stärke fortwährend kreuzten, trat Luther als Schriftsteller und Sprachgestalter und erfüllte alle die Bedingungen, die nach der Natur der Sache damals zu einem wahren Nationalschriftsteller aller Deutschen gehörten und von dem Begründer einer von allen nicht bloß erstrebten, sondern wirklich empfundenen einheitlichen deutschen Schriftsprache erfüllt werden mußten.

Die Vorbedingung dazu war jenseits des Gebietes der Sprache und ihrer Handhabung gelegen: Die Stellung in der Nation, die sich Luther errungen hatte, schon ehe er Schriftsteller wurde. Hätte er seine schriftstellerische Wirksamkeit mit derselben Wucht von Talent und unermüdlicher Schöpferkraft bloß auf seine Feder gründen sollen, so wäre es ihm in den damaligen Zuständen der Sprache und Literatur nimmermehr gelungen auch nur einen annähernd gleichen Einfluß zu gewinnen. Aber der Mann, der seit seinem ersten zündenden Hervortreten im Kampfe gegen einen Tetzel und Eck — denn dies persönliche Moment und nicht die abstracte Controverse über die Natur des Ablasses riß die Geister mit sich fort — der ganzen Nation als ihr Prophet, als ihr gottgesandter Führer galt, hatte damit einen Hintergrund für seine schriftstellerische Thätigkeit, wie er bisher jedem, der in deutscher Sprache geschrieben, gefehlt hatte. Das war aber das Nächste, worauf es auch für die Verhältnisse der Sprache ankam. Alles Talent und alle Kunst in ihr oder auf sie allein gestellt hätten in der schrankenlosen Zerfahrenheit ihrer damaligen Zustände, in dem chao-

tischen Gewirre an sich gleichberechtigter oder auf ihr gleiches
Recht pochender subjectiver Tendenzen nichts ausgerichtet oder
würden im besten Fall nur einen mäßigen Druck nach der
gesunden Seite dieser gährenden Gestaltungen ausgeübt haben.
Aber was ein Luther schrieb, war eben dadurch weil er es
schrieb von der rein literarischen Seite her zum erstenmal mit
dem ausgestattet, was bisher ganz gefehlt hatte, mit der unan=
fechtbaren Autorität des größten Namens der Zeit. Insofern
darf es nicht als subjectiver, aus dem bekannten Entwickelungs=
gang des Mannes erklärbarer Zufall gelten, daß Luther erst
dann deutscher Schriftsteller wurde, als er durch seine Thaten
schon der Prophet der deutschen Nation geworden war. Es
ist darin eine weltgeschichtliche Fügung, wie sie sich immer in
solchen entscheidenden Wendepunkten der Geschicke der Mensch=
heit oder eines Volkes erkennen läßt.

Fassen wir Luther als Schriftsteller ins Auge, so ist es
der Inhalt fast seiner ganzen literarischen Thätigkeit in deutscher
Sprache, wodurch er sich von selbst in die Mitte des haupt=
sächlichsten literarischen Interesses und Bedürfnisses seiner Zeit
und Nation stellte. Es gab in dem damaligen Deutschland
von dem Augenblicke an, wo Luther als Mann der That ein=
griff, kein allgemeineres, kein tieferes und kein wärmer empfun=
denes Interesse als das sittlich-religiöse oder wie man es noch
immer herkömmlich zu nennen pflegte, die Reformation der
Kirche an Haupt und Gliedern. Bis dahin hätte ein damaliger
Beobachter noch im Unsichern sein können, ob nicht ein anderes
Interesse, das politische der Wiederaufrichtung des zerbröckelten
Reichskörpers, oder das sociale, der Zertrümmerung der noch
aus dem Mittelalter stammenden und von dem Glauben der
Menschen längst aufgegebenen Schranken zwischen den einzelnen
Ständen und Schichten der Nation sich in die Mitte der all=

gemeinen Bewegung stellen und alles Andere in den Hintergrund drängen würde. Je nach der Individualität und der Bildungssphäre des Einzelnen, schaute der eine mehr auf das eine, der andere mehr auf das andere: dieses wie jenes erwies sich freilich als schwach und kurzathmig gegen das eine, jenes sittlich religiöse Moment, das den politisch Gesinnten, wie etwa einem Hutten, zwar auch immer eine ernste Gewissenssache war, aber doch nur eine neben andern Dingen und zwar neben solchen andern, die sie selbst zwar nicht größer nannten, aber sympathischer empfanden. Auch den socialen Revolutionären, deren vollendetster damaliger Typus in Thomas Münzer auftritt, galt das Religiöse, der Glaube im engern Sinne, als ein untrennbarer Bestandtheil ihrer idealistischen Revolutionstendenzen, aber nur als ein Bestandtheil. Bei der nicht bloß von ihnen geträumten, sondern auch durch Ströme von Blut in die derbste Wirklichkeit umgesetzten allgemeinen Nivellirung der Gesellschaft sollte das gereinigte Evangelium die Krone des Gebäudes sein, aber die Krone ist nicht das ganze Gebäude.

Nun könnte es scheinen, als sei erst durch die an einer Stelle, durch Luther erfolgte Explosion auch der übrige revolutionäre Zündstoff entladen, dessen Macht und Ausdehnung Niemand ahnte, obgleich damals Jedermann nur unter dem Drucke seiner Existenz so schwer athmete. Es ist eine in allen möglichen Wendungen von jenen Tagen bis zu dieser heutigen Stunde wiederholte Anklage gegen die Reformation, richtiger und ehrlicher gegen Luther selbst, wenn man ihn nicht bloß zu einem der revolutionären Chorführer seiner Zeit, sondern zu dem intellectuellen und materiellen Erzeuger aller Revolution, des Bauernkriegs, der Wiedertäuferei 2c. stempelt. In der That verhält es sich aber so, daß wohl die Augen der Zeitgenossen durch den gewaltigen Lärmen dieser revolutionären

Explosionen über ihre wahre Bedeutung getäuscht werden durften, nicht aber die der Späteren, wenn sie nämlich nicht vorsätzlich getäuscht sein wollen. Allen diesen Dingen ist von vorneherein der eigentliche Lebensnerv gelähmt, seitdem es einen Luther giebt: da ist es entschieden, und es steht frei, es für ein Glück oder Unglück Deutschlands zu halten, daß der deutsche Volksgeist nur gesonnen sei, in eine religiöse Revolution einzutreten.

Auch Luthers ganze schriftstellerische Kraft ist nur in diesem einen Gegenstande aufgegangen wie sein ganzes practisches Thun. Es ist eine müßige Frage, ob er nicht darüber hinaus zu einer ausgedehnteren und vielseitigeren literarischen Wirksamkeit befähigt gewesen wäre. Er war es, wenn man nach manchen Eindrücken schließen darf, die man aus seinen Schriften empfängt. Wie kein anderer der zahlreichen und talentvollen Männer, die vor ihm und neben ihm Geschichte in echt nationaler Auffassung für das ganze deutsche lesende Publicum deutsch und nicht wie die vornehmen neumodischen Gelehrten in lateinischen Floskeln wieder nur für ein Häuflein Gelehrter schrieben, war er zum Erzähler geboren, stand ihm ebenso sehr die satte Breite des Pinsels wie dessen markigste Drucker. zu Gebote, aber nur so nebenher bricht diese Naturanlage heraus, am ergreifendsten und so daß jeder Umsichtige die Ueberzeugung gewinnen muß, daß er auch in dieser Specialität so hoch über alle vergleichbaren Mitbewerber hinüberragt, wie in allem Andern, in den wenigen Bogen des 1525 geschriebenen Büchleins von der Verbrennung des Bruders Henricus in Dietmarsen. Ohne Zweifel auch würde, wenn er die unerschöpfliche Ader seines volksthümlichen Humors frei hätte strömen lassen, neben ihm weder ein Brant, noch ein Murner, noch selbst ein Hans Sachs auch nur genannt werden können. Aber er wollte weder Dichter, noch Geschichtschreiber, weder Gelehrter, noch

Unterhaltungsschriftsteller sein. Nachdem er einmal begriffen hatte — und dies geschah erst durch die ungeheuren Erfolge seiner 4 kleinen deutschen „Sermonen" in der Ablaßsache aus dem Jahre 1518, daß die Feder in seiner Hand sein eigentliches Schwert in dem großen Kampfe für das „Wort" sei, hat er sie bis zum Ende seines Lebens nicht bloß mit einer weder vorher noch nachher von irgend einem deutsch schreibenden Schriftsteller erreichten Rüstigkeit geführt, sondern, was hier zu betonen ist, sie nur diesem einen Zwecke und zwar in seiner nächsten und anschaulichsten Fassung geweiht. Andere haben Komödien und Tragödien, Gespräche und Allegorien im Interesse der großen Sache der Wiederaufrichtung des Evangeliums geschrieben, er nicht, obgleich er es wahrscheinlich besser als sie alle gekonnt hätte. Nur das mit seinem Glauben so eng verwachsene pädagogische Interesse, seine Herzenssorge für die Evangelisirung der Schule und der heranwachsenden Jugend hat ihn ein Paarmal, wie in seinen äsopischen Fabeln, zu einem Nachahmer oder, wo man es nicht so leicht sucht, in dem Vorwort zu seinem „Abendmal Christi" von 1528 zu einem puren Grammatiker und Rhetoren im antiken Wortsinn werden lassen, und wenn es darauf ankam, irgend ein ihm empfohlenes literarisches Erzeugniß mit dem Gewicht seiner Empfehlung in die Welt zu befördern, da ist er wohl in einer ganzen Menge von Vorreden zu Büchern, die oft nur durch diese Bedeutung erhalten haben, scheinbar aus diesem seinen eigentlichen Kreise herausgetreten. Aber immer nur scheinbar; denn von selbst erwächst ihm auch aus dem entlegensten und abstrusesten Stoffe eine Beziehung auf das eine Große, was sein ganzes Wesen erfüllt, und diese ist es, der er mit der größten Unbefangenheit gleichsam als dem selbstverständlichen Hauptthema nachgeht und sie den Lesern ausbreitet. Er hat in den tausenden

von Briefen, die wir noch von ihm besitzen, so ziemlich alle
Materien des damaligen practischen Lebens berührt und ist
auch darin der wahre Mikrokosmus seiner Zeit und seiner
Nation. Aber unter allen ist nicht einer, der nicht bloß an
seinem Stile und Marke, sondern auch in jener ungesuchten
Beziehung des scheinbar Fernliegendsten und Particulärsten auf
das Eine und Große, was seine Seele füllt, sich als ein echtes
Kind Luthers erwiese.

So steht seine ganze Schriftstellerei bloß auf seinem Ge=
wissen: sie ist nur da, weil sie seinem Glauben unentbehrlich
ist, nicht für sich selbst, nicht zu seinem Ruhme, noch weniger
aus dem eingestandenen Behagen einer überschwänglich produc=
tiven Natur. Selbstverständlich ist dies der letzte treibende
Grund, aber er selbst hat keine Ahnung davon, wenn er auch
schon im Jahre 1520, also kaum 2 Jahre nachdem er zu
schreiben angefangen, sich recht wohl bewußt war, daß er gerade
zu dieser einen bestimmten Form, nach der er instinctiv ge=
griffen, prädestinirt sei und zu keiner andern. Wenn er da in
der Dedication und Vorrede seines Sermons von den guten
Werken sagt: Ich acht aber, so ich lust hätt. ihrer kunst
nach gross bücher zu machen. es solt villeicht mit götlicher
hulf mir schleuniger folgen, dann jenen nach meiner art
einen kleinen Sermon zu machen: ich wil einem jeden die
ehre grösser ding herzlich gerne lassen und mich gar nichts
schämen deutsch den ungelehrten leien zu predigen und
schreiben. hat er damit einen Theil der zauberhaften Allmacht,
die seine Sermonen und seine kleinen Büchlein über alle
deutschen Herzen gewannen, ganz richtig analysirt, aber freilich
nur einen Theil. Und schon viel früher als 1525 in jener
geharnischten Vermahnung an die Druckherrn, die Nachdrucker,
die ihm seine Bücher aus roher Habsucht so gräulich miß=

handelten, hätte er nach seinem Gewissen bekennen dürfen: „weil von Gottes gnaden wir im geschrey sind, dass wir mit allem fleiss und kein unnutz buch auslassen."

Jeder, der bis dahin deutsch schrieb, hat eigentlich dasselbe Publicum im Auge gehabt, wie Luther. Wir sahen, es war das die eigenthümlichste und beste Signatur der deutschen Schriftstellerei des 15. Jahrhunderts, dass sie nur ein einziges Publicum, nämlich das ganze deutsche Volk kannte. Selbst jene Beschränkung auf die schönen Seelen, an der sehr viele, eigentlich alle unsere sogenannten Mystiker des 14. Jahrhunderts festhalten, ist allmählich mit völlig richtigem Instincte aufgegeben worden, und was seit dem Eindringen des Humanismus an Uebersetzungen aus dem Lateinischen und Griechischen, zum Theil auch aus der italienischen Novellistik der deutschen Literatur eingepfropft wurde, macht wohl durch die unendlich tiefe Kluft, die diese Welt von der deutschen trennt und durch die ungelenke Sprödigkeit der Form einen wunderlichen Eindruck, aber exclusiv war auch das nicht gemeint, sondern auch das sollte von allen gelesen werden und wurde es auch, wie man am deutlichsten an Hans Sachs sieht, der im allerbesten Sinn zu diesen „allen" gehört. Aber gerade, weil sich aus der Exclusivität der Stoffe von selbst auch ein exclusives Publicum gestalten musste, war es so folgenreich, dass der grösste deutsche Schriftsteller dieser Zeit, der, mit dem kein anderer auch in der Meinung dieser Zeit nur entfernt rivalisiren konnte, ganz auf dem alten universellen Begriffe des schriftstellerischen Berufes beharrte. War es zuletzt sein Naturell, was ihn dazu trieb, so fühlte er es doch, wie die oben angeführten Worte zeigen, als seine Gewissenspflicht: das gereinigte Evangelium war für alle, folglich auch alles das, was er, der von Gott berufene Verkünder und Wiederhersteller desselben, zu seiner Erklärung, Verdeutlichung oder Vertheidigung schrieb. Freilich mochten die Gelehrten auf diese kleinen Sermonen geringschätzig herabsehen und in gewissem Sinne that er es selbst. Aber das ist ja überall das Wunderbarste und Ergreifendste an dem wunderbaren Manne: diese einzige, ganz lautere, ganz von dem unmittelbarsten Herzschlag abhängige Mischung von Demuth und Stolz, von einer Demuth nicht bloß Gott gegenüber, wo sie sich nach seinem Gottesbegriffe von selbst verstand, sondern auch den Menschen gegenüber, wo ihm an dem einen das, an dem andern jenes, was er selbst nicht besaß, auf's höchste imponirte. Das war nicht etwa eine Phrase, hinter der sich der rechte Hochmuth versteckt, wie namentlich bei den Lateinschreibern dieser Zeit durchweg, sondern das gerade Gegentheil davon, die naive Aeußerung eines echten Naturmenschen im gewaltigsten Sinne des Wortes. Sein Stolz aber flog über alle Himmel hinaus und niemals hat ein Mensch mit solcher Siegesgewißheit von der Macht seiner Person, womit sich ihm seine Sache identificirt hatte, geredet wie er: „man wolle mich lassen sein die person, die ich doch in der warheit bin, nämlich öffentlich, und die beide, im himmel, auf erden, auch in der hellen bekannt, ansehens oder autorität genugk hat." So denn auch seine eigene Stimmung gegen seine Schriftstellerei: er konnte sie in Wahrheit klein und unscheinbar nennen nach dem Maßstabe, in den er selbst durch seine scholastische Universitätsbildung alten Stils hineingewachsen war, aber er konnte in demselben Athemzug sagen, daß kein Anderer es ihm nach oder gar gleichthun solle und daß mit seinen kleinen Büchelchen mehr gethan sei als mit den prunkenden Folianten der Andern.

Vielleicht läßt sich auch von dieser Seite her der Schlüssel zu der sonderbaren Thatsache finden, daß dieser erste große deutsche Volksschriftsteller doch auch eine stattliche Reihe lateinischer Werke producirt hat. Fürs erste ist hierbei eine strenge begriffliche Sonderung nöthig: daß Luther im Jahre 1520, wo er noch in seinem Glauben an die Durchführbarkeit einer evangelischen Umgestaltung des ganzen Kirchenwesens, also auch der Kirchenverfassung unerschüttert stand -- der erste gründliche Stoß auf diese ächtdeutsche Hoffnungsseligkeit wurde durch die Vorgänge in und nach Worms Frühjahr 1521 geführt — ein Buch wie das de babylonica captivitate ecclesiae zuerst lateinisch schrieb und dann erst ins Deutsche übersetzte, ist natürlich: die kosmopolitische Sprache deckte sich mit dem kosmopolitischen oder dem der ganzen Menschheit d. h. Christenheit angehörenden „Inhalt. Wenn er sein sehr mit Unrecht ihm noch heute oft übel genommenes Pamphlet gegen ein so erbärmliches und in jeder Art ruchloses Subject wie Heinrich VIII. von England, in Henricum regem Angliae lateinisch schleuderte, so that er es, weil der Handel mit ihm die deutsche Nation gar nichts fanging und Heinrich nicht Deutsch konnte. Und wenn er auf des Erasmus ebenso zierliche, wie flache Diatribe de libero arbitrio sein markerschütterndes, tiefgründiges, aber auch tiefbeschattetes Buch de servo arbitrio setzte, so verlangte das das eststehende Herkommen der alten und neuen damaligen gelehrten Schule und außerdem war es auch ein Thema, dessen gespenstische Schrecknisse für die menschliche Seele er nach seinem ehrlichen Geständniß bekanntlich so ungern und so selten als möglich berührte, wenn er sie auch nicht umging, falls ihn sein Gewissen reden hieß. Daß er ferner wahrscheinlich die Mehrzahl seiner Briefe, wenn man nach den erhaltenen sich ein Gesammtbild von dieser Seite seiner Thätigkeit machen kann, lateinisch geschrieben hat, verstand sich nach seiner Bildung und nach der Adresse der Empfänger von selbst. Auch gehören

seine Briefe, obwohl sie uns in vieler Beziehung als die lehr
reichsten und wunderbarsten seiner literarischen Schöpfungen
gelten, doch nur ausnahmsweise für ihn selbst und seine Zeit=
genossen zu seiner eigentlichen Schriftstellerei, nur dann, wenn
er damit, meist nach der Art einer modernen Dedications=Vorrede,
einem Einzelnen, den er sich als den geeignetsten aus der
Menge herausgegriffen hatte, die Lehre und Ermahnung für
alle, die in dem angehängten Sermon stand, als das köstlichste
Hauskleinod aneignen wollte. Ebenso könnte man ja auch darin,
daß Luther nur die lateinische Sprache in seinen Universitäts=
vorträgen und sonstigen acabemischen Acten, oder auch vorzugs=
weise in seinen familiären Unterhaltungen mit seinen ver=
trauten Collegen, Freunden und Gästen oder Tischgenossen
anwandte, eine ungebührliche Bevorzugung der fremden Sprache
sehen. Anders aber ist es mit jener zahlreichen Gruppe latei=
nischer Commentare und exegetischen Schriften durchweg bi=
blischen oder evangelischen Inhalts und durchweg erbaulicher
Tendenz. Sie hätten ebenso gut deutsch geschrieben werden
können, natürlich nicht in demselben Umfang, den manche davon
haben, wenn sie wie die deutschen für das ganze Volk bestimmt
gewesen wären. Und es ist auch in keiner von ihnen etwas,
außer das eine Aeußerliche des einmal gegebenen Textes, was
eine solche Formgebung verhindert hätte. Bloße gelehrte Eitelkeit
hat ihn nicht zum Lateinischen getrieben, etwa um sein Wort
durch die That zu bewähren, daß er ebenso dicke Bücher schreiben
könne, wie die gelehrten Herren, die so verächtlich auf seine
deutschen Broschüren herabsahen. Das bloße gelehrte Interesse
hat ihn, soviel man aus seinen eigenen Aeußerungen sieht, auch
nicht dazu bewogen, denn er war sich wohl bewußt, daß ihm
sein eigentlicher Beruf dergleichen Arbeiten nur auf den Raub
ermöglichte. Aber etwas von jenem Aberglauben des Humanisten=

kreises, von dessen Streben nach einem exclusiven Publicum wirklich Gebildeter hat sich auch in Luthers von Natur mit einer grenzenlosen Gläubigkeit an alles Mögliche, woran das Herz und das Gemüth eines Menschen nur glauben kann, ausgestatteten Seele vereint mit den Traditionen des Scholastikers und des Mönchs, die in Erfurt und in der ersten Wittenberger Zeit mit seiner ganzen Natur untrennbar zusammenwuchsen, und daraus erklärt sich diese seine uns Späteren von unserm Standpunkt überflüssig dünkende lateinische Schriftstellerei.

Es ist aber dabei noch etwas Anderes zu erwägen. Die deutsche Sprache hatte bis zum Ende des 15. Jahrhunderts wie wir sahen, ein Gebiet nach dem andern erobert, nur die eigentliche wissenschaftliche Sphäre blieb ihr unzugänglich. Als sie sich anschickte, auch diese zu betreten, kam der Humanismus und verwies sie im Namen der Vornehmheit der Wissenschaft auf das, was dem Volke im prägnanten Wortsinn, sagen wir es deutlicher: den Plebejern gehört. Luther, indem er da, wo er zwar nicht auf der höchsten Höhe der gelehrten Leistungsfähigkeit seiner Zeit steht, aber doch dasselbe Ziel, wie die andern eigentlichen Zunftgelehrten im Auge hat, sich nur der lateinischen Sprache bediente, hat, ohne es zu wollen, dem bis dahin mehr als stille Ueberzeugung und Norm der Praxis der wenigen Eingeweihten und Bevorrechteten, mehr durch die That als durch Worte bekannten Aberglauben an das Vorrecht des Lateinischen eine sehr gefährliche Weihe gegeben. Denn auch wo man sich nicht auf ihn beruft, da pocht man seit dem Ablauf der ersten Jahrzehnte des 16. Jahrhunderts doch jetzt mit ganz anderer Anmaßlichkeit oder Ueberzeugungskraft auf das Vorrecht des Lateinischen, und wenn es factisch im Besitze der ganzen höhern intellectuellen Cultur immer geblieben war, so beruft es sich jetzt auf die in der Natur der Sache begründete Legitimität seiner Stellung. —

Auf der andern Seite ist nicht zu verkennen, daß gerade diese lateinische Schriftstellerei Luthers seiner deutschen und insofern der Sache der deutschen Sprache im allgemeinen auch recht förderlich geworden ist. Nämlich so, daß er da, wo er der volle, eigentliche Luther war, wo er deutsch schrieb, bei seinem einmal mit genialem Instinct gefundenen Formentypus des in jedem Sinne populären Pamphlets oder Sermons stehen bleiben konnte. Hätte er jene in größerem Zusammenhang gedachten Deductionen, die Ergebnisse eines langen und ehrlichen, wenn auch unendlich oft gestörten Fleißes, in deutsche Form gießen wollen, so wäre daraus etwas geworden, das, so gut und tüchtig wir es uns auch denken mögen, nicht den ächten Luther gegeben hätte. Und nicht bloß das, sondern unwillkürlich hätte sich ihm auch jene für das Deutsche in seiner Isolirung einmal gefundene und allein zutreffende Form verschoben, und ob er dann noch im Jahre 1545 etwas wie sein „Wider das Bapstum zu Rom vom Teufel gestift" oder „Wider die 32 Artikel der Löwener Theologisten" hätte schreiben können, ist zu bezweifeln. Freilich hätte er dann gar vielen von denen, die sich nach seinem Namen nennen, schweren Herzenskummer erspart, aber dem deutschen Volke, das an ihm hing, und der deutschen Sprache, die durch ihn in lebenskräftige Form gegossen wurde, wäre denn doch so mancher Tropfe von seinem besten Herzblute entgangen. Denn gerade jene einem Gewittergeschwellten Waldstrom allein vergleichbare Naturmacht, vor der sich alles beugen mußte, was nicht fortgerissen sein wollte, ist es ja, was wir als das Entscheidende auch an Luther dem Bildner unserer Schriftsprache erkennen. —

## Drittes Capitel.
### Die äußern bestimmenden Einflüsse für Luthers Sprache.

Was Luther deutsch schrieb, darf man, wenn man den Ausdruck nur recht verstehen will, immer als aus dem Moment geboren und für den Moment bestimmt bezeichnen. Denn wenn man auch ein so umfängliches Werk wie seine deutsche Kirchenpostille nicht wohl eine Schöpfung des Augenblicks nennen wird, wenn man auch weiß, daß dreizehn volle Jahre dazu gehörten, ehe 1534 der letzte Buchstabe seiner „ganzen heiligen Schrift, deutsch" gedruckt werden konnte, nachdem er im Spätherbst 1521 auf der Wartburg zuerst die Feder angesetzt hatte; — auch seine beiden Katechismen, nicht einmal der kleine sind in dem Sinne Erzeugnisse des Tages, daß sie nur zur Wirkung auf diesen bestimmt wären. Er selbst hat damit ein bleibendes Bedürfniß seiner Zeit, seines Volkes oder seines Glaubens befriedigen wollen. Aber sieht man genauer zu, so ist doch immer der Augenblick, in welchem die lange schon in der Seele des Schriftstellers lebenden Ideen und Pläne ihre leibliche Gestalt empfingen, bei ihm von unendlich größerer Bedeutung für diese ihre äußere Leiblichkeit als bei jedem andern seiner Zeitgenossen, Vorgänger und Nachfolger, wenn sie Bücher von gleicher Bogenzahl wie die genannten drucken ließen. Wer ein Pamphlet schrieb — und wer that dies in damaliger Zeit nicht, wenn er überhaupt die Feder führen gelernt hatte? — schrieb freilich in den Moment hinein, schrieb aber Luther ein Buch, so verband dieses mit der unmittelbaren Zündkraft der Improvisation, wie sie das rechte Pamphlet vor andern Literaturerzeugnissen voraus hat, zugleich die Reife eines im Gewissen tief und gründlich vollzogenen Processes sittlicher und gedankenmäßiger Abklärung. Daher wirkte es mit doppelter Gewalt auf den Leser, der sich dieser ganz eigenthümlichen, einzigen Begründung des ihn beherrschenden Eindrucks nicht in der Reflexion klar zu werden brauchte und doch unter seinem Banne blieb.

Für Luther als den Sprachbildner folgte daraus, daß er von selbst und ohne jede Spur bewußter Reflexion mit den unmittelbarsten Schwingungen des Sprachgeistes seiner nationalen und zeitlichen Umgebung im Rapport bleiben mußte. Selten wird man einen Schriftsteller finden, und zwar nicht bloß in dem Bereiche der deutschen Sprache, sondern in der gesammten Weltliteratur aller Zeiten, der bei einer annähernd massenhaften und andauernden Productivität das eigentliche Innerste seiner Darstellungsart, den Grundtypus seines Stils so wenig verändert hätte wie Luther seit jenen ersten wie eine Wolke von feurigen Pfeilen in die Feinde des Evangeliums hineinschwirrenden Sermonen des Jahres 1519 — ein volles Jahr vor den Schriften an den christl. Adel deutscher Nation und von der Freiheit eines Christenmenschen, die man beide mit einigem Vorbehalt als die höchsten Spitzen seiner schriftstellerischen Potenz bezeichnen darf. Aber bleibt auch der innere Typus ganz wie in den gewaltigen Zügen seines Antlitzes durch alle Lebensperioden derselbe, so ließe sich doch, wenn Jemand sich diese sehr dankbare und ehrenvolle Aufgabe stellen wollte, an jedem einzelnen Erzeugniß seiner Feder eine besondere Individualisirung auch in der sprachlichen Gewandung erkennen, und dies gerade giebt allen seinen Schriften, die Briefe natürlich mit eingeschlossen, für uns einen so unendlichen Reiz: auf die Zeitgenossen und, was uns hier zunächst allein angeht, auf die Sprache wirkte es wie ein immer neu befruchtendes, immer neues Leben hauchendes Etwas. Selbstverständlich hängt ja immer von dem Gegenstand, der gerade zu behandeln war oder von der Persönlichkeit des nächsten Adressaten, wie in den meisten seiner wunderbarsten Erzeugnisse, seiner wirklichen Briefe oder Sendschreiben an Einzelne, die jedesmalige Individualisirung der Sprach= und Stilform auch mit ab, und wenn er in Sachen des Staats und der Kirche an den ehrwürdigen, aber etwas pedantischen Friedrich den Weisen schrieb, floß ihm von selbst ein andrer Ton aus der Feder, als wenn er seinem „Söhnlein Hänsichen" allerlei kindliche Späße vormachte. Und daß er in diesem intuitiven Eingehn auf die jedesmalige Situation und Person, wofür keine auch noch so geschulte Reflexion, sondern eine natürliche Genialität in der Erfassung des innersten Menschen seine Lehrmeisterin sein konnte, absolut nicht seines Gleichen gehabt hat, bedarf, weil es Jedermann weiß oder wissen könnte, keiner Bemerkung. Aber von diesem Individuellsten ist das Andere, was oben berührt wurde, zu unterscheiden, obwohl es sich häufig daran anlehnt: jene größern Schwingungen in der Modulation seiner Sprache, die sich ebenso instinctiv oder intuitiv den unmittelbarsten Bewegungen in der Seelenstimmung seiner ganzen Zeitgenossenschaft und folglich auch in dem ihnen immanenten, aber freilich nur als Ahnung immanenten Sprachbilde des Moments anschmiegten.

War Luther so durch den Inhalt seines Wesens, durch den Glauben an seine göttliche Mission, die er auch durch das geschriebene Wort zu üben von seinem Gewissen gezwungen wurde — denn daß er auch hierin nur dem innersten Triebe seiner vollen Natürlichkeit sich hingab, um sich in der ganzen Fülle der ihm angeborenen Productivität und Mittheilsamkeit auszulassen, das durfte er, aber nicht wir, übersehen — so standen ihm dafür Eigenschaften zu Gebote, die gleichsam in providentieller Vereinigung aus ihm das machen mußten, was die

deutsche Schriftsprache dieser Zeit bedurfte, wenn in dem Kampf
zwischen Tod und Leben, der eigentlich doch noch immer schwebte,
dieses den Sieg für eine unabsehbare Zukunft davon tragen
sollte.

Die erste ist seine Herkunft aus der elementarsten, nicht
aus der armseligsten und zertretensten, aber aus der in der
eigentlichen Tiefe lagernden Volksschicht, aus dem Bauernstand.
Was dies für Luther den Reformator, den Privatmann zu bedeuten hat, ist leicht zu ermessen und im Ganzen genügend
verstanden. Für den Schriftsteller Luther aber bedeutete es
die Mitgabe eines unerschöpflichen Schatzes der naivsten und
gesundesten Sprachbilder, wie sie dieser Stand in seinen sprich-
wörtlichen Redensarten, seinem traditionellen Gute in Lied,
Spruch und Schwank, die alle auf bloß mündlicher Ueberlieferung beruhten, doch noch nicht bloß dem Grade sondern
auch der Art nach verschieden, selbst vor dem damaligen Kern-
stande der Nation, der es aber bereits mehr im Genuß seiner
einstigen verdienten Vorzüge als in seiner wirklichen ethischen
und intellectuellen Leistungsfähigkeit war, vor dem Bürger-
stande voraus hatte. Sein vom Knabenalter auch äußerlich
so bewegtes Leben hat Luther dann mit den verschiedensten
Menschen und Gesellschaftstypen, nicht bloß mit unzähligen
Individuen in die genaueste Berührung gebracht, die bei der
selbstverständlich als angeborene Anlage vorausgesetzten einzigen
Receptivität für alle sprachlichen Dinge ihm eine Fülle von
Material in lebendigster Fassung zuführten, wie es keinem Andern
vor ihm geschehen war. Denn selbst das unruhige Wander
leben oder richtiger gesagt, das mehr oder minder vornehme
oder plebejische Landstreicherthum älterer und jüngerer deutscher
Schriftsteller des Mittelalters hat doch keinen so gründlich, so
vielseitig, so dauerhaft und so ernstlich mit den Interessen so

vieler Menschen, ihren intimsten familiären und ihren höchsten und gehaltreichsten Beziehungen verflochten wie ihn. Seine Stellung war in den wenigen Jahren, die zwischen seinem ersten öffentlichen Auftreten im Spätherbst 1517 und seiner Rückkehr von der Wartburg im Frühjahr 1522 liegen, auch darin zu einer einzigen geworden, daß er als der selbstverständliche und jedem verpflichtete Gewissensrath der ganzen deutschen Nation und jeder einzelnen Person, in jeder Art von Angelegenheit galt, sie mochte Namen haben wie sie wollte, wenn es nur ein leidlich anständiger war. Er hat dies Amt, vielleicht dasjenige was ihm am meisten Aerger und Ungelegenheiten, ebenso gewiß aber am meisten gemüthliche Befriedigung und Erwärmung des Herzens brachte, bis zu Ende seines Lebens mit einer kaum momentan etwas nachlassenden Rüstigkeit geführt und aus und in ihm einen Gewinn für seine Sprache davon getragen, der sich nicht nach Zahlen abschätzen läßt und darum mit Recht von jedem tiefer Blickenden unendlich genannt wird. —

War er so durch die Natur und das Leben für seinen sprachlichen Beruf ausgestattet wie kein Anderer, so brachte er diesem selbst auch die sorgfältigste Ueberlegung zu. Obgleich er in gewissem Sinne alles was er schrieb improvisirte, hat er dabei doch immer ebensowohl die allgemeinsten Gesichtspunkte wie das Einzelste mit vollständig bewußter Reflexion im Auge. Er wollte, das war die Grundlage für die Wirksamkeit die er sich damit zu schaffen gedachte, so schreiben, daß er von Seite der Sprache für Jedermann, der deutsch lesen konnte oder lesen hörte, verständlich wäre: dasselbe hatte wohl auch jeder andere Schriftsteller der Zeit der nicht bloß zu seiner privaten Unterhaltung oder in ganz localem Interesse, als Ortschronist und dergleichen schrieb, beabsichtigt und daß es keinem wirklich gelungen war, würde an sich noch nichts für Luther beweisen. Aber keiner hatte sich die Aufgabe, die darin lag, auch nur annähernd so klar gemacht wie Luther. Er ließ es nicht bloß auf ein instinctives Gefühl dabei ankommen: mittelst eines vollständigen Denkprocesses, den er allerdings nicht auf einmal und in äußerlich regelrechter Verkettung aller Glieder vollzog, setzte er sich mit einer Schärfe des Verstandes und einer Kraft der Reflexion, die nichts zu wünschen übrig lassen, über den Begriff dieses seines universell deutschen schriftstellerischen Berufes und über die vorhandenen und irgend wie dazu verwendbaren Mittel in und außer ihm mit seinem eigenen Bewußtsein auseinander. Hatte er aber einmal etwas gedankenmäßig erfaßt, so verstand es sich bei seiner grenzenlosen Hingabe an alles, was er als den Beruf und die Pflicht des Momentes oder seines Lebens erkannte, von selbst, daß er es auch bis zu den äußersten practischen Consequenzen verfolgte.

Es läßt sich dies Eigentliche, worauf es seiner Sprache ankommen mußte, nicht wohl anschaulicher und zugleich begrifflich schärfer, wenn man nämlich die warme Lebensfülle seines Ausdrucks nach moderner Art abstract bestilliren will, bezeichnen, als er es selbst in der unzählige Male citirten Stelle seiner Tischreden gethan hat: „Ich habe keine gewisse sonderliche eigene Sprache im Deutschen, sondern brauche der gemeinen deutschen Sprache, daß mich beide, Ober- und Niederländer verstehn mögen. Ich rede nach der sächsischen Canzelei, welcher nachfolgen alle Fürsten und Könige in Deutschland; alle Reichsstädte und Fürstenhöfe schreiben mit der sächs. und unseres Fürsten Canzelei; darum ists auch die gemeinste deutsche Sprache." Daß ihn Ober und Niederländer verstehen, wie er sich im Anschluß an die populärste damalige Bezeichnung der beiden großen ethnographischen Hälften Deutschland ausdrückt, daß man in seiner Sprache nichts, oder nichts von Belang finden sollte, was hier oder dort einen fremdartigen und das Verständniß hindernden Eindruck machte, das war sein Ziel. Nur darf man die plastische Bezeichnung Ober- und Niederländer nicht mißverstehn. Luther wußte sehr gut, daß man in manchen Orten des „Niederlandes" in seinem Sinn nur die einheimische Sprache verstand, gewöhnlich auch nur Bücher und Schriften in ihr verabfaßte. Es galt dieß ja, wie wir früher gesehen haben, nicht bloß von den eigentlichen Niederlanden in unserm heutigen Sinn, an die er wahrscheinlich bei seinen Worten gar nicht gedacht hat, weil sie der deutschen Volksart und ihm selbst schon allzustark entfremdet waren, obgleich er bekanntlich durch die Löwener Theologen bis in seine letzten Lebensjahre oft sehr unangenehm an ihr Vorhandensein erinnert wurde. Er meinte die deutsch im vollen Sinn gebliebenen „Niederländer", d. h. was wir Plattdeutsche oder vornehmer Niederdeutsche nennen. Wenn er nun glaubte, daß er auch für diese schreibe, so heißt das nicht etwa, er habe sich eingebildet oder gar seine Sprache methodisch darnach gemodelt, daß er auch von diesen unmittelbar wie etwa ein plattdeutscher Schriftsteller gelesen und verstanden werden könne. Es heißt nichts weiter, als daß er in vollkommen richtiger Kenntniß der gegebenen literarischen Verhältnisse voraussetzte, daß es schon damals und seit langem sehr viele Plattdeutsche gab, die der hochdeutschen Schriftsprache activ, und noch mehrere die ihrer passiv mächtig waren und dies war das niederländische Publicum, das er im Auge hatte. Denn für das andere sorgte er ja selbst durch die so oft unter seinen Auspicien veranstalteten Uebersetzungen, richtiger Transscriptionen seiner Bibel, seiner Katechismen, seiner Lieder u. s. w. ins Plattdeutsche. Auch hätte es gar nicht in seiner Macht gestanden, selbst wenn

man sich seine sprachliche Schöpferkraft und Autorität noch weit
über ihr wirkliches Maß gesteigert denkt, eine solche Gemein=
sprache für ganz Deutschland, die Ober= und Niederdeutsch
gleichmäßig in sich enthielt und ein drittes Höheres war, zu
schaffen. Die Sprachgeschichte hatte, wie wir sahen (s. o. Bd. I.
175) auch die literarische Emancipation des Niederdeutschen von
dem Hochdeutschen in den Jahrhunderten nach dem Untergang
der mittelhochd. Kunstsprache vollzogen, und wer einen solchen
unnatürlichen Vereinigungsversuch unternommen hätte, wäre
damit ebensowohl den Nieder= wie den Oberdeutschen unbrauch=
bar geworden.

So steht er festgewurzelt auf dem Boden der bisherigen,
mehr in der Idee wie in der Wirklichkeit existirenden, mehr
auf die Zukunft als auf die Gegenwart in ihrer Function als
gemeine deutsche Sprache angewiesenen hochdeutschen Sprache,
die er natürlich weder so noch auch, und zwar aus denselben
allertriftigsten Gründen, wegen seiner persönlichen Stellung in
Mitteldeutschland, oberdeutsch nennen durfte, obgleich wir ihr mit
vollem Rechte den ersten Namen und bedingungsweise auch
den zweiten zueignen. Für ihn ist ja immer Hochdeutsch und
Oberdeutsch synonym geblieben und beides immer nur eine
ethnographisch topographische Kategorie.

Ebenso anschaulich knüpft er in dieser seiner Aeußerung
gleich an ein gegebenes, allgemein bekanntes und respectirtes
Muster an, nicht etwa an ein abstractes Princip was Niemand
verstanden hätte, obgleich man sein ganzes lebendiges Thun,
wenn es darauf ankäme, als die völlig correcte Realisirung
völlig richtiger abstracter Principien darstellen könnte. Seinen
Zeitgenossen hat er damit gesagt was sie brauchten, und wir
sind in Stande etwaige schiefe Erklärungen seiner Worte durch
die handgreiflichen Thatsachen seiner sprachlichen Leistungen

abzuwehren. Es wird sich noch öfter Gelegenheit geben zu
zeigen, daß er nicht daran dachte, den Schreibegebrauch und
Stil seiner sächsischen Canzelei, oder gar der kaiserlichen, die
er in einem bis heute aller Interpretationskunst und -Künstler
spottenden Zusatz „Kaiser Maximilian und Kurfürst Friedrich,
Herzog zu Sachsen, haben im römischen Reiche die deutschen
Sprachen also in eine gewisse Sprache gezogen," auf gleiche Linie
mit jener zu stellen scheint, für seinen unbedingten Sprachcanon zu
erklären. Nicht einmal in dem, was uns als das Aeußerlichste
gilt, was er aber mit Recht etwas anders ansah, in Hinsicht
auf die Orthographie, die systematische Verwendung gewisser
Buchstaben für gewisse Laute, hat er es gethan, geschweige
in dem, was tiefer liegt und den eigentlichen Typus einer
Sprache bestimmt.

Sein Wort hat zunächst bloß eine negative Bedeutung,
aber das ist gerade die, worauf es ihm ankommen mußte.
Es heißt in unsere Ausdrucksformen übersetzt so viel als „Ich
habe mir meine Sprache systematisch von allen localen Ein=
flüssen frei gemacht. Sie gehört keiner Mundart an, sondern
dem ganzen Hochdeutsch, würden wir sagen, er nannte es
Gemeindeutsch. Dieß ist aber keine von mir geschaffene Fiction,
sondern eine Wirklichkeit, es giebt schon ein solches Gemein=
deutsch und zwar, was seiner Zeit und ihm mehr von Bedeutung
war, als es uns sein würde, in den höchsten Regionen des
Staats und der Geschäfte". Denn bei aller demokratisch-volks-
thümlichen Construction der Natur Luthers lag doch in ihm
ein starker Zug von Respect vor allem, was vornehm und
hochgestellt war und eben darum auch in seiner Zeit.
Sieht man bloß auf das wüste Tollen der revolutionären
Bauern und anderer Horden, so möchte man davon so wenig
zu verspüren glauben, wie wenn man Luthers Loyalität etwa

bloß nach seiner Ermahnung zum Frieden auf die zwölf Artikel
der Bauerschaft in Schwaben, oder gar nach seinem „Send=
brief von dem harten Büchlein wieder die Bauern" tariren
wollte. In den jetzt wie ein unsauberer Traum hinter uns
liegenden Reactionsjahren hat man ja bekanntlich unsere Polizei
mehrmals mit derartigen Blumenlesen aus ihm in Confusion
und Schrecken gesetzt, die allerdings so wie seine unläugbaren
Worte da stehen, heute jeden in einen Majestätsproceß verwickeln
müßten. Aber es heißt die Zeit und ihn schlecht kennen, wenn
man übersieht, daß alle seine und ihre Invectiven nicht sowohl
dem Fürstenthum und der Obrigkeit, oder wie wir sagen, dem
Princip der staatlichen Autorität galten, als vielmehr den
pflichtvergessenen und in jeder Art unzureichenden Persönlich=
keiten, die es damals vertraten. Die Zeit und er lechzte nach
Ordnung und Autorität und der große Umschwung des euro=
päischen oder, was uns hier allein angeht, des deutschen Volks=
geistes, der sich allmählich dazu anschickte den wirklichen Staats=
begriff, jenes höchste ethische Ideal, welches das Mittelalter
nicht kannte und auch nicht kennen durfte, in die Wirklichkeit
einzuführen, äußerte sich schon damals neben und in jenen
revolutionären Zuckungen, in denen sich der Krankheitsstoff
der so verkehrt als möglich angelegten öffentlichen Zustände
der deutschen Nation entladen mußte, und hat gerade ihn, weil
Niemand die deutsche Volksseele reiner und treuer als er in
seiner eigenen zu spiegeln berufen war, am tiefsten berührt.
Wenn er daher vor einer Sprache, die Könige und Kurfürsten
schrieben, schon deshalb Ehrfurcht empfand, so ist das noch keine
Bedientenhaftigkeit, so wenig wie seine furchtbaren Zornes=
ausbrüche gegen dieselben Leute Blasphemien sind. Aber in=
dem er diese vornehme Sprache in seiner eigenen Praxis nur
so weit gelten ließ, als sie seinem sprachlichen Instinct genehm

war, hat er wenigstens für sich, allerdings nicht für Andere oder die Sprache selbst, die bedenklichen Irrwege vermieden, auf welche ihn eine eigentliche Autoritätsgläubigkeit an die Vollkommenheit der Büreausprache seiner Zeit hätte führen müssen. Ohne alle wirkliche Inconsequenz konnte daher ein andermal derselbe Luther, der für die Canonicität der Canzleien zu zeugen scheint, „der Herren Canceleien und die Lumpenprediger und Puppenschreiber, die sich lassen dünken, sie haben Macht deutsche Sprache zu ändern und dichten uns täglich neue Wörter" als Sprachverderber zusammenwerfen. Nicht weil gerade so und so in den Canzleien geschrieben wurde, galt ihm deren Sprache als mustergültig, sondern nur insoweit, als er in dem dort Geschriebenen mit dem vollkommen gegründeten Selbstbewußtsein seines unfehlbaren Sprachinstinctes die „rechte Art deutscher Sprach" fand, die er, wie er gerade heraus sagte, noch in keinem Buch noch Brief gelesen hatte d. h. so wie ihm ihr Ideal vorschwebte, ganz frei von den Zufälligkeiten der Mundart, von den Willkürlichkeiten des Schriftstellers und in allem der ganze und volle Spiegel des in der Sprache sich offenbarenden Gesammtgeistes der damaligen deutschen Nation. — Er verhielt sich also auch der äußerlichen Sprachautorität gegenüber genau eben so, wie gegenüber nicht bloß dem Papste und Menschensatzungen, sondern dem „Worte" selbst, den von der Kirche als canonisch anerkannten Büchern des alten und neuen Testaments. Bekanntlich sind unsere sog. Orthodoxen in selten eingestandener, immer aber deutlich merkbarer Verzweiflung, wenn sie seine oft wahrhaft vernichtenden alle heutige „subversive" Kritik weit überbietenden Urtheile darüber nicht mit seiner wirklichen, sondern mit der von ihnen in ihn hineinphantasirten Autoritätsgläubigkeit an die „Kirche" vermitteln müssen und nicht können. Ebenso wird es für alle die, die der Fiction der Autorität der Canzleisprache anhängen, ein schweres Ding sein, diese seine Aeußerung mit ihrem Wahne zu vermitteln. Für uns andere genügt es freilich sich auf die Thatsachen in seiner Sprache selbst zu berufen, woraus sich im weitern Verlauf dieser Darstellung am besten ergeben wird, wie eng begrenzt der Einfluß der sog. Canzleisprache auf die Luthers —, nicht auf die Neuhochdeutsche Schriftsprache überhaupt – gewesen ist.

## Viertes Capitel.
### Luthers Sprache und das Mitteldeutsche.

Luthers Ziel war sich von allen mundartlichen Einflüssen ganz frei zu halten, und man muß sagen, daß von ihm zuerst unter allen deutschen Schriftstellern der Gegensatz der Begriffe Mundart und wie wir es mit ihm einstweilen nennen wollen, Gemeindeutsch, wenn auch nicht in den abstracten Wendungen, deren wir uns dabei bedienen würden, energisch ausgesprochen worden ist. Er hat, soviel sich aus einer Menge zerstreuter Aeußerungen erkennen läßt – denn im Zusammenhang den Gegenstand zu berühren bot sich ihm keine Veranlassung, eine ungemein ausgebreitete lebendige Kenntniß aller möglichen deutschen Mundarten besessen, was sich zum Theil aus seinem bewegten äußern Leben, noch mehr aber durch sein ganz Deutschland, wie etwa einst der Tempel und das Orakel des delphischen Apollo ganz Griechenland, in sich versammelndes Haus erklärt. Aber er besaß auch das feinste Ohr und ein liebevolles Verständniß dafür und das war seine natürliche Mitgabe, die jene andern günstigen Zufälligkeiten befruchtete. Von nun an schießt diese Einsicht überall auch bei Andern hervor, keineswegs immer durch directe Berührung mit ihm, jedenfalls aber weil er durch die That das große Problem, das bisher nur in gestaltloser Ahnung in den Seelen gelegen war, gelöst und gezeigt hatte, daß Mundart und Gemeindeutsch zwei verschiedene Dinge seien.

Im Vergleich mit dem confusen Gerede eines Niclas von Wyle, der offenbar auch schon das Richtige im Auge hatte, aber fortwährend die zufällige Mode irgend eines beliebigen Büreaus oder, wie man damals sagte, einer Canzlei mit den allgemein gültigen Maximen des correcten schriftlichen Ausdrucks vermengt, ist in den etwa 60 Jahren bis zu dem später zu charakterisirenden Sebastian Frangk von Bunzlau, dem ältesten datirten Theoretiker über deutsches Sprachwesen im Jahre 1531 oder dem ungefähr gleichzeitigen Valentin Ickelsamer, doch ein ungeheurer Fortschritt in dieser Beziehung gemacht, den die Sprache allein ihrem Großmeister verdankt. Ickelsamer, ein geistreicher Confusionarius, wie die damalige Sturm und Drang und Genieperiode zugleich so viele hervorbrachte, setzt den heutigen Leser durch die wunderlich subjective Verworrenheit seines Gedankenganges in Verzweiflung, während der schlesische Magister sich so nüchtern und klar, als nur irgend zu wünschen, auszudrücken versteht. Aber so sehr sie auch sonst in ihrer persönlichen Substanz und in ihrem Ideenkreise abweichen, darin, daß keine Mundart als solche ein Recht habe sich in der schriftlichen Fassung der deutschen Sprache geltend zu machen, daß jede davon in diesem Sinne vor der andern nichts voraus haben könne, sind sie mit einander vollkommen einverstanden, wenn auch der eine, Frangk, sich nach seiner ganzen Art auf ganz bestimmte vorliegende Muster der Correctheit stützt, während der andere dem Instinct der lebendigen Sprache selbst oder des Volkes, das sie spricht, sehr weitgehende

Concessionen macht, die wohl vor der Phantasie, nicht aber vor der Logik bestehen können.

War so von Luthers genialer Divination die Frage in der Hauptsache entschieden, so ist es von untergeordnetem Belang, aber doch auch nicht ganz unwesentlich, den lebendigen Thatsachen nachzugehen, aus denen Luther sein Urtheil abstrahirte. Mundart konnte er nicht anders fassen, und so sollte es immer geschehen, als die eigentlich locale Färbung der lebendigen Sprache. Daß sie irgend wie in die Bücher oder in die Schrift sich eindrängen solle, wäre ihm als eine ungeheuerliche Zumuthung erschienen und darin standen auch alle seine Vorgänger wenigstens ihrer Absicht nach mit ihm auf gleichem Boden. Denn es ist nachdrücklich von uns geltend gemacht worden, daß das unläugbare Eindrängen der Mundarten in die Schriftsprache seit dem Ende des 13. Jahrh. immer nur gleichsam gegen den Willen und ohne das Bewußtsein des Schriftstellers erfolgt ist. In ihrer bloß practischen Sphäre ließ Luther die Mundart gelten und daß die schriftliche Gemeinsprache als ihre nothwendige Consequenz auch eine mündliche haben solle, fiel ihm niemals ein zu fordern, obwohl er mit seinem gewöhnlichen practischen Verständniß die Nachtheile der sprachlichen Zersplitterung Deutschlands recht deutlich erkannte „also daß die Leute in 25 Meilen Weges einander nicht wohl können verstehen." Dabei ist es nicht bloß eine rein subjective Liebhaberei, sondern wieder sein gewöhnlicher Instinct, wenn er die oberdeutschen Mundarten, „die oberländische Sprache" entschieden zurücksetzt gegen die mittel= und niederdeutschen: „die oberländische Sprache ist nicht die rechte deutsche Sprache, nimmt den Mund voll und weit und lautet hart." Oesterreicher und Baiern, besonders diese letzteren „was grobe Beiern sind" kommen besonders übel weg, aber auch die

Franken — er dachte dabei zunächst an die ostfränk. Mundarten südlich vom Thüringer- und Frankenwalde — „reden grob mit ungehobelter Zunge." Dagegen behagte ihm der weichere Toneinsatz der mitteldeutschen Mundarten, zumal der hessischen — wahrscheinlich weil er ein zu feines Ohr hatte, um nicht die Gebrechen seiner eigenen landsmannschaftlichen, der thüringischen, herauszuhören — noch mehr aber das Niederdeutsche wo es, wie z. B. in der Mark, die es damals als Volksmundart natürlich noch völlig beherrschte, so leicht und geschmeidig von den Lippen rollt „man merkt kaum, daß ein Märker die Lippen regt, wenn er redet", meinte er.

Daß er selbst auch als Schriftsteller trotzdem unter dem Einfluß mundartlicher Elemente stand, hat er zwar nicht mit dem Wort, aber mit der That bekannt. Ueberblickt man die Veränderungen, welche die spätern Ausgaben seiner Schriften von den frühern unterscheiden, so ist es dreierlei, was als hauptsächlicher Unterschied heraustritt, wobei freilich zum Theil sein eigenstes persönliches Eingreifen von dem, was seine Drucker auf ihre Hand nach ihrem System dazu thaten, nicht in allen Fällen scharf zu scheiden ist. Denn in so hartem Kampf er immer mit dieser damals sehr anmaßlichen Eigenmacht oder Fahrlässigkeit der Setzer und Correctoren in allen deutschen Druckereien stand, „die meine bücher so falsch und schendlich zurichten, dass, wenn sie zu mir wiederkomen, ich meine eigenen bücher nicht erkenne" so hart er sie auch oft in seiner derbsten Weise angelassen hat, daß sich ein heutiger Leser billig verwundert, wie sich die also behandelten nicht entweder ganz in den Winkel verkrochen, oder auf die oder jene Art ihre arg gefährdete Ehre vertheidigten: geändert hat er doch nichts daran. Wo sich zufällig noch Bruchstücke von Originalmanuscripten von ihm erhalten haben — es scheinen

nicht viele zu sein und den wenigen ist man noch nicht einmal
mit der gebührenden Sorgfalt und Ehrfurcht nachgegangen —
sieht man, daß unter seinen eigenen Augen selbst ein Melchior
Lotter, ein Hans Weis, ja selbst sein eigentlicher Leibbrucker
und Verleger von 1521 an bis zum Ende seines Lebens, der
dadurch weltberühmt gewordene Hans Lufft sich im Satze Abweichungen von dem Manuscripte erlaubten, die wenigstens
so viel bedeuten, daß wir in keinem gebruckten Worte Luthers
ganz unumstößlich sicher die Form vor uns haben, in der es
von ihm geschrieben worden ist. Denn wenn sich in den wenigen
Fällen, wo eine Controle möglich ist, dies als Ergebniß heraus-
stellt, so wird es auch für die unermeßliche Mehrzahl der
andern gelten müssen, wo dies nicht möglich ist. Es kann auch
nicht dagegen eingewendet werden, daß im Großen und Ganzen,
wenn man die Zahl der Buchstaben und Wörter zusammen-
rechnet, eigentlich nur ein sehr kleiner Bruchtheil von diesen
Veränderungen, die ihnen die Officin octroyirte, betroffen wurde.
Hier kommt es allein auf das Princip an: wenn sich ein
Drucker immerhin bona fide solche Eigenmächtigkeiten erlaubte,
so ist es ganz gleichgültig, ob es einmal oder hundertmal geschah: die Authenticität ist doch zerstört und es ist nur der Zufall, der darüber waltet. Daß Luther selbst und noch viel
mehr alle seine Zeitgenossen die Sache kühler angesehen haben,
ist wahr, aber für uns gleichfalls ohne Belang. Sein Zorn
galt den wirklichen Entstellungen des Sinns und den wirklichen Verballhornungen der Sprachform, wie er sie in seinem
innern Ohr hörte, während diese Veränderungen mehr der
bloßen Orthographie zuzuweisen sind, doch auch nicht ausschließlich dieser, denn wenn z.B. in gleichzeitigen und rechtmäßigen
authentischen Drucken, die unter seinen eigenen Augen ge-
fertigt wurden, die einen noch mit Vorliebe das in dem mittel-

deutſchen Bereich am längſten haftengebliebene i an der Stelle aller früheren außerhalb der Tonſilbe ſtehenden und dadurch klanglos gewordenen Vocale (ſ. o. Bd. I. 236) feſthalten und Gottis, einis, ſelbis, fragiſt, ſoltiſt, lobiſt, abir, odir, ubir und dergl. drucken, während die anderen überall das hier in der Gemeinſprache bereits durchgedrungene ton- und klangloſe e. Gottes ꝛc. ſetzen, ſo iſt es wenigſtens in unſern heutigen Augen etwas mehr als eine bloße orthographiſche Eigenthümlichkeit oder Eigenwilligkeit, wie etwa th für t in thum, thun und dergl. nn für n in unnd, unns ꝛc., wo die Ausſprache in jedem Falle dieſelbe ſein mußte. Luther ſelbſt zeigt auch, obgleich er ſich ſolche Eingriffe in ſeine Sprache widerwillig gefallen ließ, daß er gerade jenes mittelb. i gegen das gemeine e keineswegs als gleichgültig betrachtete, denn er hat da, wo wir wirklich ſeiner authentiſchen Schreibung nachkommen können, ſich allmählich und wie man aus zahlreichen Rückfällen ſieht, nur mit Mühe von dieſem i losgemacht, es aber etwa ſeit 1530 gänzlich überwunden. Die Schwierigkeit, das eigentlich authentiſch Lutheriſche der Orthographie und der Sprachformen überhaupt ſelbſt aus den authentiſchſten Drucken herauszuſchälen, wächſt noch durch ein Wort von ihm ſelbſt. Er bekennt nämlich: „denn im corrigieren (der in Wittenberg unter ſeinen Augen gedruckten Schriften) muss ich oft selbs endern, was ich in meiner Handschrift hab übersehen und unrecht gemacht, dass auf meiner Handschrift Exemplar nicht zu trauen ist".

Neben den wenigen Trümmern ſeiner Originalmanuſcripte ſind es daher ſeine Originalbriefe, aber auch nur die mit eigener Hand geſchriebenen, nicht die zahlreichen meiſt eine Art von amtlichem oder officiellem Charakter tragenden Actenſtücke, unter die er ſeinen Namen ſetzte, woran ſich eine freilich nicht überall vollſtändige Einſicht in die äußere Form ſeiner

Sprache und, wie nach dem oben Bemerkten noch einmal betont werden soll, nicht etwa bloß seiner Orthographie im heutigen Sinn stützen kann. Sie sind leider nicht so zahlreich, als man nach seiner unermeßlichen Correspondenz schließen dürfte, und noch sparsamer sind die wirklich authentischen, d. h. diplomatisch treuen Publicationen davon. Aber sie reichen doch zur Controle seiner Druckwerke in vielen Fällen aus und damit kann man auch diese, insofern sie nur rechtmäßige Drucke sind, als eine in der Hauptsache richtige Darstellung seiner Sprache gelten lassen. Namentlich dürfte es wohl schwerlich geschehen sein, daß irgend einer der späteren Wittenberger Setzer sich Veränderungen und Eingriffe erlaubte in das, was wir jetzt die innere Sprachform nennen, in die Satzfügung, den syntaktischen oder lexicalischen Gebrauch oder auch nur in die Flexionsformen, soweit diese nicht bloß Sache der einer größeren Willkür anheimgegebenen Orthographie schienen.

Dies vorausgesetzt sind die drei leitenden Gesichtspunkte, die Luther selbst mit mehr oder minder klarem Bewußtsein immer aber mit frischem Instinct und unverdrossener Gewissenhaftigkeit bei der Selbstcorrectur oder in der immer größeren Ausbildung seiner Sprache verfolgte: 1) Die Rücksicht auf die sachliche Richtigkeit seines Ausdrucks. Dies gilt begreiflich hauptsächlich nur von seinen Bibelübersetzungen und den in den eigentlichen Bereich des Glaubens, wie die Catechismen, gehörigen Schriften. 2) Die Rücksicht auf die Gemeinverständlichkeit, der er wieder in den Uebersetzungen staunenswerthe Mühe zuwandte. Gelegentlich fällt wohl dieses zweite mit dem ersten zusammen, aber in den meisten Fällen ist es wohl davon zu unterscheiden. 3) Die Verbesserung der äußern Sprachform, Veränderungen in dem Lautstand, den Flexionen, theilweise bloß als Veränderungen in der Orthographie zu betrachten, theilweise aber unabhängig davon.

Das erste fällt außer den Bereich des eigentlich linguistischen Elements und berührt sich nur zufällig einmal damit, aber die beiden andern sind bloß linguistischer Natur und überall ist die eigentliche treibende Kraft deutlich zu erkennen. Es ist das Bestreben des Schriftstellers, seine Sprache von den ihr anklebenden mundartlichen Flecken zu reinigen und sie ganz gemeindeutsch in dem Sinne, in dem er es allein wollen konnte, zu machen.

Er genoß dabei den großen Vortheil, daß ihm seine mundartliche Localumgebung in dieser Hinsicht weniger Schwierigkeiten in den Weg legte als den meisten gemeindeutschen Schriftstellern dieser Zeit, d. h. solchen, die sich auch relativ möglichst über ihre Localmundart erhoben und nicht, wie die Schweizer, mit einem gewissen reflectirten Eigensinn noch an ihrer sprachlichen Besonderheit festhielten. Er brauchte nicht Luther zu sein, nicht jene eminente Genialität des Sprachgefühls mitbekommen zu haben, und es war ihm doch im Vergleich mit jedem Franken, Rheinländer, Elsasser oder gar einem Schwaben, Baiern, Oesterreicher der Weg zur Gemeinsprache viel besser geebnet, weil er ein Mitteldeutscher war und noch dazu einer der, wie schon früher hervorgehoben worden ist, selbst innerhalb dieses lebendigen Sprachkreises eine gewisse universelle Stellung einnahm, der selbst hier nirgends so recht befangen bodenständig war, am wenigsten in seinem Wittenberg, wo ihn Land und Leute nie so recht anheimeln wollten, und hier in Wittenberg ist doch der Schriftsteller Luther geboren. Denn dies Wittenberg, wo sich damals, soviel man aus sehr unzureichendem Material erkennt, der äußerste Nordsaum des mitteldeutschen Idioms mit dem grenznachbarlichen Nieder=

deutschen der mittlern Elbe viel inniger verschlang als etwa
heute, blieb für ihn auch in sprachlicher Beziehung immer ein
fremdartiger Boden. Es dürfte schwer fallen, irgend eine der
Besonderheiten der Sprache Luthers von diesen Wittenberger
Einflüssen abzuleiten, ganz verkehrt aber wäre es die Quelle
der verschiedenen unläugbar vorhandenen niederdeutschen Elemente in seinem Wortvorrath daselbst zu suchen. Sie sind
ohne Ausnahme schon lange vorher entweder in der deutschen
Gemeinsprache, wohin sie auf dem Wege, dem wir früher nachgegangen sind (s. o. Bd. I. 178) gedrungen waren, oder sie
gehören zu der allgemeinen Signatur des Mitteldeutschen, so
weit dies sich mundartlich von der Gemeinsprache abhebt, und
sind darum auch von Luther selbst nie beanstandet worden,
weil er sie für fertig überkommenes, allgemein verständliches
Sprachgut halten durfte, wenn sie es auch nicht in allen Fällen
waren. Denn gerade an diesem niederdeutschen Einschub in
seine Sprache, der übrigens, wenn man die Wörter zusammen-
zählt, kaum ein volles Hundert ausmacht, nahm man anderwärts, da wo die eigentlich oberdeutschen Mundarten von der
Gemeinsprache noch weniger gebändigt waren, am meisten
Anstoß, wie man aus directen zeitgenössischen Zeugnissen ersieht.
Auch da hat man sie natürlich nicht deshalb beanstandet, weil
sie aus dem Niederdeutschen stammen, sondern weil man nicht
fühlte, was sie bedeuten sollten.

Das Mitteldeutsche war so der lebendige Boden, woraus
Luthers Sprache erwuchs, ohne daß er durch irgend eine seiner
örtlichen Individualisirungen in seinem auf das Gemeindeutsche
gerichteten Instinct und seinem bewußten Streben darnach
merklich gehindert worden wäre. Ganz etwas anderes aber
ist es, in wie weit er sich von mitteldeutschen schriftstellerischen
Vorbildern abhängig machte, denn diese, obwohl zuletzt durch die

lebendige Volkssprache in ihrer Eigenartigkeit bestimmt, sind doch wieder allmählich zu etwas Anderem, in gewissem Sinne davon selbständig geworden. Soviel wir von Luthers deutscher Lectüre wissen, ist darunter nichts von den namhaften Erzeugnissen specifisch mitteldeutschen Gepräges zu finden, wenn wir auch nur von dem Passional oder dem Vaterunser des Heinrich von Krolewitz beginnen und mit der zu ihrer Zeit sehr angesehenen Chronik des Erfurter Konrad Stolle schließen. Denn der später „Ein teutsch theologia" genannte Tractat, einer der letzten Ausläufer der volksthümlichen asketischen Literatur, der unter diesem ihm von Luther 1518 gegebenen Titel so allgemein bekannt worden ist, daß man den ursprünglichen darüber vergessen hat, gehört zwar auch der mitteldeutschen Gruppe des hochd. Sprachgebietes an, aber einer Zone, der rheinfränkischen, die doch für das unmittelbare Sprachgefühl dieser Zeit zunächst nichts mit dem thüringischen Heimathsboden von Luthers Sprache zu thun hatte.

Darum darf es auch nicht verwundern, daß sich in den ersten im Druck erhaltenen Lutherschen Schriften und in seinen ältesten deutschen Briefen zwar viel mehr Mitteldeutsches findet als in den spätern und daß man sein Verschwinden als eine zwar nicht methodische, jedoch mit vollem Verständnisse unternommene Revision seiner eigenen Sprache ansehen kann, aber daß diese mitteldeutschen Sprachingredienzien sehr weit abstehen von dem in sich allerdings wieder variabeln, im Großen aber sehr genau bekannten Typus der Schriftsteller seiner Zeit oder der nächsten Vergangenheit, die dem „mittelsten Deutsch," dem innersten Mitteldeutsch, dem thüringisch osterländischen, allenfalls auch noch dem meißnischen Sprachbezirke angehören. Man denkt dabei unwillkürlich an die Autorität der Canzleisprache, die Luther ja, wie wir sehen, für sich gelten lassen wollte, freilich immer mit so starken Reserven, daß er dabei noch vollständig freie Hand behielt. Und gewiß diente ihm diese Canzleisprache, die er doch wohl nicht erst nach seinem Hervortreten in die Welt, 1517, entdeckte, als fortwährendes und gewissenhaft benutztes Correctiv bei allem, was er schrieb, insofern auch gegenüber den mitteldeutschen Idiotismen, wenn er sich ihrer bewußt wurde d. h. aber immer nur soweit als er selbst in dieser Canzleisprache sein eigenes Idealbild der deutschen Gemeinsprache wieder erkannte.

Umgekehrt aber läßt sich auch sagen, daß das lebendige mitteldeutsche Sprachgefühl, das Luther von seinem Boden her angestammt war, ihm als Correctiv für diese Canzleisprache helfen mußte. Er maß eines an dem andern und überließ es seinem nie von ihm selbst unfehlbar genannten, aber mit souveräner Unfehlbarkeit schaltenden Tacte, was seine Sprache von daher oder dorther nehmen sollte. Diese Art von Eklekticismus versteht sich bei einer mit Recht so selbstbewußten Natur wie Luther so ganz von selbst, daß das Gegentheil davon nur durch eine abstracte Resignation, von der weder hier noch anderwärts bei ihm eine Spur zu entdecken ist, hätte geschehen können. So genoß er auch noch den bedeutenden Vortheil, daß er ebenso sehr auf der wirklich lebendigen Sprache seines Volkes, nur nicht auf einer isolirten Localmundart, wie auf einem gewissen festen Canon der abgezogenen Schriftsprache fußen durfte. Hauptsächlich aber kam es ihm zu Statten, daß er von der einen wie von der andern Seite her allen den zufälligen, eigensinnigen, aus dem lebendigen Fluß des gemeindeutschen Sprachfortschritts abgewinkelten Einwirkungen der mitteldeutschen Schriftstellerei dieser Zeit von selbst entnommen war, denn daraus hätte er nur das nehmen können, was er als der Nationalschriftsteller Luther möglichst bald und gründlich wieder hätte abstreifen müssen. Es waren meist nur Aeußerlichkeiten und insofern sie nur in der Tradition dieses schriftstellerischen Kreises, gewiß aber nicht etwa für den mündlichen Vortrag eines in dieser Art geschriebenen Buches galten, von untergeordnetem Belang, aber es war doch günstig für Luther, daß er auch von diesen Aeußerlichkeiten fast gar nicht irre gemacht zu werden brauchte.

Denn von alle dem, was man als die typischen Züge dieses Mitteldeutschen ansehen darf, hat sich Luthers Schreibweise von Anfang an emancipirt und nur um die Schreibweise handelt es sich in den meisten Fällen, nicht um wirkliche Sprachbesonderheiten. Was wir von der lebendigen Mundart wissen, berechtigt anzunehmen, daß sie sich gerade so wie ihre andern nächsten Verwandten von der polnischen Grenze bis zur Werra der Gemeinsprache von innen heraus viel mehr genähert hatte, als es die auf dem Boden Thüringens verfaßten Schriftstücke, Bücher wie Briefe und Urkunden großentheils erkennen lassen. In diesen herrscht noch um 1500, ja noch später die Schreibung i für ei, win für wein, sin für sein; u für au, hus für haus, tusent für tausend; ou für au, geloube oder gloube für glaube, schouwen für schauwen d. h. wahrscheinlich schon schau-en gesprochen. Aber die lebendige Mundart Thüringens weiß damals im Großen und Ganzen nichts mehr von solchen Archaismen, die zwei-, dreihundert Jahre früher gelebt hatten, so wenig wie die schlesische, die lausitzische, die meißnische, die osterländische. Nur in einzelnen Winkeln des Dialects hat sich damals und zum Theil bis auf unsere Tage dergleichen gehalten, am meisten noch in den westlichen Gebirgsgegenden und im Eichsfeld, falls man dessen Mundart für eine Untermundart der thüringischen, und nicht, wie es uns passender scheint, für eine selbständige gelten lassen will. Luther selbst

ward in seiner lebendigen Sprache von diesen Archaismen nicht
berührt. Wenn er schrieb, richtete er sich nicht, wie der Haufe
der im Schlendrian fortgehenden Schreiber, nach jener ältern
„mitteldeutschen" Schreibweise, sondern nach dem besten Gemein=
deutsch, das er kannte, gleichviel wo er es fand, in der säch=
sischen Canzlei oder anderwärts, und daher sind selbst in seinen
frühesten Schriften fast keine Spuren jener i für ei, u für au 2c.
zu entdecken, außer wo sie die unbefugte Eigenmacht seiner
Setzer eingeschwärzt hat.

Daß er sich aber auch darüber hinaus, über die selbst
wieder im Einzelnen so schwankende Schreibweise der Gemein=
sprache hinwegsetzte, wo er sie für verkehrt hielt, lehrt der
erste Blick auf die authentischen Zeugnisse seiner Feder, wozu,
wie oben ausgeführt, selbst die legitimsten Drucke im besten
Fall nur bedingungsweise zu rechnen sind. Die Orthographie
der Gemeinsprache schwelgte zu seiner Zeit noch immer in den
sinnlosesten Doppelschreibungen consonantischer Laute. Davon
hat sich Luther sehr bald und mit großer nur nicht vollstän=
diger Consequenz befreit, während er zuerst auch sehr stark
von dieser ebenso unbequemen wie lächerlichen Schrulle beherrscht
ist, die übrigens in allen Theilen Deutschlands ungefähr auf
gleiche Weise verbreitet war, aber wenn irgendwo, in Mittel=
deutschland noch mit der verhältnißmäßig größten Enthaltsam=
keit geübt wurde. Der angehende Schriftsteller Luther schreibt
zuerst, wie es seine sächsische Canzlei und die meisten andern
thaten, unnd für und, lisst für list, binn für bin, teuffel für
teufel, auff für auf, wobei die ihm eigentlich mundgerechte
Form uff zu berücksichtigen ist, dt b. h. tt für t oder d
bekandt, kundt, tz, cz oder zc für z: tzu oder czu, zcogen, auf-
czunehmen und dergl.; gk — zu beurtheilen wie dt für t oder
d — nach Consonanten am Schlusse der Wörter, dingk für ding

oder dink, je nach der härteren oder weicheren Aussprache, krangk für krank, sonst regelmäßig ck für k im In- und Auslaut vor und nach Consonanten: dencken, schenckte, und diese Eigenthümlichkeit hat er auch beibehalten selbst in der Zeit, wo er sich von allen andern derartigen Doppelungen fast ausnahmslos befreite, was besonders in seinen zwischen die Jahre 1526—1537 fallenden Schriften und Briefen sichtlich sein Bestreben ist. Später hat er, wie wir glauben, dem gemeinen Gebrauch zu Liebe, der noch immer mit Vorliebe daran hing, wieder mehrere davon aufgenommen, wo er sie damals völlig entfernt hatte, namentlich die Doppelungen am Wortende: kann, mann 2c., die damals von ihm auch kan, man, geschrieben worden waren. Hier läßt sich in der geschärften Aussprache des Endconsonanten ein rationeller Grund für seine Doppelschreibung anführen und demgemäß ist auch die spätere deutsche Orthographie hier allgemein darauf eingegangen, um sinn und in, lam und stamm im Auslaut von einander für das Auge zu unterscheiden. Mittelhochdeutsch klang sin und in, lam und stam so völlig gleich, daß sie als richtige Reime von der strengsten Technik, deren Subtilitäten unser heutiges gröberes Ohr mühsam nachempfindet, gebraucht werden konnten. Heute werden solche Wörter wohl auch im Reime aufeinander gebunden, aber richtige Reime sind es deswegen doch nicht.

Die Doppelungen im Inlaut vor Consonanten, die einen bloß etymologischen Grund haben, wie sollte von soll-en, woll-te von woll-en, kann-te von kenn-en, hat Luther zeitweise fast ganz ausgemerzt, woran sich sein Bestreben, die Orthographie möglichst dem lebendigen Sprachlaut zu nähern, sie im wahren Sinne phonetisch zu machen, wieder recht deutlich abnehmen läßt, und auch später ist er darin sehr sparsam. — Daß er in einzelnen Fällen die Doppelung oder Nichtdoppelung zu einer dem Auge dienlichen Begriffsunterscheidung gleicher Wortformen gebraucht, widerstreitet jenem System, von dem er im Ganzen und Großen hier geleitet wurde, zwar principiell, nicht aber in dem Bewußtsein eines eigentlichen Praktikers, wie er es war. So unterscheidet er, wie viele Andere vor und neben ihm, mann, homo, von man, dem sog. unbestimmten Pronomen und consequenter als irgend ein Anderer das, Pronomen, von dasz, Conjunction, womit er denn auch durchgedrungen ist.

Offenbar aus der sächsischen Canzlei hat Luther anfänglich eine gewisse Neigung überkommen, die damals so ungebührlich angeschwollene Schreibung ei für das alte b. h. mhd. ahd. ī in mein, dein, sein, und zugleich für das alte ei in ein, kein, rein durch Einführung des ai so zu sagen in ihr richtiges Gewichtsverhältniß zu den andern Schriftzeichen zu setzen. Dies ai spielt in der kaiserlichen Canzlei seit dem 14. Jahrh. eine große Rolle und dort hatte es auch seine natürliche Berechtigung, denn in jener oberdeutschen Mundart, von der die Schreibweise dieser Canzlei am meisten, freilich nicht ausschließlich, beeinflußt wurde, in der österreichischen, stand ai von jeher mit gutem Rechte neben ei b. h. mittelhochd. ī. Aber auch die kaiserliche Canzlei hat es niemals consequent oder richtig durchgeführt: es existirt kein einziges Schriftstück, wo nicht bald mehr bald weniger Fehler dagegen gemacht werden, indem man ai für ei, b. h. ī und umgekehrt noch häufiger ei nach mittelhochdeutscher Schreibung geschrieben findet. Hätte man hier eine völlige, auf lebendigem Lautgefühl beruhende Consequenz der Orthographie durchzuführen verstanden, so würde der deutschen Sprache damit für alle Zeiten ein großer Dienst geleistet worden sein. Denn es bleibt das Zusammenfallen zweier etymologisch und einst auch in der Schrift so scharf geschiedener Laute immer ein großer Nachtheil nicht

bloß für das Auge. Es sind auch die Laute selbst allmählich
in der gemeinhochdeutschen Aussprache von der Schrift her mit
einander zusammengeworfen worden und während jede naive
deutsche Mundart noch heute, wie es sich gebührt, beide so oder
so, immer aber für das Ohr hörbar auseinanderhält, können
wir gebildet sprechenden ein, unus, und ein, intus, nicht mehr
unterscheiden und werden es voraussichtlich auch nie wieder
lernen. Die übrigen deutschen Canzleien haben dies neue
ai — neu im Vergleich zu der mittelh. Orthographie — unzweifelhaft direct aus der kaiserlichen importirt, wenigstens
für die mitteldeutschen, voran die sächsische, steht es fest, da
hier in der landesüblichen Schreibweise, soweit sie dem ältern
mitteld. Typus treu blieb, nichts davon zu finden ist. Aber
verfuhr schon die kaiserliche Canzlei mit immer regelloserer
Willkür, so thaten es alle andern ebenso oder noch schlimmer.
Es wäre zuviel gesagt, wenn man behaupten wollte, das
eigentlich organische Verhältniß sei gerade umgekehrt, also ain
für mittelh. īn, ein für ein die Regel, dann wäre doch wieder
eine Art von Vernunft in die Sache gekommen. Statt dessen
verfährt damit jeder Schreiber oder jede Schreibstube ganz
nach individuellster Laune, und als leitender Grundsatz läßt
sich höchstens so viel entdecken, daß man dies ai nicht ganz
aufzugeben, aber es doch im Fortschritt der Zeit immer seltener
anzuwenden bestrebt war. Es scheint zu den freigegebenen
Punkten gehört zu haben, an denen jeder sich nach Herzenslust
gehen lassen durfte.

Luther hat nun dies ai für ei, welches letztere man zu
seiner Zeit nicht der That aber der Idee nach allein berechtigt
nennen muß, da alle Consequenz der Unterscheidung vernichtet
war, von Anfang an sehr selten, aber er hat es doch: raichen,
zaigen, waisen und dergl., woneben aber auch die Schreibung

mit ei und zwar noch häufiger bei ihm gebräuchlich ist. Später entschwindet es ihm beinahe völlig. Niemals aber wendet er es, wie seine Correspondenten und seine sächsische Canzlei für das alte ī, sondern nur für ei an und man darf hierin wohl auch ein Zeichen seines gesunden Sprachinstinctes sehen. Denn wenn er auch da, wo er die schriftmäßige Sprache redete, auf der Kanzel oder sonst, dies ai und ei keinesfalls so präcis von einander unterscheiden konnte, wie es die schwäbische Mundart, — und sie wahrscheinlich auch damals schon allein unter allen deutschen Mundarten — mit voller Wahrung des Diphthongen that, so hatte er doch, wie es scheint, von der Volkssprache her ein lebendiges Bewußtsein für die natürliche Geschiedenheit der beiden Laute. Denn seine heimische Mundart hielt damals und immer beide scharf nur in anderer Weise als das schwäbische Organ auseinander, indem sie das alte ei in eine Länge verwandelte, das neue ei, das alte ī, diphthongisch bald mehr als e i, häufiger als a i sprach, also bēn oder bǟn für mittelh. bein, niemals bein, was mittelhochd. bīn, Biene, bedeutet hätte.

Wenn wir in Luthers Druckwerken und Briefen lange Zeit ein wegern statt und neben weigern, ein zunegung neben und für zuneigung und einiges Andere derart finden, so schrieb er so unter dem Drucke des lebendigen Lautes, den er rings um sich hörte, ohne daß es möglich wäre zu erkennen, warum er gerade nur in diesen wenigen Fällen sich von der Schreibung der Gemeinsprache, die hier überall und von ihrem Standpunkt mit Recht, ein ei setzte, entfernt hat, in unzähligen andern nicht. Umgekehrt wieder hat er in seinem consequent durchgeführten feilen, für das damals in der Gemeinsprache schon übliche, allerdings aus dem Mitteldeutschen eingedrungene fehlen, einen Archaismus festgehalten, den selbst seine Autorität nicht durchsetzen konnte.

Gehört das bisher Betrachtete der eigentlichen Schreibung an, wobei der Laut und die wirkliche Wortform nicht betheiligt zu sein brauchen, aber unter Umständen, wie wir sahen, betheiligt sein können, so reichen eine Anzahl anderer Eigenthümlichkeiten in Luthers Orthographie in das wirkliche Gebiet des lebendigen Lautes. Und hier ist überall die doppelte Bemerkung zu machen, die sich uns schon öfter als maßgebend herausgestellt hat: 1) Es sind mitteldeutsche Einflüsse, die ihn zu seinen auffälligeren oder geringfügigeren Abweichungen von dem Durchschnitt der Gemeinsprache veranlassen; 2) er hat alle solche Localeigenthümlichkeiten allmählich zum größten Theil beseitigt. Nur muß man dabei immer die Drucke mit den unberechenbaren Eingriffen der Setzer von seinen eigenen authentischen Schriftzeugnissen möglichst unterscheiden, was gewöhnlich nicht geschieht. Denn wenn wir in jenen, allerdings nur in den ältesten von 1517 bis etwa 1520, Dinge finden, wie adder für oder, sall für soll, salb für selb, nach für nach, dach für doch, hirschaft für herrschaft, weder oder wedder für wider, wilch für welch, wilkore für wilküre, kopffer für kupfer und dergl. mehr, so dürfen wir darin mit gutem Fug nur den Leipziger oder Wittenberger Setzer, nicht aber Luther selbst sehen, bis anderweitig bewiesen wird, daß er selbst damals so gesprochen oder geschrieben hat. Es sind die allgemein üblichen Lautbezeichnungen der mittelb. Mundarten, die nicht einmal einen besondern örtlichen Character tragen, sondern in Erfurt ebenso gut wie in Breslau gäng und gäbe waren. Insofern gehören sie Luthers wirklicher Sprache, mit Ausnahme vielleicht des einen wilch für welch, das ihm sichtlich lange anhaftet, ebenso wenig an, wie die einzelnen in seinen ältern Schriften sich findenden aw d. h. au für gemeinhochd. ew d. h. eu, z. B. in lawe, was Luther ganz gewiß immer Leu oder Leu-e ge-

sprochen hat, oder in nawe für newe, neue, neu, oder die u
für mhd. iu. gemeind. eu in frund für freund, suffzen für
seufzen. Diese au und u sind ja selbst Anachronismen für
die damalige lebende Mundart in ganz Mitteldeutschland und
fristen nur in dem Schlendrian der Schreib- und Druckwerk-
stätten ihr Leben und darum sind sie nicht auf gleiche Linie
mit jenen oben erwähnten Fällen zu stellen, die der lebenden
Volkssprache, auch Luthers Sprache angehören, ohne daß deshalb ein Schluß, sie seien für ihn schriftgültig gewesen, erlaubt
wäre. Von den bloßen Archaismen haben sich seine Drucker
später immer mehr befreit, vielleicht in Folge seiner sorg-
fältigen Correcturen, vielleicht weil auch sie, namentlich seitdem die Firma Hans Lufft eingreift, sich mehr und mehr der
gebildeten Gemeinsprache zu conformiren bestrebt waren, natürlich nicht ohne ihrem Eigensinn, den sie nach guter deutscher
Art für Ueberzeugungstreue hielten, selbst einer solchen Autorität wie Luther gegenüber hie und da noch eine Concession
zu machen.

Von andern ihm und seiner heimischen Mundart wirklich
lebendigen Idiotismen hat er sich, wie man deutlich sieht, mit
Bewußtsein los zu machen gesucht und in manchen Stücken ist
es ihm auch gelungen, so z. B. hat er sein mitteld. vor- oder
fur- als sog. untrennbare Vorsatzpartikel in unzähligen ver-
balen und daraus abgeleiteten nominalen Compositen allmählich
mit dem gemeind. ver- vertauscht. Zuerst schrieb er durchgängig wie er sprach, vorpflichten, vormeintlich, vorschreiben,
vorordenen, vorschaffen, vormereken ꝛc. oder seltener fur- an
derselben Stelle, womit derselbe Laut bezeichnet werden sollte,
nämlich ein zwischen e, o und u schwankender, dessen dumpfere
Färbung aus dem vorhergehenden Lippenlaut v oder f zu erklären ist. Die Schreibung mit f oder v bedeutet hier wie

anderwärts bei ihm und in der 'ganzen damaligen Sprache
dasselbe: der Unterschied zwischen v und f, den das Mittelh.
noch kannte, war wie wir gesehen haben (s. o. B. I. 261), längst
verwischt, Luther selbst zieht im Anfang des Wortes vor Con=
sonanten und dem Vocal u das f vor, v behält er für die
übrigen Fälle, doch keineswegs consequent, da er z. B. meist
fest und nicht vest schreibt. Im Inlaut ist f überall durch=
gedrungen, außer in dem einzigen Worte frevel, das beständig v
zeigt. Die anderwärts gewöhnliche Schreibung frebel weist
darauf hin, daß hier kein f gesprochen werden sollte. — Schon
um 1526 tauchen einzelne ver- statt jener heimathlichen vor-
in seinen Briefen auf und in den Drucken sind sie seitdem
durchgesetzt. Nach 1530 hat er seine Feder so daran gewöhnt,
daß kein einziges vor- seiner Hand mehr entschlüpft. Wo sie
sich in von ihm unterzeichneten Briefen und Actenstücken finden,
ist es allein schon Beweis genug, daß der Text nicht von seiner
Hand niedergeschrieben ist, wenn auch sein Name darunter steht.

Anderes dagegen hat er weniger streng genommen. So
sind eine Anzahl mitteld. o für u. entweder die reinen Laute
selbst oder ihre Umlaute, also ö, von ihm beibehalten worden
z. B. in sondern, geschwommen, sohn, Sonne, und Sontag,
konig d. i. könig, konnen d. i. können und dergl. mehr. Alle
diese Formen hatten von Mitteldeutschland aus, wo sie allein
heimathberechtigt sind, schon bis weit in die oberdeutschen Land=
schaften sich in der Schrift verbreitet, aber seine Autorität hat
sie dauernd befestigt.

Umgekehrt hält er an u d. i. ü in mugen, muglich 2c.
gegen das in der ganzen Gemeinsprache schon bis in die
separatistischen Winkel des Schweizerdeutschen durchgedrungene
mögen, möglich 2c. fest, freilich ohne die einmal veraltete
Form wieder beleben zu können.

In diesem Zusammenhang sieht auch das Verhältniß seiner Sprache zu dem Umlaut etwas anders aus als es neuerdings gefaßt zu werden pflegt. Nichts leichter als an der Hand der Drucke behaupten, daß seine Sprache bis etwa 1526 von diesem Umlaut sehr wenig Spuren zeige, wenn wir andere gleichzeitige namentlich inner oberdeutsche Drucke damit vergleichen. In das o. u und in das au scheint er bis zu dieser Zeit bei ihm noch nicht eingedrungen. Seit 1526 hat sich dagegen und zwar nicht so allmählich wie es bei seinen andern orthographischen Neuerungen zu geschehen pflegt, dieser Umlaut ungefähr in der Ausdehnung und jedenfalls nach dem System der oberdeutschen Druckstätten durchgesetzt. Da man von der Behauptung auszugehen pflegt, Luther habe in seinen früheren Schriften, für deren Orthographie er also stillschweigend allein verantwortlich gemacht wird, den Umlaut deshalb nicht angewandt, weil ihm das Mitteldeutsche, sein damaliger angeblicher Sprachcanon, keinen Umlaut geboten habe, so hat man sich nach einer Erklärung für sein späteres Eindringen umsehen müssen und man hat dafür natürlich auch eine gefunden.

Es ist nun aber nichts weiter als jene schon oft bekämpfte Verwechslung der Schreib- oder Druckgewohnheiten in vielen mitteld. Officinen und Schreibstuben dieser Zeit — lange nicht in allen — mit der lebendigen Mundart, auf die sich diese ganze Behauptung samt allen daraus abgeleiteten Folgerungen stützt. Die mitteldeutsche Mundart um 1500, jenes gemeine Mitteldeutsch, was Luther lebendig umtönte, hat damals den Umlaut principiell in demselben Umfang wie das Gemeindeutsche, oder wenn man es noch bestimmter bezeichnen will, wie alle oberdeutschen Mundarten in sich walten lassen. Wenn Einzelheiten hier oder dort nicht zutreffen, so ist dies für die Sache selbst ohne Belang und man könnte leicht die Behauptung

durchführen, daß die oberdeutschen Mundarten in vielen Fällen
dem Umlaut weit weniger Raum verstatten als die Mitteldeutschen. Alle oberd. kennen das mhd. Wort houbet oder
houbt noch ohne Umlaut: heubt oder haupt, alle mitteld. und
zwar mit vollem Rechte, da die goth. Form haubiþ zu Grunde
liegt, haben den Umlaut heubt. Alle oberd. haben kaufen, die
mitteld. mit Vorliebe keufen und so Vieles der Art. So gut
wie die gemeindeutschen Diphthonge ei und au in allen mitteld.
Mundarten bereits durchgedrungen waren, so auch der Umlaut
und zwar für alle Vocale, wo er nach mitteld. System berechtigt
war, also nicht bloß für ā, sondern auch für a, für o und ō,
obgleich die Umlaute des o dem mhd. eigentlich fremd sein
mußten (s. o. B. I. 245), für u und ū d. h. au, für uo oder wie
es mitteld. lautete ū, oder auch mit schwachem Nachschlag ūe.
Im allgemeinen werden diese mitteld. Umlaute schon damals
wie heute eine häßliche Neigung zu möglichster Vocalverdünnung
gehabt haben. Man findet sinde für sunde d. i. sünde, steren
für storen d. i. stoeren, giter für gueter d. i. güeter schon
häufig genug in allen Theilen Mitteldeutschlands von der
Oder bis zur Werra in 15. Jahrh. von „ungebildeten" Schreibern
geschrieben, d. h. denen der lebendige Laut entschlüpfte. Im
allgemeinen galt aber noch immer die Gewohnheit, den Umlaut
bei o und u lieber nicht zu bezeichnen, doch fehlt es auch keineswegs
an Mitteln zu seiner graphischen Darstellung, nur waren es
unbequeme und confuse. Wo ein selbständig neues Zeichen
dafür gesetzt werden darf, wie in were Conj. von war. wäre,
undertenig von undertan, oder eu für den Umlaut des früheren
ou, späteren au, geleuben für gelauben, glauben, beume Plur.
von baum. ist die Sache einfach und hier kann im allgemeinen
zugegeben werden, daß einzelne unumgelautete Schreibungen,
die mitteld. den Umlaut haben, salde neben selde mhd. saelde.

heil, oder haume neben jenem heume darauf hinweisen, daß
die Aussprache in solchen Fällen je nach dem besondern
Local oder auch nach der Gewohnheit des Schreibenden noch
schwankte. Anders ist es, wo für das mhd. iu bald u bald eu
selten ûu geschrieben steht. Man findet huser und heuser,
schune und scheune neben einander. Hier ist die umgelautete
Schreibung diejenige, die dem um 1500 wirklich gesprochenen
Laute entspricht, die andere einer jener schon öfters characteri=
sirten Archaismen.

Uebrigens giebt es auch für diese angeblich und scheinbar
unumgelauteten u mhd. iu, für die o und u, b. h. mhd. o, ô,
u und uo, in sehr vielen Handschriften und Briefschaften schon
des 14. und 15. Jahrh. eine ganze Anzahl von oben über=
geschriebenen Bezeichnungen, die von unsern modernen Heraus=
gebern, weil sie sich nicht darein finden können, gewöhnlich
weggelassen werden. Dadurch wird bei dem heutigen Leser
die Vorstellung erweckt, diese Vocale seien ohne alle Umlaut=
bezeichnung und daraus wird dann der weitere Schluß ge=
zogen, es sei eine „mitteldeutsche" Eigenheit keinen Umlaut zu
haben. Diese wunderlichen Pünktchen, Häkchen und Strichelchen,
deren Genesis und Bedeutung wir eingehend anderwärts er=
örtert haben, dienen nun zwar nicht ausschließlich zur Be=
zeichnung des Umlauts, aber sie werden doch auch neben ganz
andern Functionen dazu mit verwandt und die dadurch herbei=
geführte Confusion ist der einzige Grund, weshalb sie in der
zweiten Hälfte des 15. Jahrh. seltener verwandt worden.

Luther brauchte also nicht den Oberdeutschen zu Liebe den
Umlaut in seine Sprache einzuführen: er war ihm mit seinem
Mitteldeutsch angeboren und daß er seine Bezeichnung anfänglich
zu vermeiden scheint, mag immerhin, wenn man nach einer
Erklärung suchen will, auf Rechnung der Canzleischrift gestellt

werden, die auch so sparsam als möglich damit operirt, nicht als wenn sie, soweit sie aus dem Ohr stammte und für das Ohr bestimmt war, ihn nicht gekannt hätte, sondern weil es ja so viel bequemer war hierin die einfacheren Traditionen einer früheren Schreibmethode festzuhalten. Eigentlich handelt es sich dabei für Luther und sie nur um o und u, denn er und sie haben natürlich, worauf schon hingewiesen ist, die Umlautbezeichnungen, die durch einzelne Buchstaben oder Doppelbuchstaben ausgedrückt zu werden pflegten, in jedem Falle, wo die lebendige Sprache damit stimmte, geschrieben, also e, seltener und erst später mehr das unbequemere ä für den Umlaut des a, eu für den des au, d. h. mhd. u und ou zugleich, wofür sie gleichfalls sehr selten äu, als die scheinbar etymologisch richtigere Schreibung setzten.

Aus alle dem erklärt es sich, warum Luther, wo er ganz naiv sich gehen ließ, d. h. in seinen wirklichen Briefen, auch noch lange nach dem Jahre 1525 oder 26, ja bis zu seinem Lebensende so wenig ö und ü schreibt. Hier konnte er es sich bequemer machen, als in seinen für den Druck bestimmten Manuscripten und daß jemand sein konig und ubel nicht könig und übel, sondern so wie es scheinbar geschrieben war, lesen könnte, daran hat er gar nicht gedacht.

Mehr als ein Curiosum und nicht als eine für die deutsche Sprachgeschichte irgendwie bedeutsame Thatsache sei nur noch erwähnt, daß er mitunter, unbekannt aus welcher Veranlassung, wohl auch in seinen Briefen des guten zu viel mit der Bezeichnung des Umlauts thut, d. h. dessen, was man fälschlich dafür ansieht, weil es gerade so aussieht. Wenn er leüte, verschlaüdern, widerümb und dergl. schreibt, sind wir nach unserer heutigen Gewohnheit geneigt, darin eine wirkliche Bezeichnung des Umlauts zu sehen, die nur in leute uns überflüssig dünkt. Daß er selbst, wie wir glauben, nicht ümb, sondern immer nur wie die Gemeinsprache schrieb, die hier mit dem gewöhnlichsten Mitteldeutsch in Uebereinstimmung ist, umb sprach, könnte man, wenn man sich auf die beiden Strichelchen über dem u steift, bestreiten. Ob jemand aber die Consequenz haben wird, Luther auch in folgenden Formen den Umlaut sprechen zu lassen, thün (thun), zületzt. jüngen. gnüg, hünden, nü (un), würm (Singul.) ꝛc. wäre doch noch erst zu erproben. Jedenfalls doch wohl kaum in züversicht oder gar in züvor, denn wie das v mit Umlaut klingen sollte, müßte schwer zu sagen sein, und, daß er in der Eile die Striche an unrechter Stelle angebracht habe, wäre eine bedenkliche Ausflucht. Es ergiebt sich daraus, daß er gelegentlich einmal, die weitverbreitete Mode der Unterscheidung des vocalischen v von dem consonantischen, wie wir sagen des u von dem v. auch mitgemacht hat, gewöhnlich scheint sie ihm zu unbequem gewesen zu sein. Diese beiden Buchstaben, die in der deutschen Cursivschrift seiner Zeit bekanntlich wieder ganz gleichgeformt worden waren — die Versuche, sie zu trennen, hatten damals weder Folge noch Bestand — hat man für das Auge auf verschiedene Weise zu unterscheiden gesucht. Die bekannteste, damals aber noch nicht die verbreitetste ist diejenige, aus der sich unser heutiger Haken über dem u entwickelt hat, woraus so viel unsinnige uo in die modernen Abdrücke mittelalterl. und ältester neuhd. Texte gekommen sind und man auch Luther lächerliche Formen wie guonst für gunst. duorst für durst, uond für und ꝛc. aufgebürdet hat. Die beiden Striche, die im 15. und Anfang des 16. Jahrh. viel beliebter dafür waren, hat man allmählich, um sie bloß für den Umlaut zu verwenden, aufgegeben. Luther kann also damit Umlaute gemeint haben, nämlich wo sie hingehörten und er sie wirklich sprach, aber es fiel ihm

nicht ein in den andern Wörtern dies Zeichen als Umlaut
zu verwenden. Daß er in zuvor es auch an der unrechten
Stelle thut, kann man als einen bloßen Schreibfehler ansehen,
der sich auch noch an ein Paar andern Stellen wiederholt.
Aber wahrscheinlich ist es anders zu erklären. Es ging nämlich
neben der Gewohnheit das vocalische u in der angegebenen
Art zu bezeichnen, auch eine andere seltenere, die umgekehrt
das consonantische v damit unterscheiden wollte. Häufig
findet man namentlich in Abschriften älterer Vorlagen beide
durch einander gemengt und so mag es auch Luther in diesem
Falle geschehen sein. Die Sache hat überhaupt keine Bedeutung,
als zu zeigen, wie vorsichtig man bei der Beantwortung der Frage
nach den Spracheigenthümlichkeiten eines Autors des 16. Jahrh.
zu Werke gehn muß.

## Fünftes Capitel.
### Luthers Gesammtlautsystem.

Wenn Luthers Sprache dem Umlaut ungefähr gerade so
weit wie die Gemeinsprache sich fügt, so gerieth dabei deren
mitteldeutsches Heimathsgefühl in keinen Conflict mit einem
reflectirten System, am allerwenigsten war es eine Concession
gegen das oberdeutsche Idiom. Dazu hätte er auch, so wie
er selbst sich das Verhältniß der deutschen Mundarten unter-
einander und zu der Gemeinsprache zurecht zu legen pflegte,
gar keine Veranlassung gehabt. Im Gegentheil in einigen
Fällen, wo die Lautbezeichnung dieser Gemeinsprache noch
zwischen den mehr oberdeutschen Einflüssen der älteren mittelh.
Tradition, die zugleich den lebendigen Lauten der dortigen
Mundarten entsprach, und dem mitteldeutschen System schwankte

und wo man um 1500 noch nicht deutlich sehen konnte, wohin endlich die Entscheidung gehen würde, hat wesentlich seine Autorität gegen jenes und für dieses entschieden. So in der Behandlung der mhd. und gemeinoberdeutschen — d. h. genau genommen alemannisch-schwäbischen Diphthongen uo oder ue, wovon natürlich auch dessen Umlaut üe abhängig ist. Alle dem oberdeutschen Westen und Südwesten angehörigen Schrift- und Druckwerke dieser Zeit sind noch beflissen ihn für das Auge von u oder ū, falls dieses noch nicht durch au ersetzt ist, zu trennen wie er für das Ohr getrennt war. Das gewöhnlichste Mittel dazu war ein Zeichen über dem u, das in den damaligen Lettern seine ursprüngliche Identität mit o oder e nicht verläugnen kann. Schon in der ahd. Zeit war das die häufigste, weil am meisten Raum sparende Schreibmethode gewesen. Aus diesem mißverstandenen Zeichen ist eben jener Irrthum, der oben zurückgewiesen worden, entsprungen, indem man alle mit einem dem o ähnlichen Apex bezeichneten u für uo nimmt, was doch nur gewisse davon sind. Alle mittelb. Schriftdenkmäler dagegen emancipiren sich, seitdem überhaupt solche gefunden werden, davon fast gänzlich, und wo es sich vereinzelt findet, kann man mit Fug darin die bloße Autorität des höfischen Sprach oder Schreibherkommens sehen, die man nur in diesen wie in allen andern Stücken je länger je weniger festzuhalten vermochte. Sie standen damit ganz auf dem Boden ihrer lebendigen Mundarten, von denen nur sehr wenige und meist sehr abgeschiedene, wie z. B. einige des Eichsfeldes, den Doppellaut bewahrt haben, während die andern ein in seiner Quantität nach dem Ort sehr verschiedenes, einfaches u daraus machten. Luther folgt nun durchweg diesem mitteldeutschen Gebrauch sowohl in dem reinen u mhd. oder oberd. uo, wie in dem umgelauteten mhd. oberd. ue oder seltener u̇. was ja wieder auch für ganz andere Lautwerthe, in der Schrift für das gewöhnliche u oder ů, im Druck für den Umlaut des u, gebraucht werden konnte. Nur in ein paar Fällen hat er noch stuel, wobei die daneben vorkommende Schreibung stuhel keinen Zweifel darüber erlaubt, wie der Laut gemeint sei, selbst wenn nicht das mhd. stuol vorhanden wäre, thuen, neben thun, rugen, ruhen, was mhd. oberdeutsch ruowen ist, gemuet, mhd. gemůete, wuetend mhd. wůetend ꝛc. Aber in der unendlichen Mehrzahl aller Fälle langt er mit u und ů aus, gut, blut, grun d. h. grün, süenen d. h. mhd. süenen — er ist so unschuldig an dem mitteld. versöhnen, wie an dem bair. schwäb. Hölle für Helle — und damit war für das gemeindeutsche unseres Bedünkens der Streit entschieden, obgleich das Schwanken noch lange in den Büchern und Schriftstücken oberdeutscher Herkunft fortdauert, einzelnes bis ins 17. Jahrh. hinein. Als ein Vortheil für die gesprochene Schriftsprache ist dabei zu rechnen, daß er der Neigung mancher mitteld. Mundarten, nicht etwa bloß der östlichsten, nach einer Verkürzung dieses aus dem zusammengedrückten Diphthongen entstandenen u, das doch auf jeden Fall wenigstens seine Länge hätte bewahren müssen, sehr wenig Raum gibt: mutter statt mhd. oberd. muoter hat er aber consequent und gerade in diesem Grundwort ist die Correption und in Folge davon die als Doppelung bezeichnete Consonantenschärfung in der Schriftsprache durchgedrungen.

Im Wesen auf dasselbe hinaus läuft seine Behandlung des ie, soweit es dem mhd. und oberd. alten ie, noch älterem io, ia entsprach. Seine mitteldeutsche Mundart kannte den Doppellaut hier so wenig wie bei uo und demgemäß hat sich auch die Schrift der mitteld. Literaturgruppe fast völlig, aber doch noch nicht so weit seiner entschlagen, wie es dem uo geschah.

Vielmehr drängen sich seit dem 15. Jahrh. sichtlich wieder eine
Menge ie neu hier ein. Ihre Verwendung, mit Vorliebe am
unrechten Orte d. h. wenn die Geschichte der Sprache über die
Legitimität der Schrift allein zu entscheiden hätte, zeigt, daß
eine Lautveränderung, in der ie an Stelle des i zum Durch
bruch gekommen wäre, gar nicht damit ausgedrückt werden
sollte: man schreibt zihen, ziehen, nach alter mittelb. Weise,
und dicht daneben wiese oder viel, wo mhd. nur i stehen
konnte. Es ist nichts weiter als eine der jetzt angestrebten
Bezeichnungen der Quantität, deren Genesis und Geschichte
hier nicht weiter verfolgt werden kann. Gerade so hält es
Luther, nur daß bei ihm der ie allmählich immer mehr werden,
woneben freilich, für den ersten Blick sonderbar genug, noch
ein zihen, lihen stehen bleiben. Aber nur auf den ersten
Blick sonderbar, denn man findet bald, daß er in den ange=
führten Worten des e entrathen zu können glaubte, weil ja
das h schon den Dienst der Vocalverlängerung that. Denn dies
h ist ihm, so felsenfest seine historische Berechtigung an dieser
Stelle auch stehen mag, nichts weiter als ein graphisches
Zeichen, weil es seiner Mundart zu einem solchen geworden
war. Sie sprach lī-en, zī-en gerade so wie die durchschnittliche
gebildete Aussprache des jetzigen Hochdeutschen. Indem er
aber dem ie so weiten Spielraum gab, berührte er sich natürlich
ohne alle reflectirte Absicht für das Auge mit jenem west= und
südoberdeutschen Sprachkreis, in welchem es freilich eine
ganz andere Function hatte. Wenn er dagegen ausnahmlos
viel, aber fast immer nur villeicht, was doch dasselbe viel ent=
hält, schreibt, so sieht man recht deutlich, wie er die an dem
betonten viel durchgedrungene Länge mit ie bezeichnen wollte,
während in villeicht, was den Ton auf der zweiten Silbe
hat, die alte Kürze mit dem einfachen i bezeichnet werden

konnte. Ganz so schreibt er hie, nicht hier, seine mitteld.
Form, aber hir-in.

Er befand sich dabei wie auch in seiner Behandlung des
alten uo in principieller Uebereinstimmung mit der Canzlei
sprache oder Schrift, der sächsischen sowohl wie der kaiserlichen,
ohne daß im Einzelnen auch nur irgend ein Schatten systema
tischer Anlehnung an ihre Mode sichtbar wäre, was er freilich
auch nicht wohl hätte bewerkstelligen können, da beide im Einzelnen fortwährend nach der gewohnten willkürlichen Weise
schwanken und nur, wenn man eine Durchschnittssumme zieht,
hier wie in andern Dingen überhaupt eine Art von bestim-
mendem Zug — Princip oder Methode kann man es nicht
nennen — durchbricht.

In die Rubrik der Bezeichnung der Längen gehört auch
das schon erwähnte h, das außer im Anlaut der Wörter, wo
er es nur selten und dann allmählich sich corrigirend, seinem
Mitteld. zu Liebe abstößt, wie in erab, eraus, erfür = herab,
heraus, herfür, für sein Ohr nicht vorhanden war. Wo es sich
im In- und Auslaut wirklich gehalten hatte, da bezeichnete er
es demgemäß gewöhnlich nach seiner Weise mit ch — sach,
floch neben sehen, flihen oder fliehen, wo er es gewiß nur
schrieb und nicht sprach, oder noch charakteristischer neben dem
noch später zu berührenden emphatischen Präteritalformen sahe,
zohe, die ihm sā-e, zō-e lauteten. Man kann nicht sagen, daß
Luther ein besonderer Liebhaber des h als bloßes Dehnungs
zeichens sei, wie es seit dem 15. Jahrh. überall in Deutschland,
in Ober wie Mittel-Deutschland massenhaft wieder hereinbricht,
nachdem es Jahrhunderte lang in Schlummer gelegen aber
nicht abgestorben war. Aber er kann sich seiner auch nicht erwehren, wobei der allgemeine Gebrauch in den meisten Schriften,
die ihm zu Gesicht kamen, für ihn entscheidend gewesen sein

mag. Die Canzleisprache allein hat es ihm hier so wenig wie in den meisten andern Fällen angethan. Auch sie brauchte es, aber doch, wenn man so sagen darf, mit einer bescheideneren Reserve als die Mehrzahl der andern. Dabei geräth er gelegentlich in allerlei wunderliche oder willkürliche Schreibweisen hinein, die er freilich bald wieder verlassen oder vergessen hat. So z. B. wenn er eine Zeitlang vhest, und noch consequenter pfarrhe, pfarrher u. dergl. schreibt. Es zeugt aber auch von sehr wenig Sicherheit, wenn dicht neben einander erfaren, nemen, bekeren, furen (führen) und wehren, stehen oder stehn, gehen oder gehn, in und ihn, ir und ihr, iren und ihren geschrieben steht. Im Druck herrscht etwas mehr Consequenz, das ist nicht zu läugnen, aber auch nur scheinbare, keine wirkliche und im Grunde ist es ja in der ganzen nhd. Orthographie so geblieben.

Dagegen hat er sich von einer andern, fast noch schwerfälligern aber eben deshalb damals gerade sehr beliebten Bezeichnung der Längen mittelst Doppelschreibung des Vocals, aa für a, ee für e etc., fast ganz fern gehalten, wobei ihm sein ie und sein h zu Statten kam. Nur ee ist einigermaßen vertreten, seele, seer, schweer und dergl. Aber auch hier überwiegt, wenn überhaupt die Länge bezeichnet wird, die Schreibung mit h, nur nicht gerade in den angeführten Wörtern.

Wollte man auf weitere Einzelheiten eingehen, so wäre auch noch seines o für a, älteres â zu gedenken, weil darin ein noch unentschiedenes Schwanken der Gemeinsprache in vielen Fällen endgültig entschieden wurde. Seiner heimischen Mundart darf man dabei nicht so viel Einfluß einräumen, obgleich sie stark dazu neigte, wie es aber auch die Mehrzahl der Oberdeutschen that. Es ist hier mehr der Zug der Gemeinsprache des 15. 16. Jahrh., der unverkennbar nach dieser Richtung hin geht und dem Luther eigentlich nicht einmal so weit nachgegeben hat, als es bei ihm eben unter dem Drucke seiner Umgebung denkbar gewesen wäre. Manches hat er später auch wieder abgestreift, z. B. woffen für wafen. und daß in den letzten Zwanziger Jahren und auch noch später ihm der Reim: waffen: troffen entschlüpft ist, beweist bei der auch sonst ihm eigenen Reimfreiheit nicht, daß er hier anders sprach als schrieb, nämlich wafen, waffen. Anderweit schwankt er zwischen Doppelformen, so in Atem, auch mittelb. Adem, oder zur Dehnung mit h Athem geschrieben und Odem: die alte Vorsatzpartikel â- gewöhnlich o-. wie die häufige Form ohnmacht zeigt. Die ungewisse Quantität des Vocales a konnte nur durch eine Veränderung seiner Qualität gehalten werden. Daneben Ohnmacht. wofür die neue faßliche Etymologie von on, ohn eintritt, wovon freilich die Sprachgeschichte nichts wissen will, während doch dies neue ohn — sogar noch in viel weiterem Umfang auf Kosten des un — damals in vielen Theilen der Gemeinsprache seine Eroberungen machte. Denn man findet hier gar nicht selten on-bekannt für unbekannt, on-sträflich, veron-reinigen u. dergl., was Luther fremd bleibt. In on oder ohn siegt bei ihm die o-Form vollständig über das alte â in ân, âne, während doch das damit völlig identische an, ane in der Verbindung mit sein oder werden, los sein oder werden, sein altes richtiges a behält und damit seine natürliche Zugehörigkeit ganz vergißt, wie ja noch heute in dem nicht eigentlich schriftmäßigen, aber durch viele Mundarten weit verbreiteten: „ich bin es an worden" geschieht, was genau dasselbe ist. In Mon, Mône für mhd. mâne hat er consequent ō: dem wā = mhd. wâ steht zuerst ein schwankendes dā, dō gegenüber, das sich ihm aber allmählich, offenbar um die seiner klingende Aussprache zu wahren, in ein consequentes da umsetzt. Da schon lange der Unterschied des mhd. dō und dā, lat. tum und ibi,

fast überall verwischt war, indem meist die gröbere Form
dā für beide so verschiedene Wörter sich durchgesetzt hatte, so
konnte auch Luther nicht auf den Einfall gerathen, sie wieder
historisch richtig zu trennen. Wie er dā für das alte, inzwischen
meist zu dō gewordene dā einführte, so dehnte er dies dā auch
auf das alte dō aus und seine Autorität ist es hauptsächlich
gewesen, die diesen Sprachgebrauch fortan durchgesetzt hat.

Am wenigsten förderlich für die weitere Gestaltung des
Lautgerüstes ist Luthers Verhalten in der Bezeichnung gewisser
Consonanten geworden. Es sind namentlich die b und p, die
d und t, die dabei in Betracht kommen. Sein mitteldeutsches
Ohr hörte schon damals das heutige hierin geltende System,
wonach der Gegensatz zwischen hartem und weichem einfachen
Consonant verwischt wird. Die oberdeutschen Mundarten ins
gemein sind dem alten System, das die Laute ziemlich genügend
trennte, damals und später in der Hauptsache treu geblieben
und durch die Canzleisprache, die hier auf oberdeutscher und
zugleich mitteld. Grundlage fußte, hat sich unsere Orthographie
hierin wenigstens leidlich correct gehalten. Auch Luther
bemüht sich, die Unarten seiner Heimath los zu werden, das
sieht man deutlich, aber es ist ihm hier nicht so wie anderwärts
gelungen. Es bedeutete seinen Ohren dasselbe, ob er geporn,
gepeten oder geborn, gebeten schrieb; dapfer, dasche, draube
oder tapfer, tasche, traube, teutsch, deutsch oder gar
deudsch. In diesem letzteren Falle, wo er sehr bald sich für
D entschied, steht er fast allein in der ganzen Zeit, aber seine
Autorität und nichts Anderes ist es gewesen, die endlich, freilich
erst im 18. Jahrh., unbestritten der Form deutsch den Sieg
verschaffte. In der Doppelung unterschied er, wie seine Mundart, scharf genug; seine pp sind wirkliche harte p und bb erscheinen überhaupt sehr selten und dann wie in gibbel neben

gibel nicht anders als wirkliche weiche b, nur, um die noch erhaltene Kürze des accentuirten Vocals festzuhalten, mit Prägnanz ausgesprochen und deshalb verdoppelt geschrieben. Man kann sagen, es sind die einzigen wirklichen weichen b, die sich ihm zwischen Vocalen erhalten haben, denn in den andern Fällen, wo er immer noch b schrieb, sprach er doch wie seine Mundart w, also hawen, nicht haben, auch giewel nicht gibel, außer wenn i als Kürze ein wirkliches b festhielt oder hervorrief. Auch seine dd sind nur selten, wie in erlidden neben erlitten, mit tt identisch, wahrscheinlich nur der falsch verstandenen etymologischen Correctheit zu Liebe gesetzt, weil das Stammwort erleiden ein d hat. Seine eigentlichen dd sind ganz anders und gerade so wie die bb zu fassen: eddel, fedder, foddern (fordern, das er fast nie mit r schreibt), odder, taddeln. widder haben ihm ganz anders geklungen als bette, hatte, retten etc. Sie sollen die vorhergehende vocalische Kürze durch consonantische Lautsteigerung erhalten, daher überall die Nebenformen edel, feder etc., in denen e lang und d das gewöhnliche zwischen d und t schwankende ist. Niemals aber ein bete, hate, reten, obgleich mehrere dieser Formen anderwärts noch in voller Geltung waren. Doch diese bb und dd hat er mit seinem gewöhnlichen Instinct für das der Gemeinsprache aller Deutschen Zustehende sehr bald beschränkt und dann die langvocalischen Formen gibel, edel u. s. w. dafür eintreten lassen.

Daß er durch sein Beispiel das th wie überhaupt das h als sog. Dehnungszeichen in ziemlich weitem Umfange sich in unserer Orthographie hat festsetzen lassen, darf ihm auch nicht als Verdienst zugerechnet werden. Die Sprache selbst empfand nichts davon, ob man theil oder teil, than oder tan schrieb, aber es ist eine schwerfällige und pedantische Schreibweise. Denn sollte das h durchaus zur Bezeichnung der vocalischen Länge

dienen, wie es damals schon in umfassender Weise üblich, aber
lange noch nicht allgemein durchgedrungen war, so hätte es
wenigstens hinter den Vocal, wie in nehmen u. s. w. gehört,
nicht an das t, das nur durch eine alberne Reminiscenz an
das lateinisch gelehrte th zu dieser Ehre gekommen ist. Zeitweise verhält er sich auffallend ablehnend gegen dieses dehnende
h und zwar in derselben Periode, wo er alle, nach seiner Meinung überflüssige Doppelconsonanten meidet, später aber giebt
er ihm wohl dem Usus zu Liebe wieder mehr Raum.

## Sechstes Capitel.
### Luthers Wortformen.

Betrachtet man die Formen des ganzen Wortes in Luthers
Sprache von Seite ihrer äußern Gestalt, so sehen wir in allen
derartigen Aeußerlichkeiten der Willkür oder dem Instincte des
Augenblicks einen weiten Spielraum offen. Doch auch hier läßt
sich ein gewisser Zug nach einem wieder nur vom Instinct
geahnten Ziele nicht verkennen, so sehr es auch durch das
wunderliche Mischmasch alter Tradition und neuer Reflexion
verhüllt sein mag. Es galt der Sprache im Großen und
Ganzen, sich möglichst durchgreifend der ihrem Gefühle überflüssig oder gleichgültig gewordenen unbetonten Vocale der
Endsilben des Wortes, also jenes nur noch schattenhaft lebenden
e zu entledigen, das das Mittelhochdeutsche so massenhaft in
sie hineingebracht hatte. Es war nicht sowohl ein Streben
nach möglichster Verkürzung der Wortform, obgleich auch dies
dabei seinen Einfluß gehabt hat, als die natürliche Abneigung
des Ohrs gegen jene Ueberladung mit einem so unschönen und,
was dieser Zeit noch viel mehr bedeutet, so kraftlosen Elemente

das jetzt, wo aus den früher nachgewiesenen Veranlassungen
die Schwere und Länge unzähliger Worte sich so sehr gesteigert
hatte, noch unangenehmer und unbequemer empfunden wurde.
Denn wenn aus einem mittelhochd. gotes, das metrisch als
einsilbig gelten durfte, so federleicht schnellte es von der Zunge,
jetzt ein zweisilbiges gott-es, oder gar aus einem wern, dessen
gewöhnliche Schreibung das völlige Verhallen der ursprünglichen zweiten Silbe -en andeutet, weren, wehr-en entstand,
so erhielt auch das e dieser zweiten Silbe, weil es wieder zu
einiger Selbständigkeit gelangte, eine neue Körperlichkeit, ohne
doch Farbe und Blut zu erhalten, die ihm ein für allemal
entschwunden waren.

Auch Luther hat dies tonlose e in weitgehender Consequenz
— nur nicht Consequenz im Sinn unserer heutigen doctrinären
Sprachbehandlung — zurückzudrängen versucht und gelegentliche
Aeußerungen von ihm beweisen, daß er es keineswegs dem
Zufall oder dem Eigensinn seiner Finger zu überlassen gedachte,
wo und wie er eine durch Ausstoßung oder Abstoßung solcher
e verkürzte Wortform gebrauchen wollte oder wo er sie für
weniger passend hielt. Auch hier ist seine Sprache in einem
beständigen Fortschritt begriffen. Nicht in allen Fällen wird
man sich freilich vom Standpunkt einer umfassenden und genetischen Einsicht in die Bedingungen der deutschen Sprachentwicklung mit seinem Vorgehen einverstanden erklären. Aber es
ist unverkennbar, daß er im Ganzen und Großen sich auch
hierin mehr und mehr dem Schema näherte, welches die spätere
neuhochd. Schriftsprache als das ihrige anerkennt. Ob sie nicht
besser gethan hätte, ein anderes zu adoptiren, fragen wir hier
nicht, weisen aber darauf hin, daß sich hier wie so oft die lebendigste Wechselwirkung zwischen dem Sprachinstinct des Meisters und dem der Gesammtheit der Sprache selbst nicht ver-

kennen läßt. Beides zusammen hat dann zu dauernden Resultaten geführt.

Die Sache liegt nämlich so, daß er, je länger er schrieb oder drucken ließ, desto mehr jene nicht bloß dem heutigen Ohr hart und eckig dünkenden syncopirten, apocopirten und elidirten Wortformen vermied und sie durch andere, in denen ein eingeschobenes oder angeschobenes e die massige Consonantenhäufung milderte, zu ersetzen suchte. Jene stammten aus der Gemeinsprache, nur nicht gerade aus der Fassung, die sie als Canzleisprache erhalten hatte. Denn diese Canzleisprache hatte vielleicht in ihrer reflectirten Anlehnung an eine mittelhochd. Basis, vielleicht auch zum Theil aus bloß graphischen Motiven, um dem geschriebenen Wort eine stattlichere Leiblichkeit zu geben, sich solcher zusammengedrängter Formen immer nur mit einiger Zurückhaltung bedient, die eigentliche Gemeinsprache, besonders in Oberdeutschland war, wie die lebende Mundart der meisten Landschaften, weit darüber hinausgegangen. Nun liegt es ja auf der Hand, daß gerade die mitteldeutschen Mundarten unter allen hochdeutschen am wenigsten sich diesem Zuge nach einer Concentration der Wortform hingaben: damals wie zu jeder Zeit haben sie etwas breitspurig Weiches, das zu ihrem Gesammtcharakter trefflich paßt. Aber wenn auch Luthers Ohr auf diese Art an solche gedehntere Formen gewöhnt war, wäre es doch unrichtig, daraus sein Verfahren abzuleiten. Denn gerade in den Anfängen seiner Schriftstellerei, wo die mundartlichen Einflüsse doch am stärksten auf seine Sprache hätten einwirken müssen, wimmelten seine Schriften von den stärksten Abkürzungen, später hat er sie vermieden. Will man eine Anlehnung suchen, so wird es hier wohl die Canzleisprache sein, der er sich mehr und mehr annäherte. Doch geht er in vielen Dingen seinen eignen Weg; auch später behält er die corripirten oder

elidirten Genetive des Sing. der Mascul. und Neutra mit Vor=
liebe bei: manns, lambs, nur gottes scheint ihm würdiger als
gotts oder gots. ebenso unterscheidet er die 3. Person des Sing.
der Verba von der gleichlautenden 2. des Plural im Ganzen so,
daß er für den Singular die elidirte Form: liebt, mahnt etc.
vorzieht — doch keineswegs ausschließlich — für den Plural
die Form et allein gebraucht: liebet, mahnet.

Die Neigung, je nach der Rhythmik des Satzes oder nach
anderen Beweggründen vollere oder kürzere Formen zu wählen,
hat besonders in die Declination des Substantivs eingegriffen
und hier eine Menge ungehöriger d. h. in der Sprachgeschichte
unbegründeter Veränderungen hervorgebracht. Ganz gesichert
in seiner Form sind nur der Genetiv Sing. des Masculins
und Neutrums mit seinem s, wobei es verhältnißmäßig gleich
gültig ist, ob das vorhergehende e beibehalten oder ausge
stoßen wird, ob es tages oder tags lautet. Aber sonst ist sogar
jener uralte Grundpfeiler aller deutschen Declination, die Tren=
nung in eine starke und schwache, merklich erschüttert, so er=
schüttert, daß auch Luther, so wie jeder andere Angehörige der
damaligen deutschen Sprache kaum noch eine Spur von innerem
Lebensgefühle davon besessen zu haben scheint. Dabei ist er,
wenn die Sprache überhaupt einmal hier neue Wege einschlagen
wollte, weil die alten verwachsen waren, doch auch auf dem
neuen nicht so rüstig und entschieden vorwärts gegangen, wie
man von ihm nach seinem übrigen Verhalten hätte erwarten
sollen. Offenbar strebte die Sprache darnach schon damals das
durchzusetzen, was ihr später, nur auf etwas andere Art, ge=
lungen, die starke und die schwache weibliche Declination, die
beide im Nom. Singular auf e ausgingen — sele wie zunge
gleichförmig schon lange in diesem Casus geworden — in eine
zu verschmelzen. Dazu bot sich in dem instinctiv gefundenen

Schema, auf das wir oben (B. I. 251) hingewiesen haben, ein trefflicher Mittel: Nom. sele, Gen. Dat. selen, Acc. dem Nom. gleich sele und das einst schwache zunge gerade so flectirt: im Plur. die -nformen, selen, zungen etc. durch alle Casus durchgeführt. Was man von einem so überaus dürftigen Material noch an kräftiger Selbständigkeit der Formen überhaupt erwarten konnte, das fand sich hier. Luther aber schwankt hier einmal instinctlos hin und her: ungefähr die kleinere Hälfte oder ein Drittel aller vorkommenden Fälle ist nach diesem Schema construirt, die Mehrzahl hat er entweder nach dem alten mittelhochd. Canon des starken Femin. rache Nom. und Acc. und so durch alle Casus des Singular und Nom. und Acc. des Plurals behandelt, aber noch häufiger zu dem ehemaligen starken Singular e einen schwachen Plural gefügt, oder in den ehemalig schwach flectirten Wörtern wie zunge, Gen., Dat., Acc. Sing. und alle Casus des Plur. zungen. Ebenso sind ihm die so beliebten Ableitungen mit -ung, mittelh. -unge, ordnung, reinigung etc. im Singular flexionslos, im Plural aber zieht er allmählich die schwache Form in -en, ordnungen etc. der starken ordnunge vor. Die noch beliebteren, mit muss oder musz, woneben auch niss, nis gleichberechtigt eintritt, werden von ihm ähnlich behandelt, wenn sie Feminina sind. Die meisten gelten ihm aber als Neutra oder schwanken zwischen beiden Geschlechtern. Wo das Femin. noch gilt, ist der Plural sicher nach der ehemaligen schwachen Form in -en gebildet, während das Neutrum in gewöhnlicher Weise im Nom. und Acc. entweder flexionslos bleibt oder -e endigt.

Bemerkenswerth ist, daß Luthers Sprache im Verbum viel entschiedener als in der Flexion des Nomens dem neuen Zuge des Sprachgeistes sich hingibt. So lautet bei ihm die 1. Sing. des Präs. Ind. der starken Verba von Anfang an mit

Vorliebe gebe, lese, befelche, nehme, nicht gibe, lise, befilche, Formen, die bei ihm nicht gerade unerhört sind, aber so selten vorkommen, wie sie bei manchen andern gleichzeitigen Schriftstellern der Gemeinsprache oberdeutscher Färbung häufig, aber auch hier bei keinem ausschließlich in Gebrauch sind. Luther findet sich hierin in voller Uebereinstimmung mit allen mitteldeutschen Mundarten, nicht etwa bloß mit seiner heimischen in Thüringen. Doch ist das auch hier nicht das eigentlich Entscheidende für ihn, sondern der durch die ganze Gemeinsprache gehende Zug nach diesen Formen, der in sie allerdings unzweifelhaft aus dem Mitteldeutschen gedrungen war. Es stimmte zu gut mit dem sonst überall im Verbum wahrnehmbaren Bestreben, eine Ausgleichung der gleichwerthigen Formen eintreten zu lassen, den Unterschied der starken und schwachen Conjugation zu Gunsten der Formeneinheit zu verwischen, als daß man sich ihm hätte verschließen können. Aber die 2. Plural und 3. Sing., in der ein gibet, gibt; lisest, list; befilchest, befilcht; altberechtigt und eigentlich in allen Mundarten außer einigen mitteldeutschen auch festgehalten war, hat er immer in ihrer organischen Gestalt und nie das mitteld. thüringische gebist, gebit, lesist, lesit etc. ein bringen lassen. Nur in die ältesten Drucke haben seine Setzer einige solcher Formen eingeschwärzt. Auch das historisch berechtigte eu in der 2. und 3. Pers. Sing. der starken Conjugation, die ein wurzelächtes u hat, ist bei ihm unangetastet: ich ziehe, du zeuchst, er zeucht, sogar verleurt statt verleust, weil ihm das chemalige s von verliesen schon durchgängig zu r geworden ist. Diese kräftigen Formen darf man seiner eigensten Individualität zurechnen, denn die mitteldeutschen Sprachdenkmäler sind ihnen abgeneigt. Hier finden sich früher Formen wie zuit oder zuhit, d. h. ü dem mhd. iu entsprechend, und daraus hätte allerdings, wie aus dem umgelauteten u überhaupt, ein zeuhet, zeucht werden können. Daneben aber greifen schon frühe und mit jedem Menschenalter stärker die mit dem dünnern Laute gebildeten ziehet, zieht, auch zit geschrieben und jedenfalls zit gesprochen, um sich, und diese sind für alle mitteld. thüringischen und die nächsten östlichen Mundarten um 1500 gerade so wie heute die eigentlich lebendigen.

Daß Luther in seiner Behandlung des starken Präteritums dem Zuge seiner Zeit folgen werde, läßt sich erwarten. Gerade an einer so charakteristischen, in mancher Hinsicht von der Sprache mit so großer Vorliebe gehegten Form wird sich der Instinct oder das Sprachgefühl des Einzelnen am lebhaftesten bethätigen. So hat er das neue System, das das ältere mittelhoch. in der lebendigen Gemeinsprache fast schon überwältigt hatte, das der Ausgleichung der Singular- und Pluralablaute (s. o. B. I, 302) mit nur einigen Ausnahmen sich zu eigen gemacht. Das nhd. zoch, zugen, lautet bei ihm zoch, zögen. Ebenso steht Conj. nicht züge, sondern zoge, was überall auch da, wo es nicht mit dem Umlaut bezeichnet ist, als zöge gesprochen werden muß. Dagegen hält er und hierin wieder in voller Uebereinstimmung mit den besten Mustern der Gemeinsprache, an dem pluralen Ablaut in u der Verben, die a im Singular haben, fest: half, ward, schalt bilden ihm hulfen, wurden, schulten, nicht halfen, warden, schalten, was sich einzeln damals doch schon hervorwagt. Die angebahnten Versuche aller möglichen deutschen Mundarten, den Ablaut des Plurals in den Singular zu versetzen und auf solche Art eine Formenausgleichung zu vollziehen, hulf, wurd, schult haben ihn so zu sagen nur gestreift, so selten sind derartige Fälle bei ihm. — Gelegentlich läßt er wohl einmal sein mitteld. o für das reine u zu, immer unter dem Einfluß eines folgenden r oder seltener eines n: worfen für wurfen, wofür sogar auch ein warfen auftritt, gewonnen für gewunnen, obgleich ihm offenbar wurfen, gewunnen als die gebildetere Form gilt. Dem gegenüber ist sein Verhalten zu einer andern Ablauts= reihe fast seltsam. Die Verba, die i zum Stammvocal haben, bildeten einst das Präs. Sing. in ei, den Plur. in i: riten, jetzt reiten, Präf. reit. Plur. riten (jetzt mit der noth wendigen Consonantenverstärkung ritten). In der Gemein= sprache war aber damals schon im Großen und Ganzen die Ausgleichung so vollzogen, daß Singular und Plural gleich= förmig in i ablauteten, das nur nach Umständen entweder lang oder kurz gesprochen und im ersteren Falle gewöhnlich ie geschrieben wurde, also blieb, blieben von bleiben, ritt, ritten von reiten. Man sieht deutlich, wie gern man die alten Formen halten möchte, aber es geht nicht. Noch sind die neuen nirgends vollständig durchgesetzt, aber sie drängen unaufhaltsam heran. So findet man neben einem trieb und schritt ein schein und beiss (von beissen mordere) überall regellos vermengt, nur daß je länger je mehr das neue die Oberhand gewinnt. Luther hat in seiner früheren Zeit es auch so wie die Andern gehalten. Die alten und die neuen Formen stehen nebeneinander, die letzteren sind die zahlreicheren. Aber allmählich kehrt er mit entschiedener Reflexion zu den älteren, die inzwischen wieder um so viel lebloser geworden waren, zurück und merzt jene neuen möglichst, doch keineswegs völlig aus. Auch hier lehnt er sich vielleicht an die Canzleisprache, die eine gewisse Vorliebe für diesen Archaismus lange bewahrt hat. Gewiß ist, daß ihm nur Luthers Autorität in der Schriftsprache noch bis tief in das folgende Jahrhundert ein Scheinleben fristen konnte.

Neben den auf den bloßen Wortstamm zusammengedrängten Formen des st. Präter. hat sich schon sehr frühe die Neigung hervorgethan, ihnen durch ein angehängtes e eine Art von

Endung zu geben. Nicht das deutsche allein, sondern auch das
nordgerman. Idiom mit seinem rēri von rōa, grēri von grōa
wandelt darin auf derselben Bahn. Aber erst im 15. Jahrh.
greifen diese Formen mehr um sich und sind besonders im
Canzlei- und Curialstil, aber auch in der Erbauungsliteratur
nicht selten. Luther hat sie relativ sparsam verwandt, geschrieben da, wo er sich natürlich gehen lassen konnte, also in
seinen vertrauten Briefen, niemals. Sein sahe, flohe etc.
klingen ihm offenbar majestätischer als sach oder sah, floch
oder floh und aus solchen rhetorischen Gesichtspunkten verwendet
er sie immer in bewußtem Thun, nie zufällig.

Daß er es gewesen ist, der der Form war, Prät. des
Verb. sein, zu ihrem vollständigen Siege verholfen hat, muß
bei der Unentbehrlichkeit und Häufigkeit dieses Wortes in der
Sprache auch noch erwähnt werden. Unzweifelhaft neigten die
mitteldeutschen Mundarten schon lange zu der Form war statt
was und von hier aus hatte sie sich in der Gemeinsprache des
15. Jahrh. bis weit nach Oberdeutschland hin verbreitet.
Luther selbst nahm sie also aus dieser, nicht aus seiner Lokal
mundart. Das Partic. Präter. lautet in den mitteldeutsch
gefärbten Denkmälern dieser Gemeinsprache gewest, wie im
Volksmund Mitteldeutschlands: Luther aber giebt sich diesem
gewest keineswegs unbedingt hin, sondern hält sich je länger
je mehr an die organische Form gewesen, obgleich gerade zu
seiner Zeit das mittelb. gewest bis in die äußersten Winkel
Oberdeutschlands Fortschritte macht, wieder ein Beispiel, wie
die Eigenthümlichkeiten seiner Sprache niemals unter eine
Schablone, sei es die des Mitteldeutschen oder der Canzleisprache,
unterzubringen sind.

## Siebentes Capitel.
### Luthers Wortbildung.

Hat Luthers Sprache in ihren Flexionen nur mit originellem Lebensgefühl den eigentlichen Durchschnitt der Gemeinsprache richtig gezogen, so auch in dem Bereich dessen, was man im engeren Sinne unter Wortbildung begreift. Auch hier bringt er nichts eigentlich Neues, aber in dem unentschiedenen Streit zwischen mehreren scheinbar gleichberechtigten Gestaltungen hat er es verstanden auf lange hinaus, zum Theil auf immer den Ausschlag zu geben. So, um nur einzelnes herauszugreifen, in seinen Deminutivbildungen. Dafür sind ihm lin und lein neben einander im Gebrauch, aber lein erscheint verhältnißmäßig seltener als lin, wenn gleich unbedenklich in demselben Wort: heuslin und heuslein, kindlin und kindlein. Als eine dritte immer zu bestimmter Wirkung aufgesparte und daher am allerseltensten gebrauchte Nebenform hat er, deutlich vom Süden des thüringer Waldes her importirt — le, ganz selten len: fünckle, briefle, büchle. Sie gilt ihm als die vertraulichste und zugleich demüthigste von allen denen, die der Schriftsprache zustehen und briefle oder büchle empfindet sich ganz anders und wahrscheinlich für uns gerade so wie für ihn als brieflin oder büchlin.

Seine heimatliche Mundart wußte von allen diesen Formen nichts. Wo sie auftritt, hat sie schon im 14. Jahrh. und wahrscheinlich schon viel früher die Deminutive mit -ichen, iche (statt echin, oder mehr west- und niederdeutsch ekin) gebildet. Luther kennt dies ichen sehr wohl und mündlich hat er sich wohl nie einer andern Form bedient. Wo er so schreiben zu dürfen glaubte, wie er zu den Vertrautesten redete, hat er sie auch geschrieben, aber sie ist ihm deswegen doch nicht schriftgemäß. Seinem Sohne Hans schreibt er in jenem weltberühmten Briefe von der Coburger Vestung aus als seinem Sönlin Hensichen und Hensichen bleibt sein Name und kein Henslin kann daraus werden. Wo er den Namen des Kindes nicht ausspricht, in Briefen an seine Käthe, da ist aus dem sönlin ein sönichen geworden und an gleicher Stelle in dem kosenden Tone des zärtlichsten Familienvaters und der heimischen Kinderstube findet auch der Lokalausbruck stübigen statt stübichen. g mit ch nach der thüring. Aussprache verwechselt, seinen Platz, das auswärts damals so wenig wie jetzt verständlich gewesen wäre.

Jenes ihm eigentlich zustehende lin und lein wechselt nun so, daß lein das nachdrücklichere, wirksamere ist. Wenn er die Noth eines mit zahlreichen Kindern und Hauskreuz aller Art gesegneten Pfarrers oder Schulhalters beweglich schildern will, so spricht er von dessen armen kindlein und seinem erbärmlichen schulheuslein, außerdem im gewöhnlichen Lauf der Erzählung hat der Mann kindlin und wohnt in einem heuslin. Offenbar sind ihm diese Formen nicht lebendig angestammt, aber in der originellen Weise ihrer Verwendung sind sie doch ganz in sein Leben aufgenommen: schade nur, daß sie die Andern nicht auch so feinfühlig zu differenziren verstanden. Vorhanden waren ja beide Formen, lin und lein, aber jeder andere Schriftsteller braucht nach seinem Geschmack bald die eine, bald die andere, wohl auch beide instinctlos neben einander. Jedenfalls aber war es ein Vortheil, wenn auch kein dauernder, daß dem Wuchern jenes mittelb. -ichen, das in keiner Hinsicht eine gute Sprachform genannt werden darf, ein Riegel vorgeschoben wurde. Um 1500 ist es sehr verbreitet, allerdings nur auf mittelb. Boden, um 1550 ist es einstweilen in die Volkssprache zurückgeworfen.

In seiner ersten schriftstellerischen Periode hat Luther die Vorsatzpartikel ge- vor den Participien der Vergangenheit sehr häufig weggelassen. Das Mittelhochd. hatte, der im Althochd. eingeschlagenen Richtung folgend, hier des Guten etwas zu viel gethan und durch die schablonenhafte Verwendung dieses gefast vor jedem solchen Particip sich um ein sehr ausdrucksvolles Sprachbildungselement gebracht und die Beweglichkeit und den Wohllaut der Wortformen, worauf es doch sonst Gewicht legte, sehr wenig damit gefördert. Die spätere Sprache hat sich hierin wieder mehr den Mundarten genähert, von denen die inneroberdeutschen, besonders die innerfränkischen, aber auch manche schwäbische und bairische diesem ge fast gar keinen Einlaß gewährt hatten. Das breitspurige Wesen des Mitteldeutschen, insbesondere des thüringischen und seiner östlichen Nachbarn läßt es begreifen, daß es hier so recht zu Hause war. Wenn nun Luther zuerst sich dieser ge in weitem Umfang entschlägt, so handelt er wieder nicht aus seinem heimischen Ohr heraus, sondern unter dem Eindruck vieler Muster der Gemeinsprache. Daß er sie später in großem Maße einführt, geschieht aus einem gewissen Streben nach sprachlicher Correctheit, die sich allenfalls auch hier an die Canzleisprache lehnen konnte, die diese Formen immer bevorzugt hat.

In seinem spätern Durchschnitt hat er nur die mhd. allein statthaften funden, kommen, worden, bracht und daneben noch gangen und than, seltener ein geben und troffen.

————  ———

## Achtes Capitel.
### Luthers Wortvorrath.

Wenn irgendwo ließ sich die Gemeinsprache vor und neben Luther in der Bezeichnung des symbolischen Geschlechts ihrer Substantive in einen geradezu betäubenden Wirwar verstricken. Und wenn auch im Grunde für das Ganze der Sprache und die Hauptsache, auf die es ihr ankam, möglichst deutlich und nachdrücklich zu sprechen, nicht viel daran lag, ob einer der oder die angel, der oder die asche, der oder die bach u. s. w. schrieb, so ging doch wieder der Zug des damaligen Sprachinstinctes schon so entschieden nach einer möglichsten Uniformirung alles bis jetzt von dem Herkommen oder von dem Zufall Freigegebenen, daß gerade diese Confusion bei sehr vielen der damaligen Schriftsteller große Bedenken erregen mußte, freilich ohne daß es, wie gewöhnlich in deutschen Dingen, besser damit geworden wäre. Denn zunächst fehlte ja gerade das, was in solchem Falle allein hätte helfen können, eine allgemein anerkannte Autorität, der man sich ohne alle Reflexion unterwarf.

Luther selbst aber stand auch hierin wie überall doch zu sehr auf dem Boden der lebendigen Sprachwirklichkeit, als daß er mit einer systematischen Doctrin — gleichviel ob irgend wie begründet oder innerlich berechtigt — hier gründlich hätte dazwischen fahren sollen. Man sieht es ihm an, daß er gern einige Ordnung für sich selbst schaffen möchte, und seine Setzer haben in späterer Zeit auch hier wahrscheinlich des Guten noch mehr gethan, als ihm je in den Sinn kam. Einzelnes berühren hieße einer Specialgrammatik Luthers das ihr Gehörige vorwegnehmen: auch hier kann nur das dem Zuge der ganzen Sprachentwicklung Wichtige unsere Beachtung auf sich ziehen.

Dahin gehört seine entschiedene Vorliebe für das Neutrum, da wo der bisherige Gebrauch namentlich in eigentlich abstracten Bildungen zwischen ihm und dem Femininum schwankte. Wir sahen, die ganze Richtung dieser Zeit strebte dahin, und mit gutem Rechte (s. o. B. I, 272), nirgends aber ist so kräftig diesem Drange Raum geschafft, wie bei ihm. Aber auch er war eben immer noch der Sohn seiner Zeit, und so hatte auch er doch wieder eine Menge von Ausnahmen oder Inconsequenzen, für die er in irgend einem subjectiv berechtigten Gefühl wohl immer einen guten Grund gehabt haben mag. Mitunter läßt sich ein solcher ja auch auffinden, aber uns darf es mit demselben Rechte oft nur wie Laune und Zufall aussehen. Es sind insbesondere jene von ahd. Zeit durch alle 3 Geschlechter schwankenden, später auf Femininum und Neutrum beschränkten Ableitungen, ihm zuerst meist in nusz, nus, vielleicht nüss zu sprechen, endend, später aber in die ebensowohl dem mhd. wie nd. genehmere Form nis umschlagend. Zu ihr ist er wohl weniger durch die Canzleisprache als durch seine unmittelbar lebendigen Spracheindrücke der Heimath geführt worden, wo diese leichtere und dünnere Form vorherrschte, die übrigens auch in vielen oberdeutschen Erzeugnissen der Gemeinsprache waltet, wohl aus demselben Motiv, das sie in den mitteld. Mundarten vor dem Umschlag in nus geschützt hatte. Fast alle diese zahlreichen -nus, nis Luthers, denn in der Vorliebe für sie (s. o. B. I. 233) ist er auch wieder ein ächter Sohn seiner Zeit, sind bei ihm zu Neutren geworden, während man für die andern Schriftwerke unmittelbar vor und neben ihm, wo -nis herrscht, eine sehr merkbare Bevorzugung des Feminins wie im Mhd. wahrnimmt. Aber auch sonst liebt er in sehr vielen Fällen des schwankenden Sprachgebrauchs das Neutrum: seine Bildungen mit sal, die nicht gerade häufig sind, wie trubsal u. bergl., einzelne Wörter, wie teil, waffen, mensch, in denen entweder das Femininum, oder wie in mensch und teil schon weit verbreitet das Masculin. mitberechtigt war, gelten ihm durchschnittlich, mensch freilich sehr schwankend, als Neutra, ja selbst eines der geistigen Grundwörter der Sprache, das alte māze, dessen weiblicher Begriff für das Mhd. wohl innerlich berechtigt heißen mochte (s. o. B. I, 359), jetzt aber diese innere Stütze längst verloren hatte, schwankt bei ihm schon zwischen das mas und die mase, und entschieden ist ihm das erstere mundgerechter. Dagegen hat er auch wohl einmal in wolke das althergebrachte Neutrum sammt seinem nothwendig zur Bildung des Wortes gehörenden -n „das wolken" abgeworfen, wie es mittelb. Art war, die sich gegen die auslautenden n überall so weichlich verhielt, und dadurch mit der ganzen Sprache eine genugsam vom Singular unterschiedene Pluralform — wolken neben wolke — gewonnen.

Man wird wohl nicht behaupten, daß solche Schwankungen der damaligen Zeit und ihren Lesern besonders auffällig gewesen wären und wenn er selbst doch, soweit es ihm möglich war, muß noch einmal zugesetzt werden, sich auch hier an eine gewisse Ordnung, die freilich noch weit von einem System entfernt ist, zu gewöhnen bemühte, so ist das wieder ein Zeichen für seine Gewissenhaftigkeit. Auch in Dingen, die er selbst für sehr gleichgültig halten durfte, ließ er sich niemals durch die Bequemlichkeit des Zufalls leiten. Man darf überzeugt sein, daß soweit die Grundbezeichnung seiner Schriften ihm selbst angehört, er fast nur mit Bewußtsein, wenn auch nicht immer mit der eigentlich der Zukunft der Schrift förderlichen Wahl gehandelt hat.

Das, was den Zeitgenossen selbst als das Entscheidende in Luthers Sprache galt, war ihre lexicalische Seite oder sie

selbst als ein Aggregat von einzelnen Begriffsbezeichnungen
gedacht. In wiefern er hier den Verstand, die Phantasie oder
auch den eigentlich poetischen Sprachsinn des deutschen Publicums anzuregen, zu fesseln und zu befriedigen vermochte, gestaltete sich das entweder in wirkliche Reflexion umgesetzte oder
bloß als allgemeines Stimmungsbild empfundene Urtheil über
die Größe des Schriftstellers und die Vorzüge seiner Sprache.
Und daß dies Urtheil so bald, so durchgreifend, so dauernd
sich zu seinen Gunsten aussprach, das ist doch weniger als ein
Zeichen des gesunden Sinnes im deutschen lesenden Publicum
zu schätzen, obwohl man billig auch darauf einigen Werth legen
wird, nur nicht so viel, als wir von unserer modernen Vorstellung her zu thun geneigt sind. Viel wichtiger ist die
objective Thatsache, was die unmittelbare Gegenwart Luthers
und die weitere Entwicklung der deutschen Sprache seinem
Lexicon wirklich verdankt, was er thatsächlich dem Gesammtgut
der Gemeinsprache zugeführt hat.

Gerade hier, in diesem mit voller Wucht des leiblichen
und geistigen Gehalts der Sprache wirkenden Bereiche mußte
aber auch das, was den Andern fremdartig, unverständlich
oder ungehörig in der Sprache des Schriftstellers erschien, sich
zu einer Herausforderung gestalten an alle die, welche sich nicht
einfach gläubig seinem Worte fügten, auch da wo sie es seltsam
oder unverständlich fanden. Daß die letzteren in der Mehrzahl
waren, dafür sorgte das selbst in einer so revolutionär gestimmten oder richtiger den revolutionären Krankheitsstoff
herausarbeitenden Zeit immer überwiegende Autoritätsbedürfniß
der menschlichen Art, und so sind, wie die Erfahrung bei ihm
wie in jedem gleichen Falle bis auf den heutigen Tag bezeugt,
eine Menge von Wörtern dem und jenem seiner eifrigsten
Leser in Wahrheit todt oder wenigstens starr geblieben, die

von ihm so lebendig und warm wie alle andern gefühlt waren. Jeder brachte und bringt dafür natürlich andere Normen oder eine andere Zunge mit und der damalige Zustand der deutschen Sprache war ganz danach angethan, daß darin die denkbar größte Mannigfaltigkeit herrschte. Denn was Luther selbst als Hauptvorwurf den deutschen Mundarten entgegen hielt, ihre unglaubliche Zersplitterung „daß einer den andern über 20 Meilen Wegs nicht mehr verstehen könne", hing nun freilich weniger von dem Separatlexicon jeder Mundart als vielmehr von der dem Ohre wahrnehmbaren Gestalt des Wortes, also von dem mundartlichen Laut- und Betonungssystem ab. In der Schriftsprache dagegen hatte man sich gewöhnt, diese Zufälligkeiten soweit zu ignoriren, als sie nicht von selbst durch das bis jetzt völlig naturalistisch und dilettantisch betriebene Einigungswerk der Gemeinsprache beseitigt waren. Daher mochte man sich hier, trotz einiger auffallender Besonderheiten — denn unter diesen bequemen Mantel konnte sich alles verstecken, was mit localer und individueller Originalität oder Eigensinn den gemeinsamen Typus durchbrach — doch immer auf gemeinsamem Sprachboden fühlen, und es sind eben nur jene dem eigentlichen Wortvorrathe angehörigen individuellen Züge eines Schriftstellers, wodurch das Gemeingefühl wirklich verletzt wird.

Luther selbst konnte nach seiner so klar erfaßten Aufgabe, für die ganze Nation zu schreiben, nicht anders als auch in der Wahl und dem Gebrauch seiner Wörter so sorgfältig als möglich das, was für alle paßte, beachten. Damit kam er wie jeder Andere, aber durch die zufällige Umgebung seiner Zeit und ihres Sprachdurchschnitts von selbst mehr wie Andere, immerfort in Conflict mit dem an sich ebenso berechtigten Bestreben, das Eigenste, was er zu sagen hatte, auch mit dem

eigensten Worte, das dafür in seiner Seele lebte, zu sagen.
Ein reflectirter Eklekticismus, der immer nur ängstlich sich
darnach umschaute, ob auch in Augsburg und Straßburg, in
Frankfurt und Ingolstadt jedes Wort, so wie er es als vollstes
Lebensgebilde empfand, verstanden werden würde, hätte seine
Sprache um ihren eigentlichen Nerv gebracht und zum Glück
war er viel zu sehr ein Mann des Augenblicks und der That,
ein rechter Gemüths= und Stimmungsmensch, als daß solche
kühle und doctrinäre Erwägungen factisch große Folgen für
seine Schriftstellerei hätten haben können. Aber er hat sie
angestellt und ohne Folgen sind sie nicht geblieben, dafür
zeugt ein Theil der Selbstcorrecturen, die er in späteren Aus=
gaben gerade mit seinem Lexicon vorgenommen hat. So weit
sie nicht in andere Rubriken gehören, wo sie entweder einen
später als unrichtig erkannten Ausdruck mit einem richtigen
vertauschen, — dies gilt namentlich von der Mehrzahl derer,
die sich in seiner Bibelübersetzung finden — oder das Schroffe
und Uebertriebene des Ausdrucks mildern, oder auch nur die
äußere Sprachform in der früher betrachteten Weise seinem
Ideal der Gemeinsprache immer näher zu bringen suchen, ist
es deutlich die Rücksicht auf die Allgemeinverständlichkeit eines
Wortes, das ihn bei der Entscheidung leitet, falls er es durch
ein in dieser Hinsicht geeigneteres zu ersetzen weiß, ohne den
Kern seines Ausdrucks zu schädigen. Darum ist auch noch in dem
späteren und spätesten Luther sehr viel stehen geblieben, was,
dem Durchschnitt der Gemeinsprache gegenüber, originell und
dieser fremdartig war, aber vieles davon hat, weil er damit
die innerste Seele des deutschen Sprachlebens mit glücklicher
Hand berührte, sich durch ihn und zwar durch ihn allein auf
die Dauer behauptet, anderes und häufig nicht gerade das,
dem man von Anfang an die Fehlgeburt hätte ansehen können,

ist untergegangen. Auch hier handelt Luther nur aus dem Instinct des Ganzen, aus dem in ihm lebendigen Gemeingefühl für die Sprache heraus. Er dachte nicht daran, seine Genialität, wie später etwa Fischart in seiner Weise mit vollem Rechte, durch eigene Neuschöpfungen glänzen zu lassen. Damit wäre er in principiellen Widerspruch mit seinem ganzen Thun getreten und er hat sich so scharf als möglich gegen alle solche willkürliche Eingriffe in die Sprache, sei es von Einzelnen oder von einer Coterie, ausgesprochen. Wenn er — es ist schon oben auf diese Worte hingewiesen — so derb oder göttlich grob, wie nur er es konnte, die hochvornehmen fürstlichen Canzeleien mit den Lumpenpredigern und Puppenschreibern in einen Haufen zusammenwirft, „die sich lassen dünken, sie haben Macht deutsche Sprach zu ändern und dichten uns täglich neue Wörter", so ist der heutige Leser erstaunt, als Beweise dieser Sprachverderbung „beherzigen, behendigen, ersprießlich, erschließlich" angeführt zu sehen, lauter Wörter, die schon lange vor Luther und mit Ausnahme jener Bildungen in igen auch außerhalb der Kanzlei im Gebrauch waren, die er nur nicht kannte, während die spätere Sprache sie sich unbedenklich angeeignet hat. Doch darauf kommt es nicht an, sondern darauf, daß hieraus sein eigenes Princip mit völliger Deutlichkeit erhellt. Nur was sein inneres Ohr als ein in dem lebendigen Organismus der Sprache gewachsenes Erzeugniß empfand, das ließ er für sich und Andere als berechtigtes Sprachgut gelten.

Mehr aber noch als da, wo es galt die bloßen Laute und Schälle der Sprache in Buchstaben darzustellen oder ihre Bildungsformen anzufügen und zu handhaben, stand er hier unter dem Druck der natürlichen Atmosphäre seiner Umgebung. Man hat es oft als einen Beweis seiner außerordentlichen Gewissenhaftigkeit auch in dem Kleinen und Nebensächlichen, auch wohl als ein Zeugniß für den echt volksthümlichen Athem seiner Sprache bewundernd angeführt, wie er zum Behufe seiner Uebersetzung des alten Testaments bei diesem oder jenem Gewerbsmann sich nach den besonderen technischen Ausdrücken seines Gewerbes erkundigt habe, wenn ihm solche trotz seiner angeborenen und angelebten volksthümlichen Fülle lebendigster Sprachkenntniß fremd waren. Gewiß verdient er auch darin die höchste Bewunderung, nur sollte man nicht vergessen, daß er auf diese Art, freilich ganz ahnungslos, völlig in den Bann der allerlocalsten Localeinflüsse gerieth. Wie sein Wittenberger Fleischer die verschiedenen Theile des Schöpses benannte, ja daß er diesen selbst mit einem damals jenseits der Saale noch nicht verständlichen angedeutschten Ausdruck Schöps nannte, das allein konnte Luther erfahren, aber gerade in dieser Sphäre der sog. Zunft- und Handwerkssprache hat das damalige Deutschland die volle Isolirung der Mundarten in weiterem Umfange als in jeder andern festgehalten. Es ist ein im Vergleich mit andern untergeordnetes Gebiet, aber es ist doch da und darf nicht übersehen werden, wenn man über Luthers Gesammtstellung zu seiner Sprache klar sehen will. Und was ihm hier geschah, das geschah ihm auch anderswo; wenn er im Bedürfniß des Moments in das volle Leben der wirklichen Sprache hineingreifen mußte, griff er eben in die Wirklichkeit, die ihn umgab und so ist, freilich immer unter dem Vorbehalt des gewissenhaftesten Eklekticismus, hier und nirgend anders die Stelle zu suchen, wo Luther dem mittelbeutschen Idiom eine gewisse Suprematie über seine bisherige Grenze in der Gemeinsprache verschafft hat. Der größte Theil der Wörter, die den Andern an ihm fremdartig dünkten und von diesem und jenem geradezu als solche, wenn auch nicht als eigentliche Sprachfehler bezeichnet wurden, — dazu stand die Autorität des ganzen

Mannes Luther zu hoch — ist specifisch mitteldeutsch und
nur in diesem allein lebendig, wenn auch manches schon vor
Luther auf literarischem Wege mehrfach in die Gemeinsprache,
ja auch dahin gelangt war, wo sie nach ihrem Boden eine
oberd. Färbung besaß. Ist doch selbst bis in den Straßburger
und sogar in den Basler Kreis und auf der andern Seite bis
nach Augsburg und Ingolstadt schon vor Luther manches mitteldeutsche Wort gedrungen, z. B. das vielberufene gerüchte,
geruechte, Gerücht.

Je spröder sich irgendwo die oberd. Spielart der Gemeinsprache behauptete, desto zahlreicher dünkten ihr die von Luther
gebrauchten neuen oder was damit zusammenfiel, unverständ-
lichen Wörter. Wir besitzen dafür ein lehrreiches Zeugniß.
Im Jahre 1523 fand sich ein Basler Drucker, Adam Petri,
veranlaßt, einen Nachdruck von Luthers Neuem Testament von
1522 zu veranstalten, wie solche damals eigentlich in jeder
bedeutenden Officin Deutschlands gemacht wurden. Dabei aber
hielt er es für nöthig, „die ausländigen Wörter Luthers auf
unser Deutsch anzuzeigen"; er hat, „weil sie nicht jedermann
verstehn mag, etliche Wörter im jetzt verdeutschten Neuen Testament und weil doch dieselbigen Wörter nicht ohne Schaden
hätten mögen" — so druckt er selbst unbewußt in echt mitteldeutscher Lautgebung, während Luther, wie oben bemerkt, noch
an dem alten mugen d. h. mügen des Mhd. festhielt — „verwandelt werden, auf unser Hochdeutsch lassen auslegen" —
unser Hochdeutsch, d. h. die Gemeinsprache, wie man sie in
Basel druckte und handhabte, denn hier war der äußerste Vorposten derselben, wie oben gezeigt ist, wo dicht daneben noch
das eigentliche ortsübliche Schweizerdeutsch seine literarische Legitimität durchsetzen wollte.

Sieht man dies — übrigens so flüchtig und äußerlich als

möglich gemachte — Verzeichniß näher an, so ist es die thatsächliche Probe für die oben ausgeführten Sätze. In den meisten Fällen ist es die mittelb. Signatur der Wörter, die sie in Basel unverständlich machte, während doch viele davon, weil sie aus dem lebendigen Strom der Sprache gegriffen waren, eine reiche Zukunft hatten und 30 Jahre später Basler Schriftstellern und Druckern eben so vollberechtigt wie alle andern galten. Für die übrig bleibende kleinere Hälfte gilt nun wieder Verschiedenes und fällt auch hier nicht alles unter eine Rubrik. Hier stehen zuerst eine stattliche Anzahl von Wörtern, die die Gemeinsprache da, wo sie nicht so stark local gefärbt war, wie gerade in Basel, als ihr volles Eigenthum anerkannte, Wörter, die ein Murner in Straßburg, ein Aventin in Ingolstadt un bedenklich brauchten, und die nur in Basel nicht, freilich noch weniger in Zürich, Luzern oder gar in Bern, verstanden wurden. Endlich noch ein geringerer Haufe von solchen, die Luther beinahe schon als antiquirt nicht aus der lebendigen Sprache entnahm, wo sie kaum in irgend einem Winkel vegetirt haben werden und wahrscheinlich nicht in einem solchen, den er selbst durchforscht hat. Wo er sie hergenommen hat, läßt sich begreiflich im einzelnen Fall nicht angeben, aber er muß sie aus seiner deutschen Lectüre haben, denn es sind ohne Ausnahme Bestandtheile des mhd. Prosawortvorraths, denn mittelhochdeutsch darf man in weiterem Sinne die Sprache der sog. Mystiker und Populärphilosophen des 13. und 14. Jahrh. nennen, wenn es uns auch nicht das poetische, das höfische und darum das eigentlich classische Mittelhochdeutsch ist. Diesen an sich trefflichen, in der Form meist untadeligen Wörtern hat selbst sein Genius kein Leben einzuhauchen vermocht. Sie sind zwar nicht sofort — davor schützte seine Autorität — aber doch unaufhaltsam zu Grunde gegangen und es ist dabei noch das verwunderliche, daß einige davon urkundlich belegbar, andere höchſt wahrſcheinlich zu den rechten Idiotismen des Schweizer=deutſchen gegenüber der Gemeinſprache gehören und doch vor einem der Gemeinſprache, wie man ſie am Oberrhein ſchreibt und verſteht — „unſer Hochdeutſch" — befliſſenen Literator nicht Gnade fanden, wohl weil ſie Idiotismen der Volksſprache waren.

Zu der erſten Art gehören Wörter — wir geben ſie in den von Petri citirten Formen, die nicht immer die ächten Luthers ſind, und in der von ihm eingehaltenen, ihm für alphabetiſch geltenden Folge — wie alber, in der heutigen Bedeutung albern, die ſich aus der nahe liegenden des Mhd. und Gemeindeutſchen zunächſt nur in den eigentlich mitteld. Sprachdenkmälern entwickelt hat. Bang, das eig. nur mitteld. iſt, aber hier ſehr verbreitet. Beben mit ſeinem mitteld. e ſtatt des oberd. und mhd. i. Beschicken, in der Bedeutung etwa in Schick bringen (der Basler überſetzt es durch beſtatten, Luthern, wie dem lebendigen Mitteld. ſeiner Zeit, gilt beſtatten im heutigen, d. h. durch ihn firirten Sinne begraben). Besudlen — in dieſer Lautverſetzung ſtatt des hiſtor. berechtigten, von dem geſchriebenen Mitteld. wie von der Gemeinſprache gleichermaßen anerkannten — eln ſteht es wie die meiſten ähnlichen Bil=dungen bei Luther, weil der mitteldeutſche Volksmund und er ſo ſprach: wahrſcheinlich damals wie jetzt besulle für -en. Betretten überraſchen (woher dann das bald ſehr beliebte ab=jectiviſch gebrauchte Partic. unſer „betreten"). Blotzlich oder plotzlich, d. h. plötzlich, ein ſehr typiſch md. Wort, wofür das oberdeutſche „gehling" im Mitteld. trotz des Fortlebens des Etymons gehe (jache), nicht recht verſtanden worden wäre. Em=pören, das dafür geſetzte obb. ſtreuſen hätte wieder kein Mitteld., ſchwerlich damals ein Andrer als ein Eidgenoſſe, alſo ein Ale=manne ſübl. vom Rhein, verſtanden. Entkomen in der Bed.

entlaufen, allerdings mehr mb. als gemeinb. Entwenden in der heutigen Bedeutung bloß mittelb. Erdbeben, wofür oberb. das schon mhb. allgemeine Erdbidem, erdbibe. Luther selbst hatte zuerst erdbeden — was gewiß kein Druckfehler ist — an einer der genannten Bibelstellen gesetzt, es aber sofort in der nächsten Ausgabe mit seinem regulären -beben vertauscht. Erhaschen, ein durch und durch volksthümlicher mb., aber keineswegs etwa thüring. oder gar Wittenberger Localausbruck, im übrigen Deutschland, in der Gemeinsprache noch unerhört. Eitel, ein zwar allgem. hb. Wort, jedoch in der Beb., die hier gemeint ist, wan, lär, unnütz, damals noch mb., obwohl auch außer Luther schon von der mb. gefärbten Gemeinsprache aufgegriffen. Das Basler ahb., mhb. und oberb. wan hätte die Gemeinsprache und Luther selbst nicht mehr verstanden. Ferne, fern, wo nur das specifisch mb. n statt des oberb., b. h. hb. rr, ferre, ferr Anstoß erregt haben muß. Feltweg als Uebersetzung des στάδιον im griech. Text, vielleicht von Luther selbst gebildet, jedenfalls aber in Mitteldeutschland scheinbar völlig verständlich, während es in der That, weil dazu ja gelehrte antiquarische Vorkenntniß gehört hätte, Niemand recht hätte erklären können. Die Züricher Bibel von 1534 mit ihrem Schwyzerbütschen mannslouf verfährt eigentlich auch nicht besser, aber auch nicht schlechter. Freyen, baslerisch-schweizerisch und allgem. oberb. „weiben", bloß mb., aber da z. B. schon im Passional ganz eingebürgert. Fülen, „Empfinden", uns berührt es eigenthümlich, ein solches Wort einer Uebersetzung bedürftig zu sehen; in der That ist es zwar in der ältesten hochdeutschen Periode, und später ahb., wie es scheint, gemeingültig, dann aber zieht es sein Leben bloß auf das Mb. zurück. Anders ist es, wenn P. sogar das Wort gebür. Gebühr, beanstandet, was zwar entschieden mb. heimathständig ist, aber doch schon im 15. Jahrhundert bei so eingefleischten oberdeutschen Koryphäen der Gemeinsprache, wie Niclas von Wyle und Geiler von Keisersperg vollständig durchgebrungen ist. Geborsten, geborsten, oberd. nicht nur in dieser bloß mittelb. (und auch niederdeutschen, obgleich der Heliand nur bresten, nicht bersten, kennt) Lautumsetzung anstößig: oberd. ist das hist. allein richtige bresten damals schon auf seine abgezogene Bedeutung, ein „Gebrechen" haben — derselbe Tropus — beschränkt. Gevesz, Gefäß, allerdings bloß mittelb., wo dagegen das mehr oberd. Geschir, Geschirr, in dieser Bedeutung stets unbekannt blieb. Gehorchen, ein der hd. Schriftsprache so unerläßlich nothwendiges Wort, daß man leicht übersieht, daß es sich nur in mittelb. Denkmälern findet. Gelindigkeit, so wie gelinde selbst dürfte nicht bloß auf das Mittelb. beschränkt werden, aber gewiß ist die Bildung linde die eigentlich mhd., obwohl sie im Oberd. sich nicht sehr lebendig erhielt. Gepfropft, was der flüchtige „Verdeutscher" mit dem nichtssagenden „gepflanzt" giebt, ist entschieden mehr mittel- als hochd. Oberd. wäre „geimpft" gewesen. Gerücht, wobei dem Uebersetzer das eigentlich mhd. oberd. Gerüste nicht einfällt, ist mittelb., ja in dieses selbst mit manchem andern (s. o. Bd. I. 178) aus dem Niederdeutschen importirt, wahrscheinlich durch die Sprache der Rechtsbücher, wo es nur in etwas anderer technischer Bedeutung eine so große Rolle spielt, aber wie schon bemerkt, in der Gemeinsprache nicht mehr selten. Gesteupt, ein Lieblingswort Luthers und seiner ganzen Zeit, wenn auch aus Mitteldeutschland oder gar aus Niederdeutschland stammend, wie p für hd. f bezeugt, doch schon im 15. Jahrh. in der Gemeinsprache weit verbreitet, später nur durch die Tradition Luthers erhalten in dem Scheindasein, das es bis jetzt in der hd. Sprache führt. Getreide, in der Bedeutung „korn, frucht", allerdings ein ahd. mhd.

fremdes Wort, nur in der allgemeinen Bed. „Erträgniß, Ertrag", nicht in der specifischen gebraucht, die ihm das Gesammt-Mitteldeutsche schon lange vorher — nicht erst Luther — gegeben hatte. Getümmel, zwar ein früh mhd. Wort, dann aber verschwunden, wohl als ein unfeiner Ausdruck, mitteld. aber sehr beliebt. Getünchte wand; tünichen, tünchen, ein Fremdwort, aus dem lat. tingere, ist außer Mitteldeutschland bis dahin nie recht durchgedrungen, obgleich man ihm hier und dort begegnet. Gichtpruchig: hier geht das Bedenken nicht gegen das allgemein bekannte Gicht, sondern gegen den zweiten Theil, pruchig, brüchig. Die Bildung brüchig von bruch ist, wie schef- oder schifbruchig, vridebruchig etc. bezeugen, eine Lieblingsschöpfung des Mitteld. Gleichbertig, -wertig soll undeutlicher als gleichförmig sein: vielleicht gab bloß das, keineswegs mitteld. b für w in der dem Interpreten vorliegenden Ausgabe des Lutherschen N. Test. Anstoß, das später verschwand. Götze, Abgott. So wenig wir hier in eine Untersuchung über die viel bestrittene Etymologie eines Wortes eintreten wollen, ohne das die hd. Sprache gar nicht leben könnte, so sei doch bemerkt, daß die Zusammenstellung mit dem ahd. mhd. goz, gegossenes Werk, uns ganz falsch dünkt. Es ist wohl, wie schon Jacob Grimm gesehen hat, eine von den seltenen, aber desto energischeren Deminutivformen an Appellativen nach der Analogie von Eigennamen (s. o. Bd. I. 367), und nichts weiter als Gott. Es ist schon vor Luther im Gebrauch, er aber hat es populär gemacht, mitteld. kann man es an sich nicht nennen. Auch sein „Oelgötze" ist ihm nicht allein eigenthümlich. Grentz, Grenze, selbstverständlich, weil ein slav. Lehnwort, nur mitteld. und ostdeutsch, aber hier überall bekannt, gewöhnlich damals noch in der ursprünglicheren Form Greniz, selbst Graniz. Hermen, härmen, als Verbum freilich nur mitteld. lebendig aber das Etymon Harm gehört der ganzen Gemeinsprache. Heuchler, entschieden nur mitteld. von einem gleichfalls nur mb. Verbum heuchen, hauchen in der Bedeutung des mehr oberd. kauern, hauern, was dasselbe ist, oder des schriftmäßigen „sich bucken", was hd. eigentlich „tucken" geschrieben werden müßte. Heiradten, heirathen, obb. mannen, wie noch heute. Im hd. Allgemeingebrauch erst seit Luther, obwohl es ihm in dieser Bedeutung schon von seinem Mitteld. überliefert war. Hügel, obb. Bühel, was wieder kein Mitteld. verstanden hätte. Hügel mit seinem sonderbaren g — die mhd. Form hat ein v oder b — noch nicht recht erklärt und doch wohl identisch, d. h. weitergebildet aus dem Stamm des Mitteld. bis tief nach Oberdeutschland verbreiteten Haug, Hügel. Inthan, später einthan oder eingethan, nur mitteld. in dieser Bedeutung, die der Uebersetzer sehr vag mit „geben, überantworten" ausdrückt. Auch der späteren Schriftsprache ist diese Bedeutung ziemlich fremd geworden. Khan, Kahn, wofür die alemann. Nachen, Weidling in Thüringen nicht bloß, sondern schon am Neckar und der Donau völlig unverständlich gewesen wären. Es ist ein, in seinem Ursprung dunkeles, gemein niederd. und mitteld. Wort. Knochel, Knöchel, überwiegend mitteld., obgleich schon im 15. Jahrh. in der Gemeinsprache sehr beliebt, wo dann gewöhnlich das hd. allein richtige knuchel, knüchel erscheint. Kretzmerei vermochte Niemand zu verstehen, der nicht an oder auf dem Boden des ostdeutschen Coloniallandes lebte. Das häßliche Wort ist zum Glück nicht einmal durch Luther habilitirt worden und mit Recht zu einem bloßen Provinzialausdruck begradirt, der heute nur westlich bis zur Elbe reicht. Kuchlin, Küchlein entschieden mitteld., aber keineswegs thüringisch oder meißnisch, sondern dem westlichen fränkischen Mitteld. zugehörig, wo es sich mit der niederd. Form Kucken, Küken berührt, hochd. lautet es kenchel, daneben auch mehr oberrhein. küchel, aber in das innere Oberdeutschland ist es nicht vorgedrungen.

Lippen. Lippen, in seinem pp seinen mittelb. Ursprung verrathend, und selbst in die damalige Gemeinsprache trotz seiner allgemeinen Verbreitung in der mittelb. Literatur noch nicht aufgenommen, sondern noch durch das ächthochd. lefzen ersetzt. Lencken. lenken, bloß mittelb., aber hier nördlich und südlich vom Thüringer Wald. Lermen. Lärm, bekanntlich ein spät, d. h. nachmhd. eingeschlepptes Fremdwort, die ganz angedeutschte Form des franz. alarme. gehört der volksthümlichen Gemein-Sprache, nicht aber der schriftmäßigen, schon im Anfang des 16. Jahrh. In diese ist es durch Luther gebracht. Malmen, malmen, zermalmen, bloß in seinem a für das eigentlich berechtigte e — statt melm — mittelb. Marckt. in der geschäftsmäßigen oder officiellen Bedeutung, ein mit Marktrechten versehenes Dorf, jetzt durch angehängtes fleck oder flecken auch dem Oberd. verständlicher geworden, specifisch mittelb. fränkisch — und darum schon bei Hartmann v. d. Aue. Meuchelmörder ist nur wegen seiner, recht eigentlich tautologischen Zusammensetzung etwas Neues für den Oberdeutschen; meucheln und mörder kannte er als Synonyme sehr wohl. — In Morgenlant. Aufgang der Sonne, befremdete die Neuheit des Ausdrucks, der ganz Luther gehört und keinerlei Localbeischmack hat. Dagegen durfte man in Basel Motte. Motte, als ein bloß dem mittelb. aus dem niederb. zugeflossenes Wort nicht verstehen. Auch Otter. Otter, ist seiner ursprünglichen Verbreitung nach nur mittelb. Qual und Quelen. Qual und quälen, die zwar auch dem mhd. Wörterbuch nicht fremd sind, genauer besehen aber immer in den Norden des hd. Sprachgebiets weisen. — Daß der grobe Oberd. Mund Luthers Raben,

für nachbrennben quiltr, und schon goth spild, sowie
durch seine Wurzel, die in unserm spalten, noch ziemlich in
ältester Gestalt sich erhalten hat, als mitteldeutsch zu erkennen.
Das Oberdeutsche hat aber die gute mhd. oder urdeutsche Form
vergessen und kennt bloß das zu einem andern Stamm gehörige
sprei8o, Spreißel, das im Mitteldeutschland damals wie heute
unerhört ist, während das damit völlig identische sпliszen,
spleiszen hier wie in Niederdeutschland, natürlich das als pliten
zu den geläufigsten, aber nicht, in die Schriftsprache über-
geführten Stämmen gehört. Spitzniss, Gespenst, mit keinem
scharf, Niedend. Beischmack hat selbst Luther nicht den übrigen
Deutschen verständlich gemacht, wohl aber das damit identische
Spuk oder Spuck Spuken oder spoken, denn die Quantität
schwankt von Anfang an, das aus derselben Quelle, in das
Mittelb. geflossen war. Stachel ist durch „eiserne spitze"
verdeutscht worden, was sich begreift, wenn man sieht, wie
dies einst im Mhd. weit verbreitete Wort — freilich nur in
der Weiterbildung stachila als Substantiv und daneben stihhal
Adj., damhbu ganz verschwindet und hier mittelb. fortlebt. Bei
storrig, störrig ist der Tropus, der von Luther in diesem
Worte äußerst selten empfunden wurde, anstößig. Das schlichte
Nomen storro mit seiner sinnlichen Bedeutung, Baumstorren,
Strunk, ist natürlich eben so gut oberdeutsch als mitteldeutsch.
Laßen, tabellu — die Luthersche Form, wie schon
oben beleuchtet (s. vor.) — ist zwar im 15. Jahrh. kein
bloß mitteld. Wort, aber es war doch einst von dort aus gegangen. Es gehört zu denen, die durch ohne Luthers Autorität
eine sicherer Anwartschaft auf gemeindeutsche Popularität gehabt hätten. Sonderbar nimmt es sich aus, daß der Oberdeutsche
Luthern sein taugt, taugt vorrückt. Nicht etwa, wie ein gelehrter Kenner der älteren Sprache vielleicht glauben will das

unorganische t der Flexion Aerger erregt, denn eigentlich soll
es ja taug mit Inf. tugen, d. h. tügen, der damals und bei
Luther noch allein gilt, lauten, und später schreibt Luther in
der That wieder richtig taug. Die neue Form war aber
nach der Schablone aller andern Verba zugeschnitten und
deshalb hatte sie die Zukunft für sich. Nur die Bedeutung
des Wortes ist in Oberdeutschland unverständlich geworden.
Einst im Mhd. gerade so allgemein schriftgemäß wie heute, zieht
es sich später seit dem 14. Jahrh. zurück und lebt nur in den
Denkmälern, die auf dem Boden der mittleren Mundarten
geschrieben wurden. Aber doch ist es immer ein Wort der
Gemeinsprache geblieben und Luther hat ihm nur zu seinem
guten alten Rechte verholfen. Töpfern, irden, in dieser Anwendung nur mittelb. und selbst durch Luther nicht eigentlich
nhd. gemacht. Dagegen Trenen, Thränen, wenn auch auf das
ahd. mhd. gleich allgemeine ahd. trahan, Plur. traham, mhd.
trahen, trehene zurück gehend, ist in der Umsetzung in die
vielleicht aus dem falsch verstandenen Plural erklärbare
Femininalform nur mittelb. und in dieser Signatur auch nhd.
geworden. Triestern, wofür gleichzeitig schon trestern als-bessere
Schreibung erscheint, ist nicht ausschließlich mittelb., aber da,
wo das im Mittelb. damals wie jetzt fremdartige Treber, Träber,
gilt, ebenso leblos wie dieses dort. Übertauben, übertäuben,
kann nur in der Zusammensetzung mit über Anstoß erregt
haben, denn das Etymon toub, oder davon touben, betouben
und am meisten ertouben, ist in Oberdeutschland zu jeder Zeit
frisch, dagegen ertouben nicht in das Mittelb. gedrungen, auch
Luthern ganz unbekannt. Ueberreichen, von dem einfachen
reichen, einem einst allgemein schriftmäßigen Wort, das als
ein Lieblingswort Luthers, sammt allen seinen Ableitungen
und Zusammensetzungen, dar-, ge-, über- etc., -reichen, -reich-

ung aus dem Mitteld. der Gemeinsprache wieder gegeben wurde. Verschmachten, wie das einfache schmachten, ist entschieden norddeutsch, mittel- und niederdeutsch, da aber so lebensvoll, daß Luther an ihm nicht vorbei gehen konnte. Hd. eigentlich nur ahd. sind einige kränkelnde Nebenschößlinge, die bald verdorren, z. B. gasmahton, lat. exolescere, in denen die energische Bedeutung des gemeinmitteld. die smaht, d. i. Hunger und Durst zugleich im höchsten Grade, sehr ins abstracte verblaßt. Verstorzt, verstürzt, d. i. bestürzt (das Luther in derselben mitteld. Vocalmengung von o und u als bestorzt selten benutzt), ist doch, auch in seiner jetzigen tropischen Geltung — eigentlich heißt es ja: mit Erde ganz über„stürzt" — ein gutes gemeindeutsches Wort des 15. Jahrh., wenn es auch in Basel nicht verstanden wurde, aber, wo es dem mitteld. Munde nachgeschrieben wurde, geschah es in der richtigen u Form, die darum auch nhd. mit Recht wieder durchdrang. Vertretten, vertreten, in der heutigen Bedeutung — die andere sinnliche = „zertreten" hat damit nichts zu schaffen — ist für die Gemeinsprache neu und specifisch lutherisch; in den eigentl. mitteld. Schriften und Urkunden des 15. Jahrh. ist es aber schon im Gebrauche. Ufer, obgleich vereinzelt im gebildeten Mhd. in der eigentlich höfischen Sprache, bleibt doch immer mitteld., bis es Luther gemeindeutsch macht. Ebenso umbringen, das kein Oberdeutscher damals verstehen konnte. „Urbittig", erbötig, ist eigentlich nur ein Solöcismus Luthers, der sich allerdings nicht auf seine ältesten Schriften allein beschränkt, sondern wie Anderes dieser Art in unbewachten Augenblicken einmal wieder durchschlüpft. Aber seine solenne Wortform lautet erbütig, hie und da auch specif. mitteld. -botig und dies hat seltsamerweise nhd. gesiegt. In jenes urbittig spielt offenbar das ihm noch ganz lebendige beiten, warten harren, mit herein, das viele Ableitungen mit kurzem i, folglich auch mit doppeltem tt gezeugt hat, wenn sie gleich mehr dem ältern und fast gar nicht dem mittelbeutschen Sprachbereich zustehen. Ausgerottet scheint, da das Verzeichniß alphabetisch geordnet ist, gar nicht hierher zu gehören, aber dem Basler Ohr klang noch das alte mhd. u für das gemeindeutsche und mittelb. au, was man nach dem fremdsprachigen Original druckte. Rotten, ausrotten ist durch und durch mittelb. Das Oberdeutsche sagte usgerütt, ü wie immer für mhd. iu, nhd. eu, seltsam genug aber setzt P. dafür, von Luthers oder der Gemeinsprache Autorität halb fortgerissen auszgerüt, weil er überhaupt dieser gemeindeutschen au und ihres Correlats ei für ī sich nicht erwehren kann. Luther selbst braucht ebenso oft das eigentlich gemeindeutsche oder hochd. -reuten, niemals aber das in den mittelb. Sprachdenkmälern seit dem 14. Jahrh. so häufige -roden mit Erweichung des harten Consonanten und Verlängerung des Vocals. Bei Wegern, weigern, störte wohl bloß das mittelb. e für hochd. ei, indessen hält Luther gerade in diesem Worte fest daran, hat es aber doch nicht durchgesetzt. In Wetterwendisch ist es nur die Endungssilbe -isch, die freilich durch die ganze Sprache verbreitet, doch am massen haftesten in Mittelbeutschland sich breit macht. Eigentlich hd. und oberd. zugleich war wetterwendig. Wichtig. kennt weder das Oberd. noch die Gemeinsprache des 15. Jahrh. Auch mittelb. ist es zwar verbreitet, aber der sinnliche Begriff der Schwere herrscht allein darin, bis seit dem Beginn des 16. die tropische Bedeutung keimt, die übrigens auch noch bei Luther sehr viel von ihrer materiellen Grundlage hat. Denn wichtig heißt ihm lange nicht alles das, was das spätere und späteste Nhd. so bezeichnen kann, sondern der Basler Glossator trifft hier einmal ganz das Rechte, wenn er schwer, lastig (lästig) dafür jetzt. Zygenfell. Ziegenfell, würde auch mhd. nicht verstanden worden sein, so wenig wie Zyge selbst, obgleich es früh ein mhd. zige giebt, was aber später in das nördliche Mittelb. zurückweicht und durch das oberdeutsche geisz ersetzt wird, das in Mitteldeutschland ganz allmählich ausstirbt, wie zige dort, so daß der Sinn des alten Neckverses, der sich in einer Straßburger Hdschr. des 14. Jahrh. erhalten hat, im 15. nicht mehr durch ganz Deutschland verstanden worden wäre: unde ein geis ist ein ziger — der Schreiber selbst, sieht man, verstand ihn auch nicht mehr recht, sonst hätte er zige und nicht ziger, Ziegenkäse, geschrieben — mit ein ziger ist ein geis.

Aus der zweiten Abtheilung — Wörter, die nicht mittelb., sondern der wahren Gemeinsprache angehören und die durch Luther ihren letzten Stempel erhielten — führen wir in aller Kürze an: änlich, ähnlich, afterreden, (übel)nachreden, anfal, Anfall in der Bedeutung des, was durch Erbschaft oder sonstigen Zufall jemand „anfällt", Anfurt, Anfurt, Anstoss in übertrag. Bedeut., eig. Angriff, Aufschub, Aufschub, Aufrucken, aufrücken, jemand etwas, befremden, befremden, berichtung, Berichtigung, bestricken, bestricken, im trop. und eigentl. Sinn, während die spätere Sprache den ersten bevorzugt, betaget, betagt, beteuhen, betäuben, beträuwen (d. h. beträu-en), bedräuen, betreten, antreffen, betüngen, mit Dünger versehen, bewust, bewußt — alle diese, so wie viele andere bei Luther so beliebten, in einzelnen Fällen aber von ihm, wie wir sahen, so hart gescholtenen Zusammensetzungen mit Be- gehören zwar der Gemeinsprache, sind ihr aber größtentheils aus der Canzleisprache zugeflossen. Diese schwelgte so zu sagen darin, und wenn auch für die hier aufgeführten sich ältere zur Noth mhd. zu nennende Belege finden lassen, so höchstens dort in bescheidenen Winkel. Daß das Nhd. damit so entsetzlich überladen worden ist, verdankt

es also der vereinten Wucht der Autorität Luthers und der
Canzleisprache. Bracht, wofür das nach der gew. Orthographie
der Gemeinsprache geschriebene „Pracht" mehr Eingang gefunden
hat, das übrigens auch Luther später vorzieht. Braussen,
brausen: Brüsen, prüsen, in etwas weiterem Umfang als der
heutige Begriff, aber doch nicht in jener unendlich lebensvollen
Vielgestaltigkeit des mhd. prueven, die bei einem Fremdwort,
lat. probare, manchem auffallend ist. Darb, d. h. Darbe, Femin.
Mangel, wofür das spätere Nhd. bloß das davon abgeleitete
Verbum darben⁀ darben, behält. Deutlich, deutlich. Dürstig,
gew. von Luther richtig türstig, thürstig geschrieben und
wie das Etymon tar, noch ganz voll Leben in dieser Zeit, wenn
es auch dem Basler Drucker ein Idiotismus scheint. Erndten,
ernden, zwar mehr mitteld., aber doch so allgemein geläufig,
daß es füglich in diese und nicht in die vorige Rubrik gehört.
Erregen, erregen. Ersauffen, ersaufen, ertrinken. Eysser, jenes
räthselhafte, im 15. Jahrh. auf einmal so populäre Wort, das
alles, nur nicht mitteld. Gewächses ist. Feil, Fehl, Fehler, wo
rüber oben p. 51. Flehen, flehen. Flicken, flicken. Frumm,
Frumme, Nutzen. Gedeyen, d. i. gedeihen, wie wir mit Wahrung der histor. Orthographie schreiben. Gegent, Gegend.
Geheymniss, Geheimniß. Geziehte, d. i. Gezüchte, Gezücht.
Grüntzen, grunzen, ein uraltes, allmählich ganz auf die grob-
sinnlichste Bedeutung beschränktes, bei Otfrid noch hochvornehmes
Wort, dem selbst Luther, der es, wie die Gemeinsprache seiner
Zeit, mit Behagen gebrauchte, nicht wieder zu Ehren verhelfen
konnte. Hal, Halle, gewölbtes Gemach. Harren, harren.
Hauchen, in der gew. nhd. Bedeutung hauchen, nicht in der
oben erwähnten mitteld. Helft, Hälfte. Hönen, höhnen, ver-
höhnen. Kericht(!), Kehricht. Kluft, Kluft. Kosten, kosten,
das deutsche Wort „kosten", versuchen; an dem Fremdwort

kosten, dem lat. constare, costare nahm man in Basel keinen
Anstoß. Kündig, kundig. Lappen, die Lappen, vielleicht erst
aus Mitteldeutschland der Gemeinsprache zugeführt, aber in
ihr sehr weit verbreitet, im 15. Jahrh. ein sehr vornehmer
Toilettenausdruck, auch bei Luther noch ganz ohne die meist
verächtliche Nebenbedeutung von heute. Lass, laß, müde.
Mieten, miethen. Monsüchtig, mondsüchtig. Näff, Neff. Neffe.
Narbe, Narbe. Panier, Banner, Bannier. Preys, Preiß in
allen Bedeutungen des Wortes, außer in der finanziellen.
Pobel, Pöfel-volck, Pöbel. Das b ist allein etwas mitteld.
angehaucht, in der Gemeinsprache steht noch das alte v oder f.
Raum, Raum. Rügen, rügen, etwas stärker wie heute. Rüstzeug, Rüstzeug, wie rüsten und viele davon gemachte Bildungen
aus der Gemeinsprache Luther bekannt, nicht aus dem Mitteld.,
wohin es aus dieser gedrängt ist. Schäffel, Scheffel (Hohl-
maß), wenigstens in dem größten Theile des Gebietes der Gemeinsprache viel gebraucht. Schlachttag, wie heute, der für
die bürgerliche Haushaltung so wichtige Schlachttag, oberd. damals und heute, „Metzeltag". Schnur, Schwiegertochter, erst
kürzlich veraltet. Schwelgerei, wie das Etymon und viele
davon stammende Bildungen der Gemeinsprache von ahd. Zeit
bis heute gleich populär. Schwulstig, schwültig in übertragener
Bed. Sehnen, gleichfalls ein nicht nur in Oberdeutschland,
sondern in allen Mundarten damals zurückgetretener Grundpfeiler
der Schriftsprache. Seym, Seim, besonders Honigseim. Sempt-
lich, sämmtlich. Sichten, sichten, aus und statt dem einfachen
seihen, mit derselben Verkürzung des i, wie in dicht, mhd. dihte.
Soller, Söller. Spaltung, Spaltung. „Zanck, zwitracht". Das
berühmte Stachellecken, von Luther nicht etwa bloß in wider
den Stachel „löcken". Apostelg. 9, 5, gebraucht, sondern wie
in der Gemeinsprache in der lebendigsten Bedeutung des

Springens, Hüpfens von ihm aus der Schriftsprache, nicht aus einer Mundart aufgenommen. Stuffe, Stufe, „Staffel" oberd. Teppich, Teppich. Teuschen, täuschen. Untüchtig, untüchtig, dem Oberd. wie sein Etymon taug (s. o. S. 101 f.) fremdartig. Wad, Gewand, damals allerdings nur noch der Schriftsprache, abgesehen von einzelnen Localmundarten, bekannt. Wayland, weiland, mit dem schon im 15. Jahrh. hollebten, wenn auch unberechtigten a der zweiten Silbe, das sich dem mhd. wīlen, wīlent gegenüber auf ein mhd. wīlōn, wīlōntumb, daraus wīlant berufen dürfte. Zetschellen, zerschellen.

Der dritten oben abgegrenzten Masse gehören Wörter an wie Far, Fahr, Fahrlässigkeit, Gefahr, Eile, in der heutern Bedeutung; Sünbo, Mietling, Miethling, nicht ganz in der heutigen entschieden verächtlichen Färbung; Unverrücklichkeit, was der heutigen Sprache mit „Unverrücklichkeit" verständlich, aber nicht geläufig ist.

Man erwäge, daß dies Basler Lutherische Idiotikon doch nur auf einem fast verschwindend kleinen Theil der ganzen Lutherschen Sprache, auf das Neue Testament, beschränkt, und daß es nicht einmal aus dem noch ungebrochenen Selbstbewußtsein eines der Gemeinsprache widersetzlichen sprachlichen Separatismus, wie das damalige Schweizerdeutsch, hervorgegangen ist, sondern selbst bona fide auf dem Boden der Gemeinsprache steht, wie man sie in ganz Hochdeutschland — nicht aus bloß in Basel — handhabt und versteht. Es wächst dann doch Maßstab für den Einfluß der Autorität Luthers in der heutigen Sprachgestaltung ins Ungeheure. Denn es wäre sehr leicht, das dem ganzen Luther die sechsfache oder zehnfache Summe von Wörtern gleicher Qualität oder gleicher Stellung zu der damaligen hochdeutschen Sprache zusammenzustellen. Auch sie sind zum größten Theil durch ihn entdeckt erst ihr Eigenthum geworden, wenn es seine eigensten Neubildungen waren, die er, wie wir schon sahen, doch nur mit der größten Behutsamkeit oder Sparsamkeit vorgenommen hat, oder sie sind durch ihn ihrer particularen mitteldeutschen Beschränktheit entnommen und der Gesammtsprache dauernd einverleibt, oder wenn er sie in dieser vorfand, hat er ihnen gleichsam einen neuen Lebenshauch eingeflößt, dessen sie gar sehr bedurften, weil sie ihren natürlichen Boden in der lebendigen Sprache entweder schon verloren hatten oder im Begriffe waren zu verlieren.

Wo seine Autorität, die der Gemeinsprache und zugleich die des lebendigen Gebrauches innerhalb eines nicht allzu eng begrenzten Gebietes der Mundarten zusammentrafen, da gelang es am leichtesten und am nachdrücklichsten. Wenn man auch nur die oben angeführten Wörter durchsieht, wird man sich sofort davon überzeugen. Aber es genügte auch schon, wenn nur seine Autorität sich zu einem dieser beiden Factoren gesellte und viele Wörter dieser Kategorie nehmen in der weiteren nhd. Sprachgeschichte dieselbe gebietende Stellung ein wie jene. Nur wo er, und das trifft doch nur eine Minderzahl, die sich in seinen spätern Schriften sichtlich immer mehr verkleinert, wirkliche Archaismen, von denen weder die Gemeinsprache noch die Mundarten etwas wußten, hervorsuchte — ihn selbst hat dabei gewiß kein Eigensinn, am wenigsten ein gelehrter, verführt — da ist auch er nicht mächtig genug gewesen, wirklich Todtes wieder zum Leben zu erwecken.

Es kommt auch nicht sowohl darauf an, ob alle die von ihm geretteten oder geschaffenen Wörter gerade die an sich tauglichsten gewesen sind: darüber kann man vom Standpunkt der wahrhaft objectiven wissenschaftlichen Sprachbetrachtung oft einer ganz andern Ansicht als er sein, und darf wohl manchmal fragen, warum er nicht lieber dies und jenes Wort, das ihm nach heutiger Auffassung ebenso nahe hätte liegen sollen, an Stelle des von ihm bevorzugten und dadurch der Sprache erhaltenen gewählt hat. Das Entscheidende ist, daß überhaupt auf diese Art etwas geschaffen wurde, was als das erste und nothwendigste Bedürfniß einer Gemeinsprache zu bezeichnen, uns Modernen eine Tautologie zu sein scheint, damals aber in der That keine, sondern nur ein instinctiv erfaßtes, in keiner Art auch nur annähernd von der Wirklichkeit erreichtes Ziel der Sprache war, eine Gemeinsamkeit, Einheitlichkeit, wenn man es so nennen will, wenigstens in einem ausgedehnten Bereich der eigentlichen Haupt- und Grundworte der Sprache, solcher, die nicht sowohl durch ihren unaufhörlichen Gebrauch, als durch die Energie und Fülle der in ihnen enthaltenen Begriffe das ganze Seelenleben eines Volkes und einer Zeit in sich concentriren, ohne die das, was über die Sphäre des gemeinsten Alltags und seiner Bedürfnisse hinaus reicht, dem Geiste verschlossen bliebe. Gerade in diesem rechten Fundament und Grundstock der Sprache hat er das Größte und Dauerhafteste gethan; das Andere, auf das es an sich viel weniger ankommt, als eine oberflächliche, wenn auch modegerechte Sprachbetrachtung anzunehmen beliebt, berührte seine Sprache ohnehin viel weniger. Die höchsten, dauerndsten, geistigsten Güter seiner Nation hat er sein Lebenlang durch sein schriftliches und mündliches Wort ihr zum deutlichsten Bewußtsein, zu treuer Verwahrung und innerlichster Theilnahme nahe bringen wollen und das ist ihm, auch wenn wir nur das deutsche Lexicon vor und seit ihm betrachten, gelungen.

Luther ist auch da in unwillkürlicher Harmonie mit dem Sprachinstinct seiner Zeit, wo seine Sprache auf Wegen wandelt, die weder vom geschichtlichen, noch vom eigentlich verständigen Urtheil glücklich oder ersprießlich hätten geheißen werden können. Hat er ja auch in der sinnlichen Gestaltung seiner Wörter, in ihren Lauten und in der Zusammenfügung derselben manchen Einflüssen Raum gegeben, die sich pragmatisch recht wohl begreifen lassen, aber dadurch um nichts besser werden, wenn man sie begreift. Immerhin mag man sich damit trösten, daß jeder andere denkbare Durchschnitt der damaligen sinnlichen Erscheinungsform unserer Sprache, der von irgend einem andern auf irgend einem andern Boden, etwa dem eigentlich oberdeutsch-gemeindeutschen — von dem, selbst gegen das Gemeindeutsch entschieden rohen und groben Schweizerdeutsch ist natürlich ganz abzusehen — gezogen hätte werden können, noch unschöner ausgefallen wäre, als die mitteldeutsche Färbung der Lutherschen Sprache, so daß also bei der allein möglichen Wahl unter mehreren Uebeln der über die Entwicklung unserer Sprache wachende Genius als verständiger Mann noch das geringste gewählt hätte. Gewiß, wenn man auch nur von der bloß sinnlichen Seite her etwa die Sprache eines Sebastian Brant, der die stärkste oberdeutsche Färbung innerhalb der Gemeinsprache am Ende des 15. Jahrh. darstellt, oder seines Landsmannes Murner, bei dem sie mit Bewußtsein verwischt, aber nicht ganz ausgetilgt ist, oder auch des Baiern Berthold v. Chiemsee, der weniger Localeinflüssen, als dem allgemein oberd. Zuge des Gemeindeutschen nachgiebt, mit Luthers Sprache vergleicht, so ist im Ganzen der Vortheil auf seiner Seite, wenn auch einzelnes bei diesem oder jenem uns mehr anmuthet, wobei ja auch so leicht etwas Subjectives mit unterlaufen kann: die Gewöhnung des eigenen Ohrs an irgend eine bestimmte örtliche Färbung der hd. Sprache und dergl. mehr.

Aber auch darüber hinaus ist Luther im Guten und im

Schlimmen immer in lebendigster Fühlung mit der ihn umgebenden Wirklichkeit, und als einen Beweis, daß er es auch im Schlimmen war, worauf diese unsere Auseinandersetzung überhaupt lossteuern soll, weil hier Geschichte und nicht ein Panegyricus geschrieben wird, sei nur noch sein Verhalten gegen die Fremdwörter in der Sprache seiner Zeit kurz notirt. Es ist die Zeit, wo sie zuerst in einer gewissen brutalen Anmaßlichkeit der deutschen Sprache sich aufdrängen, und wo auch, wie schon früher bemerkt (s. o. B. I. 370), die ersten Klagen über das freche Gebahren dieser Fremdlinge laut werden. Aber der Zug der Zeit war ihnen günstig und so ist auch Luther sehr wenig spröde gegen sie. Daß er die auf einmal so beliebt gewordenen -tat oder tet, wofür er sich bald entscheidet, majestat, -et. facultet, auctoritet etc. sehr oft und gern braucht, hat er mit allen Zeitgenossen gemein, etwas Individuelleres aber ist seine Vorliebe für die -ion — die er freilich nicht zuerst hereingebracht hat — seine lection, justification, condition etc., wobei die dem lateinischen Original nachgeahmte Schreibung mit ti = deutsch zi, schon das Zeitalter der Buchgelehrten-Sprache oder Schriftstellerei weissagt. Denn in dem früheren Einschub stand man doch immer auf die eine oder die andere Weise, wenn man schrieb, auf Heimathsboden. Die Buchstaben, gleichviel, was sie wo anders vorstellen, gelten dem deutschen Auge und Ohre genau nur, was derselbe deutsche Buchstabe. Aber Luther ist doch eben immer, wenn auch der größte Volksmann, den Deutschland überhaupt hervorgebracht hat, der Sohn einer Zeit, in der das Separat-Gelehrtenthum oder die Anmaßlichkeit einer Sonderbildung anfing eine an sich nur zu begreifliche, aber in keiner Weise dem Ganzen förderliche Position zu behaupten, worin sie sich auch in der Behandlung oder Mißhandlung der Sprache allerlei herausnehmen durfte, was ihm die andern als Privilegium seiner überlegenen Geistesmucht erst mit einigem Bedenken, dann mit unverhohlener Bewunderung zugestanden und endlich und zwar dann mit überstürzender Hast, wie bei uns gewöhnlich in solcher Situation, nachahmten. Luthers Evangelion, das er in seiner ältesten und spätesten Periode allerdings durch Evangelium mit seiner schon lange eingebürgerten deutschen Endung ersetzte, hat seiner Zeit, weil es ihm so Viele nachschrieben, gewiß imponirt und auch ihm hat dabei wohl etwas von dem reinen und unverfälschten Wort, das auf den echten und unverfälschten griechischen Text gebaut ist, vorgeschwebt, uns aber ist es anstößig und mit Recht, wenn auch nicht so, wie die von ihm sehr ungenirt geübte Unsitte, für die er sich freilich auf die Canzleisprache hätte berufen können, wenn diese ihm etwas anderes als eine relative oder subjective Autorität gewesen wäre, auch andere Fremdwörter, lateinische oder latinisirte griechische — natürlich noch keine „wälschen" — in ihren echten fremden Formen, wo möglich mit ihren fremden Abwandlungen zu brauchen. — Wenn er sein evangelion declinirte, so hätte er folgerichtig auch die griechischen Casusendungen setzen müssen. Das hat er begreiflich nicht gethan, aber dafür gewöhnlich die lateinischen i. o im Gen. und Dat. Sing. gegeben; im Plural ging evangelia allenfalls noch an, das darum auch häufiger als die deutsche Form evangelien erscheint, aber den Genetiv evangeliorum mit seiner statiösen sonoren Classicität hat er doch nicht über seine deutsche Zunge gebracht, da hat das schlichte -en wieder aushelfen müssen, das sich wie ein Bettler gegen einen Krösus ausnimmt; Dativ evangeliis fügte sich schon eher, klang aber doch noch fremdartig und so zieht er auch hier -en vor. Sollte aber das authentische -on des Wortes festgehalten werden, da half es nichts, er mußte zu dem deutschen genetivischen -s greifen, evangelions, im Dativ kam glücklicherweise die ihm und seiner Zeit so mundgerechte apocopirte Form (s. o. B. I, 228), gleich lautend mit dem Nominativ, zu Hilfe. Einen deutschen Plural zu einer griechischen Endung zu bilden, wäre doch unthunlich gewesen, also beschränkt sie sich auf den Singular, wo sie gewiß nicht wenige damalige Leser erbaut und erhoben hat.

Die ältere Sprache hatte den Namen der zweiten Person der Dreieinigkeit, der unter allen dem Mittelalter der geläufigste worden ist, griechisch Christos, von Anfang an in Krist verdeutscht. So steht er im Heliand, so bei Otfrid und so überall, außer bei einigen eigensinnigen Doctrinären, die sich auf die Latinisirung Christus etwas einbildeten, und so ist er völlig deutsch declinirt — sogar eine Zeitlang mit dem allein in den Eigennamen und was ihnen gleichwerthig war, erhaltenen -an des Accusativs, Kristan, Kristen — bis zu Luther geblieben. Er hat meist Christus, wieder nur halb richtig, daraus gemacht und die systematische lateinische Declination i, o, um dazu, die so manchem seiner gläubigen Leser zwar imponirte, aber auch, wenn er nicht in die lateinische Schule gegangen war, allerlei Confusion zu Wege brachte. Denn von da an begann das gute deutsche Krist gleichsam verpönt zu werden und man durfte den Heiland, wenn sein Name von einem andern Hauptwort, einem Zeitwort oder einer Präposition regirt wurde, nur in der regelrechten lateinischen Casusendung nennen, obwohl Luther selbst noch theoretisch die Gleichberechtigung von Christi und Christs anerkannte, freilich nicht practisch durchführte. Dafür schlüpfte freilich das Wort Krist in ein anderes: in das Adjectiv im substantivischen Gebrauch kristen, eig. kristen man, Christenmensch, und verdrängte dies völlig in dem gewöhnlichen mittleren Stil der Schriftsprache.

Schlimmer aber als diese, wegen ihrer Stellung zu den

Gemüthern doch auch keineswegs so gleichgültigen Einzelfälle, sind die von ihm gar nicht selten schon in seine Sprache gestopften fremden Werkstücke in ihrer ganzen fremden Gestalt, nicht bloß Einzelwörter, sondern in einer gewissen Selbständigkeit auftretende Satzglieder. In seinen Druckschriften allerdings viel seltener, als in den Briefen und auch hier nicht in denen, wo er sich gehen läßt, sondern wo er officiell oder officiös schreibt, denn auch diesen feinen Unterschied hat er meisterhaft zu handhaben gewußt. Sequestrationibus, in practica, in theoria und dergl. mögen ihm im gegebenen Fall als Zeitersparniß gegolten haben, denn man muß immer festhalten: er war und blieb auch als Luther ein bloß lateinisch gebildeter, und zwar ursprünglich nach der eigentlich mittelalterlich kirchlichen Latinität geschulter, später auch mäßig von der modernen Neoclassicität angehauchter gelehrter Mönch. Aber wenn es sich auch so sehr einfach erklärt, der Sprache ist es nicht zum Vortheil gerathen. Zwar in den Werken, auf die wir Spätern mit völliger Verschränkung der geschichtlichen Wahrheit die Wirksamkeit seiner Sprache allein oder fast allein zu stellen pflegen, Bibel, Katechismus, allenfalls einige Lieder, findet sich dergleichen nicht. Seiner Zeit aber gilt jedes Wort von ihm als classisch, mochte es im Neuen Testament oder in einem unschuldigen Privatbriefe stehen, und wir werden noch Gelegenheit haben zu sehen, daß man anfänglich, d. h. als seine Sprache ihre mächtigste Kraft entfaltete, eher das Werthschätzungsverhältniß umzukehren geneigt war. Es wirkten also auch solche Licenzen, mochten sie stehen, wo sie wollten, wenn sie nur sein Name autorisirte. Und die Zeit war ja ohnehin sehr bereitwillig, auf diese barocke Sprachmengerei zu hören, wenn auch noch nicht so gründlich dafür zugerichtet, wie 60—80 Jahre später. Besonders die Canzlei- und Geschäftssprache leistete

schon vor Luther darin sehr Großes, was sich neben die ergötz‐
lichsten Sprach Carricaturen der spätern Zeit stellen darf und
hier wieder allen voran seine sächsische Canzlei, die ihren un
verjährten Ruhm der zopfigen Classicität schon damals recht
wacker anstrebte. Gewiß ist er selbst durch solche Muster ver
führt oder lässig gemacht worden, aber ebenso gewiß hätte er
leicht die neue — bei ihm noch Sindfluth — Sündfluth der
Sprachmengerei, die mit der Neoclassicität und der classischen
Schulbildung, noch mehr aber mit der völligen Canonisirung
und dem Götzendienst des römischen Rechtes in alle deutschen
Schreibstuben bis in die der freien Dörfer des heil. Reichs
hereinbrach, durch seine mächtige Faust zurückstauen können.

Wie wohlthuend nehmen sich doch gegen solche bauschige
Lappen und Fetzen andere ganz in deutsches Blut verwandelte
Lieblings‐ und Kraftworte fremden Ursprungs aus, sein ru‐
moren, sein köstliches parteken mit dem derbkomischen parteken‐
hengst, wobei er gewiß nicht mehr an das mittellat. practica
dachte, oder sein Feinantzer, Finantzer, ein schlauer, verschla
gener Mensch, besonders aber von den so übel bei ihm und
im ganzen Volke angesehenen großen Börsenmännern und Specu‐
lanten der Zeit gebraucht, oder nach anderer Seite hin sein Summa,
das trotz seiner ganz lateinischen Form eine Welt von deutschem
Gemüth und Humor in sich schließt, sein fein, das freilich schon
seit dem 10. Jahrh. aus dem lebendig weitergebildeten lat.
finitus in die Sprache gekommen war, aber gleichsam erst jetzt
Seele und Beweglichkeit erhielt, die es im volksthümlichen
Gebrauch vielleicht schon früher gehabt haben mag, weil es da
auch bis heute sich in einer viel reicheren Farbenscala, als in
der Schriftsprache, behauptet hat.

## Neuntes Capitel.
### Luthers Satzbau und Stil.

Wie wir jetzt gewöhnt sind, Sprachgestaltungen zu betrachten und nach ihrer relativen Bedeutung abzuschätzen, würde uns Luthers Satzbau, die Zusammenfügung der einzelnen von ihm gebrauchten Wörter zum Ausdruck einer verstandesmäßig ergreifbaren Gedankenreihe für das Wichtigste in seiner Sprache gelten. Doch wäre eine solche Abschätzung vom geschichtlichen Standpunkt aus nur theilweise berechtigt. Denn gerade in dem Satzbau hat Luther nicht so mächtig in die Entwickelung und Ausgestaltung der Sprache eingegriffen, wie in der Firirung der Sprachlaute oder in der Prägung des Wortvorraths des Neuhochdeutschen.

Vorauszuschicken aber ist die allgemeine Bemerkung, daß es auch hier für die Zukunft der Sprache weniger darauf ankam, wie er sich im einzelnen seine Wortstellung, die Anordnung der Sätze, die Verbindungsglieder zwischen ihnen gestaltet hat, als vielmehr, daß er es überhaupt aus einem einheitlichen Standpunkt heraus, in einem Guß und mit seiner Autorität gethan hat. Ob er dabei immer das dem Genius der Sprache Gemäßeste getroffen, ist gleichgültig: im Großen und Ganzen hat er es und mußte er es, weil er Luther war.

Verglichen mit der oben an einer Reihe, wie wir meinen, schlagender Beispiele nachgewiesenen beinahe Allmacht zu nennenden Ueberwältigungskraft seiner Sprache ist das, was von seinen eigensten Besonderheiten der spätern Sprache hierin geblieben ist, auffallend geringfügig. Sehr vieles davon ist völlig untergegangen und zwar nicht erst in einer der großen Epochen innerer Umwälzung des Sprachbodens, von denen wir eine schon am Ende des 16. Jahrhunderts, eine zweite etwa hundert Jahre später und die gewaltigste von allen in der Mitte des 18. Jahrh. eingreisen sehen. Es war niemals so recht lebendig geworden, obgleich er auch hier wie überall immer nur in Fühlung mit dem Volksgeist oder dem Geist der Schriftsprache seiner Zeit das eigenartig ausgestaltete, was er hier oder dort entnahm. Auch hier ist er frei von allem schematisirenden und a priori construirenden Doctrinärismus, der sich bloß aus den Cisternen seiner eigenen Weisheit sein Lebenswasser holt und, was noch schlimmer ist, es auch den Andern als Nektar ausbietet und aufdrängt. Aber es scheint, als sei Luther gerade hier in dem, was er als sein eigenstes Eigenthum betrachten darf, wenn oder weil er es aus dem Gemeingut des deutschen Sprachbewußtseins entlehnte, am allermeisten in einen natürlich weder von ihm noch von den Andern geahnten Widerspruch gerathen mit dem immer anmaßlicher hervortretenden Geiste derer, die man doch als die Träger der Zeitbildung betrachten muß, so wenig Sympathien sie auch erwecken. Ihrer geschnörkelten, gespreizten, eckigen und faltigen und dabei doch so trockenen, steifen und saftlosen Rhetorik, im Wesen nichts als ein geistloser Abklatsch der neolateinischen Classicität, gehörte die Zukunft. Alles aber, was an Luthers Satzbau und was dazu gehört, originell in jedem Sinn, lebensfrisch und kräftig ist, steht auf der entgegengesetzten Seite und in diesem einen Fall war selbst seine Riesenkraft nicht stark genug, den widerwärtigen Strom der Verkehrtheit abzudämmen oder auch nur dauernd und gründlich zurückzuhalten.

Um so weniger als er selbst, wir sahen es ja schon, doch auch nicht ganz unberührt davon geblieben ist, wie in andern Bezirken des sprachlichen Ausdrucks, so auch hier nicht, wo der einzelne Mann, wenn an ihn die Nöthigung herantritt, seine

Kraft der Schriftstellerei um der Sache und nicht um der Form willen zu widmen, wenn ihn nicht ein übermächtiges poetisches Bedürfniß, die eigentliche freie Schöpferlust, die Feder in die Hand giebt, von selbst sich am ersten nach Mustern und Vorbildern umsehen wird. Fühlt er dann auch, wie es Luther geschah, und wie er es in seiner körnigsten Art mehr als einmal aussprach, daß ihm die Flügel wachsen und kein Anderer ihm nachkann, so bleibt er doch noch immer abhängig von dem, was seinem Stil den eigentlichen Stempel zuerst aufgedrückt hat.

Auch er hat nicht wieder zu der lichtvollen Geschmeidigkeit des 13. und 14. Jahrhundert zurückkehren können, auch nicht zu der schlichten Einfalt der besseren Geschichtschreiber und Erzähler des 15. Jahrh. oder seiner eignen Zeit. Kein Zweifel, daß den heutigen Sinn der Periodenbau eines Murner oder Pauli mehr anmuthet, als Luthers Sätze, so viel er davon in seinen verschiedenen Schriften gebaut hat, allenfalls mit Ausnahme des Sendschreibens an den christlichen Adel deutscher Nation und einiger seiner Briefe, worin eben dieselbe einfache Klarheit und Durchsichtigkeit des Satzgefüges wie dort zu finden ist. Daneben aber auch noch eine Raschheit der Bewegung, ein kräftiges Einherschreiten, ein unaufhaltsamer Strom der Rede, was man alles dort vergeblich suchen würde, und alles durch die einfachsten und schlichtesten Mittel, wo möglich noch einfachere und schlichtere als dort, bewerkstelligt. Außerdem aber ist es Luther nicht selten begegnet, sich in jene verschrobene und schwerfällige Verkettung der einzelnen Satzglieder zu verstricken, worin die Canzleisprache und fast noch mehr jene von Jahr zu Jahr sich mehrende Zunft der gelehrten Uebersetzer aus dem Lateinischen und zum Theil auch aus der italienischen Novellistik so Ungeheuerliches leisteten. Ungefüge, oft geradezu unverständliche Satzverschränkungen, oder dem deutschen Sprachgenius oft absolut widerstrebende Uebergänge von einem Gedankenbilde zu einem andern, was man unter den bequemen Namen der formalen und logischen Anakoluthie zusammenzubringen pflegt, sind in seiner Uebersetzung der Briefe des Neuen Testaments massenhaft anzutreffen, doch kann man sie hier mit seiner Gewissenhaftigkeit als Uebersetzer entschuldigen, denn das Original leidet ja an denselben Gebrechen. Aber anderwärts gilt diese Entschuldigung nicht und doch hat er auch anderwärts, allerdings in seiner früheren Zeit häufiger als später, Sätze gebaut, die den häßlichsten Ungeheuern des neolateinisch-canzleimäßigen Barockstils, der in der Sprache der Renaissance schon ein Jahrhundert früher, als in ihrer Kunst waltet, wie ein Ei dem andern gleich sehen. So ein Beispiel statt aller andern. Am 29. März 1520 schreibt er an Herzog Johann zu Sachsen, Bruder Friedrichs des Weisen, den spätern Kurfürst Johann den Beständigen, „dieweil aber mein gnädigster Herr, Herr Friedrich, Herzog zu Sachsen — die weitern Titulaturen mögen wegbleiben — Ewer fürstlichen Gnaden Bruder, nicht vorschmächt, sondern gnädiglich hat aufgenommen mein untüchtigs Büchlein seiner Kurf. Gnaden zugeschrieben, das nun auch durch den Druck, deß ich nicht gedacht, ausgangen: hab ich einen Muth geschöpft von solchem gnädigen Exempel, und mich vormessen, wie das fürstlich Geblüt so auch der fürstliche Muth zuvor in gnädiger Sanfte und Gutwilligkeit gleich und eins sei, vorhofft, es solle auch Euer fürstl. Gn. der Art nach diese meine arme unterthänige Erbietung nicht vorschmehn, die mir viel nöther ist gewesen auszulassen, denn kein meiner Predige oder Büchlin, dieweil die größist Frag sich erhoben hat von den guten Werken, in welchen unzählig mehr List und Betrug geschicht, denn in kein anderen Creaturen, und in den-

selben der einfältig Mensch gar leichtlich vorführet wird, daß
auch unser Herr Christus uns geboten hat, wir sollen mit Fleiß
Acht haben auf die Schafskleider, darunter die Wolf sich ber=
gen." Immerhin mag der Curialstil, dem sich Luther nicht
aus Berechnung, sondern aus dem tief in seiner Seele wur=
zelnden Respect vor der von Gott gesetzten Obrigkeit, so gut
wie jeder Andere, allerdings aber je mehr er die Welt und die
Menschen und namentlich die Fürsten kennen lernte, in mehr
und mehr temperirten Formen bequemte — man vergleiche
die gedrungene Kürze seines spätern officiellen und vertraulichen
Briefwechsels mit seinem Landesherrn, Kurfürst Johann
Friedrich — vieles von solchen Ungeheuerlichkeiten der Ver=
schnörkelung entschuldigen, aber doch nicht alles, und wenn
auch in dem Büchlein selbst, zu dessen Geleite der Brief be=
stimmt war, jenem durchschlagenden Sermon „Von den guten
Werken D. M. L." — er durfte da nur noch die Anfangs=
sylen seines Namens schreiben, den schon die ganze Welt
kannte — nichts dieser Dedication auch nur entfernt an die
Seite zu setzen ist, so wird man doch auch in ihm und überall,
wo es gilt, zu deduciren und logisch zu demonstriren, nicht bloß
zu dem Gemüthe und Willen, sondern auch zu dem Verstande
und dem vom Verstande erleuchteten Gewissen zu reden, nicht jene
„wahre Luthers-Sprache" vernehmen, die uns Modernen doch
eigentlich nur aus einigen Prachtstücken seiner Bibel und
lebendig gebliebenen Lieder im Ohre klingt. Die Vergangen=
heit der deutschen Sprache bot ihm für diese Aufgabe, die
größte und schwierigste für den Schriftsteller Luther, kein
Muster: selbst nicht jene Populärphilosophen und Moralisten, denn
wir haben gezeigt, daß das psychologische Fundament ihrer Sprache
oder ihres Periodenbaus ein ganz anderes war (s. o. B. 1. 382).
Aber es war kein Glück für die Zukunft des Neuhochdeutschen,

daß selbst ein Luther anderen Mustern in die Hand fiel, die, so viel an ihnen war, seine Sprache als gefügtes Ganze, im Zusammenhang redend und wirkend, um einen Theil ihrer natürlichen Vorzüge bringen mußten.

Es wäre nicht schwer, in Luthers Satzfügung die beiden Bestandtheile der gelehrten Manier und des volksthümlichen Sprachbewußtseins von einander zu scheiden. Dann würde sich herausstellen, daß er unter allen den Schriftstellern der Zeit, die überhaupt der neuen Richtung sich zugewandt hatten, doch noch am meisten von jenem zweiten besitzt. Wie schon bemerkt, er darf nicht mit dem Maßstab der elementaren oder naturalistischen Volksliteratur gemessen werden. Was er zu sagen hatte, konnte er nicht in ihrer, wenn man es recht vornehm benennen will, rein episch empfundenen Periodisirung, in dem bloßen Aneinanderreihen von unterhaltenden Bildern und Thatsachen sagen: er mußte deduciren, argumentiren, disputiren, discutiren. Sieht man auf das Einzelne, so ist in dem, was der ersten Rubrik angehört, bei ihm noch immer eine gewisse Auswahl, oder eine gewisse tactvolle Beschränkung nicht zu verkennen, obwohl alles, was hierher gehört, weil es sammt und sonders für die deutsche Sprache nur schädlich sein konnte, im Grunde einem und demselben Bedenken unterliegt. So hat er jene, keineswegs mit den urdeutschen zu verwechselnden Accusative mit dem Infinitiv, die oben (Bd. I, 387) characterisirt wurden, verhältnißmäßig nur selten, aber er hat sie angewandt und wo dies geschieht, ist es und bleibt es eben undeutsch. „Das halt ich auch wahr sein", „Ich höre sagen, Ew. Fürstl. Gn. ein feinen vernünftigen Mann sein", läßt sich wohl verstehen, aber „dass ich froh bin, dass dahin komen ist, die Briefe dem Convent wilder werden" schon weniger und „die ich wol sahe, mir weit zu gering sein", nur wenn man den

Satz in Gedanken zurücküberseht quos vidi etc. Ebenso seine
Participien, wo er dem Genius seiner Sprache wenigstens
so weit nachgab, daß er das Participium Präsentis sehr
selten und fast nie anders als adjectivisch behandelt gebraucht.
Dabei geschieht es ihm freilich auch schon, daß er wie der
schwerfälligste Canzleiverwandte diesem adjectivisch empfundenen
und deshalb nach durchgreifender deutscher Gewohnheit oder
innerer Nöthigung dem Hauptwort vorgesetzten Particip allerlei
einschachteln muß, wie es die spätere nhd. Sprache unbedenklich
thut, aber zu seiner Zeit war es doch nur noch das Privilegium
jener schon oft erwähnten exclusiv Gebildeten: „den von in ge-
handelten sachen, die in bewegende ursach" etc., immer noch
damals deutscher klingend als „mit vieler Mühe hin und herreisend,
und allen Fleiss furwendend, zuletzt" etc. Am allerhäufigsten,
wieder im Anschluß an den gelehrten Zeitstil, das Particip der
Vergangenheit in seiner passivischen Verwendung: „Gottes zusagung von Christo den Partriarchen geschehen; Glauben
und Trauen zu Gott, itzt so herrlich gezeigt und bewahrt"
und tausend Anderes dieser Art, was auf jeder gedruckten Seite
Luthers begegnet — in den Briefen sehr selten, wenn es nicht
Actenstücke im Canzleistil sind — ist noch erträglich, aber Segen,
alda Abrahae verheissen, in seinem Samen durchs Evangelion
aller Welt furgetragen, oder solchen alten Glauben, bisher
von Anfang in der ganzen Christenheit gehalten, lassen
fahren etc. werden durch die dazwischen gelegten erklärenden
Einschiebsel, weil sie so viel breiter sind, auch um so viel un=
erträglicher.

Ebenso nur durch das Latein begreiflich und verständlich
sind jene relativen Wendungen, von denen die ältere Sprache
frei war, so lange sie ihre unverfälscht deutsche Natur bewahrte
— denn die bloßen einzelnen Fremdwörter haben sie nicht

verfälscht, so wenig wie das Griechische seine orientalischen oder sonstigen barbarischen. Uns freilich giebt ein „welcher keiner wäre gehört" keinen Anstoß mehr, schon eher „die ich höre sagen er vor Zeiten gezeigt hat", obgleich es doch nur halb richtig lateinisch gedacht ist, aber der Zeit hätte es Anstoß geben sollen, denn ihr und Luther selbst war noch die ältere echt deutsche Relativfügung vollkommen im Ohr und das schleppende wilch, wilcher, wilchs, das er in der mittelb. i Form, wie schon oben bemerkt, häufiger als das hb. welch etc. verwendet, ist doch durch ihn erst recht populär geworden, nachdem es vorher nur bei den Pedanten und Doctrinären seine Heimath gefunden hatte, wo es immer hätte bleiben sollen.

Lesen wir jetzt einen Satz wie „als solt ich mit im zu reisen gen Trier mich verpflichtet haben", so fällt uns darin nichts weiter auf als allenfalls, daß gen Trier nach zu reisen gestellt ist und doch ist diese ganze Fügung durch und durch undeutsch gedacht, und wäre von der ältern Sprache in zwei von einander abhängigen Satzgliedern, wie wir es allerdings auch können: verpflichtet haben, mit ihm zu reisen gen Trier, was so jedenfalls die natürliche deutsche Wortstellung wäre, oder noch besser verpflichtet haben, dass ich mit ihm reisete oder wollte reisen gen Tr. gegeben worden.

In dieselbe Kategorie sind auch die sog. absoluten Fügungen zu setzen, wo er sich von den thörichtsten Auswüchsen der Gelehrten, der Nachahmung der Ablativi absoluti des Lateinischen, der Genetivi absoluti des Griechischen direct zwar fern gehalten, aber doch unter ihrem Drucke weiter gegangen ist, als es für die Sprache förderlich war.

„Seiner Ehre verschont" ist nur einen Schritt über die bei ihm, wie schon in der Gemeinsprache der letzten Periode, aber immer sichtlich unter fremdem Einfluß so beliebten absoluten oder, wie man es vom deutschen Standpunkte auch nennen kann, adverbialen Genetive (s. o. B. I, 378). Sein möglichs Fleiss, guten Raths oder richtigen Raths in alliterirender Form, guten Gerüchts, glaubwürdiger rede, demütiger Unterthenigkeit, Zusagung etc. klingen heute fremd, aber freundlicher weis(e) lassen wir uns sammt hundert andern ähnlichen Formeln gefallen.

In dieselbe Begriffssphäre gehört zuletzt doch auch, wenn man auf den Grund der Erscheinung geht, die bei ihm in umfassenderem Maßstab als bei irgend einem namhaften Schriftsteller dieser Zeit — von den Producten des Canzleistils wird also ausdrücklich abgesehen — gehandhabte Auslassung der sog. Hilfsverba sein und haben. Der echt mhd. Sprache ganz unbekannt — denn das nach lâzen, suln etc. hie und da für uns zu ergänzende Verbum substantivum sin oder wesen ist natürlich anders zu beurtheilen — verbreitet sich diese Sitte, wie oben nachgewiesen worden ist (B. I, 309), in dem Maße, als der Gebrauch oder Mißbrauch dieser Hülfsverba zunimmt. Daß auch vor Luther eine gewisse Ungenirtheit der Diction das Schleppende dieser massenhaft verwandten Vehikel in etwas erleichterte, ist gleichfalls schon bemerkt. Aber wenn man die genaueren Zeitunterschiede, die man aus den classischen Sprachmustern auch der eignen Reflexion als nothwendig eingeprägt hatte, durchaus bezeichnen mußte, so gab es eben kein anderes Mittel als dieses. Für den abhängigen Nebensatz, der, lateinisch angesehen, von dem Verbum des Hauptsatzes regiert wird, ist die Auslassung von sein oder haben bei Luther Regel, der es verstanden (hat), der hie gewest (ist), denn ich wohl mehr zu schaffen (habe). als viel an mir gelegen (ist), denn ich than. denn ich gehandelt (habe) und Unzähliges der Art, wovon das Meiste noch jetzt gilt, außer in den erklärenden Nebensätzen mit denn, die bei uns durch das Aufgeben der abhängigen Wortfolge, jetzt denn ich habe es gethan, gegen Luthers, denn ich es (ge)than habe, das er dem ihm nicht unbekannten heutigen Gebrauch weit vorzieht, die Form von Hauptsätzen angenommen haben. Nicht ihm allein eigen, aber von ihm sehr gern verwandt sind die Auslassungen des einen oder des andern Hülfsverbums bei zwei verschieden construirten mit und verbundenen oder auch nicht verbundenen Verben: denn ich gesagt (habe) und gangen bin; wo gewesen wäre und sollte haben gehört etc. oder die Auslassung bei beiden; oder gar dreimal nach einander in verschiedenen Nebensätzen: aber er verstanden (hat), als er hie gewest (ist) und gesucht (hat) alles dies immer so an sich deutlich, daß für den Leser oder Hörer nie ein Zweifel entstehen konnte und insofern vor dem Sprachgeist berechtigt.

Wie schade, daß alle mehr oder minder der Fremde und einem abgestumpften Gefühl für alles feinere Leben der Sprache angehörigen Wendungen, für die man ihn, wir denken es genugsam gesagt zu haben, nur bedingungsweise, aber eben doch bedingungsweise, verantwortlich machen darf, gerade am festesten gehaftet haben, während so viel anderes Frisches, aus dem innersten Kern der deutschen Natur Herausgewachsenes, also auch nicht von ihm Erfundenes, sondern Gefundenes und geistreich originell weiter Gebildetes so bald nach ihm verklungen oder vertrocknet ist. So seine in jeder Art vorzügliche Lieblingspartikel zur Einführung des hypothetischen Satzes wo: „wo ihr das wolltet, sprächet etc." neben dem ihm ob, dessen geschmeidige Natur noch am ersten zur Concurrenz befähigte, fast verschwindet und noch mehr das in der Gemeinsprache eigentlich schon allmächtige wenn, wann. Oder seine Bedingungssätze, von dasz eingeführt und durch ihre drastische, dichte Gegenüberstellung an die daraus gezogene Folgerung, so ungemein energisch

geworden. Dass sie aber fürwenden, wissen wir; dass er aber
fürgibt, da wollte ich gerne; dass ihr aber fraget, antwortet
Christus, wo wir uns mit allerlei Flickwerk behelfen, gesetzt
daß, wenn etwa und dergl. Oder sein noch für unser und
das in der damaligen Gemeinsprache schon überwiegend übliche
dennoch, noch denn: noch bieten sie nicht Friede, noch will
ich es thun, noch fiel der himel nicht ein (dennoch, troß ihres
Tobens), oder sein je und das ganz synonyme ja, wovon das
eine oder das andere gewiß sehr oft bloß auf Rechnung der
Setzer kommt: wo er je nicht sein kunnte, lautet dicht da
neben denn er ja nicht sein kunnte, oder sein so unendlich
geschmeidiges so, das ganz wie in der gesammten Vergangen
heit der deutschen Sprache hoch= und niederdeutscher Zunge
bis in die vorgeschichtliche Nebelregion hinauf, eigentlich
ein ganzes Heer von Partikeln erseßt, mit denen das
uns bekannte gothische als Ueberseßungs=Sprache zwar
geistvoll, aber äußerst mühselig dem Griechischen Concurrenz
machen will. Auch dies so ist Luther noch ebenso lebendig
wie dem Dichter des Heliand oder Otfrid, oder Hartmann
von Aue und Walther von der Vogelweide; nicht allein
ihm, sondern seinem ganzen Volke, wo es wirklich in seiner
Sprache lebte: wir dürfen hinzuseßen, noch auf ein, zwei Jahr=
hunderte hinaus ist es doch hauptsächlich durch ihn auch der
Schriftsprache nicht ganz entfremdet worden. Das so seit dem
Beginn des 18. Jahrh. ist freilich nur noch sein lebloser
Schatten. — Desgleichen jene elliptische, so leichte und durch=
sichtige Fügung des adverbialen Superlativs in einen Saß=
abschnitt, wo die Gemeinsprache, ganz von der Bahn der Ver=
gangenheit abweichend, zwei dafür aufbrachte: aufs ergist er
mag, aufs best er weiss, kan, wil etc., so arg, als er nur
mag, so gut als er nur kann 2c.

Ober sein präcises beide, für das bauschige „sowohl — als auch": beide got und der teuffel, beide haus und hof, wobei natürlich die Zweizahl nicht nach der Zahlenschablone, sondern nach dem lebendigen Zahlenbilde gerechnet wird, beide glück und gunst und das unglücke, beide grosse und schwere ursachen und guter freunde rat. Oder sein noch ganz deutscher Gebrauch der doppelten und verstärkten Negation, nicht bloß bei dem erstarrten nicht, nichts, sondern auch sonst überall, wo es der Nachdruck des Stils verlangt: nie kein mensche, niemand nichts, nimmermer kein, nie weder gehört noch gesehen. Auch sein waser: aus waser macht, mit lei wie allerlei, mancherlei etc., adverbial gemacht waserlei, und dafür was für ein: was ist das für ein bosheit oder nach heutiger Wortstellung was für ein Gemeeht wir sind, hat er dem Nhd. erst recht zugeführt, nachdem es seit dem 13. Jahrh. bald hier, bald dort sich hervorgethan, aber niemals so recht zu Ansehen gelangt war. Es ersetzte das bei dem abgestorbenen Formengefühl immer mehr unbrauchbar gewordene, aber immer noch auch von Luther mit einer Art von Pietät festgehaltene was mit abhängigem Genetiv: was für ein mann ist, in der älteren Sprache so viel kürzer, richtiger und energischer waz mannes, waz für eine sache, waz sache (Gen. Fem.) etc., namentlich da berechtigt, wo nicht das s des männlichen oder sächlichen Gen. Sing. einigermaßen noch ein Bewußtsein für das Gewebe dieser Fügung erhielt. Aber schon bei Luther, wie in seiner ganzen schriftstellerischen von ihm unabhängigen Umgebung ist insofern nur ein Archaismus als die genetive Fügung mit Vorliebe und fast ausschließlich er sie nur mit weiblichen Genetiven — was sache, was meinung — oder mit neutralen — was dings — nicht aber mehr mit den lebendigsten Bestandtheilen des Hauptwörterschatzes der Sprache, den Masculinen, am wenigsten den noch ganz persönlich geschlechtlich empfundenen, wie mann. erscheint. —

Auch sein vielberufenes „lass uns, lasset uns", als weichere Umschreibung des Imperativs oder etwas stärker wie der durch den Conjunctiv im Deutschen ausgedrückte Jussiv — lass uns zusehen steht von Anfang in der Mitte zwischen sich zu und sehest du zu oder mögest oder dem schon gewöhnlicheren möchtest du zusehen — hat Luther nicht erfunden oder gar aus dem Niederdeutschen entlehnt. Hier spielt es allerdings, aber doch auch nur kurz vor der Zeit, wo es in der hd. Schriftsprache auf einmal auftaucht, was noch im 15. Jahrh. geschah, eine viel wirksamere Rolle, gehört vielmehr auch zu der gewöhnlichen Sprache, entschieden dem mittleren Stil, während es im Nhd. und bei Luther selbst immer doch etwas Feierliches, besonders Eindrucksvolles hat, das selbst durch seinen bei ihm sehr häufigen Gebrauch nicht abgestoßen wird. Jedenfalls ist es aus dem Schoße des deutschen Sprachgeistes entsprossen und in diesem Falle ist es Luther geglückt, dem gesammten nhd. Stile eine Formel zuzuführen, die man heute nicht wohl mehr entbehren könnte. —

Ob man eine andere stark heraustretende Eigenthümlichkeit in Luthers Ausdruck dem Wörterbuch oder dem Satzbau oder gar der stilistischen Technik im engeren Sinne zuweisen will, womit sie aus dem Bereich der Sprachgeschichte in den der Geschichte der Literatur und ihrer Kunstformen träte, darüber ließe sich streiten. Jedenfalls beruht ein großer Theil der Wirkung, die er selbst mit seiner Feder hervorbringen wollte, gerade darauf. Es ist seine Neigung, denselben Begriff in kräftiger Variation des Wortes mehr als einmal und dadurch der Phantasie um so viel drastischer, dem Gemüth um so viel wärmer auszusprechen. Der formale Verstand hat damit nichts zu schaffen: ihm genügt, daß das zutreffende Wort für den Begriffsinhalt einmal gesetzt ist und was darüber hinausgeht, gilt ihm als überflüssig, als Tautologie oder Pleonasmus, die er in der Rhetorik allenfalls gelten läßt.

Unsere ältere Sprache neigt da, wo wirklich Blut in ihr pulsirt, mit Vorliebe zu solchen Tautologien, nicht bloß in der Poesie, die ohne sie begreiflich nicht leben könnte, sondern auch in der gewöhnlichen Rede. Selbst in der fahlen Nüchternheit unserer neueren und neuesten gebildeten Prosasprache sind viele davon festgewurzelt. Wenn wir lieber „ein- und dasselbe" statt „dasselbe", Art und Weise, Maß und Ziel, angst und bange ganz und gar, gäng und gäbe, gut und gern, Hab und Gut, Leib und Leben, los und ledig, Saus und Braus, schalten und walten, und hundert anderes der Art sprechen und sogar schreiben, wo doch ein Wort vollkommen ausreichte, stehen wir unbewußt unter dem Banne dieser uralten deutschen Stilformel. Ihre Kraft wird noch verstärkt, wie ein Theil der ebendeshalb gewählten Beispiele zeigt, wenn die Alliteration, die den ganzen gehobenen, nicht bloß poetischen Ausdruck des Deutschen durchzieht, dabei mitwirkt oder der eigentliche Lebensnerv ist, oder wenn sich der Reim damit verbindet.

Die parallelen Glieder werden mit „und" verbunden, wofür natürlich ebenso berechtigt „auch" oder in negativen Wendungen „noch" eintreten könnte. Auch ist uns aber nicht mehr lebendig und noch wird selten gebraucht. Wir sagen lieber „er kennt nicht Maß und Ziel, es ist nicht gäng und gäbe" als „er kennt weder Maß noch Ziel, es ist weder gäng noch gäbe", und in diesem schleppenden „weder", das sich die neuere Sprache zur correcten Darstellung solcher scheinbar disjunctiven oder adversativen kurzen Satzglieder angewöhnt hat, liegt der Grund für das Zurücktreten des noch, das im 16. Jahrh. zumal bei Luther keines weder bedurfte. Aber das dritte altberechtigte Synonymon für und „oder" hat sich noch erhalten. Alle diese Conjunctionen haben hier begreiflich nur die Bedeutung, die gleichen Sprachbilder neben einander zu stellen, in einen Rahmen zu fassen, nicht von dem einen gegebenen zu einem neuen überzuleiten, oder z. B. ist hier niemals das lat. aut, sondern stets vel oder sive, und in Fügungen wie „groß und schön", wo zu dem einen Begriff groß noch der andere schön zugesetzt werden soll, weil damit erst der im Geiste gegebene Gedankeninhalt erschöpft ist, hat und geradezu die entgegengesetzte Function von dem und in den oben angeführten Formeln. Dies letztere, wie seine Synonyme, ließen sich ächt prosaisch mit „das heißt", „nämlich", „deutlicher gesagt" und dergl. umschreiben, das erstere niemals.

Luther hat sich unter allen Deutschen, die jemals geschrieben haben, mit der größten inneren Lust und sichtbarstem Behagen dieser volksthümlichen Neigung hingegeben und sie mit der größtmöglichen Wirkung verarbeitet. Sein mächtiges Vorbild hat ihr ohne Frage auch später noch in ganz veränderter Atmosphäre Lebensluft zugeführt und wesentlich ihm ist es zu danken, daß wir heute noch trotz all der Verstandes Pedanterei und dem Doctrinarismus, die unsere Sprache ausgedörrt haben, etwas von dieser frischen Kost der ältesten und ewig jungen Sprachfreudigkeit genießen.

Luther gebraucht mit Vorliebe zweigliedrige Formeln, wo er entweder ganz einfach Wort zu Wort mittelst und, auch, oder und dem negativen noch fügt, oder jedes Glied durch eine Umschreibung, durch attributive Zusätze u. s. w. je nach dem innern Bedürfniß des Moments aus seiner Schmucklosigkeit in einer an sich schon bunteren Gewandung hervortreten läßt. Mitunter sind wohl auch jene verbindenden Fäden der

Partikeln ausgelassen und die eigentlichen Sprachbilder unmittelbar und um so drastischer aneinander gerückt. Sehr häufig ist die Alliteration verwandt, wobei für das mittelb. Organ d: t. b: p als gleichlautend gelten, mit Vorliebe aber auch der Reim, oder beides zusammen. Ganz systematisch, wenn man es so nennen will, pflegt Luther eines seiner bei ihm so beliebten Fremdwörter auf diese Art durch eine solche deutsche Parallel-Glosse zu erhellen und zu erwärmen.

Neben den zweigliedrigen erscheinen auch dreigliedrige Formeln in derselben und noch erhöhter Schlagkraft, selbstverständlich aber um so viel seltener, gewöhnlich, gleichfalls mit richtigem Instinct, 1 und 2 unverbunden, Masse an Masse, aneinander gefügt. Hier ist die Alliteration begreiflich in beschränkterer Wirksamkeit, aber auch hier klingt sie durch, und es versteht sich für jedes deutsche Ohr von selbst, daß ein innerlicher Zusammenhang gerade zwischen diesen dreigliedrigen Formeln und dem angestammten deutschen Vers mit seinen Alliterationen oft herauszufühlen sein muß. Ueber die Dreigliedrigkeit geht es selten hinaus und man begreift auch warum: es würden dann je zwei Parallelgruppen sich von selbst aus dem einheitlichen Gefüge des Ganzen heraussondern und damit wäre die eigentliche Wirkung aufgehoben.

Jede Seite in Luthers Schriften bietet Belege dar, hier häufiger, dort seltener, je nachdem er pathetischer und wärmer, drastischer und populärer sprechen, die Phantasie packen und die Gemüther rühren will, oder auf der andern Seite sich mehr an den Verstand und das Reflexionsvermögen seiner Leser wendet. Man könnte Bände mit diesen Formeln füllen. Hier aber kommt es nur darauf an, an einigen wenigen systematisch ausgewählten Beispielen einmal nach unserer heutigen Sprache hin die Fäden des innern und äußern Zusammenhangs

zwischen ihm und uns nachzuweisen, dann aber auch zurück=
schauend nach der Vergangenheit bis zu den allerältesten
schriftlichen Zeugnissen deutschen Ausdrucks, Luthers Sprache
als das, was sie im eminentesten Sinn ist, das Centrum
oder der Mikrokosmus des volksthümlichdeutschen Sprach
bewußtseins, auch in diesem einzelnen Falle an ihre rechte Stelle
zu setzen. — Wir halten aus diesen Gründen die alphabetische
Ordnung ein und sind überzeugt, daß man dieselbe durch eine
Berücksichtigung der oben berührten maßgebenden Gesichtspunkte zu beleben wissen werde.

I. Zweigliedrige Formeln.

A. alber und einfältig; arbeiten und begehren; anhalten und ermahnen; ansehen und Autorität; ausgangen in alle land und erschollen.

B. barmherzigkeit und mitleiden; bedeckt und entzogen; beten und Gott anrufen; betrübt und beangstet; beissig und ungeduldig; bekennen und nicht leugnen; behalten und selig werden; beruf und stand; eitel bilde und unnütze Formen; blasen und brüsten; bloede und verzagt; bosheit und bosen; brauch und gewohnheit; buben und boesewicht.

D. decken und bergen; deuten und verstehen; deutung und meinung; dienen und unterthan sein; dienst und gebür; dringen und treiben; dulden und lassen; dulden und tragen.

E. eben und enlich; effen und narren; eigendünckel und eigengefallen; empsigkeit und scherpfe; erkundigung und er-kentnis; erlogen und erstuncken (seltener umgekehrt); ersezen und erjeret; exempel und fürbild.

F. (V) fabel und merlin; far und beschwerung; färlich und sorglich; vermuthen und verhoffen; so fern und ausge-genommen; vernunft und verstand (in dieser Formel im Be-griff identisch); versuchen und prüfen; fest und getrost; mit fleiss und ernst; fluchen und lestern; fodern und zwingen; förderlich und hülflich: Form und gestalt; frei und los; frevel und toll; friede und einigkeit; fromm und gut; fröhlich und unerschrocken; fürwitz und frevel.

G. ganz und gar; gebür und ziemung; gesetz und gebot; genugsam und reichlich; geschwetz und narrenwerck; gewerre und gemenge; gewürm und geschwürm; gewiss und nicht zweifel; glauben und trauen; glück und heil; gnade und gabe; greifen und fühlen; greulich und erschrecklich; grösser und mehr; grund und ursache; grünen und blühen; gunst und gnade; gute sache und recht; gutwillig und freundlich.

H. hadern und rechten; heftige (und) scharpfe schriften; heilig und göttlich; helfen und rathen; helfen und beikommen; hell und klar; herren und oberkeit; herz und muth; heupt und herre; hitzig und begierig; hohe und grosse stende; hülf und mittel; hülf und stärkung.

I. irrthum und trügerei; jamer und noth; jungfrauschaft und keuschheit; jüngst und kleinest.

K. kan und wil (häufiger als umgekehrt w. u. k.); klar und lauter; klärlich und fein; klug und weise; knörrig und störrig; knoten und klumpen; condition und mittel; kost und mühe; kundschaft und freundschaft; kunst und geschicklichkeit; kurzweil und gelechter; in kürtz und eile.

L. laben und troesten; leben und weben; leib und leben; leichnam und fleisch; alls leiden, alls übel; lehren und treiben; sich lencken und schicken; lestern und schmähen; lesterlich und schendlich; lieblich und freundlich; liegen und triegen (oder lügen und trügen); loben und dancken; lob und ehre; loben und rühmen; los und falsch; lust und liebe (oder umgekehrt); lust und begier; lust und willen.

M. mag und wil; macht und majestät; meistern und

regieren; menschenfündle und aufsatz; mitbruder und klosterling; mühe und arbeit.

N. nacht und finsterniss; namen und titel; noth und nütze; nützlich und hülflich.

O. orden und muncherei; on und ausser.

P. predigen und vermahnen; prediger und pfarrhern; plärren und blöcken; pochen und trotzen; preisen und hochheben.

R. rathen und helfen; rauben und plündern; rathen und vermahnen; wolregieren und heilsame herren sein; recht und fein; recht und gut, recht und wahrhaftig; rein und gerecht; reisen und führen; röthe und scham; rotzig und unfläthig; rühmen und bekennen; rund und ganz.

S. sagen und singen (ober umgefehrt); sagen und zehlen (erzählen); sausen und rauszen; schaden und far; scharpf und geschwindt; schenden und blenden; scharren und wueten; schencken und schicken; schlemmen und temmen; schlichten und hinlegen; schmecken und erfahren; schreien und plärren; zu schwind und zu kurz; segnen und fördern; sehen und erfahren, satsam und theuer; setzen und sagen; sicher und frei; siegel und brief; sollen und können; sorgen und angst; sorgen und treiben; straf und zorn; studieren und forschen; studieren und lesen; suchen und forschen; sünd und schande; in sündigem fleische leben und armer sünder sein; suspendiren und aufheben.

T. taberne und wirthshaus; tand und menschensatzung; täuschen und trügen; tichten und dencken; tichten und machen; tichten und trachten; toll und voll (häufiger als umgefehrt); traum und traumbild; treue und hülfe; trotzen und freidig sein; tuck und bosheit; trübsal und jamer (häufiger als umgefehrt); trübsal und noth.

U. über alles gehen und den vorgang haben; unsinnigkeit und toben; uns. und wueten; unterthan und gehorsam; unchristlich und ungöttlich; unverzagt und unerforcht; unbekannt und unbewusst; urteilen und sprechen.

W. walten und schalten (und umgekehrt); warnen und vermahnen; weichen und nachgeben; weben und schweben; welken und verkommen; weinen und heulen; willig und erbütig; wissen und wollen, wissend und verstendig; wohl und gründlich; wueten und toben (selten umgekehrt).

Z. zancken und spotten; zappeln und zittern; zart und weich; zeitlich und vergenglich; zins und aufsatz; zürnen und toben; zwang und drang.

Ueberall könnte natürlich für und, auch und oder stehen, findet sich auch in einzelnen Fällen häufiger als und, während hier der durchsichtigen Gleichförmigkeit wegen überall und eingeführt ist. Hie und da fehlt jede conjunctionelle Verbindung, doch gehört eine solche zum eigentlichen Wesen dieses Gebrauchs.

II. Von dreigliedrigen nur eine ganz kurzgefaßte Auswahl, die ungefähr das Zahlenverhältniß ihres Vorkommens im Verhältniß zu den ersteren vergegenwärtigt. Die mehrgliedrigen müssen bei Seite gelassen werden.

Allerlieblichst, holdreichst und freundlichst; aufruhr, rotten und theilung; augen, gedancken und herze; beweisen, üben und halten; Erkenntnuss, urtheil oder determination; aus frevelem, unbedachtem, ungeordnetem willen; Gestohlen, geraubt, weggebracht; grobe, thörichte, freche lüge; Heil, gut und glückselige wolfart; höhnen, schenden und verunglimpfen; höchste, nothigste und fürnehmste ursach; Lügenhaftig, lesterlich, eselisch; Neid, zanck und zwietracht; Scharff, bitter und schrecklich; singen, springen, fröhlich sein; sicher, gerade, strack; Uebel, beschwerung oder widerwertigkeit; Verbittert, verwerret und zurschellet; verbant, verjagt, verfolgt; verfluchen, bannen, verwerfen; Wundergütig, sanftmüthig und holdselig.

Hier ist häufig das dritte Glied durch Conjunction mit dem zweiten näher zusammengeflossen, ohne im Sinne diesem näher zu stehen als dem ersten. —

Endlich noch Luthers Wortstellung. Sie ist wie die der gesammten Gemeinsprache durch die vollständige Zerrüttung des alten Satzgefüges und die versuchten Neubildungen nach fremden Typen gar sehr von der einstigen Durchsichtigkeit und Beweglichkeit, die sie namentlich in der mhd. Poesie besaß, heruntergekommen, hat aber doch namentlich im einfachen Satz alle die specifisch deutschen Characterzüge, die sie von Anfang an hier wie in einer andern und doch wahrscheinlich viel enger als man gewöhnlich annimmt, damit verwandten Sphäre, in der Betonung des deutschen Wortes als allem gesammtdeutschen oder germanischen Sprachbewußtsein zuständig erkennen läßt. Daß das Gothische darin theilweise seine eigenen Wege mehr zu gehen scheint als geht, hebt die durchschlagende Bedeutung dieser Thatsache nicht auf.

Luthers Wortstellung hat sich nun, soweit es ihm nach den Vorbedingungen seiner Schriftstellerei möglich war, noch so eng als möglich an die älteren, lebendigeren Modelle angeschlossen, nicht weil er sie wissentlich nachgeahmt hätte, sondern weil es sein volksthümlicher Genius ihn so lehrte. Gerade da, wo er, an ein fremdes Original gebunden, die Zusammenfügung der Sätze der Vorlage seinem Original anpaßte, ist er wie zur Entschädigung in der Wortstellung innerhalb der einzelnen Satzglieder desto deutscher. Dieß gilt namentlich von dem ganzen alten Testament, wo das hebräische Original mit seinem so überaus einfachen Satzbau keine

Verschränkungen und Verknüpfungen des deutschen Satzes
hervorrief, was doch unbestreitbar in der Uebersetzung der
meisten neutestamentlichen Briefe geschehen ist; es gilt aber
auch von den historischen Schriften des N. Testaments, in denen
sich das Griechische zu einer ihm eigentlich naturwidrigen schlichtesten Periodisirung hatte bequemen müssen. Gerade diese
Lutherschen Schriften waren zwar nicht von Anfang an, sind
aber allmählich die auf die spätere Sprachgestaltung einfluß-
reichsten geworden.

# Zweite Abtheilung.
## Die Gemeinsprache neben Luther.

### Erstes Capitel.
#### Der von Luther abhängige Schriftstellerkreis.

Luthers Einfluß auf die Sprache seiner Zeit an Einzelheiten statistisch nachweisen zu wollen, wäre ein ebenso zweifelhaftes wie werthloses Unternehmen. Zweifelhaft, weil der bloße Zufall mit allen seinen Möglichkeiten niemals auf einen festen Ansatz in einer solchen Rechnung gebracht werden könnte. Selbst da, wo man einem seiner Lieblingsworte und seinen individuellsten Wendungen anderswo neben oder nach ihm begegnet, ist doch immer denkbar, daß sie nicht von ihm, sondern aus derselben Quelle, so unbekannt sie auch sein mag, geflossen sind, aus der er sie geschöpft hat, aus dem lebendigen Sprachbewußtsein und dem Sprachgebrauch nicht der Gemeinsprache in ihrem breiten Durchschnitt, aber in irgend einer der unübersehbar zahlreichen und versteckten Falten der localen, mundartlichen oder an gewisse Stände und Berufskreise sich anheftenden Sprachbesonderheit. Ganz zweifellos steht es nur da, wo er selbst, was er doch so sehr sparsam that, ein neues Wortgebilde geschaffen hat, das nur von ihm aus den Andern zugeflossen sein kann. Außerdem läßt sich mehr fühlen als beweisen, daß manche von ihm gebrauchte Kraft und Grundwörter seiner Sprache, die er selbst nicht geschaffen, sondern nur neu belebt hat, von ihm aus mit elektrischer Kraft auch die anderen in Gesinnung und Streben verbundenen, die zu ihm als dem eigentlichen Leitstern ihrer Seelen aufschauten, berührt und in ihnen gezündet haben. So etwa das Wort Götze, dessen Stellung in der Sprachgeschichte oben erwähnt wurde. Bis Luther ihm Leben einhauchte, war es für alle Andern so gut wie todt, jetzt steht es auf einmal in der vordersten Reihe der den Geist beherrschenden Sprachbilder und jeder, der für das gereinigte Evangelium und den wahren Gottesdienst kämpft, kämpft auch gegen die alten Götzenpfaffen und den alten Götzendienst. Aber solche Einzelheiten allein sind doch für die Entwicklungsgeschichte jeder Sprache und namentlich der hochdeutschen Schriftsprache in ihrer damaligen Phase von sehr untergeordnetem Belang. Das Ziel, dem sie zustrebte, war ein ganz anderes, als eine Anzahl älterer Wörter und stilistischer Eigenthümlichkeiten außer Curs zu setzen und sie mit anderen neumodischen zu vertauschen. Das Neue wäre dann ungefähr, wie die eigentlichen Fremdwörter ein, wenn man es hart bezeichnen will, dem alten Gewand aufgeflickter Lappen geworden, der dem Einen gefallen, dem Andern mißfallen konnte, aber die Sprache selbst wäre er doch eigentlich nichts angegangen, auch wenn er ihre Oberfläche noch so buntscheckig aussehen gemacht hätte. Es kam aber jetzt alles darauf an, daß dies nicht noch mehr geschah. Unglückliche Zufälle, wie man sie wohl heißen darf, auch wenn ihre pragmatische Verkettung völlig deutlich vor dem Auge des Betrachters der Geschichte liegt, hatten der auf bestem Wege begriffenen, wenn auch unstreitig naturalistischen Ausgestaltung des Neuhochd.

unmittelbar vorher, ehe Luther eingriff, wieder eine ganze Last
neuer Hindernisse entgegen gethürmt, die selbst er, der sprach
gewaltigste Genius, den unsere Nation überhaupt hervorgebracht
hat, nicht bei Seite stoßen konnte. Auch seiner freien Flugkraft
sind die Schwingen zwar nicht geknickt, aber doch gebunden,
noch ehe er sie entfalten konnte und das reine Quellwasser
aus der innersten Tiefe der deutschen Volksseele, das in seiner
Rede wie in der keines Andern strömt, ist doch auch bei ihm
getrübt mit allerlei Schmutz und Schlamm mißverstandener
Andacht gegen fremde Autoritäten. Niemals hätte der deutsche
Sprachgeist sich von ihnen abhängig machen dürfen, wenn er
sich bewußt gewesen wäre, was ihm frommte und wenn er
nicht in jener gefährlichen Mischung von vertrauensseliger
Gläubigkeit und fauler Bequemlichkeit in jede Schlinge, die ihm
der Zufall oder das Schicksal stellte, hineingetaumelt wäre, gerade
so wie es die deutsche Nation überall und in allen den Situationen
zu thun pflegte und pflegt, wo es gilt, das Neue und Rechte
nicht bloß zu ahnen und zu ersehnen und im Gemüth und mit
dem Wort zu fordern, sondern es durch kräftigen Einsatz des
Willens und durch klare Beharrlichkeit im Handeln lebendig
darzustellen. In keiner anderen Periode hat unsere Nation so
beschämende und verhängnißvolle Probestücke von diesem ihrem
Grund- und Erbfehler abgelegt wie in dieser, weil keine andere
bis dahin so gewaltige Aufgaben an sie gestellt hatte. Sie
war mit zuversichtlichem Muthe an ihre Lösung gegangen, aber
um so unseliger war es, daß sie ihr und zuletzt doch nur durch
eigene Schuld mißglückte. Hätte sie sich gar nicht daran ge=
wagt, es wäre besser gewesen, als daß sie sich ihr neues
Staatsideal nach dem Muster des wälschen Absolutismus, ihr
neues Rechtsideal nach dem des römischen corpus juris, ihr
Kunstideal nach der durch und durch wälschen Renaissance, ihre

Wissenschaft nach der Schablone der Neoclassicität hätte verstümmeln lassen. Alle diese großen Lebensformen eines wirklichen Volksdaseins sollten und mußten jetzt erneut werden, aber so wie es geschehen ist, können wir nur eine Thatsache, nicht eine vernünftige und ehrenhafte Lösung des Problems darin sehen.

Denn es giebt nichts Alberneres, als wenn man sich, auch wieder nach ächt deutscher Art oder Unart, auf das universalistische oder kosmopolitische Element in allen diesen großen Potenzen des höheren Daseins der Menschheit beruft. Allerdings sind sie oder sollen sie sein wie die Luft und das Licht, überall und allgegenwärtig, wo es ein wirkliches Menschenleben giebt und nicht ein bloßes Vegetiren tief unter dem sichern Naturbewußtsein der Thierwelt. Aber treten sie in concreter Fassung auf, ist ihnen noch dazu der Stempel einer an sich doch immer beschränkten und verzerrten Individualität einer Zeit und eines Ortes aufgedrückt, wie es diesen großen damaligen Culturelementen bei ihrem Durchgang durch das antik römische und mittelalterlich-romanische Medium geschehen war, bis sie zu dem werden konnten, was ihnen immer als ihre wahrheitsgetreueste Benennung gegeben werden sollte, zur wälschen Renaissance, so steht das Verhältniß anders. Jedes Glied der Menschheit ist berufen, gleichviel, ob es diesen Ruf hört oder nicht, an der gemeinsamen Arbeit des Menschengeistes mit zu helfen, jedes ist für sich allein und als Volk gegen Volk berechtigt und verpflichtet, als Lehrer und Bildner der andern zu wirken. Wo Lehrer sind, muß es auch Schüler geben, und je gelehriger, treuer und energischer ein solcher ist, desto besser wird er, sei es ein Einzelner, sei es ein ganzes Volk fahren. Von dem einzelnen Schüler verlangt man keine Selbstständigkeit, keine Wahrung des Eigenrechtes seiner Individualität gegenüber der Autorität des Lehrers. Das kann, soll und muß er später lernen, zuerst ziemt ihm das jurare in verba magistri, selbst wenn es mitunter dem bedenklichen: „und wie er räuspert und wie er spuckt 2c." sehr ähnlich sehen sollte. Aber von einem ganzen Volke, noch dazu von einem, das eine mehr als tausendjährige Culturarbeit, gleichviel welchen Inhalts und welcher Resultate, hinter sich hat, wie das deutsche am Schlusse des Mittelalters, muß etwas Anderes verlangt werden. Besaß es nicht so viel Intelligenz und feinen Sinn, als ihm förderlich gewesen wäre, so sollte es so viel Ehrgefühl und Selbstbewußtsein besessen haben, um sich nicht Hals über Kopf in die Sclaverei fremder Schablonen und Modelle zu stürzen, wie es geschehen ist. Ein gründlicher, klarer, selbstbewußter Eklekticismus, ein freier — nicht nach einem doctrinären Schema, sondern nach der unmittelbaren Intuition oder dem scharfen Instinct der Volksseele vollzogene Aneignung des Fremden, soweit es für sie brauchbar war — und darüber hatte sie allein und ganz allein aus sich heraus zu entscheiden gehabt — eine ebenso gründliche, kräftige, reinliche Zurückweisung alles Uebrigen: das war es, was von der deutschen Nation gefordert werden konnte und was sie zu ihrer Schande und ihrem namenlosen Unglück, die ja immer Hand in Hand gehen, damals nicht gethan hat. —

Wie dort, wo es galt, ein neues Reich, eine neue Kunst, eine neue Wissenschaft aufzubauen, weil das Alte, was diesen Namen führte, verwesende Leichen waren, so auch in der Sprache. Es hat sich gezeigt, wie verhängnißvoll diese Wendung für das Neuhochd. geworden ist, ehe Luther in die Mitte der Sprachentwicklung trat, und bevor er sich als das natürliche Haupt und als der natürliche Mittelpunkt des deutschen Volksgeistes und Volksgewissens seiner Zeit in seiner vollsten

Totalität dargethan hatte. Auch er ist — und es ist nöthig, diese oben an Einzelheiten bewiesene Thatsache immer wieder nach ihrer ganzen Schwere für das eine Gebiet, auf welches hier unser Blick gerichtet ist, zu betonen — zwar überall der größte Deutsche seiner Zeit, so groß, daß alle Anderen, sie mögen heißen wie sie wollen, ihm nicht bis an die Knie reichen, folglich auch in der Sprache so mächtig, daß keiner der Andern, die damals deutsch schrieben, auch wenn er im einzelnen gewisse Vorzüge vor ihm voraus oder richtiger gewisse Fehler weniger haben sollte, anders zu ihm steht, aber diese Flecken an dem Bilde des Sprachbeherrschers und Sprachmeisters dürfen nicht übersehen werden. Sie sind es, die in zwiefacher Weise die reinen, lebenspendenden Säfte, die von ihm in die deutsche Sprache strömten, nicht vergiftet, aber verschlechtert haben. Einmal insofern einiges von dem, was seine einzige Kraft, als sie sich aus ihrer lebendigen Unmittelbarkeit in eine abgezogene Autorität umsetzte, der neuhochdeutschen Sprache octroyirte, zum Theil bedenklich, zum Theil sogar absolut schlecht genannt werden muß, dann aber auch, so will es uns wenigstens bedünken, denn hier betritt man ein Gebiet, wo das exacte Wissen und die Beweiskraft der Induction versagt, weil Luther eben durch diese seine Gebrechen nicht zu der vollen Entfaltung seiner sprachlichen Allmacht gelangt ist. Die Gebrechen sind ein Plural, wenn wir sie als concrete Thatsachen nach dem gewöhnlichen Schema der Grammatik und Stilistik an uns vorübergehen lassen, sie sind ein Singular, wenn wir bis zu ihrem Keim und Grund vorzudringen verstehen. Dieser ist aber derselbe wie der, worin damals für den deutschen Geist alles Verderben beschlossen war, die Hingabe an die fremde Autorität. Die halblatinisirte und dadurch barbarisirte Sprache der Gelehrten und Canzleien ist auch über ihn, den leitenden Genius seiner Sprache, wie über diese selbst mehr als es gut war, Herr worden.

Doch bleibt noch immer genug, um ihm seine Führerstelle in der Sprache der Zeit unbestritten zuzuerkennen. Zunächst ist es eine Masse von schriftstellerischen Kräften, die allein durch ihn angeregt, man darf wohl sagen, von ihm wie ihr inneres Leben so auch die äußere Form, in der sie es darstellten, empfangen haben. Begreiflich wächst diese Schaar mit dem zeitlichen Fortschritt der Thaten Luthers als Reformator und mit der Menge seiner eigenen schriftstellerischen Productionen nicht in arithmetischer, sondern in geometrischer Progression. Um 1522—1530 sind es nur einige aus seinem nächsten Wittenberger Kreise, ein Justus Jonas, Georg Rörer, Veit Dietrich, Nicolas von Amsdorf, Spalatin, Cruciger, Anton Lauterbach, die, soweit sie schriftstellerisch sich hervorwagen, sofort die Abhängigkeit von ihrem Meister bekunden. Sobald das deutsche geistliche Lied durch Luther sein naturalistisch volksthümliches Tasten, mit dem es schon frühe im 15. Jahrh. gleichsam aus der Tiefe des Volksgemüthes und Gewissens hervorgequollen war, in den großartig charactervollen Stil des evangelischen Kirchenliedes umsetzte, was ungefähr seit derselben Zeit, nach Luthers Rückkehr von der Wartburg und in innigstem Zusammenhang mit den tief bewegenden Ereignissen dieser so verhängnißvollen Epoche geschah, schallt es erst einzeln, bald immer voller und noch bei Luthers Lebzeiten schon in einem stattlichen Chor durchaus in dem Tone, den er zuerst angeschlagen hat. Selbst jenes eigentliche confessionelle Schiboleth des strengsten Urprotestantismus, freilich mehr versificirt als wirkliche Poesie, des Paulus Speratus Geistlich Lied, wie wir vor Gott gerecht werden, „Es ist das Heil uns kommen her, Von Gnad und lauter Güte", wenn es auch nach seiner bisher noch nicht angefochtenen Datirung aus dem Jahre 1523 stammen sollte, ist doch nur ein Wiederhall der Urtöne, die aus Luthers Brust allein gequollen sind und quellen konnten. Als Jahreszahl der Entstehung für die 1524 im ersten Drucke erschienenen ältesten Kirchenlieder Luthers setzt man allerdings nach äußerlich unanfechtbaren Zeugnissen 1523 an, und auch dies nur für ein einziges wirkliches Kirchenlied, das noch jetzt lebendige „Nun freut euch, lieben Christen gmein". Denn sein Lied auf die Märtyrer in Brüssel, Heinrich Voes und Johann Esche, die am 1. Juli 1523 verbrannt wurden, ist zwar wie das echte historische Volkslied frisch aus der That heraus gesungen, und gehört jedenfalls noch in das Jahr 1523 — ob es damals schon gedruckt wurde, kann hier unerörtert bleiben — aber es ist kein Kirchenlied, und keiner der protestantischen Liederdichter, die durch Luther Leben und Stimme empfingen, hat den hier angeschlagenen Ton aufzunehmen verstanden. Auch bei Luther selbst klingt er nur einmal in diesem Falle und nicht wieder, wenn auch die folgenden Jahre, sollte man denken, mit ihren erschütternden Catastrophen Luthers Brust so stark hätten spannen müssen, daß sie sich nur in solchem gewaltigen Aufschrei Luft zum Weiterathmen hätte schaffen können. Aber so wie er nur einmal als Geschichtschreiber zu seinem Volke gesprochen hat, so auch nur einmal als Volksdichter im großen Stil, das einemal wie das andere so, daß alles Vergleichbare daneben dürr, kühl und matt klingt.

Wer wollte läugnen, daß unter der Menge von Singstimmen, die jetzt in der protestantischen Kirche laut wurden, auch manche gute sich finden? Hütet man sich, zwei ganz disparate Dinge, die allgemeine ethische und religiöse Atmosphäre der Zeit oder dieser Richtung des Geistes in der Zeit, zuletzt immer nur der Geist Luthers selbst, und die individuelle

Begabung der einzelnen Personen, deren Lieder vor uns liegen, miteinander zu vermengen, wie es doch gewöhnlich geschieht, so wird man auch nach Abrechnung jenes Factors, für den das Individuum weder verantwortlich noch belobungswerth ist, gar mancher kräftigen und warmen Stimmung, gar mancher ächt gemüthlichen Verinnerlichung eines nicht sowohl an sich, als in seiner damaligen auf die Reflexion gestellten Fassung doch eigentlich unpoetischen Stoffes begegnen, wodurch dem gewöhnlichen Auge das eigentlich Mangelhafte des innersten Kernes, wenn er nur als Poesie beurtheilt wird, verdeckt werden mag. Eigentlich hervorragende Talente sind nicht darunter, diese hätten sich nicht in eine solche schrankenlose Abhängigkeit von einem Meister, und wenn es Luther gewesen wäre, fügen können. Man sieht das unzweideutig an den geistlichen Liedern, die dem größten deutschen Dichter dieses 16. Jahrh., Hans Sachs, angehören. Sie gehen ihren eignen Weg, natürlich nicht in dem, was man Glauben zu nennen pflegt, da sind sie correct lutherisch und müssen es sein, nachdem der Dichter selbst von dem geistlosen Geleier des Meistergesangs sich zu einer zeugenden Stimme für das gereinigte Evangelium umgewandelt hat, aber in alle dem, was poetische Conception, Stilisirung und äußere Sprachformen heißt, was hier uns allein angeht, stehen sie auf sich selbst, sind ganz und gar Hans Sachsisch und eben deshalb auch nicht im Stande gewesen, sich neben jener geschlossenen Phalanx, die Luther ausgerüstet hatte, rechte Geltung zu verschaffen.

Daß diese geistlichen Liederdichter des 16. Jahrh. im Kern ihres Gedankeninhaltes gleichsam nur eine Glosse zu dem Texte, nur eine Variation der Melodie des Meisters sind, versteht sich von selbst. Daß sie auch in dem Aeußern der poetischen Technik sich gänzlich an sein Vorbild gehalten haben, versteht sich nicht so von selbst, aber es ist doch so gewesen. Indessen ist hierin seit dem in dieser Beziehung tief einschneidenden Ambrosius Lobwasser, also seit der Mitte der Sechziger Jahre, eine große Veränderung vorgegangen, die nur wie begreiflich nicht auf einmal die ganze Masse ergriff. Schon um 1600 ist die Besonderheit der Lutherschen Vers- und Reimtechnik überwunden und hat einer andern, wie sie damals in der Luft lag, Platz machen müssen. — Von Luthers poetischer Technik zu reden ist ein eigenthümliches Unternehmen, denn sie besteht eigentlich darin keine zu sein. Das Allgemeinste der dem damaligen deutschen Ohre lebendigen Rhythmik hat er wohl festgehalten, aber etwas umgewandelt je nach dem Bedürfniß des Gedankensatzes, der doch dem eigentlichen Techniker nicht höher an Werth stehen darf, als der rhythmische Satz, oder er hat es gethan, wie uns scheint, auch nach dem Bedürfniß des musikalischen Satzes, der seinem Ohre vorschwebte, wenn er ihn auch nicht selbst nach den Regeln der Technik ausführte, sondern das anderen eigentlich zünftigen Musikern überließ. Daß er in seinen Reimen selbst mit dem damaligen, wahrlich nicht pedantischen Maßstab gemessen, oft kaum erträgliche Licenzen unbedenklich gebraucht, sobald jenes höhere Interesse des Gedankens und der Stimmung und seine eigene völlig dilettantische Ungeschultheit in dieser Kunst sie ihm nahe brachten, ist bekannt und auch sie haben sich, wie seine rhythmischen Freiheiten bis zu dem schon erwähnten Zeitpunkt gleichsam in canonischer Autorität bei seinen Nachfolgern behauptet. Aber sie haben sich dann verloren und wenn Luthers Einwirkung auf das protestantische Kirchenlied nur darin zu suchen wäre, so würde man vom Standpunkt der Sprachgeschichte ihm keine große Bedeutung zumessen.

Sie reicht aber weit über dieses äußere Gewand der

poetischen Technik hinaus und weit über einen so schalen und seichten Nachempfinder fremder Motive, wie es Ambrosius Lobwasser gewesen ist, unbeschadet seiner aufrichtigen Frömmigkeit und unbeschadet seiner nicht abzuläugnenden Bedeutung in der Geschichte der deutschen poetischen Technik. Die Sprache Luthers, so weit sie sich ein Anderer aneignen konnte, erklingt nirgends so unmittelbar als in dem geistlichen Lied, und wenn auch hier nach Individualität und Zeit unterschieden werden kann, so ist doch das Wesentlichste von dem, was man seinen Sprachstempel heißen wird, nirgends so unverfälscht erhalten als hier. Nicht als wenn einer der Andern auch nur entfernt seiner Kraft, seinem innern Feuer in der Sprache gleichkäme, aber eben weil das keiner thut, haben sie alle an ihrem Theil das Beste gethan, was sie thun konnten, indem sie seine Sprache nachsprechen oder nachstammeln. Natürlich hat die Veränderung des Zeitgeistes, der Umschwung in der Literatur und in der Sprache und die dadurch bewirkten Veränderungen in der poetischen Stilistik seit dem Anfang des 17. Jahrh. auch die Sprachform dieser geistlichen Dichter stark berührt, soweit sie von der Technik des Versbaues und Reimgebrauchs und von dem Wörterbuch abhängt. Aber niemals ist Luthers Seele aus ihrer Sprache ganz entwichen, denn die Seele einer Sprache stirbt nicht, auch wenn die, die sie sprechen, keine Seele haben. Noch nach mehr als zwei Jahrhunderten bricht sie selbst in einem Gellert da und dort einmal durch, und einen herberen Contrast als Gellert und Luther kann man sich nicht wohl denken. In Gellerts „Dies ist der Tag den Gott gemacht" sind noch einige Töne aus Luthers „Gelobet seist du, Jesu Christ."

Die Geschichte unserer Cultur stellt es als eine unbestrittene Thatsache hin, daß unser protestantisches geistliches Lied innerlich so vielseitige Beziehungen zu allen Ständen, Bildungskreisen und Individualitäten der deutschen Nation anknüpfte und festhielt, wie es keiner andern Gattung literarischer Production in deutscher Sprache weder damals noch später auch nur annähernd gelungen ist. Daher lassen sich die sprachlichen Eindrücke, die jeder Deutsche oder doch bis 1630 $^9/_{10}$ des deutschen Volkes wissentlich oder unwissentlich nicht gerade von der eigentlichen Urquelle, aber doch aus ihren abgeleiteten Bächen und Canälen empfing, wohl im Ganzen mit einem Blick überschauen, aber unmöglich auf eine Zahlenformel bringen.

Hat im Kirchenlied keiner die Urtöne Luthers aus seiner Brust wieder hervorbringen können, ist der ganze hundertstimmige Chor ein stammelndes, mattes Gezwitscher gegen das „Ein' feste Burg ist unser Gott", so giebt es auch nur einmal in deutscher Sprache eine Erbauungsschrift wie die Kirchenpostille oder, wenn die Bezeichnung Erbauungsschrift zu schal ist, ein Buch wie das von der Freiheit eines Christenmenschen. Aber beide sammt allem, was zwischen diesen beiden und den eigentlich didactisch-katechetischen Schriften, Erklärung einzelner Psalmen, der 10 Gebote, einzelner neutestamentlicher Abschnitte und alles Derartige zusammenfassend, den beiden Katechismen in der Mitte liegt, hat, wie das Kirchenlied, eine steigende Fluth von Nachahmungen hervorgerufen, die in die neuere deutsche Prosa-Sprache ebenso kräftig eingegriffen haben, wie das Kirchenlied in die deutsche poetische Sprache. Auch hier eröffnet jener Wittenberger engste Freundes- und Schülerkreis den Reigen, und wenn ein Justus Jonas, ein Georg Rörer, ein Johann Mathesius und Anton Lauterbach die Sprache Luthers am treuesten schrieben, so war es nicht bloß, weil sie dem übermächtigen Genius von selbst diese Huldigung bringen mußten, sondern auch, weil sie als seine nächsten Landsleute in seiner

Sprache sich heimathlich wieder erkannten, nicht die grobe Mundart am Südfuße des Harzes oder die breite an der Mulde, im Pleißnerland und in Meißen, sondern gleichsam ihre ideale Verklärung zu der normalen Sprache der höchsten Geistesbildung. Aber sofort greift auch hier Luthers Sprachgewalt über diese natürlichen Schranken hinüber. Wie unter den Liedersängern, so ist auch bald unter den Erbauungsschriftstellern in Prosa — wir wissen keinen bessern Ausdruck, darum wählen wir diesen schlechten .— ganz Deutschland, alle deutschen Mundarten, soweit sie das Fundament des Neuhochdeutschen bilden, beinahe-in den mathematisch richtigen Procentsätzen vertreten und es fehlt hier wie dort auch bald nicht an eigentlich fremdsprachigen Deutschen, an Niederdeutschen besonders sächsischen Stammes, die nicht so sehr hochdeutsch als Luthers Sprache correct und treu wie die nächsten Landsleute schreiben konnten. Gehört doch der einzige dieser unabsehbaren Legionen, dem man auch neben Luther eine selbständige Genialität der Conception nicht absprechen kann, Johannes Arndt, der Verfasser der Vier Bücher vom wahren Christenthum und des Paradiesgärtleins — seine andere weitläufige Schriftstellerei in deutscher und lateinischer Sprache ist mit Recht vergessen — dahin durch seine Geburt in dem entschieden plattdeutschen Ballenstädt, hat er doch sein nach Art der damaligen geistlichen Männer der protestantischen Kirche so reich bewegtes Wanderberufsleben fast ausnahmslos in Niederdeutschland zugebracht und in der rechten Mitte des ungebrochenen Niederdeutschthums, in Celle, beschlossen. Keiner redet aber so völlig, man möchte oft sagen, fast sclavisch Luthers Sprache, wenn nicht die selbständige Wärme und Tiefe des Gesprochenen eine solche ehrenrührige Bezeichnung verböte. Aber man merkt es ihm an, daß er zu den vielen hunderten hochdeutschen Schriftstellern gehört, die nicht sowohl Hochdeutsch als Lutherischdeutsch gelernt haben und insofern ist die an sich so unsäglich rohe und kindische Phrase, die schon damals in den katholischen Kreisen im Südosten und am Rhein herumgetragen zu werden anfing, die Phrase von einem Lutherischen Deutsch als einer revolutionären Vergewaltigung an der Gemeinsprache, oder dem, was sich dafür ausgab, doch nicht so ganz ohne Begründung. Ein guter Theil derer, die das beste Deutsch in dieser Zeit schrieben, haben es wirklich direct von oder aus Luther gelernt und wären wahrscheinlich ohne ihn nie dazu gekommen, eine Feder zu hochdeutschen Sprachexperimenten anzusetzen.

Neben der gedruckten Erbauungsliteratur darf die Sprachgeschichte das bloß gesprochene Wort in seiner höheren Stilisirung nicht übergehen, wie es jetzt von tausenden von Kanzeln auch wieder über das ganze Gebiet der hochdeutschen Zunge, ja, was wir noch sehen werden, auch schon weit darüber hinaus, täglich dem eigentlichen Volke entgegenscholl. Jeder Prediger, das verstand sich von selbst, suchte in Luthers Sprache so gut und so eng sich daran schließend, als ihm möglich war, zu sprechen und den meisten gelang es gerade so weit wie ihren schriftstellernden Collegen, die ja auch in der Mehrzahl das mündliche Wort auf der Canzel als einen, bald als den Haupttheil ihres Amtes und Berufes zu pflegen hatten. Locale Rücksichten legten, das sieht man deutlich, hie und da eine gewisse Beschränkung auf oder führten zu einigen Concessionen an das Ohr und die Gewohnheiten der Zuhörerschaft, aber das betraf doch nur das Alleräußerlichste der Sprachform, alles mehr Innerliche und Wesentliche, gerade das, worin der eigentliche Geist und das Leben der Sprache Luthers beschlossen ist, wurde heilig gewahrt und sorgsam immer wieder reproducirt. Bedenkt man, wie oft damals geprebigt wurde (Sonntags und an den zahlreichen Festtagen in der Woche mindestens 3 mal in jeder irgend namhaften Kirche; bei kleinen Gemeinden und Wochentags mindestens einmal), und wie die Predigten besucht wurden, so läßt sich wieder nur ahnen, aber nicht auf Zahlen bringen, welche Summe von Lutherischem Sprachmaterial und Lutherischer Spracheigenthümlichkeit damit in das ganze deutsche Volke einströmte und von da aus wieder zurück in die Schriftsprache.

Mit weniger Freude und innerer Genugthuung als auf dem protestantischen Lied und der protestantischen Erbauungsliteratur in der Sprache Luthers weilt der Blick des Betrachters auf einer andern an äußerem Umfang hinter beiden kaum zurückstehenden literarischen Richtung, die wie jene direct auf Luthers Initiative und deren Sprache unläugbar auch auf seine Typen zurückgeführt werden muß. Es ist die polemische Pamphletliteratur, worin die Epigonen zum Theil noch bei Lebzeiten des Meisters dessen Originalität in bedenkliche Carricaturen einander überbietend und steigernd verzerrten. Ob einem heutigen subjectiv gestimmten Leser die göttliche Grobheit, der zerschmetternde Ingrimm, womit Luther über seine Feinde d. h. über die, die er in voller Gewissensunschuld für „Feinde des Wortes" hielt, herstürzt, behage oder mißfalle, ist unserem hier allein berechtigten Standpunkte völlig gleichgültig. Von diesem aus muß aber anerkannt werden, daß sich nirgends anders die volle unvergleichliche Sprachgewalt, dieses gleichmäßige Beherrschen aller Höhen und Tiefen, diese wahrhafte Neugeburt eines ganzen Volkssprachgeistes in dem Geiste eines einzelnen Menschen so großartig, so genial, so einzig offenbart wie in diesen „im Zorne", d. i. in der gesättigten Erhabenheit des hoch im wolkenlosen Aether des Gemüthes schwebenden Humors geschriebenen Pamphleten gegen seine Widersacher. Jeder Urtheilsfähige wird anerkennen, daß gerade sie von Seiten der Sprachform nicht ihresgleichen haben, wenn auch eine schöne Seele des 19. Jahrh. unzweifelhaft sich in dem Sermon „von der würdigen Empfahung des heiligen wahren Leichnams Christi, gethan am Grünbonnerstag 1521" lieblicher berührt findet als von dem fast in derselben Stunde aus demselben Mund hervorgeschmetterten Pamphlet: „Auf das überchristlich, übergeistlich und überkünstlich Buch Bock Emsers zu Leipzig Antwort D. Martini Lutheri, darin auch Murnarrs seines Gesellen gedacht wird: „lieber Bock stoß mich nicht!" Oder wenn ein modern, heute fast schon altmodisch idealistisch liberal angefärbtes Gemüth in den großartig freien Perspectiven der Schrift an den christlichen Adel deutscher Nation von 1520 einen ganz andern, den „ächten" Freiheitsmann Luther zu finden vermeint, als in seinem „Wider Hans Worst D. Mart. Luther, gedruckt zu Wittenberg 1541", — man beachte die blitzartige Kürze des Titels, die auch zu den spätern großen Errungenschaften des Genius Luthers gehört, — so ist dagegen nichts einzuwenden, außer daß die Sprachgeschichte sich um derartige unschuldige Liebhabereien nicht kümmert. Ihr Urtheil steht so, wie es eben ausgesprochen ist, gleichviel was man über den Inhalt des Gesprochenen oder Geschriebenen, je nach der wechselnden Mode und Laune der geistigen Schwingungen, empfinden möge.

So etwas war nun freilich noch weniger zu erreichen als der Ton des Liedes und der Predigt oder des erbaulichen Vortrages, aber begreiflich reizte es noch stärker zur Nachahmung und ebenso begreiflich, da hier bei den Andern immer die Leidenschaft sprach, zur Ueberbietung. Hätten nun die lutherischen und antilutherschen Streittheologen — natürlich nicht immer zünftige, auf Universitäten studirte und im geistlichen Amt angestellte

Theologen, aber als Naturalisten und Autodidacten doch auch im höheren Sinn unter diese Nomenclatur zu bringen — die Sprachmittel auch nur annähernd genial zu beherrschen gewußt wie ihr Meister, so würde der Geschichtschreiber der Sprache ihre wüstesten, unfläthigsten und malitiösesten Schimpfereien mit nicht geringem Interesse und völlig kühler Objectivität zu seiner Belehrung studiren. Aber davon ist nichts zu entdecken: sie haben ihr ganzes, allerdings stattliches Lexicon von Injurien fast ausschließlich nur aus ihrem Meister ausgezogen, fast nie aus dem Borne der lebendigen Sprache geschöpft, der hier doch so reichlich sprudelte, und was sie Neues bringen, ist meist nur verzwickte und verkröpfte Schulgelehrsamkeit, allerlei barockes aus dem neulateinischen Jargon, der nur etwas prätentiöseres, im Grunde um nichts besseres Lateinisch als das mit so souverainer Verachtung behandelte Küchenlatein der alten Bettelmönche und Brotstudenten war. Luthers Sätze springen wie ein Tiger auf den Feind, diese aber drehen sich in endlosen Schnörkeln und Verkuppelungen um sich selbst und kommen gar niemals zu einem schlagfertigen Sprung. Nur die einzelne Injurie, und sie bestehen eigentlich nur aus Injurien, besonders wenn sie ganz oder halb lateinisch barbarisirt ist, wirkt. Das Ganze als solches ist ausnahmlos schwülstig, verworren, matt, also das gerade Gegentheil von Luthers Sprache. Sie hatte auch ihre Fehler, und einige davon sind hier zu widerlichen Dimensionen herangewachsen. Auch er hat um der Kürze willen, d. h. um sich die Arbeit abzukürzen, wozu er in jeder Art, nur nicht vom Standpunkt der Sprachbetrachtung berechtigt war, unverhältnißmäßig viel fremde Brocken seinem Kern-Deutsch eingekittet; alle besseren Schriftsteller unmittelbar vor und neben ihm, soweit sie in der Sprache ihren eigenen Weg unabhängig von ihm gehen, sind in dieser Beziehung ohne

Ausnahme viel reiner als er, der katholische Reactionär Berthold v. Chiemsee ebenso wie der radicale Idealist, Wiedertäufer und Weltverbesserer Seb. Franck.

Insofern sind diese lutherischen Epigonen traurigsten Andenkens in der Geschichte der deutschen Gemüths- und Verstandesbildung, auch der Sprache, an der allein sich Gemüth und Verstand jeder neuen Menschengeneration anzuranken hat, nicht weniger schädlich geworden, und man hütte sich, ihren Einfluß bloß nach seinem ethischen und intellectuellen Werthe zu unterschätzen. Er war wie im Leben selbst, auch in der Sprache ein unermeßlicher, wenn auch schon um 1600 eine sichtbare Ermüdung, die sich bei vielen in Ekel verwandelt, in der deutschen Leserwelt einzutreten begann. Die wüthenden Pamphlete, die noch um 1570 die beste Marktwaare der damaligen Buchführer vorstellten und daher von ihnen oft sehr splendid ausgestattet wurden, wirken kaum mehr als eigentliche Scandalliteratur, wie sie jede leselustige Zeit, und diese war es zwar nicht mehr so stark wie zu Luthers Tagen, aber doch noch viel mehr als 30—40 Jahr vorher und zwei Jahrhunderte von da bis auf uns herab, neben ihrer anständigeren Kost bedarf. Da hier nothwendigerweise doch immer auch wissenschaftliche Probleme, dogmatische Controversen aller Art den Inhalt bildeten, wenn auch gleich die Schale, die persönliche Invective gegen den persönlichen Gegner fast in allen Fällen das Wesentliche und Eigentliche ist, so gewöhnte sich die Sprache gerade in der Darstellung solcher Materien, die doch immer trotz aller Verzerrung, aus der Sphäre der höheren intellectuellen und reflectirenden Geistesthätigkeit entnommen oder in sie hineinversetzt waren, nichts Gutes, sondern nur Verkehrtes an. Jene Sprachmengerei einzelner Latinismen war häßlich genug, besonders da bei diesen Leuten — ganz so

wie bei den Canzleiverwandten, die nach der andern Seite
immer nur das Extrem der gespreizten Vornehmheit und des
barocken Bombastes herauszukehren bemüht sind — es bald
die Mode erforderte, es nicht bloß bei einem ganz oder halb
fremdwüchsigen Worte bewenden zu lassen, sondern womöglich
ganze Geschwader davon dem andächtig bewundernden Leser
vorzuführen. Wie in den Canzleien, so wurden auch jetzt schon
in den Studirstuben und vor dem Bücherschranke ganze
Sätze geschrieben, die zur Hälfte oder zu zwei Drittheilen la=
teinisch sind, wo das Deutsche nur als schleppentragende
Magd die einzelnen Theile des Aufputzes demüthig zusammen=
zuhalten hat. Das hätte nun als eine Mode, die auf der
Stelle den herbsten Spott und nach der Art der Zeit einen
sehr unverholenen hervorrief, vorübergehen können, ohne der
Sprache allzuviel zu schaden. Steht es ja doch bei Wiliram
ein halb Jahrtausend früher womöglich noch verkehrter (s. I,
103) und sieht man dem Mittelhochdeutschen an, daß jemals
vorher der deutsche Stil in eine solche Confusion gerathen
konnte? Schlimmer aber war es, daß das, was man allen=
falls für einen Stil des wissenschaftlichen Vortrags oder des
Vortrags von Problemen, die von der eigentlichen Wissenschaft
behandelt werden können, ausgeben durfte, gerade das Gegen=
theil von dem wurde, was man von einem solchen in allen
Zeiten und bei allen Nationen gleichmäßig zu fordern berech=
tigt ist. Statt der allein gerechtfertigten Ruhe und Nüchtern=
heit des Vortrags fanatisches Toben und wüthendste Leiden=
schaftlichkeit, statt Klarheit und Einfachheit die grenzen=
loseste Verzwicktheit und Verunstaltung in undurchsichtigen
Perioden abwechselnd mit ganz elementaren Satzembryonen,
wie sie einer dem damaligen Geistesdurchschnitt schon paläon=
tologisch gewordenen Vergangenheit angehörten und dort voll=

ständig berechtigt waren. Und doch galt es hier, wie wir sahen, eine sehr tiefe und sehr bedeutsame Lücke auszufüllen die selbst für Luthers Genius, ohne daß an seiner Größe irgend etwas gemindert würde, nicht ausfüllbar gewesen war. Es mußte sehr verhängnißvoll für das Neuhochdeutsche werden, daß man abwechselnd nur in dem Stile eines herumstreichenden Marktschreiers oder eines verknöcherten Schreibers über diejenigen höheren geistigen Interessen zu der Nation zu sprechen verstand, die einstweilen noch allein die Geister am tiefsten oder beinahe ausschließlich berührten, über sog. Glaubens- und Religionsangelegenheiten, insofern sie fast die einzige Stellvertretung für das ganze intellectuelle Gebiet, für das Gebiet der Wissenschaft in seiner doch schon auch damals ziemlich in die Breite gewachsenen Ausdehnung bildeten. Es war der Sprache noch unvergleichlich schädlicher, als wenn die Liederdichter oder — Verfertiger, wie man sie der Mehrzahl nach unbeschadet oder gerade wegen ihrer frommen Absichten nennen darf, alle Freiheiten der poetischen Formgebung ihres Meisters copirten oder sich von ihnen nicht losreißen konnten. Diese andern Sprachverderber brechen in den eigentlichen Lebenskern und haben ihm unberechenbaren Schaden gethan. Freilich nicht sie allein, aber sie mit andern zusammen. Will man einige Entschuldigung für sie in dem Beispiel Luthers finden, so mag man es, darf dabei aber nie das classische Wort vergessen, das ohnehin auf sie, die meist firme Lateiner der damaligen Schuldressur waren, sehr wohl angezogen werden darf: quod licet Iovi non licet bovi. —

Auf diese Art ist also bei weitem die Mehrzahl aller derer, die in der zweiten Hälfte oder schon seit den dreißiger Jahren des 16. Jahrhunderts in neuhochd. Sprache als Schriftsteller auftreten, direct und unmittelbar abhängig von

Luthers Sprache, im Guten und Bösen, Richtigen und Verkehrten. Denn sieht man sich den damaligen literarischen Markt an, so kommen im Durchschnitt doch immer drei der theologischen Literatur angehörige Bücher, freilich wenn deutsch meist nur von geringem Umfang, weil sie die in diesem Fache ganz fehlende periodische Presse oder Tagesliteratur ersetzen sollten, auf ein anderes deutsches Buch aus dem ganzen Bereich der Poesie, des practischen Lebens, des Wissens, soweit sich das Neuhochdeutsche alles dessen bemächtigt hatte. Unter dieser Masse theologischer Literatur ist aber bis 1570 kaum der zehnte Theil nicht protestantisch und von den protestantischen kaum ein Viertel nicht strenglutherisch oder wenigstens von jener mittleren „Philippistischen" Färbung, die in dem großen Reformator den Mann Gottes, den ehrwürdigsten Vater in Gott D. M. L. immerhin noch sah und sich zu ihm bekannte, auch wenn sie im Stillen manche seiner herben Extravaganzen in der Pointirung gewisser Glaubenssätze beklagte. Nach diesem Zahlenverhältniß kann man ungefähr auch die Wucht, mit der Luthers Sprache die deutsche Zeitgenossenschaft beherrschte oder auf sie drückte, abschätzen.

In dem letzten Drittheil des Jahrhunderts ändert sich die Verhältnißzahl etwas. Es ist, wie schon bemerkt, unverkennbar, daß allmählich wenigstens die dogmatische Polemik in der Form des injuriösen Pamphlets anfing in Mißcredit zu gerathen; vorher schon war durch das Auftreten der Jesuiten erst in Ingolstadt und dann an allen den geistlichen und weltlichen Höfen, wo man eine Gegenreformation in Scene setzen wollte, auch der Allmacht der Sprache Luthers bedeutender Eintrag geschehen. Sie waren zu klug und zu gebildet, um wie spätere rohe bairische Bettelmönche jene auch als Sprachketzerei zu verdammen: im Gegentheil, soweit sie selbst deutsch schrieben, was sie aus practischen Gründen zuerst mit einigem Eifer thaten, um der Fluth der ketzerischen Volks= literatur doch wenigstens eine Art von Schutzmauer der Rechtgläubigkeit entgegenzustellen, merkt man ihren besseren Scribenten, die als Autoren bloßer Volksbücher, deutscher Gebetbücher, Gesangbücher, Legenden, marianischer Rosenkränze und dergl. begreiflich zu bescheiden oder zu vornehm sind, sich zu nennen, recht wohl an, wie gründlich sie die Sprache ihres Todfeindes, seine schneidendste Waffe, studirt haben. Sie geben sich ihr nicht so völlig hin, wie ihre protestantischen Collegen, sie suchen sie auf eine geschmeidige Weise mit der älteren oder auch noch neben Luther unabhängig entfalteten Gemeinsprache zu vermitteln, aber der Mann des Jahrhunderts hat auch ihrer Orthographie, ihrem Lexicon, ihrer Syntax und ihrem Satzbau seinen Herrscherstempel aufgedrückt. Kam es ja doch bald so weit, daß gerade in den Schulanstalten der Jesuiten diejenige deutsche Grammatik mit Vorliebe gebraucht wurde, in der zuerst unumwunden Luther als die einzige Autorität der gebildeten Schriftsprache anerkannt wird. Es giebt sich später noch Veranlassung, diese merkwürdige Thatsache in ihrem eigentlichen Zusammenhang zu erwägen, daher hier nur eine vorläufige Hinweisung.

Die Jesuiten wirkten in der deutschen protestantischen Welt, um das triviale Bild zu gebrauchen, wie ein Funke, der in ein Pulverfaß fällt. Sie trugen unwillkürlich dazu bei, daß das Interesse für das dogmatische Gezänk innerhalb einer Confession selbst bei denen mehr zurücktrat, die seit der berüchtigten Concordia vereinigt oder noch mehr auseinander gesprengt waren, wenn sie sich nur noch nach Luther im Gegensatze zu Calvin nannten — Zwingli war in Deutschland damals vergessen, überhaupt außer der Schweiz

nie recht heimisch geworden, wie man leicht begreift, wenn
man die so eigenthümlich beschlossene Art des herrlichen, treuen,
frommen Mannes ansieht. Um so heftiger kehrte sich die
Leidenschaft der Vertheidiger des Wortes gegen die Jesuiten,
und sie blieben bekanntlich nichts schuldig. Hielt sich ihre
Polemik bis etwa 1570 in einer erkünstelten vornehmen Reserve,
so stieg sie von da ganz in die kothige Arena hinab, wo bis dahin
ihre Feinde mit Vorliebe ihre Kräfte gegen einander gemessen
hatten. Aber der größere Theil des Federkampfes, und zwar
je länger, desto häufiger, wurde in lateinischer Sprache geführt
und dadurch der deutschen Sprachgeschichte entrückt. Insofern
darf an diese Jesuiten ein gewisser Rückschlag in der Verbreitung der Sprache Luthers, in ihrem auch äußerlich anerkannten Fortschritt zu der eigentlich maßgebenden Sprachform der ganzen Nation geknüpft werden, nicht aber, wie
irrthümlich manchmal geschieht, als wenn sie mit Absicht oder
aus Ungeschick von der Höhe des Lutherischen Deutsch wieder
in die Tiefe der Rohheit der Volksmundarten oder der verwilderten Gemeinsprache zurückgefallen wären. Was aber die
Jesuiten später mit Wissen und Willen, oder auch in der Er-
füllung dessen, was ihnen als ihre Mission galt, unbewußt an
der deutschen Sprache gesündigt haben, kann erst im Zusammenhang mit anderen großen Evolutionen der deutschen Sprachgeschichte dargestellt werden.

## Zweites Capitel.
### Das Verhältniß der Theorie zu Luthers Sprache.

Die lebendige Praxis hatte auf die geschilderte Art Luthers Sprache zu dem beherrschenden Modell für die Mehrzahl derer gemacht, die seit dem Jahre 1530 in deutscher Sprache schrieben. Es konnte auch nicht fehlen, daß die Theorie, soweit sie sich bereits neben die Praxis stellte, von dieser Thatsache Notiz nahm und sie nach ihrer Weise verarbeitete.

Luther selbst war, wie sich gezeigt hat, ohne die Hilfe einer deutschen Grammatik rein naturalistisch bei der Ausbildung seiner Sprache und seines Stils vorgegangen. Er verließ sich keineswegs, dafür zeugen eine Anzahl authentischer Aeußerungen von ihm, auf das, was man den bloßen Sprachinstinct nennt. Nicht von dem zufälligen Gefühl des Augenblicks sollte die Gemeinverständlichkeit und Correctheit seines Ausdrucks abhängen, sondern von gewissen zusammenhängenden Beobachtungen über die bisherige Praxis der besten schriftstellerischen Muster, die er kannte, und ihrer Vergleichung mit dem, was ihm als das Bedürfniß oder als das angeborene Recht der deutschen Sprache selbst galt. Dies war ein ganz subjectives Moment, aber da er wie kein Anderer ein angeborenes Verständniß für das eigentlich Constitutive und Innerlichste in der deutschen Volksseele mitbrachte, so war er auch in der Sprache seines Volkes berechtigt, sich auf sich selbst und auf sein besseres Bewußtsein zu berufen im Gegensatz zu allen andern Autoritäten, die er bis zu dieser Grenze, aber nicht weiter respectirte. Das practische Ergebniß davon ist, daß sich seine Sprache im Ganzen dem großen Ziele, was ihm und man kann wohl sagen den Zeitgenossen überhaupt vorschwebte,

immer mehr näherte, daß sie immermehr der treue Spiegel
des gemeinsamen Sprach=Bewußtseins der ganzen Nation
wurde, im einzelnen aber ist sie, wie wir sahen, das
gerade Gegentheil von dem, was wir mit unserer modernen
Vorstellungsweise uns unter der festgeregelten Sprache eines
Schriftstellers zu denken pflegen. Es ist von Anfang bis zuletzt
alles im Werden, alles im Fluß, und wenn auch nach und
nach die Strömung etwas gemäßigter dahin zieht, so ist sie
doch niemals zum Stillstand gekommen. In diesem Sinne,
darf man wohl sagen, ist seine Sprache nie fertig geworden.
Es bezieht sich das nicht bloß auf Dinge, die wir als relativ
gleichgültige Aeußerlichkeiten anzusehen gewohnt sind, auf die
Schreibung der einzelnen Buchstaben, die Interpunction und
dergl. Alle diese Dinge galten ihm selbst, wie seine authen=
tischen Aeußerungen beweisen, wie es in dem Wesen des Zeit=
geistes lag, und wie es, setzen wir hinzu, unter den damals
gegebenen Bedingungen der deutschen Schriftstellerei vollkommen
gerechtfertigt war, als sehr werthvoll und bedeutend, und
wenn er auch im Drange des Augenblicks häufig genug von
ihrer genaueren Beobachtung absehen mußte, hat er doch nie=
mals ihre principielle Berechtigung angezweifelt. Wo er Zeit
und Gelegenheit fand, hat er ihnen eine Sorgfalt zugewendet,
deren Resultate wieder nach unserer heutigen Denkweise aller=
dings nicht im richtigen Verhältnisse zu den ihn leitenden
Intentionen standen. Jenseits dieses Gebietes steht es bei
Luther gerade so: auch sein Lexicon, sein Satzbau, sein Stil
ist in lebendigster Bewegung. Für den zusammenfassenden
Blick, wie er uns aus unserer Perspective nicht so schwer wird, ist
er überall und von Anfang an nur Einer, oder der Eine, aber
sobald das Auge auf das Einzelne gerichtet ist, wie es dem
zeitgenössischen Betrachter doch von selbst geschehen mußte, war

11*

es dem Theoretiker schwer, irgend etwas, das einer festen Regel gleich sah, daraus abzuziehen. Die Praxis konnte es sich leichter machen: sie hielt sich an den ungefähren Gesammteindruck des Ganzen und an die eklektische Benützung des Einzelnen. Wie und wo es ihm gerade paßte, schrieb der Einzelne, der in Luther das Muster der deutschen Sprache selbstverständlich anerkannte, doch wieder ganz anders als er, bediente sich einer andern orthographischen Mode, die ihm von da oder dort her zugetragen war, gebrauchte ein Wort, das man vergebens in Luthers Lexicon suchen würde, ohne dadurch im geringsten im Glauben an die Autorität des Meisters und die dadurch bedingte Vortrefflichkeit der eigenen Schriftstellerei irre zu werden. Erst als die Theorie sich immer breiter machte und in der Anschauung der Zeit mehr und mehr die Stelle einnahm, die sie bewußt oder unbewußt anstrebte, nicht bloß das auf Regeln gebrachte System der wirklichen Sprachpraxis, sondern die begründende Berechtigung für jede sprachliche Erscheinung zu geben, ändert sich das.

Denn die Theorie der Sprache oder die Grammatik lag jetzt in der Luft. Man wollte die lateinische und bald auch die griechische Sprache nicht gerade nach festen und der Zeit wenigstens genügend begründeten Regeln erlernen, das überließ man noch mit richtigem practischem Tact der eigentlichen mündlichen Unterweisung des Lehrers, aber man traute doch erst dann der Sicherheit des eigenen Wissens, wenn man es nach solchen Regeln auszuüben gelernt hatte. Sollte doch jetzt alles systematisch und rationell sein, wie im Leben, in Staat und Gesellschaft, im Glauben, wo das gereinigte Wort als die einzige Autorität übrig geblieben war, so auch in der Sprache. Das Mittelalter hatte in der lateinischen Grammatik die vorhandenen antiken Muster nach seinem Bedürfniß, das immer nur ein bloß empirisches oder practisches war, zurecht gemacht: nur in zweifelhaften Fällen, wo das eigene aus der lebendigen Tradition erworbene Können versagte, pflegte man sich bei der Autorität eines Buches Raths zu erholen. Jetzt galt dies nur als ein relativ untergeordneter Gesichtspunkt neben den andern, und die lateinische Grammatik wurde vor allen Dingen darauf angesehen, ob das Begriffsschema der allgemeinen oder philosophischen Grammatik, das dem wissenschaftlichen Instincte dieser Zeit vorschwebte, ohne daß sein Name bis zu des großen Conrad Gesners Mithridates ausgesprochen worden wäre, darin in der richtigen Weise seinen Ausdruck gefunden habe. Daß sich aber die Terminologie und die Categorien der lateinischen Grammatik, zuletzt eigentlich nur in jener dürftigen und dürren Veräußerlichung, die der einstweilen noch allmächtige Donat zeigte, unmerklich an die Stelle der Categorien der allgemeinen oder philosophischen Grammatik schoben, verstand sich von selbst. Es geschah hier dasselbe, wie auf dem Gebiete des Glaubens oder der Dogmatik, wo man das Neue oder Aechte, was man gefunden zu haben meinte, doch nur in den Formeln und nach der dialektischen Methode, folglich auch nach den einmal gegebenen Begriffscategorien der scholastischen Dogmatik des Mittelalters sich vorstellig zu machen befähigt war. — Auch hier wie überall ist Luther an der Spitze der Bewegung der Geister. Das doch wohl von ihm anonym 1537 herausgegebene Büchlein Aliquot nomina propria Germanorum ad priscam Etymologiam restituta per quendam antiquitatis studiosum erregte zuerst die überall keimende Neigung, das genetische Element in der Sprache zu beachten, die Sprache zu zergliedern und nicht bloß zu handhaben, wie die Literaturgeschichte dieser nächsten Decennien bezeugt. Er fühlt sich hier mit Recht als bloßen Dilettanten und den heutigen wissenschaftlichen Maßstab an seine Einfälle —

weiter kann es ja nichts sein — zu legen, wäre geradezu komisch). Seiner Zeit aber genügte er vollkommen und selbst der grundgelehrte Conrad Gesner ist im Princip um nichts weiter als er gekommen, wenn er auch, durch alle Sprachen aller Zonen und Völker schweifend, mit einem schon sehr bedenklichen Anflug von Polyhistorie an die folgende Perrückenzeit anstreift.

Von diesem Streben, etwas allgemein Gültiges, etwas an sich Richtiges, Apriorisches für die Grammatik zu finden, mußte auch die deutsche Sprache erfaßt werden. Es sollte nicht bloß auf eine Sammlung der in ihr, etwa im Gegensatz zu dem Lateinischen, das sich mit natürlichem Rechte von selbst als seine Folie darstellte, üblichen Schreibweise, Declination, Conjugation, Ableitung und Satzbildung abgesehen sein. Auch dies wäre bei dem gänzlichen Mangel aller Vorarbeiten und dem eigenthümlichen Zustand naturalistischer Selbstherrlichkeit, in dem sich die Sprache, wenigstens bis zum Durchbruch der Autorität Luthers und auch dann noch überall da befand, wo seine Autorität weder in der Praxis noch in der Theorie anerkannt wurde, schon zu schwer gewesen, als daß es auf einmal, in einem Ansatze und von einem Einzelnen auch bei dem größten Talente hätte erreicht werden können. Man wollte aber viel höher fliegen und so über das bloße mechanische Wissen und systematische Nebeneinanderstellen grammatischen Stoffes bis zu der eigentlichen Erkenntniß des Warum, zu dem innern begrifflichen Verständniß der äußeren Sprachform gelangen. Gleich das erste überhaupt bekannte Buch, das sich selbst eine Teutsche Grammatica nennt, von Valentin Ickelsamer (oder wie er sich auf andern Schriften nach seiner heimathlichen Aussprache characteristisch genug für einen Gesetzgeber der Sprachrichtigkeit auch schreibt, Ickelschamer), wagt diesen höchsten Flug. Da man seinen Verfasser auch sonst in den idealistisch radicalen Evolutionen dieser Zeit immer in der vordersten Reihe der Weltverbesserer und Welterneuerer sieht, da er ein begeisterter Apostel Carlstadts und in Folge dessen eine Zeit lang ein fanatischer Gegner des großen Hortes aller Reaction und aller Verfinsterung, Luthers gewesen ist, bis er sich später, wir fürchten sehr, bloß durch die Noth des Lebens und den Kampf um das Dasein gezwungen, mit ihm aussöhnte, und von ihm, wie immer in solchen Fällen, vertrauensvoll und menschenfreundlich behandelt wurde, so kann es auch nicht verwundern, daß er in seiner Teutschen Grammatik solche titanische Anläufe nimmt.- Sie ist zwar schon nach seiner Bekehrung oder Umkehrung geschrieben, oder wenigstens zum Druck redigirt: 1522 hatte er für Carlstadt Luther in heftigster Gereiztheit als den eigentlichen „Bauchpfaffen und Götzenpriester", um Luthers eigenste Lieblingsausdrücke zu gebrauchen, aufs schmählichste an den Pranger gestellt, 1527 sich mit ihm versöhnt und der Druck seines Buches, für den bisher noch keine bestimmte Jahrzahl ermittelt werden konnte, wird nach den triftigen Beweisgründen, die Fr. v. Raumer bis jetzt un widerlegt dafür beigebracht hat, frühestens nach Ablauf des Jahres 1531 zu setzen sein. Bis dahin hätte also auch sein grammatikalisches Feuer etwas Zeit gehabt zu verrauchen. Wie hoch es in einem älteren von ihm selbst, aber von keinem anderen citirten Büchlein, einer Anweisung von der rechten Weise lesen zu lernen, das er, so scheint es, noch in jener Sturm= und Drangperiode verfaßt, gelodert haben möge, wissen wir nicht. Es liegt aber nahe zu vermuthen, daß in der teutschen Grammatica jene beiden Seelen des einen Mannes, die wenig innere Verwandtschaft mit einander zu haben scheinen, damals aber nach der ganzen Signatur der Zeit sich oft genug in einem Geiste oder Leibe zusammenfanden, durch und

in einander verarbeitet sind. Denn in Wirklichkeit läuft diese
deutsche Grammatik auf nichts weiter hinaus, als auf eine
practische Anweisung, auf eigene Hand ohne Hilfe eines Lehrers
lesen, d. h. buchstabiren und Buchstaben richtig zusammen=
setzen und aussprechen zu lernen, ein für damals gewiß recht
dankenswerthes, nützliches Unternehmen, wo Lesenkönnen ein
unabweisbares Bedürfniß für jedermann geworden war, der
nur einen Zoll hoch über den Schlamm des gemeinsten, bloß
sinnlichen Vegetirens sich erhoben hatte und wo es doch fast
noch keine Schulen und methodisch gebildete oder auch nur
practisch bewanderte Lehrer gab. Ob es aber durch Ickel=
samers neue Methode, man hat sie eine Art Lautirmethode
genannt, befriedigt wurde, läßt sich nicht sagen. Man sollte
glauben, auf diesem Wege wäre der doch meist als ganz un=
geschult zu denkende Lehrling nur zur Confusion, nimmermehr
aber zum Deutschlesen gelangt. Außerdem handelt es sich
auch nur um die richtige Schriftgebung der deutschen Laute,
also um das, was wir orthographische Regeln oder Anweisung
zur deutschen Rechtschreibung nennen, und nicht zur Gram=
matik im eigentlichen Sinn zählen. Dahinein ist jedoch
alles gesteckt, was er über die Sprache und ihr Wesen im
Allgemeinen, die deutsche Sprache im Besonderen und im Be=
sondersten über das Verhältniß der lebendigen Sprachindivi=
dualitäten in den einzelnen empirischen Individuen bis zu den
local abgeschlossenen Gruppen eigentlicher Mundarten gegen=
über dem gemeinsamen Sprachgeist der ganzen Nation oder
der gemeinen deutschen Sprache, wie er das nennt, hin und
her gedacht hat. Es ist ohne Zweifel gut gemeint, aber es
fehlt an jeder Abklärung der Begriffe, ja es scheint sogar, als
habe er keine Ahnung gehabt, daß er zuerst die Begriffe Mund
art und Gemeinsprache sich selbst und andern deutlich gemacht

haben müsse, ehe er damit operiren könne. Oder wenn er
dies nicht wollte, fehlt es an jedem festen Hintergrund einer
positiven Autorität, denn seine Gemeinsprache ist bald das
Deutsch, wie es dieser und jener, eigentlich wohl er selbst nach
seiner Meinung am correctesten schreibt, bald wieder der ge=
meine Brauch, die lebendige Volkssprache, die doch, wie er sehr
wohl weiß, an jedem Ort in Deutschland unter der Herrschaft
der Mundart stand und nirgends, außer bei einigen wenigen
hochgebildeten und viel umhergeworfenen Individuen auch nur
die schärfsten Ecken und Spitzen der Besonderheit abgeschliffen
hatte. Daß er sich 1531 nicht direct an Luther lehnt, wird
nach dem oben Gesagten nicht befremden: offenbar hätte ihm
dies seine innere Aufgeblasenheit nicht erlaubt, denn obgleich
er's nirgends sagt, so merkt man doch, daß er auf den bloßen
Naturalisten, den Schriftsteller Luther tief herabschaut. Daß
er aber selbst in seinem Deutsch, das man doch für einen Canon
der rechten Schriftsprache halten sollte, so tief unter dem bleibt,
was nicht Luther, von dem hier ganz abgesehen werden soll,
sondern alle bessern Muster der von Luther unabhängigen
Gemeinsprache geleistet haben, gereicht nicht zu seinem Lobe.
Seine Sprache ist voll von ziemlich groben Auswüchsen einer
ziemlich groben fränkischen Mundart, neben der sich selbst das
so viel ältere Gemeindeutsch des fränkischen Ritters Ludwig
von Eyb, Zeitgenossen des Churfürsten Albrecht Achilles, noch
um vieles seiner ausnimmt, obgleich es schon durch seine zeit=
liche Umgebung so viel mehr berechtigt wäre, der mundartlichen
Roheit die Zügel schießen zu lassen.

Den entgegengesetzten Pol von diesem idealistischen Wollen
und practischen Nichtkönnen bezeichnet, zufällig vielleicht ganz
gleichzeitig, die sicher von 1531 datirte Schrift des Magister Fabian
Frank, oder wie er sich selbst gewöhnlich, aber nach der Art

der Zeit nicht regelmäßig schreibt, Frangk, eines Schlesiers, der damals, als er sie schrieb, in Bunzlau lebte. „Teutscher Sprach Art und Eigenschaft. Orthographie, gerecht buchstabig Teutsch zu schreiben. Neu Cantzlei" u. s. w. lautet der Titel, nach der Mode der immer bauschiger, gezierter und weitschweifiger werdenden Zeit, die auch hierin das Eigentliche und Rechte von ihrem großen Führer Luther nicht lernen wollte, weil es zu sehr gegen ihre eigenen Unarten ging. Eine deutsche Grammatik wird das Buch selbst nicht nach dem Muster der damaligen lateinischen Schulgrammatiken heißen dürfen, denn das, was doch am nothwendigsten dazu gehört, Formenlehre u. s. w. ist nicht einmal darin berührt. Dafür aber anderes, nämlich eine Stilistik und Rhetorik in der unmittelbarsten Anwendung für das bürgerliche Leben und dessen practische Beziehungen. Es ist eine Art von Briefsteller im weitesten Umfang, wo eben so das, was wir jetzt Memoire, wie das, was wir Rechtsformulare, gerichtliche Actenstücke, Pachtverträge und dergl. nennen, zu machen gelehrt wird. Das germanische Mittelalter hat seit den berühmten merovingischen Formeln Marculfs bis zur Reformation viele hunderte solcher „Formelbücher" zusammengeschrieben, aber immer nur Muster und nicht die aus den Mustern selbst abgezogene Theorie gegeben. Jetzt in dem beginnenden Zeitalter der systematischen Reflexion und des Doctrinärismus trat jene in den Vordergrund, und der gewandte Schlesier ist zwar nicht der Erste, aber einer der Ersten, der diesem unläugbaren Bedürfniß der Zeit in deutscher Sprache und für die deutsche Sprache abzuhelfen suchte.

Für die Sprachgeschichte liegt die Bedeutung des Buches ganz wo anders. Hier zum erstenmale ist der Begriff der Schriftsprache dem der Mundarten scharf und consequent entgegengestellt. Luther selbst hatte ihn, wie wir sahen, kraft seiner

Genialität ebenso scharf und jedenfalls noch wärmer beseelt, auch schon erfaßt, aber seine Aeußerungen darüber sind nur so hingeworfene Worte, die nicht daran denken, die Sache im Zusammenhang und methodisch zu erledigen. Hier geschieht das und mit Recht, da es in einem systematisch angelegten Buche und nicht über Tisch bei traulichem Gespräche geschieht. Frangk hat, und das ist sein weiteres Verdienst, mit practischer Spürkraft den einzig festen Halt für seine Aufgabe heraus gefunden. Das eigentlich gute und richtige Deutsch lernt man nicht bloß, wenn man alle Mißbräuche aller Mundarten vermeidet, von denen jede der „rechtförmigen deutschen Sprache", dem gebildeten Schriftdeutsch oder Hochdeutsch, gegenüber keinen Vorzug vor der andern behaupten darf, weil jede eben so viel, nur immer andere Mißbräuche hat. Es gehört dazu auch die bewußte Nachahmung der bessern Muster. Dies sind ihm „Kaiser Maximilians Canzlei und dieser Zeit D. Luthers Schreiben (d. h. Schriften überhaupt)." Luther ist also hier zum erstenmal von der Theorie als das anerkannt, was er in der Praxis schon geworden war. Mit Luther mußte natürlich auch dessen Modell oder Autorität, die Canzleisprache genannt werden, aber sie wird nur genannt und ist nur Autorität, weil sie die Luthers ist. Man begreift leicht, daß hier der schwache Punkt des ganzen Systems liegt. Gingen beide zusammen, gut, klafften sie aber auseinander, wie dann? welches war dann die höhere Instanz? Der brave schlesische Magister hat diese Frage, scheint es, gar nicht aufgeworfen: ihm genügte es, daß Luther ja selbst der Canzleisprache, der kaiserlichen und seiner landesherrlichen churfürstlichen, seinen Respect bezeugte, freilich um ihn ein andermal gröblichst hintanzusetzen, wie wir schon gehört haben. So lange oder so weit man das Aeußerliche der Schreibweise ebenso gleichgültig behandelte, wie

man für das Feinste und Höchste der Sprachbehandlung, ihre
Zusammenfassung im Satze, noch kein reflectirtes Bewußtsein
hatte, mochte die Distanz zwischen Canzleideutsch und Lutherischdeutsch ignorirt werden können, aber endlich mußte doch auch
sie ausgetragen werden. Man kann sagen, und wir haben
schon darauf hingewiesen, daß beide Sprachströme in der nachlutherischen Zeit immer weiter von einander ab, jeder nach
einer andern Richtung sich kehrten: ob im Sinn des wahren
Verständnisses für den deutschen Sprachgeist der eine, der aus
Luthers unergründlichem Borne floß, der so viel reinere und
bessere war, darauf kam für die wirkliche Sprachgeschichte
nichts an, sondern nur, welcher durch die Gunst des Zufalls
am freiesten sich ausbreiten konnte.

Eine deutsche Grammatik nach lateinischer Schablone, und
das war doch alles, was man der Leistungsfähigkeit dieser
Zeit zutrauen durfte, war das Bisherige also noch lange
nicht. Ueberhaupt dauerte es noch ziemlich lange, bis diese
allgemein anerkannte und oft in bittern, aus der berechtigten
Verstimmung patriotischer Gemüther hervorquellenden Worten
dringend als eine nationale Ehrensache geforderte Aufgabe
gelöst wurde, dann aber, wie es gleichfalls nach der wissenschaftlichen Tradition dieser Zeit natürlich war, in lateinischer
Sprache, also für jeden bestimmt, der nur irgend auf das
Prädicat eines Gebildeten Anspruch machte. Außer ihnen gab
es ja ohnehin kein Bedürfniß nach einer deutschen Grammatik.
Es sind die beiden, in gleichem Jahre 1573 erschienenen von
Laurentius Albertus Ostrofrancus in Würzburg und Albert
Oelinger in Straßburg, deren seltsame Stellung zu einander
— der erste ist der Plagiator des zweiten — weniger die
deutsche Sprachgeschichte als die Geschichte der deutschen Sprach-
wissenschaft angeht.

Daß die Nomenclatur und Schematisirung der latein. Grammatik auf das deutsche Sprachmaterial ohne weiteres übertragen wurde, ist dem Jahre 1573 nicht so hoch anzurechnen, da selbst im Jahre 1873 die deutsche Grammatik sich noch nicht vollständig davon zu befreien und ihre eigene Norm aus dem Geist ihrer Sprache heraus zu constituiren verstanden hat. Wichtiger für uns ist, daß diese beiden süddeutschen Gelehrten, Albertus ein Würzburger, Oelinger ein Straßburger, den Begriff des deutschen Normalsprachtypus zwar etwas minder confus, als ihr Landsmann Ickelsamer vierzig Jahr vorher faßten, aber eine eigentliche Klarheit, eine wirkliche Einsicht in das Verhältniß zwischen dem, was die bessere bisherige Sprachentwickelung geleistet hatte und wonach sie wie nach einem ihr selbst noch verhüllten Ziele strebte, fehlt auch ihnen. Als Süddeutsche sind sie naturgemäß jeder mit besonderer Lasur von der oberdeutschen Schattirung der Gemeinsprache gefärbt und die mitteldeutsche mundartliche Wahlverwandtschaft, die einen Frangk von selbst zu Luthers Sprache hinzog, ist nur in sehr verdünntem Maße bei Albertus, bei Oelinger gar nicht wirksam. Characteristisch dabei ist, daß Oelinger auf die Frage, wo denn das richtige Deutsch zu finden sei, auf die Bücher, die zu Frankfurt, Mainz, Basel, Leipzig, Nürnberg, Straßburg, Augsburg, Ingolstadt und Wittenberg gedruckt wurden, hinweist — ganz richtig für die Gemeinsprache 60—70 Jahre früher, jetzt ein Anachronismus. —

Oelinger und Albertus, der ihm auch hierin wie meist, unbedenklich nachschrieb, nur daß er vielleicht zufällig Leipzig — aber Straßburg gewiß nicht zufällig — wegläßt, stehen also auf demselben schwankenden Boden des in der That bereits überwundenen, in der Einbildung um so zäher festgehaltenen füddeutschen Particularismus, wie Hieronymus Wolf, Rector des evangel. Gymnasiums zu Augsburg, aus Oettingen im schwäbischen Rieß, der schon 1556 seine anonyme Schrift „de orthographia Germaniae, ac patria suevica nostrate" herausgegeben, aber 1578, also gleichzeitig mit dem bald zu erwähnenden Clajus, unverändert wieder abdrucken ließ. Er will eine practische Anweisung zum Deutschschreiben, wie es in Augsburg, der Hauptstadt Schwabens, für richtig gilt, geben und darnach sind seine Sätze zu beurtheilen. Daß man deßhalb nicht Augsburger Deutsch, überhaupt keiner Mundart Deutsch schreiben dürfe, ist ihm wie allen Theoretikern seit Frangk, eigentlich schon seit Ickelsamer, selbstverständlich: communis lingua Germanorum quae ex omnibus optima quaeque et minime aspera deligit. Daß er dies noch 1578 in aula Caesarea findet und von Luther nichts weiß, mag man dem Schwaben und lateinischen Präceptor verzeihen. Natürlich räumt er dann wieder innerhalb dieser Gemeinsprache den einzelnen Mundarten Freiheiten ein, die ihnen die Praxis der damaligen Schriftsprache, wie wir sahen, schon lange nicht mehr zu gestatten brauchte. Aber es fragt sich, ob der gute Mann je' in seinem Leben eine Zeile Deutsch, das für den Druck bestimmt gewesen wäre und sich als mustergültig neben anderem hätte sehen lassen können, geschrieben hat. Seine Schrift ist also ein bloßes Symptom der Besonderheit deutscher sprachgeschichtlicher Entwickelung, aber ohne alle Wirkung auf diese selbst, thatsächlich schon lange durch die Wirklichkeit überholt.

Wenn die Andern in dem von ihnen aufgestellten sprachlichen Canon mit Luthers Sprache zusammentreffen, ist dies nicht, wie bei Frangk, eine bewußte oder reflectirte Unterordnung unter seine Autorität. Luthers Sprache hat, insofern sie bei allen ihren individuellen und localen Besonderheiten doch der vollkommneste Spiegel des dem Geiste der neuhochd. Sprache dieser Zeit vorschwebenden Sprachideals war, sich von selbst auch da Geltung verschafft, wo es keine Fäden directer Verbindung zwischen ihm oder ihr und den Schriftstellern in deutscher Sprache gab.

An diesem Punkte mußte nun der Weiterfortschritt der grammatikalischen Behandlung der Schriftsprache einsetzen, um das, was damals der Mehrzahl aller gebildeten oder mit der Feder vertrauten Menschen gleichsam auf der Zunge lag, in ein entscheidendes Wort zusammenzufassen. Dies Verdienst hat die Grammatica Germanica des Joh. Clajus aus Herzberg an der Elster vom Jahre 1578, also eines Mitteldeutschen, der zwischen Luther und Frangk gleichsam wieder in die Mitte hineingestellt war. Sonst müßte man sein für die practischen Bedürfnisse des Unterrichts im Deutschen außerordentlich bedeutsam gewordenes Buch, das noch im Jahre 1720 in 11. Auflage erschien, ganz auf dasselbe Niveau wie die bisher erwähnten deutschen Grammatiken stellen, ja an einem gewissen Instinct für die innere Construction der deutschen Sprachformen wird es von Albertus, an richtigem Blick für die organische Gruppirung dieser Formen von Oelinger weit übertroffen und bezeichnet in seiner pedantischen und geistlosen, geradezu sclavischen Abhängigkeit von dem Typus des lateinischen Sprachschemas insofern eher einen Rückschritt als einen Fortschritt. Aber daß auf dem Titel steht: Ex bibliis Lutheri Germanicis et aliis eius libris collecta, ist das Entscheidende. Daß er mit fast mystischer Ueberschwenglichkeit in Luthers Sprache eine directe Offenbarung des heiligen Geistes sah, und sie mit ausdrücklichen Worten so bezeichnete, mag von seinen Zeitgenossen, soweit sie auf dem Grund der lutherischen Glaubensformel standen – und das thaten damals noch ⁷/₈ der ganzen deutschen Nation — anders aufgefaßt worden sein, als unser Denken und unser Gewissen es zu verstehen glaubt. Aber auch für uns ist es, nur in eine andere Sprache übersetzt, volle Wahrheit. Auch für den unbefangenen Betrachter der deutschen Sprachgeschichte hat Luthers Sprache die Bedeutung einer That des guten, des heiligen Geistes in der deutschen Volksseele und man wird nur bedauern, daß die schwärmerische Begeisterung und die hochgespannte Gläubigkeit des Clajus an dies sein Sprachideal der Wirklichkeit der sprachlichen Entwicklungszustände der Zeit lange nicht so weit entsprach, wie es zum Heile der deutschen Sprache gedient hätte. Immerhin aber ist und bleibt seine Stimmung der correcte Ausdruck für die Gesinnung der weitaus überwiegenden Majorität aller deutschen Schriftsteller von damals, wenn sie auch in ihren eigenen Leistungen nicht befähigt waren, ihren Glauben völlig zutreffend in die That umzusetzen. Im Gegensatz zu Frangk aber ist der einzig richtige Fortschritt in der Theorie nicht zu verkennen: nicht mehr die Canzleisprache und Luthers Sprache stehen gleichberechtigt neben einander, es giebt jetzt nur Ein Sprachideal. Auch das ist characteristisch, daß Frangk Luthers Bibel, wie wir hörten, gar nicht erwähnt, hier ist sie die Mitte und der Kern seiner Sprache, gewiß zum Theil, weil sie das eigentliche „Wort" enthält, was also der Sprachgeschichte gleichgültig ist, zum Theil aber auch, weil der unmerkliche Umschwung der Geister am Ende des 16. Jahrh. doch schon das eigentlich lebendigste, eingehendste Verständniß, die frische Empfänglichkeit für den ganzen Luther gedämpft hatte, und dies geht die Sprachgeschichte sehr viel an, denn mit dieser pointirten Hervorhebung des Einen war der Anfang zum Vergessen oder Nichtweiterverstehn des Andern gemacht.

## Drittes Capitel.
### Die von Luther unabhängige Gemeinsprache des 16. Jahrh.

Ueberblickt man die Geschichte der deutschen Literatur im 16. Jahrh., so ist der Gesammteindruck nicht immer ein erfreulicher, immer aber ein großartiger. Der eine Gigant überragt alle, und giebt allen seinen Freunden und Feinden, denen, die ihn als gottgesandten Propheten verehren, und denen, die in ihm die Offenbarung des leibhaftigen Satans verabscheuen, wie die Sonne am hohen Himmel Licht und Lebenswärme. Aber denkt man ihn einmal hinweg, so bleibt das Bild noch immer gewaltig genug. Es ist, als wenn ein schwellender Frühling und ein mächtiger Sommer über den Geist des deutschen Volkes sich ausbreite, beide mit unheimlichen Stürmen und tückischen Gewittern erfüllt, aber doch ein ächter Frühling und ein ächter Sommer in aller ihrer Naturkraft. Endlich schleichen dann die kühlen und grauen Herbstlüfte heran und die Herrlichkeit verweht vorläufig in alle Winde.

Einen Luther konnte der deutsche Boden nur einmal zeugen, aber selbst ein Dichter wie Hans Sachs war ihm in den letztvergangenen drei Jahrhunderten, seitdem er fast an derselben Stelle einen Wolfram hervorgebracht hatte, unmöglich geworden. Sind doch die zwei letzten Jahrhunderte des Mittelalters, ob das 14. mehr als das 15., darüber läßt sich streiten, für die deutsche Poesie nur eine unabsehbare Wüstenei, zwischen der kaum einmal die bescheidene Oase eines kleinen Volksliedes oder eines gefühligen geistlichen Gesanges grünt. Niemals hat sich der deutsche Boden so überaus armselig erwiesen, wie diese zwei ganzen langen Jahrhunderte hindurch und jetzt im 16. Jahrhundert welche Fülle von Talenten!

Sie poetische Genien ersten Ranges zu nennen, verbietet der Unstern, der über ihrem freien künstlerischen Ausgestalten waltet, der ihnen das volle Einwachsen in den Geist und die Formen der Weltcultur unmöglich machte, weil sie Deutsche aus dem Zeitalter der Reformation waren. Aber der unbefangene Blick, der vom Zufälligen abzusehen und in den Kern und die Seele einer geschichtlichen Gestaltung einzudringen gelernt, der sich so viel als möglich von der deutschen Erbsünde, der unterthänigen Ueberschätzung des Fremden und der ehrlosen und boshaften Selbstherabwürdigung des Eigenen gereinigt hat, wird eben diesen Nürnberger Schuster Hans Sachs auf gleiche Höhe der poetischen Begabung stellen mit einem Ariosto, einem Calderon, ja, was jedem correcten deutschen Doctrinär als Sünde gegen den heiligen Geist vorkommen dürfte, einem Shakespeare. Das waren seine größeren oder glücklicheren Genossen, eben weil sie keine Nürnberger Schuster waren.

Unter den Erzeugnissen von Hans Sachsens Laune pflegt der moderne Tagesgeschmack oder Mode die ungleichen Kinder Evae, wie man weiß, einigermaßen zu bevorzugen. Hier soll nicht über ihr Verdienst discutirt, sondern bloß auf eine Stelle darin hingewiesen werden, die gewiß ohne Absicht des Dichters, und so scheint es, auch arglos von dem heutigen Leser verdaut, uns immer wie der eigentliche Schlüssel vorgekommen ist, der das Geheimniß erschließt, warum Hans Sachs eben nur Hans Sachs und nicht ein Shakespeare geworden ist. Gott der Herr spricht dort zu der nichtsnutzen Rotte:

„Derhalben so müßt ihr auf Erden hart und armutselig Leut werden, als Bauern, Köhler, Schefer und Schinder, Landknecht, Holzhacker und Besenbinder, Taglochner, Hirten, Büttel und Schergen, Kärner, Wagenbauer und Fergen,

Jacobs Brüder, Schuster und Landsknecht, auf Erd das hart seligst Geschlecht: und bleiben grob und ungeschickt." Die Glosse zu diesem Texte kann man billig jedem denkenden Leser selbst überlassen. —

Wenn eine Nation in einem Jahrhundert neben einen Hans Sachs noch einen Fischart zu stellen vermag, so bedeutet das einen productiven Schwung des künstlerischen Genius, woran der gewöhnliche Maßstab der Statistik der Geisteskräfte zu Schanden wird. Das viele Gerede über Fischarts Genialität und Originalität kann hier glücklicherweise als gar nicht vorhanden betrachtet werden. Daß er aber, unbeschadet des freien Urtheils, das wir von unserm unabhängigen und unparteiischen Standpunkte aus über den eigentlichen Werth, Gehalt und Form seiner Schöpfungen uns vorbehalten, ein poetischer Genius ersten Ranges ist, kann nur der Stumpfsinn läugnen. Ob größer oder kleiner als Hans Sachs, darüber mögen wieder Andere streiten, wenn auch einmal diese an sich lächerliche Frage auf's Tapet gebracht werden wird, woran wohl nicht zu zweifeln ist.

Dies sind die zwei höchsten Gipfel, aber neben ihnen welches Gewimmel von mittleren in allen Abstufungen! Ja selbst die eintönige Schablone des Kirchenliedes und die nicht minder eintönige, trotz ihrer äußerlich rohen und rauhen Vielstimmigkeit, des weltlichen Volksliedes, ist jetzt von einem neuen Lebensgeist getragen. Kirchen- und Volkslieder des 16. Jahrhunderts stehen im Durchschnitt eben so hoch über dem Durchschnitt des vorigen Jahrhunderts — das wenige wirklich Hervorragende bleibt dabei selbstverständlich außer Rechnung — wie Hans Sachs oder Fischart über allen deutschen Poeten von damals.

Luther selbst steht, wie wir sahen, ganz eigenthümlich zur

Poesie: er hat einiges von dem Herrlichsten, was dieselbe für immer ihr Eigenthum nennt, geschaffen, aber ein Dichter ist er nicht gewesen.

Luther muß daher als Prosaiker mit anderen deutschen Prosaikern seiner Zeit verglichen werden. Und auch da bleibt er zwar der einzige, aber neben ihm sind nicht bloß einige, sondern mehrere, die, wenn er nicht wäre, in der deutschen Prosaliteratur genau dieselbe Höhe erreichen würden, wie jene dichterischen Größen ersten Ranges. Ob man Murner und Pauli hierher stellen darf, darüber läßt sich streiten, sie gehören wenigstens insofern nicht hieher, als sie beide, der eine im bewußten, der andere im naiven Widerstreben gegen den leitenden Genius der Zeit, auch gegen den innersten Zug seiner Sprache, zu dem geworden sind, was sie sind. Beide haben ihren ganzen Typus noch im 15. Jahrhundert erhalten, aber der Jahreszahl nach stehen sie doch ganz und keineswegs am Anfang des 16. Aber ein Aventin ist, wenn auch 1477 geboren, also nur zwei Jahre jünger als Murner, durch und durch ein Sohn des 16. Jahrhunderts, ein Geistesgenosse Luthers, nur nicht gerade von demselben religiösen Pathos erfüllt. Ein anderer, schon durch seine Geburt im Jahre 1500 seinem wahren Jahrhundert zugewiesen, der seltsame Schwabe Sebastian Franck, darf wie Aventin nicht neben Luther, mit dem überhaupt jede Vergleichung aufhört, aber außer Luther ein Prosaiker ersten Ranges genannt werden. An Inhalt und Form läßt beider Prosa alles Frühere, was das 14. und 15. Jahrhundert seit dem Verdorren der deutschen Mystik hervorzubringen vermochte, weit hinter sich. Die Sprachgeschichte, wenn sie das bloß linguistische Moment betont, ist berechtigt zu fragen, ob nicht jene schlichte, volksthümliche Einfalt und behagliche Popularität des 15. Jahrhunderts, deren höchste Spitze in Murners Eulenspiegel ausläuft, dem Satzbau und dem Wortgebrauch beider vorzuziehen sei. Aber sie hat außer jenem auch noch andere Mächte zu beachten, und diese, das neue, von jener schlichten Einfalt und Befangenheit ungeahnte und ihr unzugängliche weite Reich des Geistes, das sich mit und in der Reformation der Menschheit eröffnete, hätte in jener Sprache keinen Raum gefunden, wohl aber in dieser, und so ist auch die neue Form wie ein neues Gefäß, dessen geschnörkelte Arabesken immerhin dem Auge weniger behagen mögen, als die einfachen Linien des alten.

Neben Aventin und Franck würde Mancher auch Berthold Piestinger, Bischof von Chiemsee, den bekannten Vorkämpfer der alten Kirche, nennen zu müssen glauben, ja es giebt Einige, die diesen Berthold zu der Höhe eines ebenbürtigen schriftstellerischen Rivalen Luthers hinaufschrauben möchten. Doch wäre es nach unserem Bedünken gerathener, diese seine Verehrer begnügten sich mit der ihnen jedenfalls unumstößlich sichern Thatsache, daß sich Berthold mit seiner „Teutschen Theologi" von 1528 das Paradies verdient hat, während der Herausgeber der ächten Teutschen Theologie, der Verfasser des Tractats von der Freiheit eines wahren Christenmenschen und hundert anderer ketzerischer Schandschriften eben so gewiß in der Hölle brennt. Wozu da noch literarische Nebenbuhlerschaft? Auch passen dieses Bertholds wundersam naiv im Cirkel sich drehenden Deductionen nicht mehr in das Jahrhundert der Reflexion und des beginnenden Denkens. „Die heilige Messe ist ein göttliches Gesetz, denn die heilige Kirche hat sie für ein göttliches Gesetz erklärt, und jeder, der sich gegen sie auflehnt, schreibt, sie verspottet oder ganz abschafft, soll nach dem bestehenden göttlichen und weltlichen Rechte (Decrete und Corpus juris) mit dem Tode bestraft werden, deshalb ist es eine Sünde, sie zu verachten", und in dieser Methode alles Andere. So auch seine Sprache: sie ist klar, vielleicht das geläufigste und sauberste Gemeindeutsch älteren Stils, einige wenige häßliche bayerische Urwüchsigkeiten und Stammeseigenthümlichkeiten abgerechnet, z. B. bedeyt für bedeut, erfreyen für erfreuen, uncheyschen für unkeuschen, albeg für alweg, gegenbürtig für gegenwärtig, oder einige lexicalische Idiotismen, wie tenck für das inzwischen in der Gemeinsprache durchgedrungene mitteld. linck, urhab für das gemeind. hebe, heve, hefe und dergl.

Wohl aber darf jenen beiden ein Dritter, ein ächtes Kind des Jahrhunderts, als Meister des Prosastils zugesellt werden, der auch noch im vorigen, 1489, geborene Basler Sebastian Münster, zugleich der größte Hebräer seiner Zeit, uns hier nur wichtig als der Verfasser der Cosmographie, der ersten zusammenhängenden und systematischen Länder- und Völkerbeschreibung in deutscher Sprache, eines Riesenwerkes von Gelehrsamkeit, aber auch sprachlich so hoch zu schätzen, wie es von den Zeitgenossen, die es wahrscheinlich lieber lateinisch gelesen hätten, seinem Inhalte nach geschehen ist.

Fischart endlich hier zu nennen, kann nicht umgangen werden, denn der größere Theil seiner Schriften und darunter seine renommirtesten mit Ausnahme des glückhaften Schiffs, ist ja der Form nach prosaisch. Aber die grenzenlose Subjectivität und eigensinnige Gebarung, das reflectirt Bizarre des Humors, von dem er zum ersten Mal in der ganzen Weltliteratur den zügellosesten Gebrauch macht, verhindern es, den Maßstab, der für alle Andern gilt, auch an ihn zu legen. Aber wo dies möglich, wo er, wie z. B. in seinem bekannten philosophischen Ehezuchtbüchlein, mit seinem Geiste nicht höher fliegt, als der Verstand und der Genius der Andern nachfliegen können, da ist er im besten Sinn ein Meister der Gemeinsprache.

Alle diese literarischen Heroen in Poesie und Prosa gehen in der Sprache äußerlich ihre eigenen Wege, d. h. sie stehen entschieden nicht unter Luthers Autorität, sie schreiben die Gemeinsprache, aber jeder in seiner Weise, und jeder in seiner eigenen Orthographie. Das geht noch am Schlusse des Jahrhunderts hie und da sehr weit, am weitesten unter den hervorragenden und fruchtbaren Schriftstellern bei Fischart, bei dem jedes Buch und jedes Pamphlet, auch wenn es in derselben Officin und ungefähr in derselben Zeit gedruckt ist wie das andere, eine andere Orthographie hat, der man immer ein gewisses systematisches Princip ansieht; aber es ist nirgends auch nur annähernd consequent durchgeführt. Es erhellt daraus, daß in dieser Hinsicht der unläugbare Fortschritt zur Spracheinheit, der doch auch nach dem Instincte der Zeit an eine gewisse rationelle Gleichförmigkeit in der Orthographie gebunden war — denn weshalb hätte sich Luther selbst so viel Mühe damit gegeben, und weshalb hätten jene, nicht sowohl Grammatiker als Orthographen seit Ickelsamer geschrieben? — keineswegs weder selbst ein in sich festbegründeter war, wofür es gar keiner reflectirten Regel, sondern bloß der allgemein angenommenen Sitte bedurft hätte, wie es annähernd innerhalb eines freilich engen Bezirks der mittelhd. Schriftdenkmale geschehen war, noch auch den Einzelnen in seinem Besserwissenwollen beschränkte, wenn er ein solcher originaler Feuerkopf wie Fischart oder ein solcher aufgeblasener Pedant, wie der armselige Paulus Melissus war, der eine phonetische Orthographie in einer Sprache durchführen wollte, die eben in dem ersten Anfang zu ihrer gleichsam nur symbolischen Fixirung als Gemeinsprache der Bildung stand, und daher die lächerlichsten orthographischen Schnurren zu Tage förderte.

Allerdings trifft diese Zuchtlosigkeit der äußerlichen Ge=

wandung das Auge am Ende des 16. Jahrhunderts nicht mehr so barock und so hart wie hundert Jahre früher. Auch hier war in der breiten Masse von Luthers Trabanten doch eine gewisse Ordnung, nur nicht eine stetige und in jedem Fall verbindliche durchgesetzt. Sie mochte öfter durch die Laune eines Setzers, mitunter wohl auch durch eigene Einfälle des Scribenten gestört werden, aber im Großen und Ganzen war sie doch vorhanden und jedermann, und das war an sich schon ein großer Vortheil, hatte jetzt, wenn auch nur von Luther selbst gelernt, daß der Schriftsteller das Recht und die Pflicht habe, darauf zu halten, ob und oder unnd, nemmen oder nemen oder gar nehmen gedruckt und geschrieben werden sollte, was hundert Jahre früher jedem Schreiber und Drucker ein bloßes Spiel des Zufalls gewesen war. Innerhalb dieser äußerlichsten Gewandung stand es aber noch anders: die Eigenart der Sprache Luthers konnte nur von untergeordneteren Geistern gehorsam ergriffen werden. Da sie aber immer die Mehrzahl bilden, so waren sie auch hier in der Mehrzahl, und nur die großen Talente hatten ihre eigene Sprachindividualität in sich. Wenn einer davon wie Fischart, kraft des Rechtes seiner genialen Intentionen, mit der Sprache wie mit einem Wachsklumpen umsprang, so war das seine Sache und die Sprache selbst und die Andern brauchten sich nicht darum zu kümmern. Aber geht man selbst dieser wahrhaft „affentenerlichen, naupengeheuerlichen, Witzersäuften und ungepolirten, Sinnversauernden, windmüllerischen" Sprache näher zu Leibe, siehe da, im Kerne ist es das ächte, rechte Gemeindeutsch, an welchem diese selben Arabesken und Schnörkel der Laune und des Geistes, öfter auch der Pedanterie und der Blasirtheit angeleimt sind. Und so überall: auch Hans Sachs, dessen über alles Maß hinausgehende Schreibefertigkeit von selbst eine glückliche Entfaltung aller ihm zu Gebote stehenden Sprachmittel bedingte, hat wohl einige häßliche Stadt Nürnberger mundartliche Anhängsel, aber im Kern redet er genau dieselbe Sprache, die Luther zu der seinigen machte, natürlich immer, was von jedem andern außer diesem, und sei es auch ein Hans Sachs und Fischart, gilt, ohne das eigentlich Zündende und Titanische, das dort aus jedem Satze und sei er auch noch so verkröpft und roh gebaut, entgegenspringt.

## Viertes Capitel.
### Die abgeschlossenen und ablehnenden Sprachgruppen und Sprachkreise.

Was Ungeschick und Unbildung des einzelnen Schriftstellers oder auch seine persönlichen Marotten dazu thun konnten, den gleichförmigen Typus der nhd. Gemeinsprache des 16. Jahrh. zu durchbrechen, das geschah, wie es an sich in Deutschland, namentlich aber in einer Zeit begreiflich ist, worin das Recht der subjectiven Autonomie in der Sphäre des Geistes oder Verstandes, wie des Willens und der Empfindung, zum ersten mal dem Bewußtsein der europäischen christlichen Menschheit ahnungsweise aufging. Aber solche vereinzelte Störenfriede schadeten auch damals nicht sehr dem mit naturgesetzlicher Kraft, folglich auch frei von jeder pedantischen Durchführung einer abstracten Schablonisirung und Regulirung sich vollziehenden Einigungswerk der Sprache. Es ging neben und über sie hinweg seinen Gang. Anders aber lag es, wenn nicht das vereinzelte Individuum, sondern eine ganze Gruppe oder Coterie sich dem naturgemäßen Zug der Entwickelung in reflectirter Hartnäckigkeit entgegenstemmte, wie es am auffälligsten die Vertreter der Zwinglischen Glaubensform, an ihrer Spitze Zwingli selbst thaten. Denn auch hier wird die Sprachgeschichte in diesem Jahrhundert der religiösen, dogmatischen und ethischen Kämpfe zuletzt nur aus der tiefsten Schicht der zeitgenössischen Geistessubstanz verständlich. Luthers Stellung zur Sprachgeschichte ist ohne Luther den Reformator undenkbar. Die Opposition gegen diese seine Sprache, oder was ja von Anfang an damit zusammenfiel, gegen die Allgemeingültigkeit der neuhochd. Schriftsprache in der durchschnittlichen Fassung des größten Theils der schriftstellerischen deutschen Welt, wurzelt ebenso nur in dem Separatismus des Glaubensbekenntnisses und der damit zusammenhängenden ethisch-religiösen Praxis. Daher denn auch, weil die Opposition von katholischer Seite entweder auf einem von dem Geiste der Zeit sofort überflügelten Standpunkt zurückblieb, oder weil sie nirgends in Deutschland in einer breiten Masse volksthümlichen Lebens ihre natürliche Stütze hatte, sondern immer nur die Sache ganz isolirter Gelehrten oder Praktiker war, nirgends ein Versuch, etwa eine katholische Gemeinsprache der Lutherischen gegenüberzustellen.

In der Schweiz hat es nun, wie wir früher schon sahen, keineswegs erst Ulrich Zwingli, Leo Judae und Heinrich Bullinger in Zürich oder Nicolaus Manuel in Bern gethan. Sie traten nur in die Erbschaft einer Separatsprache ein, denn was an Urkunden und officiellen Actenstücken vor ihnen dort im Oberlande — Basel und natürlich noch mehr das elsässische Mühlhausen ausgenommen — geschrieben, und das wenige, was in Zürich, Bern, Schaffhausen gedruckt worden war, trug ja schon den Typus der bewußten Opposition gegen die Gemeinsprache des übrigen Deutschlands, obgleich es sich mit Vorliebe

"Hochtütsch" nannte, weil ja der Name Schweiz erst von draußen her, aus dem nichtschweizerischen Oberdeutschland seit dem 16. Jahrhundert gleichsam als ein Fremdwort in die Eidgenossenschaft importirt worden ist, und demgemäß das eigentlich richtige Oberdeutsche Deutsch zu sein sich einbildete. Dieses ältere Schweizerdeutsch war selbstverständlich keine rechte und eigentliche Volksmundart, wie überhaupt niemals in der deutschen Sprachgeschichte eine eigentliche Mundart in ihrer vollen Unmittelbarkeit zur Schriftsprache geworden ist, aber es steht mit den Localmundarten in der naivsten, dem bloßen Zufall der Subjectivität anheimgegebenen Wechselwirkung, noch ganz anders wie etwa auf niederdeutschem Sprachgebiet die einzelne Localmundart in die niederdeutsche Schrift- und Büchersprache einströmte und sie nach Art, Zeit und Stand der Schriftsteller verschieden färbte. Mit der Reformation änderte sich dies auch hier: man darf geradezu behaupten, Zwingli und der von ihm beherrschte Züricher Kreis, worin er eine ähnliche, doch nicht ganz gleiche Stellung einnahm, wie Luther zunächst unter seinen Wittenbergern, hat mit unbewußter Absichtlichkeit eine förmliche Gemeinsprache des Schweizerdeutschen zu schaffen versucht. Die Basis war gegeben und da Zürich hier dieselbe locale Bedeutung wie in Deutschland Wittenberg behauptete, so war es naturgemäß, daß sich diese Schriftstellerwelt an den örtlichen Boden anlehnte, der ja ohnehin schon bisher am meisten literarisch durchgearbeitet war. Zwingli's Obertoggenburger Mundart, die in seinen ältesten Schriften sehr bescheiden wohl auch einmal durchbricht, geht in diesem neuen Züricher Schweizerschriftdeutsch unter, und so bis zu einem gewissen Grade alles Andere von örtlicher Besonderheit bei den Anderen. Aber es war von vornherein verhängnißvoll für die Zukunft dieser Sprache, daß der andere

Brennpunkt des Geisteslebens in der Schweiz, Basel, in seiner
Sprache nicht hieher gehörte, auch niemals nur ein Gedanke
aufgekommen ist, ihn in diesen Kreis zu ziehen. Basel, gewiß
die einzige Großstadt der damaligen Schweiz, ist für die innere
und äußere Geschichte der schweizerischen Reformation mit
Zürich gleich berechtigt, obwohl von Zürich aus die Initiative
gekommen war. Basel ist durch seine Universität, seine
Druckereien und schon als eigentliche Heimath des Erasmus
ein kosmopolitisch wissenschaftlicher Centralpunkt, neben dem
Zürich ganz in Schatten tritt.

Basel, wo das Narrenschiff Sebastian Brants geschrieben
und gedruckt wurde, ist immer als der äußerste Vorposten der
hochd. Schriftsprache zu betrachten, auch so lange die isolirenden
Tendenzen in derselben sich noch mit dem naiven Behagen
eines in allen Stücken naturalistischen Eigensinns, wie er dem
15. Jahrh. nachgesehen werden darf, breit machten. Gerade
hier geschah es wegen der Nachbarschaft des Schweizerdeutschen
so gründlich und unbefangen wie nirgend anders. Aber in
den vollen 50 Jahren, von dem ersten Drucke des Narrenschiffs
1494 bis zu Sebastian Münsters Cosmographie 1544, ist hier
der Sieg der ächten neuhochd. Sprache entschieden. Brants
Narrenschiff forderte noch eine Uebersetzung in unsere heutige
Sprache, Seb. Münster zu übersetzen wäre nicht anders, als
wenn man uns Opitz oder Flemming übersetzen wollte.

Schon damit war dieser Schweizersprache die Möglichkeit
abgeschnitten, sich in imposanter Entfaltung neben die hochd.
Gemeinsprache zu stellen. Es ging ihr wie der Schweizerdeutschen Reformation selbst, die außerhalb des politischen
Dunstkreises von Zürich nirgends feste Wurzeln schlagen wollte,
nicht in Straßburg, nicht in den oberdeutschen Reichsstädten.
Luthers Wucht, d. h. zuletzt der gesunde Instinct der deutschen

Nation, der nach Einheit in der damals mächtigsten und innerlichsten Sphäre des religiösen Geisteslebens strebte, zertrat überall ihre weithin ausgesäten Keime. Dann kam die neue Phase des Calvinismus, womit die Zwinglische oder Züricher Richtung von selbst zu einer localen und landsmannschaftlichen Specialität zusammenschrumpfte.

Das Schriftdeutsch dieses Schweizer Gemeindeutschen gegenüber der neuhd. Gemeinsprache macht dem, der den Blick nur am Aeußerlichen haften läßt, unzweifelhaft den Eindruck einer alterthümlichen oder starren Selbständigkeit und Eigenart. Da stehen noch die alten Vocale und Diphthongen fast in ihrer vormittelhd. Alterthümlichkeit und Unangetastetheit. Da giebt es noch wirkliche mittelhochd. î und û, ou und selbstverständlich nur uo und ue, d. h. üe, woran freilich auch die im vollen Flusse der Gemeinsprache befindlichen Schriftsteller und Drucker in den meisten Orten Oberdeutschlands bis zum Ende des Jahrhunderts festhielten: es giebt also kein wein, haus, laufen, gut, brüder, sondern nur win, hus, loufen, guot (oder gût), brueder und statt eu oder äu überall nur û, d. h. mhd. iu, üch für euch, fründ für freund, hüser für heuser oder häuser. Da stehen noch jene seltsamen d oder t an allen Personen- oder Pluralendungen des Verbum, nicht bloß thuond. wir thun, ihr thut, sie thun, sondern warent, wir waren, ihr waret, sie waren, und waerint oder waerend, wir wären zc. Da begegnet wohl eine Form, die geradezu althochdeutsch klingt, in den Ableitungen auf i, gueti, hüpschi, wie in einem tuey, d. h. tüeje statt des thue der Gemeinsprache (Conjunctiv zu ich thue oder thun). Da scheut sich weder die Hand noch der Mund vor einem xin für gesin, hd. gewesen, xund für gesund, oder vor dem noch seltsameren, geradezu absurden ggangen für gegangen, ggeben für gegeben, ggwandt für gewandt.

Und an Jdiotismen im Wörterbuch, die den anderen Deutschen so fremdartig wie Arabisch klangen, fehlt es auch nicht. Aber doch ist das Alles nur Schein und Maske, ein richtiger Mummenschanz separatistischen Dünkels. Denn der Geist dieses Schweizerdeutschen und seine Begriffsschemata sind doch überall in der Hauptsache dieselben, wie in der hochd. Gemeinsprache. Ja selbst deren äußerlichstes Gewand hat sich neben dem localen schon hie und da befestigt und diese Vermischung so ganz heterogener Bestandtheile giebt dem Auge des genetischen Sprachbetrachters manchen grotesken Anblick. So wenn das specifisch mittelb. gemeinsprachliche bisz an Stelle des specifisch oberd. unz, die entschieden mittelb. Form moegen. moeglich etc., selbst löwe statt des specifisch alemannischen len sich in barocker Mischung unter hoch- und altalemannische Formen drängen. Dazu auch alle Unarten der Gemeinsprache, ihre Latinismen und ihre directe Sprachmengerei, ihre Participialconstructionen, ihre Inf. mit Accusativ, was alles nur in einer wirklichen Schriftsprache, aber nicht in einer zur Schriftsprache erhobenen Mundart natürlich oder begreiflich ist. Wie sonderbar nehmen sich doch inmitten der rauhen. Gurgeltöne dieses Schweizerdeutschen ganze lateinische Phrasen aus! In der so viel civilisirteren Schriftsprache wird man schon barock genug von ihnen gefaßt, hier aber wirken sie mit drastischer Komik. Und Zwingli, sowie die andern Schriftsteller seines Kreises werfen sie noch viel reichlicher um sich, als Luther und die Seinen. Selbst einer der eifrigsten Partisanen für die Selbständigkeit und Vollberechtigung dieses „Hochdeutsch", Aegidius (deutsch Gilg) Tschudi nimmt keinen Anstoß, nicht bloß von schribung und verbriefen zu reden, gerade da, wo er am meisten gegen die eingerissene Sprachmengerei eifert, sondern auch von nation und nationen, prolatz (prolatio

Aussprache), linie Zeile u. s. w., wofür ihm doch sowohl im Gemeindeutsch wie in der Mundart die besten deutschen Wörter zu Gebote gestanden hätten.

Daher haben denn auch die practischeren Leute unter den Schweizerschriftstellern sehr bald angefangen, sich dieser seltsamen Flitter hochmüthiger Eigenartigkeit zu entledigen. Sie begannen die Gemeinsprache in ihrer mehr oberdeutschen Färbung mit einigen Concessionen an ihre locale Umgebung zu schreiben. Zuerst that dies mit Entschiedenheit der Theologe und Historiker Johann Stumpf, dessen in der Nähe von Zürich auf einer Landpfarre geschriebene Gemeyner Eydgnoss-schaft beschreybung, Zürich 1546, den Umschwung bezeichnet, den er auch in seinen andern theologischen und historischen Schriften kräftig beförderte. Damit war der Sieg der Gemeinsprache, des lebendigen Neuhochd. auch hier im Princip entschieden und daß thatsächlich noch immerfort in dem alten Schweizerdeutsch geschrieben und gedruckt wurde, ist für die weitere Sprachgeschichte ohne Belang.

Während sich thatsächlich der letzte Winkel des oberdeutschen Sprachgebiets der neuhochdeutschen Gemeinsprache, gleichviel ob willig oder widerwillig, darnach fragt die Geschichte nicht, erschloß, geschah jenseits der bisherigen Naturgrenze dieser Sprache etwas Aehnliches. Wir sahen, wie sich das Niederdeutsche im 14. und 15. Jahrh. scheinbar, denn im Wesen steht es ganz anders, emancipirt und eine der hochd. ungefähr gleichschematisirte Literatur in poetischer und prosaischer Form geschaffen hatte (s. B. I. 175). Im Wendepunkt der alten und neuen Zeit, am Ende des 15. Jahrh., steht sie im Zenith, was ja auch Trabanten und nicht bloß selbstständig leuchtende Himmelskörper können: 1498 Reineke Vos auf sächsischer Seite, die erste gedruckte Ausgabe der Cronica van der hilliger stat Coellen 1499

auf fränkischer Seite bezeichnen die äußersten Spitzen, bis
zu denen sich die sprachliche Potenz des Niederdeutschen empor-
schwingen konnte. Denn unbedenklich rechnen wir dieses
Schriftdeutsch der Coelner Chronik dem Niederdeutschen zu.
Gewiß läßt sich vom Standpunkt der gewöhnlichen äußerlichen
Schematisirung der deutschen Sprachgruppen oder Mundarten
sehr leicht darthun, wie schon früher B. I, 173 vergl. mit S. 91
erörtert wurde, daß einige der characteristischen Lauteigenheiten
des Gesammthochdeutschen, z. B. das z und sz für das niederd.
t, ch für k, auch wohl einzeln f und pf für p in diese Mundart schon seit dem Beginn ihrer geschichtlichen Existenz eingedrungen seien. Will man damit allein rechnen, so ist sie mittel-
fränkisch, also mitteldeutsch und nicht niederdeutsch. Aber weit
über diese äußerliche hinaus geht die innerliche Sprachform,
wozu auch die eigenthümliche Seele des Lautsystems gehört,
und diese ist damals und noch immer selbst in der heute lebendigen Volksmundart, setzen wir hinzu, trotz dem immer stärkeren
Andringen jener „hoch oder mitteldeutschen Elemente" niederdeutsch, nur äußerlich, nicht aber innerlich geschieden von dem
wirklichen „Niederdeutschen", d. h. den Mundarten, in welche
jene zufälligen Elemente hochdeutscher Art schwächer oder gar
nicht Eingang gefunden haben.

Hier hat nun, wie im Allgemeinen bekannt und überein-
stimmend zugegeben ist, die Reformation, d. h. der Geist der
Neuzeit, der sprachlich an die hochdeutsche Gemeinsprache, an
das Neuhochdeutsche, durch Luther unwiderruflich gekettet war,
eine anfangs langsame, nach Art des Landes und der Leute,
ohne heftige Explosionen verlaufende Umwälzung bewirkt und
zwar mit im Wesen gleichen Resultaten und Evolutionen auf
dem sächsischen wie auf dem fränkischen Gebiete. Für die Geschichte der neuhochd. Schriftsprache ist zunächst nur die erstere

von Wichtigkeit geworden, denn daß seit 1520 selbst in Cöln, der geistigen und literarischen Capitale der fränkischen Gruppe, mehr und mehr der Gemeinsprache sich annähernde, also nun entschieden hochdeutsch gemeinte Bücher geschrieben und gedruckt wurden, hatte keine Folge für die innere Weiter-Entfaltung des Neuhochd. daselbst. Die katholische Reaction seit der zweiten Hälfte des 16. Jahrh. hat alle die Fäden, die das Geistesleben dieser Lande mit dem centraldeutschen verknüpften, gewaltsam durchschnitten und einen Zustand passiven Vegetirens auch in der Literatur und Sprache geschaffen, den sie überall, und das war ja ihre eigentliche Absicht und zugleich ihre Existenzmöglichkeit, da geschaffen hat, wo es ihr gelang, das deutsche Volk zu zertreten und zu barbarisiren.

Als der talentvollste niedersächsische Schriftsteller dieser Zeit, Thomas Kantzow, aus dem äußersten, Oberdeutschland entgegengesetzten Nordrand Niederdeutschlands, aus Stralsund gebürtig, seine großangelegte Pommersche Geschichte, statt sie in ihrer Urgestalt, niederdeutsch zu lassen, in das eigentliche Gemeinhochdeutsch specifisch lutherischer Fassung umschrieb und so herausgab, da war damit das Schicksal des Niederdeutschen gleichsam providentiell entschieden. Mochte immerhin unter Luthers Augen und unter der speciellen Aegide und Hilfe seines niederdeutschen eigentlichen Adlatus Bugenhagen das Lutherische Deutsch der Bibel, der Catechismen, Lieder, Kirchenpostille u. s. w. in eine Art niederdeutscher Gemeinsprache umgedruckt werden, mochten viele einzelne Schreibende und Corporationen, zumal manche Städte — darunter wieder glänzte von Anfang die Stadt Hamburg durch besondere localpatriotische Zähigkeit — an ihrem mütterlichen Deutsch festhalten, es blieb nun einmal dabei, daß die Frage des Zurücktretens in eine bescheidene Winkelstellung für das Niederdeutsche nunmehr eine bloße Zeitfrage wurde. Das

sächsische Niederdeutschland, das größte zusammenhängende
Gebiet, welches das Lutherthum dauernd behauptete, wurde
damit zugleich die rechte Domäne des Lutherischen Neuhoch=
deutsch, und wir haben schon erwähnt, daß derjenige Schrift=
steller, in dem sich ein Strahl — freilich nur einer — der
Geistessonne Luthers unter allen am schönsten und reinsten spie=
gelt, der, der nächst Luther das beste Neuhochdeutsch in luthe=
rischem Typus zu schreiben berufen war, Johannes Arnd, zugleich
der gelesenste nächst Luther selbst, ein ächter Niederdeutscher ge=
wesen ist. Uebrigens war die Zumuthung, des hochdeutschen
Schriftausdrucks mächtig zu werden, selbst für einen Niederdeutschen
von damals nicht so hart, wie man es sich heute bei mangel=
hafter Einsicht in die inneren Culturzustände dieser Zeit wohl
einzureden pflegt. Wir sahen, daß schon im frühesten Mittel=
alter das Mittelhochdeutsche auch auf niederdeutschem Boden
die eigentliche Sprache der Bildung war. Später ist das Hoch=
deutsche durch ein aus der veränderten Zeit sehr wohl moti=
virtes Neuaufstreben der Localsprache etwas zurückgedrängt,
aber niemals völlig beseitigt worden. Selbst am Ende oder
in der zweiten Hälfte des 15. Jahrh., wo man von einem
goldenen Zeitalter der niederdeutschen Literatur reden kann,
wenn man durchaus im Perrückenstil sprechen will, gleichzeitig,
als das seiner deutschen Culturketten entfesselte Tschechenthum
seine wüsten Saturnalien auch mit einem goldenen Zeitalter
der tschechischen Sprache und Literatur zu schmücken unternahm,
ist doch noch häufiger als 50 oder 100 Jahre früher die Geschäfts=
sprache, die Sprache der Canzleien, der schriftliche Verkehr der
gebildeten Weltleute nach außen in der hochdeutschen Gemein=
sprache, so gut sie jeder zu handhaben verstand, geführt worden.
Als Luther 1531 dem Rathe der ächt niederdeutschen Stadt
Göttingen, der wie fast alle andern niederdeutschen Räthe,

Fürsten und Fürstinnen, Ritter und Frauen, Pfarrer und Schulhalter, und andere gewöhnliche Leute, seine Correspondenz mit dem Großmeister der hochdeutschen Sprache in ganz leidlichem Hochdeutsch zu führen verstand, den Magister Johann Virnstiel, einen oberdeutschen Franken als „Pfarrher" zuschickte, sagte er dabei, „ob er nicht sächsischer Sprache ganz (vollkommen mächtig) sein wird, hoffe ich doch er solle wol zu vernemen sein, weil auch zu Braunschweig oberländischer sprachen Prediger angenehm sind", und diese Hoffnung trog ihn weder hier noch sonst wo, wenn auch wie billig, das „Wort" auf der Canzel und in der Schule und das Kirchenlied einstweilen noch in der Volkssprache ertönte.

So hatte das Neuhochdeutsche durch und seit Luther große Fortschritte gemacht bis zum Ablauf des 16. Jahrh. und seinem natürlichen Ziele ein inneres und äußeres Einheitsband der von einem Geistesleben erfüllten und auf einer Lebensbasis gegründeten deutschen Nation zu werden sich beträchtlich genähert. Immerhin stand es aber noch so, daß selbst Männer von relativ großer wissenschaftlicher Potenz, wie Conrad Gesner, der bedeutendste Linguist des damaligen Deutschlands, es theoretisch unbestimmt lassen konnten, welche der verschiedenen deutschen Sprachen, „die Oberdeutsche" oder die der Leipziger Gegend, wo Luther geschrieben habe, oder die „Augsburger", wo so viele Bücher und theilweise in alterthümlich abweichender Orthographie gedruckt wurden, oder gar die „Basler" die wirklich ächte deutsche Sprache sei. Er selbst als Stadtkind von Zürich entscheidet sich doch nicht für seine Sprache, d. h. für jenes prägnante Schweizerdeutsch Zwingli's und seines Kreises — Gesner schrieb die angeführten Worte 1561 — sondern für das der Gemeinsprache genäherte Oberdeutsch, welches damals schon von der Mehrzahl seiner schriftstellernden Landsleute gebraucht wurde, daher konnte er es auch quasi communis Germaniae lingua nennen, was auf das richtige Schweizerdeutsch ebenso wenig gepaßt hätte, als wenn man das Holländische so hätte bezeichnen wollen. Es klingt dies ungefähr so, als wenn jemand von dem Dachkämmerchen, in dem er wohnt, sagen wollte: „Mein ist gleichsam das Haus, weil ich darin wohne."

Umgekehrt konnte jener Matthesius, der seine angeborenen Rochlitzer Idiotismen zum Theil nicht zu verlernen brauchte, weil sie auch sein Meister, aber nicht als Rochlitzer oder Meißner Idiotismen in seiner Sprache hatte, in überschwellendem landsmannschaftlichem Stolze von der Bibeln Gotts reden, die Luther in Meichsner Zung bracht. Er hat damit den ersten jener ebenso unerquicklichen wie lächerlichen Töne der Selbst= vergötterung dieser Landsmannschaft hören lassen, die man bald und immer häufiger zu hören bekommen sollte. Alles dies, nachdem schon der verständige Sinn eines Frangk den Nagel auf den Kopf getroffen und entschieden hatte, daß die rechte deutsche Sprache mit allen Mundarten gleich wenig zu schaffen habe. Luther selbst wußte natürlich, so wenig Gelehr= samkeit er auch in solchen Dingen besitzen konnte, daß diese rechte deutsche Sprache ihrem Blute und ihrer Herkunft nach Hochdeutsch, Oberländisch, wie er es nannte, sei, und von ihm wußte es auch Frangk. Oberländisch und Hochdeutsch ist in diesem Sinn einerlei, aber die Oberländischen, d. h. Oberdeutschen selbst konnten, wie Conrad Gesners oben citirte Aussprüche beweisen, immerhin noch ihre mit allerlei Idiotismen behaftete Gemeinsprache für Hochdeutsch ausgeben. Im ganzen 16. Jahrh. begegnet daher der Ausdruck Hochdeutsch höchstens einmal in der begriffsmäßigen Verwendung für die Gesammtheit der Gemein= sprache, es ist immer noch viel localer Mischmasch gemeint, so in der auch für die Sprachgeschichte unerschöpflichen

Zimmer'schen Chronik Hans Müllers (um 1580), mit ihrem
specifisch oberschwäbischen Bodengeruch: nit uf latein sunder uf
gut Hochdeutsch, d. h. uf gut deutsch herausgesagt, doch
nur das Deutsch, was man in Mößkirch oder in Heiger=
loch für gut deutsch hielt, oder das heist uf guet Hochdeutsch ein ross und ein Sackpfeife, wie wir hier zu Lande
reden, ob auch Andere, darnach fragen wir nichts. So blieb
als eigentlicher Name doch nur der eine, den Luther gebraucht,
Gemeindeutsch, oder die rechte deutsche Sprache, oder wie es
Sebastian Franck nennt, lustig hoeflich Teutsch, das er dem
Niderlendisch, Hollendisch, Brabandisch und Westphaelisch
entgegensetzt als „Hochteutsch". In diesem Sinn ist hoch=
deutsch aber doch nur wieder zufällig das, was man später, oder
was wir jetzt darunter verstehen, für den Schwaben Franck nur,
weil es Oberdeutsch im Gegensatze zu jenen niederdeutschen
Sprachen und Mundarten ist.

Am nächsten unter allen kommt der Fassung des Begriffes
„Hochdeutsch", als einer über den Mundarten stehenden Sprache
vorzugsweise des schriftstellerischen Ausdruckes, doch noch der
oben (p. 173) erwähnte und characterisirte Straßburger Albert
Oelinger. Der Titel seines 1573 erschienenen Buches lautet:
„Underricht der Hoch Teutschen Sprach: Grammatica seu
„Institutio Verae Germanicae linguae."
Er giebt allerdings nirgend im Texte eine weitere Definition
dieser „Hoch Teutschen Sprach", aber er meint doch im Wesent
lichen das damit, was man nun bald immer allgemeiner so zu
bezeichnen pflegte. Es ergiebt sich dies einmal aus der nächsten
practischen Tendenz seiner Arbeit: sie sollte hauptsächlich dazu
dienen, wie die Dedication an die Prinzen von Lothringen des
weiteren ausführt, Ausländer mit unserer Muttersprache und zwar
mit ihrem eigentlichen Canon bekannt zu machen, dann aus seinen

gelegentlichen Aeußerungen über mundartliche Fehler, die hie und
da die Vera Germanica lingua nicht zu ihrem Rechte kommen
ließen, endlich aus dem schon oben erwähnten Verzeichniß der
hauptsächlichsten Druckstätten der besten Bücher in dieser Sprache.
Hierbei kommt weniger in Betracht, was oben in anderem Zusammenhange betont werden mußte, daß er den eigentlich neuen
Kern und Geist dieser Gemeinsprache, Luther, nicht nach seiner
wahren Bedeutung zu erfassen versteht. Hier handelt es sich nur
darum, daß er das, was ihm als rechte deutsche Gemeinsprache gilt,
Hochdeutsch nennt und alle localen Beziehungen auf Oberdeutschland theoretisch davon abgestreift hat. Mehr der Curiosität halber
sei noch hinzugefügt, daß sein Plagiator, der gleichfalls oben mit
ihm zusammen characterisirte Laurentius Albertus Ostrofrancus
wenigstens den Titel seines Buches nicht von ihm entlehnt hat.
Freilich wäre das auch ein Kunststück gewesen, denn das Buch des
Plagiators ist offenbar früher in den Buchhandel gekommen, als
das Original, obgleich die Jahreszahlen auf den Titeln dieselben
sind. Das Würzburger Product nennt sich „Teutsch Grammatica
oder Sprachkunst certissima ratio discendae linguae Alemanno-
rum sive Germanorum." Was den Inhalt des Begriffs Teutsch
betrifft, so ist dieser, wie oben gezeigt wurde, im Grunde derselbe
hier wie dort bei Oelinger, also eigentlich damals schon durch das
Uebergewicht der Sprachindividualität Luthers etwas antiquirt.
Von Albertus Ostrofrancus, der in einer damals wieder streng
katholischen Atmosphäre sich bewegte, würde es gewagt gewesen
sein, Luther auch nur als Sprachautorität zu citiren. Bemerkenswerth ist es dabei doch, daß er gelegentlich einmal die Misnenses
als populus cultissimus und ihre Aussprache wegen ihrer ele-
gantia und suavitas rühmt, also eine der ersten Lobesstimmen
aus Süddeutschland, denen andere, scharfe Tadler, wie es scheint,
damals wenigstens in noch größerer Zahl entgegenstanden.

# Zweites Buch.

Die Neuhochdeutsche Schriftsprache im Zeitalter der reflectirten Schulgelehrsamkeit und exclusiven Bildung.

# Erste Abtheilung.
## Das Eintreten der Reflexion und Exclusivität in die Schriftsprache.

### Erstes Capitel.
#### Das Fremdwesen in der deutschen Sprache des 16. Jahrh.

Die deutsche Sprachgeschichte des 16. Jahrh. ist ein Blatt voll der ruhmreichsten Erinnerungen in der Geschichte unseres nationalen Geistes. Der Genialität der Anlage ihrer eigentlichen Träger, der hervorragenden Schriftsteller der Zeit, entspricht die formale Vollendung ihrer Leistungen allerdings nicht recht, aber weit über das bloße Wollen und Nichtkönnen hinaus haben sie diese Sprache so allseitig, so lebensvoll und so gründlich durchgearbeitet, wie es ihr seit dem Versiegen der mittelhochd. gebildeten Literatur nicht wieder geschehen war, und der Kampf für die geistige Einigung der Nation, so weit sie der Sprache vorbehalten ist, hatte eine Menge von Siegen zu verzeichnen, die gerade nicht immer entscheidend, aber immer naturgemäß und von der Vernunft der deutschen Entwicklung selbst gewonnen waren.

So trat unsere neuhochdeutsche Schriftsprache nicht als ein völlig organisch ausgestaltetes Ganze, aber doch im Begriff, ein solches zu werden, aus einer Epoche der größten Erregung, des gesteigerten Pathos, der Ueberanstrengung der Phantasie und des Gefühls, des Gemüthes und Willens, des Gewissens und des Verstandes in eine andere hinein, die sich von selbst als die natürliche Reaction dagegen, als das Bedürfniß, die verzehrten Kräfte langsam wieder anzusammeln, und deshalb zunächst als eine Zeit der Stagnation und der Mittelmäßigkeit ankündigte.

Die deutsche Schriftsprache konnte davon so wenig wie jede andere Sphäre der eigentlich menschlichen, geistigeren Lebensthätigkeit der Nation unberührt bleiben. Auch sie mußte nothwendig in etwas darunter leiden, und nicht bloß ein Luther, sondern auch ein Aventin, ein Sebastian Franck, ein Hans Sachs wären nach 1560 unmöglich gewesen. Nur für die bizarre Originalität eines ganz subjectiven Genius und seines auf sich selbst gestellten Humors, für einen Fischart, blieb auch eine solche bleierne Luft noch immer athembar; doch so wenig er von seiner Zeit gelitten hat, so wenig hat auch seine Zeit, zunächst die Sprache seiner Zeit, von ihm gewonnen.

Wäre es nur die Zeitatmosphäre selbst, wodurch das trotz aller einzelnen Krankheitssymptome doch so vollsaftige und gedeihliche Wachsthum der Schriftsprache ins Stocken gerieth, so wäre das von innen heraus wieder ausgeglichen worden, sobald wieder in neuer naturgemäßer Reaction eine bessere Luft die schlechte ablöste. Aber es fügte sich durch ein verhängnißvolles Zusammentreffen der verschiedensten ungünstigen oder geradezu feindseligen Zufälligkeiten, daß die Sprache, wie die ganze Nation in ihrem Gesammtleben, außer mit den natürlichen Schwierigkeiten, die in der deutschen Volksseele selbst lagen, mit einer geschlossenen Phalanx von äußern Widerwärtigkeiten, Hindernissen und Gefahren zu kämpfen hatte, die mehr als einmal die ganze Zukunft dieser Sprache in Frage zu stellen schienen. War doch das Dasein der ganzen Nation bis in seine innersten Wurzeln so stark erschüttert, daß auch selbst die wärmsten und verständigsten Patrioten oft an ihrer Zukunft verzweifelten.

Der Hauptfeind, mit dem unsere Sprache zu kämpfen hatte — es ist derselbe, der es auf die Vernichtung unserer ganzen Nation von jeher angelegt hat — läßt sich mit einem Schlagwort als ihre Verwälschung bezeichnen. Wir wiesen schon früher darauf hin, daß die Nation im Ganzen an demselben Uebel krankte. Zweihundert Jahre früher, ehe es einen Ludwig XIV. und ein Versailles gab, war es hereingebrochen und hatte den Regenerationsproceß unserer Nation mindestens gestört, wenn nicht zerstört, wie man pessimistisch gesinnt behaupten könnte, wenn man die wirklich gewonnenen Resultate nicht bloß mit den ursprünglichen Intentionen, sondern mit den gewaltigen dafür in Fluß gesetzten Kräften des Geistes und Willens vergleicht. Auch unsere Sprache hat in der Periode ihres glänzendsten Aufschwungs dieses wälsche Contagium nicht los werden können und wir glauben schon gezeigt zu haben, in welchem Umfang und mit welcher Gemeinschädlichkeit es damals in ihr wucherte.

Damals trat es in der Maske der neulateinischen Classicität auf. Darin imponirte es der Glaubensseligkeit und zugleich der Eitelkeit unsrer Nation. Denn die Eitelkeit ist in kaum ermeßbarem Umfang betheiligt. Es war ja an sich ein ganz gerechtfertigtes Verlangen, daß man aus der allgemeinen demokratischen Nivellirung des ganzen nationalen Geisteslebens — wir meinen es, wie unsere Leser wissen, noch richtiger plebejisch nennen zu dürfen — eine exclusivere Bildung heraus zu arbeiten und in gemeinsamem Streben unter einer Fahne

gegen die Barbarei Front zu machen sich berufen fühlte, aber das
eigentlich Treibende dabei war doch, wenn man in dem Innersten
der Seelen und Charactere zu lesen versteht, die Sucht etwas
Besonderes, nicht dasselbe, wie Hinz oder Kunz, richtiger jeder
andere deutsche Mann zu sein. Gewiß hätten Alle, denen dies
gilt, eine solche Analyse ihres innersten Wesens mit Protest
zurückgewiesen, aber sie besteht natürlich gerade so zu Recht,
als wenn sie ihre Wahrheit anerkannt hätten. Keine Phase
der deutschen Sprachgeschichte war nach ihrer inneren Construction ungeeigneter, diese Neoclassicität in sich aufzunehmen,
als das Neuhochdeutsche am Ende des 15. Jahrh., ebendeshalb
mußte es, als es doch geschah, verderblichere Folgen nach sich
ziehen, als sie an sich unter etwas günstigeren Auspicien zu sein
brauchten. Der Schade wurde daher so groß, als es nur
überhaupt denkbar ist.

Es blieb aber immer auch später noch verhängnißvoll, daß,
wie hundert Jahre früher und jedes Jahr mehr, eine Menge
productivster Talente ihrer natürlichen Sprache halb oder ganz
entfremdet wurden. Denkt man nur an den einen Nicodemus
Frischlin, so möchte einem Patrioten noch jetzt das Herz bluten,
und es ist doch nur einer von vielen, doch immer nur zufällig
in ein so helles Licht gestellt, daß viele andere, denen diese
Gunst des Zufalls nicht zu Theil wurde, dagegen verschwinden.
Es wiederholt sich bei ihm genau das, was an Hutten geschah:
der deutsche Frischlin ist ein ungelenker, unfertiger Geselle,
der kaum den andern viel minder begabten in der ihm fremden
Sprache nachzustammeln vermag: der lateinische in seiner Art,
in dem Barockstil der Renaissance, ein Meister ersten Ranges.
Noch verhängnißvoller aber war es, daß die Sprache selbst
nicht bloß mit dem fremden Ballaste, der sie nur krank machen,
oder, wenn dies einstweilen noch zu viel gesagt ist, ihre

Gesundheit stören konnte, überladen wurde: sie enthob sich dadurch auch gleichsam wie selbstverständlich einer großen Verpflichtung, die sie gegen die Nation hatte. Sie verzichtete darauf, das höhere intellectuelle Leben, das Wissen und die Wissenschaft zu bewältigen, eine deutsche Sprache der Intelligenz und des Denkens zu werden. So schnell freilich, oder gar in einem Sprunge hätte sie dies höchste Ziel nicht erreichen können, es war jedoch auch keine Gefahr im Verzug. Sie überließ dies aber bescheiden und überbequemlich nach deutscher Art, der Fremdsprache, dem Neulatein, das sich für classisches Latein ausgab, weil es damit gelehrten Mummenschanz trieb.

Doch es hatte sich außer dieser Neoclassicität noch ein anderer, wo möglich noch gefährlicherer Feind in die Mitte der Nation und in die Mitte der Sprache eingeschlichen.

Die Wahl Carls V. bedeutet auch für unsere Sprachgeschichte auf ihrem beschränkten Gebiet die größte Sünde gegen den heiligen Geist der Nation. Wie weit man dieselbe ihr selbst zurechnen, oder sie auf die legitimen Führer der Nation wälzen wolle, bleibt jedem Beurtheiler überlassen. Wir sind der Ansicht, daß im Jahre 1519 es allerdings leider kein anderes Organ der deutschen Nation gab, wodurch sie ihre Forderungen auf ihre politische, religiöse und sociale Neugestaltung auf gesetzlichem Wege geltend machen konnte, als die damaligen sechs Kurfürsten des heiligen römischen Reichs, die sie in der Wahlcapitulation, so gut sie es verstanden, auch wirklich durchzusetzen versuchten. Auch weiß man, mit welcher schwärmerischen Vertrauensseligkeit selbst ein Hutten und Luther „das edel junge, etwa gar noch deutsche, Blut, König Carol", als den gottgesandten Ordner und Wiederhersteller der aus den Fugen gerathenen Zeit begrüßt haben. Alles dies macht wohl begreiflich, entschuldigt aber nicht die schwere Verschuldung, die die Nation im Ganzen dadurch auf sich geladen hat, daß ihr keine andere Wahl blieb, als ihre Hoffnungen auf das ungeeignetste Subject zu werfen, das in dem ganzen damaligen Europa gefunden werden konnte.

Carl von Hispanien, so hieß ihn das deutsche Volk vorwiegend, ist bekanntlich jeder europäischen Nationalität, nur nicht der deutschen zuzurechnen. Es ist der rechte Prototyp des nüchternen Cosmopolitismus, der zugleich einen tiefen instinctiven Widerwillen gegen die Eigenart des deutschen Wesens in seiner sonst so öden Seele birgt. Von Natur ein verwälschter Flaeming, ein ächter Fransquillon reinsten Wassers, ein Unkraut, das der fette Boden der deutschen Niederlande seit den frühesten Jahrhunderten in so überschwenglicher Fülle producirte, daß das ächte Kraut allmählich darunter erstickt ist, hat er doch keine Sympathien für das eigentliche Franzosenthum, begreiflich genug, warum nicht; aber Französisch war und blieb seine Muttersprache, und Französisch wurde durch ihn 150 Jahre vor Richelieu oder Mazarin die europäische Staatssprache und demgemäß auch die Sprache der höchsten Gesellschaft des Welttheils. Er selbst führte alle seine intimsten Staatsgeschäfte, aber auch seine ganze weitläufige Familiencorrespondenz, die immer zugleich politisch war, nur in dieser Sprache, und sein ihm in dieser Art ebenbürtiger Bruder Ferdinand, der seit 1531 römischer König und sein Stellvertreter in Deutschland hieß, und dessen Wahl eine neue schwere Schuld zu der des Jahres 1519 häufte, schrieb auch gewöhnlich französisch an ihn, mitunter wohl auch spanisch, weil dieser jüngere burgundische Habsburger etwas stärker von spanischer Tinctur in seiner Erziehung gefärbt war, als der Kaiser selbst, dem Spanisch immer eine fremde, wenn auch geschickt gehandhabte Sprache blieb. Deutsch sprach Carl, wie er selbst bekannte, nur mit seinem Pferde, aber auch damit renommirte er nur, denn er konnte nicht einmal so viel Deutsch, um mit seinem Pferde zu sprechen. Einige Brocken des gröbsten Brabanter Jargons, den er in den Gassen seiner eigentlichen Haupt- und Residenzstadt „Bruxelles" — ein anderer Name existirt für ihn nicht — aufgelesen, war all das Deutsch, was er aufbrachte, und das wäre selbst für ein Pferd zu wenig, gewesen.

Natürlich wurde auch die Reichspolitik von dem Kaiser in dieser Sprache behandelt, so weit sie von ihm selbst unmittelbar ausging und nicht directe gesetzliche Bestimmungen entgegenstanden: französisch sind seine Instructionen an seine Emissäre und Staatsmänner, die in deutschen Dingen gebraucht wurden, ebenso der größte Theil ihrer Berichte an den Kaiser. Daß hie und da einer davon, wie der berüchtigte und verschmitzte Intriguant, der Erzbischof Johann von Lund, des Französischen nicht mächtig genug war, und darum lateinisch correspondirte, ist eine seltene Ausnahme. Deutsch war die officielle oder gesetzliche Sprache, in der das Reichskanzleramt also der Kurfürst von Mainz, das Reichskammergericht, der kaiserliche Hofrath für deutsche oder Reichsangelegenheiten (woraus sich der Reichshofrath entwickelte), und alle anderen wechselnden Reichsbehörden kraft der Wahlcapitulation schreiben mußten. Also hatte auch Carl seine deutsche Canzlei, aber wenn das Gesetz irgend zu umgehen war, verkehrten er und seine Staatsmänner mit den einzelnen deutschen Fürsten und ihren diplomatischen und politischen Organen in französischer Sprache und diese antworteten auch bald größtentheils so mit einer geschmeidigen Höflichkeit, die in dem damaligen Deutschland außerdem wenig gefunden wurde. Einstweilen verstanden weder die Fürsten noch ihre Diener französisch, und die ersten schienen auch vor den Sorgen der damaligen religiösen und politischen Wirren und vor den Anforderungen der Jagd und des Poculirens keine Zeit zu haben, es zu lernen. Französische Secretäre, meist verwälschte deutsche Abenteurer, mußten zuerst in die Lücke eintreten, aber wunderbar, es dauerte nicht lange, so gewöhnte sich die ungeschickte Zunge und Hand dieser sonst so schwerfälligen Herren an die Fremdsprache.

Das Deutsch der kaiserlichen Canzlei Carls V. hat, wie es scheint, bereits Fabian Frangk nicht mehr als mustergültig angesehen: er spricht nur von Kaiser Maximilians hochseligen Andenkens Canzlei, nicht von der jetzigen. Aber bei andern galt es doch immer noch so viel, vielleicht noch mehr, als das des Großvaters, „der die deutschen Sprachen in eine gewisse Sprache" hatte ziehen helfen, wie Luther erzählt, nur schade, daß wir nicht wissen, wie er es gemacht hat.

Die Leute, die es bewunderten, thaten es theils, weil es in allen seinen Verkehrtheiten ihrem eigenen verkehrten Geschmack entsprach, theils aus traditionellem oder jetzt erst recht Mode werdendem Respect vor den Höchsten und Allerhöchsten dieser Erde, von welchen sie natürlich die kaiserlichen Schreiber nicht zu trennen vermochten. So ist auch Carls Canzleideutsch in den anderen immer zahlreicheren Rhetoriken oder Stilistiken der Zeit als mustergültig empfohlen, oder vielmehr das Canzleideutsch überhaupt, vor anderm das der kaiserlichen Canzlei, mochte der Kaiser Ferdinand, Maximilian II. oder Rudolf II. heißen. Denn auch diese äußerlich wieder etwas angedeutschten Nachfolger Carls blieben darin seine ächten Brüder, Neffen und Großneffen: keiner von ihnen, selbst nicht der sonst von der deutschen Nachwelt mit einiger gemüthlichen Achtung behandelte Max II., lernte ein anderes als höchst bedenkliches Deutsch schreiben. Keiner lernte es so, wie es damals ein jeder des Schreibens kundige, also im damaligen Sinn gebildete Mann, wenn er kein deutscher Kaiser war, verstand. Selbst die anderen katholischen Reactionäre, voran das Bairische Herzogshaus, bekunden zeitweise manche Fortschritte in deutscher Stilistik, nur in der Wiener Hofburg und auf dem Prager Hradschin wird man davon nichts gewahr. Max hat mit ächt habsburgischer Pfiffigkeit sein ganzes Leben lang je nach Umständen ein spanisches und ein deutsches Gesicht aufzusetzen verstanden und wenigstens die arglosen Deutschen damit gründlich düpirt, aber ihre Sprache doch nie recht gelernt.

Daß die anderen deutschen Canzleien sich bloß nach den Unarten der kaiserlichen ihre eigenen angewöhnt hätten, wäre zu viel gesagt: wir sahen, sie waren von selbst auf dem besten Wege, privilegirte Sprachverderbungsinstitute von unberechenbarer Gemeinschädlichkeit zu werden. Aber das Beispiel der vornehmsten wirkte doch auch auf die andern ein. Wenn es darauf ankäme, wäre es leicht im Einzelnen nachzuweisen, in welchen Procentsätzen, den engeren oder ferneren Beziehungen der einzelnen Canzleien zu der kaiserlichen entsprechend das geschehen ist. Am tapfersten, wenn man es so nennen will, widerstanden noch die Canzleien der großen Reichs- oder Freien Städte, besonders die specifisch protestantischen, und ganz katholische gab es ja einstweilen außer Aachen nicht mehr, denn selbst Cöln konnte bis zum großen Krieg als gemischt gelten. Geschrieben wurde jetzt im Vergleich mit 50 Jahren früher von den Canzleien zehnmal mehr, obgleich man auch schon damals die Dinte nicht geschont hatte, aber die schon ganz in das Dunkel der Cabinette und in das Geheimniß vertraulicher Instructionen und Berichte zurückgewichene große Politik, die unendlich verschlungene kleine der unzähligen großen und kleinen Atome des Reichskörpers, ihre Sucht, auch wenn sie noch so winzig waren, eine selbständige Figur auf dem theatrum mundi vorzustellen, dazu die Reformen oder Veränderungen im Gerichtsverfahren und in der Landespolizei, in dem, was wir öffentliche Verwaltung nennen, sind alle mit einer unverhältnißmäßigen Steigerung in der Actenproduction verbunden. Häufig genug sind von jetzt ab auch für ein größeres Publicum bestimmte Deductionen, Proclamationen, Manifeste und dergl., natürlich im Canzleideutsch, gedruckt worden, ja man fing schon jetzt an, die unzähligen Streitfragen aus dem deutschen Privatfürstenrecht und Reichsstaatsrecht, die die ganze juristische Atmosphäre der Zeit schwängern, gedruckt der Welt vorzulegen. Daher mag es auch kommen, daß die meisten der „Neuen Zeitungen", wie sie sich gewöhnlich nannten, jene fliegenden Blätter oder Pamphlete, welche die einstweilen noch fehlende periodische Presse schon seit der Erfindung des Buchdrucks in immer mehr anschwellenden Dimensionen ersetzten, ein relativ so schlechtes Deutsch zeigen: ihre Verfasser haben offenbar mehr von den Canzleien, als von Luther gelernt. Sie stehen tief unter der entsprechenden Literatur des Reformationszeitalters, unter denen allerdings einige anonyme Meisterstücke ersten Ranges sind, die auch Luthers Feder würdig wären.

Dieses Canzleideutsch aber verstand es, alle schadhaften Stellen am deutschen Sprachkörper zu wirklichen Beulen voll kranker Säfte zu machen und es schwelgte natürlich darin, weil es nur auf das eigentlich Verkehrte im deutschen Volkswesen gegründet war und davon leben konnte. Schon zu Kaiser Carolus Zeiten wäre es nicht schwer, sogar in seinen Kriegs-Manifesten, die doch zünden sollten, Perioden-Leviathans zu begegnen, die nach dem Satze dieses Buchs gedruckt, reichlich 100 Zeilen

füllen würden, 50, oder gar 30, versteht sich eigentlich für jedes
solche Ungeheuer von selbst. Natürlich haben sie dabei weder
Kopf noch Schwanz. Es sind polypenartige Mißgeburten, die
nach allen Seiten ihre schleimigen Fangarme ausstrecken und
ihr Opfer nicht eher loslassen, bis sie ihm den letzten Schein
von Klarheit und Durchsichtigkeit des sprachlichen Ausdrucks
ausgesogen haben. Sie müssen durch jene schon um 1500
gespensterhaft drohenden nit allein dass, wie denn nit allein
— sondern vielmehr auch, somit desto mehr — dies desto
wie dero, ihro etc. galt einst für ein ächtes Kleinod in
den Canzleien, hat aber schon um 1580 weithin begeisterten
Widerhall gefunden — nit desto weniger, unangesehn wie
denn nit allein, dabei wir auch nit underlassen wollen, unangesehen dass und dergl. mit einander verbunden werden.
Hier giebt es schon um 1550 bloß ein weder — noch, nie=
mals mehr das einfache noch, kein des, das doch die übrige
Sprache noch ganz lebendig hat, sondern ein derhalben oder
derohalben. Hier kann das Verbum, z. B. verboten haben,
oder erzeigten von dem regierenden Subject wir oder keiser-
liche Majestät, oder was sonst, durch 10—12 mit lauter von
dem Verbum abhängigen Objecten, Substantiven, Adjectiven,
gefüllten eingeschachtelten appositionellen Satzgliedern, mit Vorliebe den undeutschesten Participien, getrennt sein: es muß doch
noch verstanden werden. Hier giebt es drei, vier Relativsätze
ineinander, jeder natürlich ohne seine Verbum, die dann zuletzt
in schöner Eintracht Fuß neben Fuß nebeneinander stehen.

Hier ist jene überquellende Fülle der innern Sprachbilder,
die Luther und die volksthümliche Sprache so behaglich in
Tautologien ausströmen ließ, zu einer albernen Caricatur
verzerrt. Diese Canzleisprache hat es verlernt, irgend ein
Ding mit seinem einzig rechten Wort zu sagen und weil sie

14*

zu impotent dazu ist, schwankt sie zwischen leblosen Synonymen herum. Da blähen sich nicht bloß ein, zwei, drei, sondern vier, fünf, sechs und mehr Worte, wo eins vollständig genügte, so „christliche, friedliche vergleichung und einigung; zu hochstem und mit allem eussersten fleiss; des willes oder vorhabes gewest, oder noch sein; mit ungrundt und unwarheit: anzustiften oder zuerwecken; empörung unnd aufruhr; weder muhe noch arbeit; erstrecken oder darstrecken eigens vermogens: gelegenhait, aigennutz oder vorteil; ainicherley zweyung, spaltung oder zerruttung; vilerley geschwinde, sorgliche, geferliche, dem hailigen reiche teutscher nation, derselben glidern und ständen, auch uns selbs an unserer kais. Hochait und reputation zum hochisten nachtailige und schedliche practiken (Luther parteken!) furschlege und ansthiftungen erzeigt — und so fort in sinnverwirrendem Bombast und öder Nüchternheit durch endlose Seiten endloser Actenfascikel hindurch. Die kleine Blumenlese hier ist auch deshalb gerade so angestellt, um an einem aus der kaiserlichen Canzlei des Jahres 1546 stammenden, hochofficiellen Actenstücke zu zeigen, wie selbst in äußerlichen Dingen, zunächst in der Orthographie, diese Canzleisprache alle ihre alten Unarten mitschleppte. Denn das völlig gedankenlos verwandte ai für ei, das mitunter das rechte trifft, eben so oft es auch verfehlt, die lächerlichen Doppelconsonanten, selbst das einzeln herumtaumelnde Dehnungszeichen h, das Fehlen des Umlauts in u und o zu einer Zeit, wo andere deutsche Schreiber und Drucker sich bequemten, hierin dem Auge sein Recht anzuthun, sind lauter barbarische Archaismen und nichts weiter.

Daß eine solche Sprache nicht dazu geeignet war, in dem doch immer feiner geschlungenen Gewebe der politischen Verhandlungen einer hochpolitischen Zeit gebraucht zu werden, versteht sich von selbst, und insofern war Carl und jeder andere, der es ihm nachthat, vollkommen berechtigt sie dafür, so weit es nur anging, zu ignoriren. Das Lateinische kann man immer noch die officielle Sprache der damaligen internationalen Politik nennen, aber auch nur die officielle, und so war für alles andere und gerade das eigentliche und tägliche Bedürfniß das Französische von selbst, ohne alle Anstrengung, aber damals auch ohne alle bewußte Anmaßung von seiner Seite zur Sprache dieser höchsten Gesellschaft und Berufssphäre geworden. Noch einmal aber nur deshalb, weil Carl ein Fransquillon und von lauter Fransquillons — seinen Lannoy, Hanart, Adrian van Croy, de Perot, de la Chaux, Granvella's u. s. w. umgeben war.

Dies allein hätte hingereicht, dem Französischen in der damaligen deutschen Welt eine Stellung zu geben, die sich in einer Hinsicht mit der des Lateinischen in den Anfängen unserer Sprachbildung und Cultur vergleicht, in anderer aber noch weit darüber hinausgeht, gewiß aber der deutschen Sprache noch weit gefährlicher werden mußte. Zwar die jetzigen deutschen Fürsten und Vornehmen schienen, wie wir wissen, nicht die Leute, um noch eine fremde Sprache zu lernen, aber die Thatsachen beweisen, daß sie es doch nach und nach thaten, und sogar aus eigenen Antrieb. Ihre deutsche Correspondenz mit dem kaiserlichen Hofe schrumpfte immer mehr zusammen, und nur wenn es darauf ankam, wie in den zur Catastrophe sich zuspitzenden Verwickelungen zwischen dem Schmalkaldischen Bunde und der katholischen Partei, energisch oder grob aufzutreten, griff man wieder instinctiv zu der Muttersprache.

Unter solchen Verhältnissen wirkte das Beispiel einzelner ansteckend auf die andern. An allen unsern damaligen Höfen, wo man gesunde Nerven in Fülle, aber das Gegentheil von dem, was man eine feine Haut nennt, finden kann, wurde es bald eine Ehrensache, hinter dem Nachbar so und so nicht zurückzustehen. Nur ganz abgelegene Winkel mochten auch in der Sprache noch ihre Eigenart in voller Naivetät bewahren: die damaligen Mecklenburger Herzoge sind die einzigen, die niemals französisch an den Kaiser geschrieben haben, und er auch nicht an sie: wahrscheinlich weil er sie auf eine Linie mit seinem Pferde stellte, was er freilich so ziemlich mit allen seinen „hochgeborenen lieben Oheimen und Churfürsten" oder seinen „chiers und tres chiers, leals und tres leals cousins" deutschen Blutes that.

Daß sich endlich, verhältnißmäßig aber erst spät, und zwar in fast unmerklicher Geschmeidigkeit, auch Frankreich oder die französische Diplomatie dieser für sie so bequemen und zugleich ihrem Interesse günstigen Situation bemächtigte, kann nicht Wunder nehmen. Aber sie that es erst, nachdem dieselbe durch Carl V. und sein Verwälschungssystem geschaffen war. Es ist ja bekannt genug und soll hier, wo wir uns bemühen, aus frischem Holze zu schnitzen, nicht wiederholt werden, wie König Franz I. als Rivale um den Kaiserthron seine Fäden in der greifbaren Gestalt goldener vollwichtiger Sonnenkronen um alle seine deutschen Vettern und Verbündeten, auch um die ehrsamen Rathsherren und Ammänner der Reichsstädte und Bauernstaaten der Schweiz zu schlingen verstand. Der Dank dafür, sowie die Antworten auf die darin eigentlich gestellten, nebenher in zierlichen Briefen und von den gewandtesten Unterhändlern vorgebrachten Bitten, Fragen, Ermahnungen und Verheißungen wurden anfangs unabänderlich in deutscher Sprache ausgedrückt — der Franzmann war nicht vornehm genug, daß man ihm zu Liebe sich mit seinem Französisch hätte abquälen sollen, das blieb das Vorrecht der vetterlichen gnedigen trew und zuneigung, die „Carl von Gent", dem heiligen reiche teutscher nation, als dem gemainen vatterlandt, bis auf diese stund getragen und so herrlich erprobt hatte. Endlich aber, im Durchschnitt seit 1550 bequemte man sich auch den Franzosen gegenüber das Deutsche fahren zu lassen, was damals schon kein so großes Opfer war.

Vergleicht man so unbefangen als möglich das damalige Französisch nach seinem sprachlichen Werthe und Leistungsfähigkeit mit dem damaligen Deutschen, so wird der Vorzug, den das eine in mancher Beziehung beanspruchen darf, immer wieder durch Vorzüge des andern aufgewogen. Von einer Abschätzung des Gehaltes der beiderseitigen Literatur sehen wir dabei ab, wir reden nur von der Sprache als einem Werkzeug des practischen Lebens und der Literatur. Wollte man die Literatur nach ihrem Gehalt und ihrer Form mit einander vergleichen, so würde sich dasselbe Ergebniß herausstellen: den einen Luther abgerechnet, der überhaupt nicht verglichen werden kann, sind die Vorzüge und Mängel hier wie dort ungefähr gleich vertheilt. Wiegt Rabelais' Witz Fischarts Genialität nicht auf, so war er doch begreiflicher, civilisirter, allgemein menschenverständlicher, kein so apartes Gewächs, das erst unter der Loupe der Gelehrtenforschung seine ganzen Wunder offenbart. Dagegen weiß jeder, der ein Verständniß für Poesie hat, daß gegen Hans Sachsens, „Ein artlich Gespräch der Götter, die Zwietracht des römischen Reichs betreffent" oder „Ein Epitaphium oder Klagred, ob der Leich Doctor Martini Lutheri" der gesammte zierlich-pathetische Singsang Ronsards und des ganzen Siebengestirns federleicht in die Luft schnellt.

Dafür sieht man sich in der deutschen Literatur vergeblich nach einem Montaigne um, und man begreift weshalb.

Aber gerade diese mittlere, kühl reservirte Stellung der keimenden weltmännischen Bildung und Grundsätze hatte auch in Deutschland die größte Zukunft, nicht bei denen, die berufsmäßig die Feder führten oder etwas drucken ließen, aber bei den Andern, die es nicht thaten und doch die durch das Verhängniß legitimirten Führer der Nation in ihre weitere Zukunft hinein sein sollten. Zuerst nur einzelne pflichttreue und arbeitsame Geschäftsmänner, Rechtskundige und Politiker, nicht immer, häufig aber alles dies zugleich in einer Person, sind von dem Schaum dieser heranbrandenden weltmännischen Cultur angespritzt. Allmählich aber auch Andere, deren bisherige Lebensgewohnheiten und sociale Stellung sie des mächtigen Impulses der Pflicht oder des Berufes, der bei jenen wirkte, enthob. Die fürstlichen Personen selbst, wie sie das nachlutherische Deutschland bis nahe an den großen Krieg fast ausnahmlos erzeugte, sind zu diesen Andern zu rechnen. Noch mehr ihr Hofadel, überhaupt der deutsche Adel, soweit er damals noch immer zum größeren Theile seine sociale Unabhängigkeit behauptete. Denn es ist ja auch die Zeit, wo die Corporationen der Reichsritterschaft, der prägnanteste Ausdruck davon, sich erst förmlich und definitiv constituirten.

Recht wohl, nicht für unsere Augen, die dadurch gröblich beleidigt werden, aber für damalige Menschen, vertrug sich damit an demselben Ort, in demselben Individuum noch die altangestammte arglose Hingabe an die plebejische Zügellosigkeit einer im Wesen schon überwundenen, aber die Oberfläche desto anmaßlicher ausfüllenden Periode. Es hat keine Zeit gegeben, wo unsere Nation Luthers bitteres Wort „wöllen wir Teutschen doch bestien sein" in aller Unschuld und mit unbegrenztem Behagen so wahr gemacht hätte, als in den 50—60 Jahren am Schlusse des 16. und am Anfang des

17. Jahrh. Wer will, mag die Schützenfeste, Wurstauszüge, Ringelrennen und Gesellenstechen von damals bewundern, manche sind wegen des Wein- und Bierdunstes, in dem das alles schwimmt, unfähig dazu, manchen verderben sie den Magen. Auch in dem damaligen Deutschland gab es wohl einige Leute, die in demselben Falle waren, und hätten sie sich nicht von selbst ihrer Nation geschämt, so würden sie die höhnischen Reden aller Fremden ohne Ausnahme leicht dazu gebracht haben. Denn alle, selbst die noch viel wüsteren sarmatischen und magyarischen Halbwilden im Osten, glaubten sich dazu berechtigt, wahrscheinlich weil sie sich mit etwas mehr Anstand „toll und voll" zu saufen verstanden, als man es selbst an den meisten Churfürsten des heiligen Reiches zu sehen gewohnt war. Jeder aber, der sich, wenn auch fürs erste nur mit der Gesinnung von diesem bestialen Treiben abwandte, war in großer Gefahr, der Ausländerei zu verfallen, einmal weil er seine angestammte deutsche Erbsünde in sich trug, dann weil die Situation dieser Zeit, wie wir sie umrissen haben, verlockender als je dafür war. Als ein neues Unglück, wodurch der schon vorhandene Infectionsstoff noch ins Maßlose wuchs, belebte sich dann besonders seit der Mitte des Jahrhunderts die alte immer gepflegte Mode der Reisen in fremde Länder. Dabei lief aber jetzt wieder wie einst in den Kreuzzügen und in den Bluthetagen der Scholastik Frankreich oder Paris allen anderen Reiserouten den Rang ab. Sichtlich ist es die schon allmählich in Deutschland so weit verbreitete Kenntniß des Französischen, die dabei mitwirkt, noch mehr die Schwingungen der confessionellen Kämpfe — sie religiös zu nennen, wäre ein Mißbrauch des Wortes Religion — die ja auch die ganze deutsche Politik hüben und drüben und unzählige Individuen, gleichsam wieder erstandene Kreuzfahrer für oder wider die

Hugenotten, ergriffen. Welche Summe kräftigen deutschen Blutes damals in Frankreich vergeudet wurde, läßt sich annähernd berechnen und das wäre damals, wo daran in Deutschland kein Mangel war, noch zu verschmerzen gewesen. Aber daß auch jeder solche Tourist als Apostel des Wälschthums, zunächst als Adept und fanatischer Renegat für die französische Sprache wiederkam, das war für unsere Sprachgeschichte eben so verderblich, wie für unsere Sitten und politische Gesinnung.

Nicht allein daraus, aber doch zum Theil daraus stammte noch ein anderes einflußreiches Werkzeug für die Festrammung des Französischen im deutschen Boden. Das war die Verbreitung des Calvinismus an so viel deutschen Fürstenhöfen. Die gewaltsamen Thaten, wodurch er nach dem Grundsatze des Herrschaftsrechtes jener Zeit cuius est regio, eius est religio auch den Bevölkerungen mancher deutschen Länder aufgezwungen wurde, gehen die Sprachgeschichte nichts an. Der Calvinismus war eine Modesache, das liegt auf der Hand, die man gerade so wie wälsche Hauben und Bänder, Krägen und Mäntel von Frankreich her importirte. Aber es lag auch etwas in der deutschen Luft, das seine überraschenden Erfolge erklären hilft. Man spricht viel und hart von der neu- oder nachlutherischen Orthodoxie und man kann in der That kaum zu hart davon sprechen. Aber für die Menschen, eingeschlossen oder vorzugsweise gemeint die Vornehmen dieser Zeit, war sie gerade gut genug und ihnen so recht auf den Leib zugeschnitten. Es war die natürliche Ergänzung des immer mehr in blödsinnige Zotenwirthschaft verkommenden Hofnarrenthums, des bluttriefenden „Jagdteufels" und der vier- oder sechsquartigen Willkommbecher, worin die damaligen Herren den letzten Rest von Menschenwürde zu ersäufen pflegten. Der Calvinismus dagegen war exclusiv, weil etwas Ausländisches und eben deshalb vornehm. Jedermann strebte aber nach einer solchen Exclusivität. Man wäre doch gar zu gern aus dem gemüthlichen plebejischen Lebermeer der Bestialität, das alle Höhen und Tiefen der deutschen Gesellschaft ausglich, herausgewesen und recht vornehm geworden, natürlich jeder mit dem Vorbehalt, so viel als ihm gerade mundete, von dem alten lieben Schlemmen und Temmen beizubehalten. Der Calvinismus war und blieb auch bei uns ein vornehmes Ding, außerdem appellirte er ganz anders als das Lutherthum an die geheimste und stärkste Leidenschaft im menschlichen Herzen, an den Hochmuth oder die Selbstgerechtigkeit. Luther ist immer wie der stolzeste so der demüthigste aller Menschen gewesen: Calvin, gewiß ein bedeutender und in seiner Weise auch ein frommer Mann, ist überall hochfahrend oder geschmeidig, je nach Umständen. Luther hat immer noch viel von einem ächten deutschen Mönch; Calvin gleicht oft einem wälschen Cardinal oder Prälaten. Da er das, was wir Deutsche Gemüth nennen, nicht hatte und nicht zu haben brauchte, so konnte er wohl so sein. Seine Lehre hat anderswo ein Pharisäerthum erzeugt, characterfest, weltklug, eiskalt und zugleich fanatisch und zwar nicht bloß pharisäische Priester, sondern ganze Völker von Pharisäern. Der deutsche Boden scheint dafür nicht die rechte Erdmischung zu besitzen, daher ihm bei uns denn auch immer etwas Treibhausartiges anhaften geblieben ist. Aber doch reizte und lockte auch ein ehrliches deutsches Herz und ein deutsches Gemüth jene exclusive Anwartschaft auf die Seligkeit, die, wenn man sich nicht selbst betrügt, der practische Kern seiner Lehre von der Gnadenwahl ist, denn es versteht sich von selbst, daß alle jene Schauer der Verzweiflung und der Verdammniß, von denen uns die Gläubigen so Gräßliches erzählen, bei dem

Gedanken, ein von Ewigkeit auserwähltes Gefäß des göttlichen Zornes zu sein, nur ein Spiel, nur eine Grimasse der Phantasie sind, so lange der menschliche Geist seine natürliche Gesundheit bewahrt. Ist er an sich schon oder vorher krank gewesen, so giebt es freilich kein kräftigeres Mittel, die Paroxysmen des Wahnsinns hervorzurufen. —

Wo die neue Modereligion an unseren Höfen Eingang fand, und es dauerte kaum 50 Jahre, so hatte sie fast alle erfaßt oder angespült, da mußte jene zügellose Frivolität, die an dem katholischen Hofe der letzten Valois in Frankreich herrschte und die in Deutschland rasch und kräftig Nachahmung zu finden begann, sich hinter etwas züchtigere Formen verstecken. Aber es entstand so eine wunderliche Mischung der heterogensten Elemente: religiöser Fanatismus und Prüderie, französische Galanterie und der noch nirgends überwundene Cynismus des alten deutschen Hoflebens, woraus ein Neues hervorging, das zu den unerquicklichsten Erscheinungen der deutschen Geschichte gehört.

Der Calvinismus war von Anfang an mit einer Literatur von viel vornehmerer Haltung ausgestattet, als das Lutherthum je annehmen konnte. Seine deutschen Parteigänger mußten sich auch darum kümmern, weil es so Mode war. Diese Literatur wurzelte in der französischen Sprache, wie der Calvinismus im französischen Geiste. Statt der deutschen Bibeln, Gesang- und Gebetbücher brauchte man jetzt überall französische, wobei man den doppelten Vortheil genoß, den Hort der Seligkeit in der unverfälschten Urgestalt zu besitzen, und sich zugleich als gebildet auszuweisen. Viele, die bisher nicht französisch gelernt hatten, thaten es jetzt aus dem einen oder dem andern, meist aus beiden Gründen zusammen.

Vor dem exclusiven Hofpublicum wurde jetzt wohl auch

französisch gesungen und gepredigt. Freilich konnte sich das nirgends recht einbürgern, aber es war schon etwas Bemerkenswerthes, daß es nur überhaupt geschah. Auch wurde damit so viel erreicht, daß der Faden der lebendigen Tradition, der die deutsche Kirchensprache an Luther band, für diese Leute vollständig zerschnitten wurde.

Keiner der vornehmen Adepten des Calvinismus empfand etwas von der Unlust, mit der die deutschen Fürsten und ihre Umgebung 50 Jahre früher sich dem Gebrauche des Französischen in der Diplomatie anbequemt hatten. Jetzt schrieb man französisch nicht bloß viel geläufiger, als je eine fürstliche oder andere vornehme Feder ihre Muttersprache zu handhaben verstanden hatte; man schrieb es auch überall und ohne alle practische Nöthigung. Wenn die fürstlichen Kinder ihren durchlauchten oder erlauchten Eltern französische Geburtstagsverse vordeclamirten, wenn deutsche Fürsten und Fürstinnen ihre intimste Familiencorrespondenz nur französisch führten, ja sogar ihre geheimen Tagebücher, so war das alles eine Sache des freien Entschlusses und der Liebhaberei.

Wenn man sehen will, wie sich ein deutscher gebildeter, strebsamer Fürst calvinisch-französischer Signatur in damaliger Zeit ausnahm, so vergleiche man mit jenem weiter unten noch zu erwähnenden Wolfenbütteler lutherischen Herzog Heinrich Julius und seiner Liebhaberei für deutsche Dramatik den Landgraf Moritz den Gelehrten von Hessen-Cassel, der in fünf lebenden Sprachen sich zu unterhalten und drei oder vier correct zu schreiben verstand — nur sein Deutsch ist immer Canzleideutsch geblieben. Er schrieb lateinische Comödien und lateinische und französische Sprachlehren. Außerdem ein großer Kenner der wälschen Baukunst, Musik und jeder andern wälschen Kunst und Wissenschaft, ein wahres Ungeheuer von

Kenntnissen, selbst zu einer Zeit, deren mechanische Prosa die
Pflanze der Polyhistorie schon recht üppig gedeihen ließ, und
deren uns Späteren unbegreifliche Verdauungskraft die
heterogensten Nahrungsstoffe noch dazu in ungeheurer Massenhaftigkeit zu bewältigen vermochte. —

„Wie der Herr, so der Knecht": aus dem calvinischen
Hofadel sind jene viel angestaunten und gepriesenen Tausend-
künstler hervorgegangen, denen man mit ächt deutscher Gut-
herzigkeit oder Ehrlosigkeit nachrühmte, daß sie französisch so
rein und geläufig sprachen, „besser wie ein geborener Pariser
oder Lyoneser". Es dauerte nicht lange, so thaten es diesen
Günstlingen des Schicksals auch gewöhnliche Sterbliche gleich:
strebsame Candidaten geistlichen und weltlichen Standes, die
sich durch ihre elegante „Prolaz", wie das Tschudi nennt,
eine sichere Anwartschaft auf eine fette Pfründe in der Kirche
oder in der Rathsstube eroberten.

## Zweites Capitel.
### Die Folgen der Verwälschung.

Die Folgen dieser Zustände sind an der Schriftsprache
der Zeit nicht sofort wahrnehmbar. Man kann nicht sagen,
daß in den deutschen Büchern um 1600 erheblich mehr französische oder andere Fremdwörter angetroffen werden, als um
1550. Und wenn auch eine exacte Zählung einige neue mehr
und einige alte stärker verbreitet ergäbe, würde darauf nicht
viel ankommen. Das Gefährliche lag wo anders: es war
einmal die Entfremdung so vieler und im eminenten Sinn
berufener Leser, aus denen unter Umständen auch wieder

selbstthätige Weiterbildner der deutschen Sprache hätten werden können. Dann die überhaupt damit eingetretene Stockung in einem bis dahin in so freudigem und so richtigem, wenn auch naturalistischem Rhythmus sich vollziehenden Proceß des Aufstrebens, des Vorwärtsschreitens, des Sieges über alle Gegner, die der Zufall oder die nothwendige Verkettung des Geschicks auf den Plan führte. Da nach 1550 in Deutschland alle Säfte stockten, so mußten es auch die der Sprache, aber das hätte geschehen können, ohne daß aus dem Stocken ein Verstocken zu werden brauchte.

Jede Schriftsprache erhält den ihr innewohnenden Lebensgeist aus dem Gehalt der Literatur, deren darstellendes Wort sie ist. Die deutsche Literatur am Ende des 16. Jahrh. stellt ungefähr das Widerspiel von dem großartigen Anblick dar, den der Anfang, die Mitte, ja noch ein Theil des dritten Viertels desselben gewährt. Kann man sich auch von einem wahrhaft objectiven Standpunkt aus, von einem solchen, der den Werth der thatsächlichen Leistungen einer Zeit nach der Summe der von der Vernunft der Geschichte ihr zugetheilten Aufgaben und nach den von ihr daran gesetzten Kraftanstrengungen abschätzt, nicht in allen Stücken mit den Erträgnissen dieser älteren Literatur einverstanden erklären, die Fülle der in ihr flüssig gewordenen Talente, das Maß des gewissenhaften Eifers, sie, so gut man es versteht, zu gebrauchen, verdient alle Anerkennung. Wie stand es aber jetzt? Schon neben Fischart, der deshalb auch in so titanischer Größe ragt, weil er so allein steht, giebt es kaum Talente zweiten Ranges, nicht ein einziges ersten. Jene versificirenden Pritschenmeister, Reimchronikenschreiber und Wappendichter, die so oft als gekrönte Poeten, sich als deutsche Nachfolger des Petrarca gerirten, mag man heute noch so sehr über sie spotten, sie

durften sich doch mit einiger Selbstgefälligkeit in einer Zeit
sehen lassen, die in dem Froschmäusler des Georg Rollen=
hagen gerade 5 Jahre vor dem Schluß des Jahrhunderts ihre
höchste poetische Potenz erschöpft hatte. Es wäre sonst für die
Sprachgeschichte eine ganz erfreuliche Leistung, denn sie be=
zeichnet wieder eine der großen Etappen in dem Siegeslauf
der neuhochdeutschen Schriftsprache zu ihrem Ziele, Gemein=
sprache von ganz Deutschland zu werden. Rollenhagen, ein
geborener Magdeburger, ein Sohn der natürlichen Hauptstadt
der östlichen niederdeutschen Binnenländer — dasselbe was
Cöln bis zu der gewaltsamen Durchführung der katholischen
Reaction im Westen war — schreibt in dem Märkischen Bernau
ein von dialektischen Fehlern freies Hochdeutsch. Gleiches
gilt von seinem niederdeutschen Landsmann, dem Herzog
Heinrich Julius von Braunschweig, dem vielberufenen Comö=
dienschreiber, bei dem sich in den Stoffen und in der Insce=
nirung so viel fremde, und zwar nicht direct wälsche Einflüsse
mit der alten Tradition der deutschen Volksbühne, deren
höchste Spitze Hans Sachs ist, kreuzten. Man weiß jetzt, daß
es jene englischen Comödianten sind, die unter anderm auch
Shakespeare und zwar den noch lebenden Shakespeare auf der
damaligen deutschen Bühne einführten. Auch dieser Welfe ist
in seiner Sprache ganz der hochdeutschen unterworfen. Hat
er ja doch schon mit voller Reflexion seine eigene Mundart,
wie es damals stark Mode wurde, in hochkomischen Scenen
zur Folie der allein berechtigten Sprache der Bildung ver=
wandt, also eine lebendige Anwendung der Grundsätze, zu
denen die Theorie schon seit Frangk sich bekannte, wenn auch
Einzelne noch allerlei Reserven zu machen suchten. Aber
sieht man beide und zuletzt auch noch den überschwenglich
fruchtbaren Nürnberger, Jacob Ayrer, den armseligen Nachhall

des großen Hans Sachs, auf ihr wirkliches Talent an, so wird das oben ausgesprochene Urtheil eher zu mild als zu hart erscheinen. Es steht fest, daß es keine zweiten 40 Jahre in der neuhochd. Literaturgeschichte giebt von gleicher oder nur annähernder Sterilität an wirklich hervorragenden Leistungen. Dieses zusammen mit dem Andrängen und dem anmaßlichen Gebahren der Fremdsprachen genügte um die deutsche Schriftsprache dieser Zeit, die kurz vorher noch so stolze Züge gezeigt hatte, in eine mindestens sehr subordinirte Stellung gegenüber den eigentlich regsamen und tonangebenden Theilen der Nation zu verweisen.

Daß es unter diesen Fremdsprachen nicht das Lateinische der Gelehrten und das Französische der Höfe allein gethan hat, liegt auf der Hand. Am kaiserlichen Hof unter dem lustigen Max II. und dem traurigen Rudolf II. und seinen noch traurigeren Brüdern und Vettern kreuzte sich das alte Fransquillonenthum mit dem von Ferdinand I. eingeschleppten spanischen Wesen und der spanischen Sprache, die eben, weil sie den ehrlichen Deutschen so „spanisch" vorkamen, für noch viel vornehmer galten. Dazu noch wegen der Nähe und der Verbindung mit dem Angelpunkt der katholischen Reaction in Europa, dem Jesuitencolleg in Rom, das Italienische. Oesterreicher selbst gaben zu, daß das Deutsche am kaiserlichen Hofe nicht das beste sei und wiesen dahin und dorthin, wo ein besseres gesprochen werde. Komisch nimmt es sich aus, wenn einer dieser Kritiker wenigstens die Staatsschriften des berüchtigten Renegaten und Chefs der neukatholischen Reaction in Oesterreich, des Cardinals Khlesl, als gutes Deutsch gelten läßt. Man sollte denken, schon die barbarische Orthographie seines Namens characterisire das Deutsch des Mannes hinlänglich.

An den süddeutschen Höfen katholischer Confession, wo belgisch-französische und italienische Jesuiten die wirklich regierenden Gebieter und Herren waren, kreuzte sich spanisch, französisch und italienisch eine Zeit lang in wechselnder Procentmischung. Aber das Spanische ist hier doch nicht recht aufgekommen. Das spanische Wesen war seit dem schmalkaldischen Kriege dem sonst gegen alle fremden Insulten so lang- und demüthigen deutschen Volksgeist grundverhaßt worden. Dieser Ingrimm gegen das Spanierthum ist außer den confessionellen Tüfteleien so ziemlich die einzige Stelle, wo einem biedern Deutschen von damals die Geduld und der gute Humor ausgeht. Damals bildet sich auch jenes sprichwörtliche „es kommt mir etwas spanisch vor", das im Laufe zweier Jahrhunderte etwas an seinen ursprünglich so scharfen Ecken abgeschliffen worden ist.

Im Norden von Deutschland sind wir schon den englischen Comödianten begegnet, die doch einige Jahrzehnte sich ganz gut gestanden haben müssen, und eigentlich erst durch den großen Krieg verscheucht wurden. Sie haben auch Mittel- und das innere Süddeutschland, z. B. Nürnberg besucht und hier wahrscheinlich deutsch gespielt, aber ebenso wahrscheinlich im Norden oft englisch. Dazu griff, wenn auch mehr als Curiosität, das Niederländische oder Holländische von Nordwesten her ein. Es feierte damals sein goldenes Zeitalter im respectabelsten Barockstil, und um so mehr imponirte es der deutschen Nachbarschaft. Endlich noch, um den Herensabbath voll zu machen, die widerlichste Posse unter allen, das Polnische als Hofsprache in dem deutschen Königsberg bei den blödsinnigen Nachkommen des Herzogs Albrecht von Preußen.

Aber alle die andern Sprachen blieben Näschereien, an denen sich nur ein Paar Leute den Magen verdarben.

Auch wenn einige zarte fürstliche oder adeliche Fräulein wälsche, d. h. italienische Madrigale und Sonette drechselten, oder wälsche Arien sangen, für wälsche Cantoren und Musikmeister schwärmten, die deutsche Sprache wurde davon nicht berührt, so wenig wie die wälschen Baumeister, Maler und Bildhauer, die mit ihrem Barockstil damals die letzten Spuren nationalen Geschmacks aus der deutschen Volksseele tilgten, auf die Sprache selbst einen unmittelbaren Einfluß üben konnten.

Und so behält auch für 1600 der alte Gilg Tschudi aus Glarus, der durch Johannes Müller so berühmt gewordene Geschichtschreiber der Eidgenossenschaft, noch immer Recht, der schon 1538 gegen die latin und wälsche d. h. Französischen wort. eiferte, die in unser tütsch, so ein ehrliche sprach ist, hereingeschleppt wurden. Wir haben seines Zeugnisses schon oben gedacht; er kehrt es mit einiger, uns vollkommen verständlicher, Erbitterung zunächst gegen die nüwen tütschen Cantzler, die so naswis sind, ouch die consistorischen schriber, also gegen die Bevölkerung der Büreaus im Allgemeinen, und mit Recht, denn davon ging damals und auch noch um 1600 ein Hauptverderb für die Sprache aus, wenn auch nicht durch einige lateinische oder wälsche Brocken, ohne die jetzt nit ein „linie" mehr geschrieben werden konnte, sondern durch ganz andere Dinge, die nicht so leicht wieder auszumerzen waren. Die Höfe, die der Schweizer nicht kannte, läßt er aus dem Spiel und für das Jahr 1538 mochte er es auch mit gutem Gewissen thun: 1550 und noch mehr 1600 hatte sich gerade hier das Verkehrte am festesten eingenistet.

So wie in Tschudi regte sich der patriotische Zorn über die Ehrlosigkeit der Sprachmengerei in vielen, denn hauptsächlich von diesem Gesichtspunkt, nicht von andern denkbaren oder practisch berechtigten kämpfte man gegen sie. Durch alle unabhängigen Geister, wie durch das ganze Volk in seinem reinen Empfinden und Sprechen geht eine tiefe Verachtung gegen das wälsche Wesen. Nicht umsonst bezeichnete der Volksmund immerfort die ekelhafteste aller Krankheiten mit dem Namen „Franzosen". Mag man es nehmen, wie man will, der gewissenhafte Erforscher der damaligen deutschen Volksstimmung muß aussprechen, daß darin ungefähr der Maßstab gegeben war, womit jeder naive Deutsche alles Französische oder alles Wälsche überhaupt maß. Die Gelehrten aber wußten alle, sagten es nur nicht alle so derb wie Tschudi, daß das Wälsche in Gallia „ein gebrochen latin" sei, was die Nachkommen der alten Gallier von ihren Siegern gelernt, aber „usz grobheit und barbarischer art nit moegen nach rechter eigenschaft begriffen." Der große Conrad Gesner dachte ungefähr ebenso, nur wenn er es in lateinischen Floskeln sagte, klang es nicht so grob wie auf Tschudis „ehrlich tütsch." Im Grund hatte auch schon Luther dieselbe Ansicht gehabt, aber er hatte sich selbst nicht für einen Linguisten ausgegeben, und daher nur so gelegentlich derartige Gedanken hingeworfen. Je übermüthiger die wirklichen Franzosen an den deutschen Höfen und die französischen Gelehrten in Frankreich, die die deutsche Sprache im Vorbeigehen berührten, sich geberdeten, je mehr sie das Deutsche als rechte Barbarensprache verachteten, desto stärkere Trümpfe wurden auf deutscher Seite ausgespielt. Der stärkste davon ist des Ingolstadter Professors Wolfgang Hunger Vindicatio linguae Germanicae (1560 geschrieben, aber erst 1580 gedruckt), worin das Französische als ein bloßes entstelltes Plagiat des Deutschen dargestellt wird. Alles dies sind freilich nur Curiositäten, von denen der eigentliche Fortgang der deutschen Sprachentwicklung nicht berührt wird.

## Drittes Capitel.

### Die Reform der deutschen Literatur durch Opitz.

Tschudi ist ein Schweizer, aber die damaligen Schweizer sind trotz ihrer französischen Pensionen alle im Kern noch gute Deutsche, auch darin, daß sie sich allein für die ächtesten und besten von allen halten, und von den andern seitab im Schmollwinkel stehen. Sie sind auch noch lange gute Deutsche geblieben, und daß gerade Tschudi's Schweizerchronik einst dazu dienen sollte, die moderne hauptsächlich gegen Deutschland und das deutsche Wesen gekehrte Legende des aparten Schweizerthums zu verklären, ließ sich im 16., ja noch im 17. Jahrh. nicht ahnen. So wie man in der Schweiz die Herabwürdigung der deutschen Sprache empfand, so überall in Deutschland. War ja doch selbst in jener innerlich so öden und energielosen Periode, in der sich die Kräfte der Nation von der Anspannung der vorhergegangenen entgegengesetzt gearteten ausruhten und sammelten, der deutschen Volksseele nicht ganz jenes hochfliegende patriotische Pathos entschwunden, aus dem allein die Reformation und was mit ihr zusammenhängt geboren worden ist. Daß es in keinem einzigen practischen Fall weder die ganze Nation noch die Einzelnen vor Fehltritten bewahrte, widerstreitet der Aufrichtigkeit nicht, mit der es noch immer geglaubt wurde, beweist nur, daß ein ideales Moment zu seiner Verwirklichung noch ganz anderer Dinge, als des guten Willens und der wackern Gesinnung bedarf. So ist auch die herabgewürdigte Stellung der deutschen Sprache ein immer und von allen in allen denkbaren Modulationen beklagtes nationales Unglück. Alle aber waren darin einig, daß der eigentliche Grund des Uebels in den fremden Sprachen zu suchen sei, die der deutschen Sprache in ihrer eigenen Heimath Luft und Licht abschnitten. Niemand aber vermochte anzugeben, wie dem abzuhelfen sei, denn wenn auch jedermann mit scheinbar practischen Vorschlägen bei der Hand war, und für dies oder jenes lateinische oder wälsche Wort ein gutes deutsches vorzubringen wußte, so war damit, wie jedermann fühlte, noch gar nichts gethan. Es verlohnt sich daher auch nicht, dieser Art von Reformversuchen nachzugehen. Sie sind nur Symptome der Krankheit, nicht Heilmittel.

Das wirkliche Heilmittel gefunden zu haben, wird immer das unbestreitbare Verdienst des Vaters der deutschen Dichtkunst, wie ihn noch Gottscheb mit Recht nannte, des Martin Opitz, bleiben. Der perrückenhafte oder zopfige Aufputz darf uns Spätern die absolute Richtigkeit dieser Bezeichnung nicht verdecken, wenn wir der Geschichte gerecht werden wollen. Dieser Opitz wurde wirklich der Vater dessen, was als eine Neugestaltung deutscher Poesie galt und gilt, und weil er es wurde, ist er auch der Retter der neuhochdeutschen Schriftsprache geworden.

Wir schreiben hier nicht Literaturgeschichte, aber das Verhältniß des Mannes zu der literarischen Revolution oder Reformation, die so gewiß sein Werk bleibt, wie die kirchliche Reformation das Werk Luthers, wenn auch Andere und Anderes neben ihm daran mit geholfen hat, bestimmt ausschließlich auch sein Verhältniß zu unserer Sprachgeschichte. Glücklicherweise ist in unserem gebildeten Publicum eine gewisse Summe von Anschauungen oder Kenntnissen aus unserer deutschen literaturgeschichtlichen Entwickelung verbreitet, die es uns gerade hier ermöglicht, nur die eigentlichen entscheidenden Momente zu berühren, ohne sie durch thatsächliche Ausführungen zu verdeutlichen.

Niemals ist ein Reformator, auf welchem Gebiete der menschlichen Bestrebungen es sein möge, mit solcher sicheren Reflexion und solchem Selbstvertrauen in seine eigenen Mittel zu Werke gegangen wie Opitz. Mögen Andere darin einen Beweis hochgespannter Eitelkeit sehen: auch wir glauben, daß er sie in einem Maße besessen hat, das für unsere heutigen Nerven unerträglich genannt werden darf, aber diese Eitelkeit hat mit jener Siegesgewißheit nichts zu thun. Wer ein Rechenexempel gerechnet hat, weiß aus gewissen, in dem Verstande gegründeten Anzeichen, ob es richtig ist oder nicht: ist es richtig, dann ist und bleibt es so, und auch wenn solche, die nicht richtig zu rechnen verstehen, es nicht zugeben wollen. Genau in demselben Fall war Opitz: bei ihm ist alles Rechenexempel, richtig angesetzt und richtig fortgeführt und daher mußte auch sein Ergebniß richtig sein. Will man sich die unfruchtbare Mühe geben, Opitz etwa mit Luther zu vergleichen, weil beide große Wendepunkte in der deutschen Sprachgeschichte geworden sind, so ist dort alles umgekehrt: daher denn dort auch mitten hinein in die höchsten Triumphe des Selbstbewußtseins, die tiefste Verzweiflung, mehr als Zweifel und Kleinmuth, an sich und seinem Werke. Opitz bleibt immer fest und kühl, unangefochten von Zweifel und Kleinmuth, und was ihn allein außer Fassung bringt, ist etwas, was mit seiner Sache selbst gar nichts zu thun hat, obgleich es sich darauf zu beziehen scheint. Wenn seine eigene Person denjenigen Grad äußerer Anerkennung, den er als den selbstverständlichen Lohn seines jedem Zweifel entrückten Verdienstes für sich in Anspruch nahm, nicht gefunden hat oder zu finden glaubte — und er hatte starke Nerven, vertrug also schon recht kräftige Posaunenstöße und Fanfaren der begeisterten Huldigung — dann wurde er ärgerlich, sagte aber als weltkluger

Mann nicht, weshalb, sondern ließ es die Andern errathen und gut machen.

Opitz war bekanntlich, und mußte auch sein das, was man ein frühreifes Genie nennt. So hat er sich schon vor vollendetem zwanzigsten Jahre in seinem Aristarchus sive de contemptu linguae Teutonicae von 1617 als Retter der deutschen Sprache angekündigt. Man lasse sich durch das lateinische Phrasengeklingel über den Gehalt dieser That nicht irre machen: wer lateinisch schrieb, gleichviel, ob zwanzig oder siebenzig Jahr alt, konnte es seit der Renaissance bis heute nur mit Phrasengeklingel. Das war der Lüge dieser Neoclassicität, diesem Latein der Renaissance eingeboren und keiner, kein Italiener, Franzose, Spanier, Engländer, Deutscher hat ein Naturgesetz ändern können, nur daß der eine etwas geschmackvoller als der andere klingeln lernte. Daß ein Gymnasial-Abiturient, wie wir heute den Verfasser nennen würden, noch ein besonderes Vorrecht auf kräftige Stöße oder Züge an diesem gelehrten Klingelwerk hat, versteht sich ohnehin von selbst. Daß ein solcher ein Thema wählt, das in aller Mund war, wie wenige und doch zugleich aus der Schablone der Schulgelehrsamkeit und schulgerechten Materien heraustrat, versteht sich gleichfalls von selbst für ein practisches Talent, das weiter kommen will, als der gewöhnliche Haufe. Opitz ist nie der Mann dazu gewesen, neue Gedanken zu haben, denn von dem, was dazu erforderlich ist, von einer selbständigen Originalität der Empfindung für die Originalität der Außenwelt, der geistigen und sinnlichen, besitzt er auch nicht einmal eine Faser. Er kann nur rechnen und rechnen heißt gegebene Zahlen in gewissen Verhältnissen combiniren. Aber sein Rechenexempel ist schon hier richtig angesetzt: der deutschen Sprache kann nur geholfen werden, wenn der deutschen Poesie geholfen wird.

Daß er dafür im Jahre 1617 die Formel noch nicht so vollständig entwickelt haben konnte, wie sieben Jahre später, 1624, in seinem „Buch von der deutschen Poeterei", versteht sich von selbst. Aber die Formel selbst ist schon hier gefunden. Sie besteht aus zwei Gliedern, und das war ihre durchschlagende That auch für die Sprachgeschichte.

Nichts ist verkehrter, als wenn die moderne landläufige Literaturabschätzung das Verdienst Opitzens bloß auf die formale Seite beschränkt. Gewiß ist es auch hier ein außerordentliches, so gering es uns von unserm heutigen Standpunkt auch erscheinen mag. Dem deutschen Vers irgend eine Regel zu geben und diese Regel auch wirklich in allen wesentlichen Dingen durch die Praxis zu bewähren, war damals etwas, das eigentlich doch noch keinem geglückt war, so viele sich auch daran versucht hatten. Denn das Bedürfniß darnach lag in der Luft und an empfänglichen Nerven für die Stimmung der Atmosphäre fehlt es nie. Auch ist es ganz gleichgültig für das Verdienst des eigentlichen Entdeckers, daß er es andern abgesehen hat, die es nicht zu verwerthen im Stande, oder was hier der Fall, nicht dazu berufen sind, also nur ein Nachahmer ist. Jeder Schüler weiß, woher Opitz sein Grundprincip der regelmäßigen Abwechselung von Hebung und Senkung in dem nach Silben gezählten Vers genommen hat, von den Niederländern, die schon lange damit operirten und ihre niederdeutschen Verse immer so construirten, nicht bloß das große Licht, Daniel Heinsius, sondern auch die andern kleinen Oellämpchen, womit dieser damals so sehr angestaunte Parnaß im nordischen Sumpfland verziert war. Etwas davon wußte aber schon der Verfasser des Aristarch und seine eigenen Gedichte aus dieser ersten Periode beweisen, daß er die theoretische Ahnung in eine bereits schon sichere Praxis umzusetzen verstand, die er dann 7 Jahre später in seinem Buch von der deutschen Poeterei systematisch begründete.

Wäre dies Opitzens ganze rettende That, so wäre noch nicht viel, wenn auch etwas damit gewonnen gewesen. Dabei möchten wir lieber nicht fragen, ob denn in seiner neuen Technik wirklich ein Fortschritt oder vielleicht gar ein Schaden für die deutsche poetische Form gelegen sei. Die Frage ist müßig, wenn nicht etwas schlimmeres, aber da sie wirklich aufgeworfen worden ist, gehen wir ihrer Beantwortung nicht aus dem Wege: unsere ganze deutsche Verskunst bis auf diese Stunde steht auf Opitzens geschickter Entdeckung oder Wahrnehmung und damit ist alles gesagt. Aber sie steht nur deshalb darauf, weil Opitz viel mehr als das that. Es sind allerdings die verwilderten Verse und Reime des 16. Jahrh. zumeist gewesen, die das Ohr der in etwas gebildeteren, natürlich eben darum immer nur in fremdsprachiger Muse lebenden vornehmen und gelehrten Leser dieser Zeit so beleidigt haben, daß es keine deutschen Bücher mehr dulden wollte, und welche so wesentlich dazu beigetragen haben, die ganze deutsche Literatur in diesen Kreisen in Verruf zu bringen. Die Rohheit und Verwilderung ist freilich, wie wir wissen, gar nicht so arg, als wofür sie noch jetzt oft ausgeschrieen wird. Wer Hans Sachsens oder Fischarts Verse recht zu lesen versteht — wir lesen sie unwillkürlich nach dem uns immanenten Formenschema der Opitzischen Versconstruction — findet, daß sie, so weit hier überhaupt eine Vergleichung möglich ist, eben so wohllautend, eben so geschmeidig sein können, wie die Marots oder Ronsard's, Sydney's oder Shakespeare's, und sie alle zusammen gelegentlich an energischer Wucht und Lautfülle übertreffen, selbstverständlich nur als Wort gegen Wort, ohne alle Beziehung auf den Inhalt betrachtet.

Sobald einmal ein Vers in deutscher Sprache nach dem neuen Schema gebaut war und dieses selbst durch eine Jedermann faßliche theoretische Begründung vor Augen lag, konnte keiner mehr in der wirklichen Rohheit der früheren Art sich gehen lassen, denn es war ja alles Sache des gewöhnlichen gesunden Menschenverstandes in dieser neuen Kunst. Ueber dessen Bereich hinaus führte Opitz wohl noch verschiedene höhere geistige Potenzen, Genie, Witz und dergl. im Munde, aber es waren ihm und der Zeit hohle Redensarten: was diese Dinge seien, davon hatte er keine Ahnung und brauchte es nicht, für seine Mission reichte er mit dem aus, was er hatte. Denn ein solcher neuer Vers ließ sich als die Summe eines Rechenexempels von jedem herstellen, der sich die nicht große Mühe nehmen wollte, die Regeln dieser Rechnungsspecies von dem Meister zu lernen. Die deutsche Poesie an sich gingen jene ungeschlachten Rohheiten, die sich ein jeder bisher mit ihren Versen erlauben durfte, wenn er nur eine gewisse Anzahl Silben, also bis 8 oder 9 zählen konnte, eigentlich nichts an, doch desto mehr das, was die Menschen damaliger Zeit Poesie nannten, und das war das Gefährliche daran, und umgekehrt das Verdienstliche an Opitz, solchem Unfug ein Ende gemacht zu haben. Die gewöhnliche Ausrede der Spötter und Verächter, einheimischer und fremder, fiel damit weg. Sie selbst waren als Kinder einer durch und durch prosaischen, barockes Schnitzelwerk für Form, Gebundenheit für Kern nehmenden Bildungsepoche, nicht im Stande, die unendliche innere Ueberlegenheit der Form — wir sprechen hier ja nur von der Form — so vieler ältern deutschen Verse über alle nach dem neuen Modell zusammengeleimten, gleichviel wer der Künstler war, zu begreifen, aber ihr Ohr begriff, und zwar mit einem Wohlbehagen, in das sich unser eigenes Ohr, das außer der

Scansion doch noch manches Andere hört, nur auf dem Wege
der historischen Reflexion mühsam zurückversetzen kann, daß ein
richtig scandirter Vers besser klingt, als einer, dessen Scansion
sie nicht verstanden. Der deutsche Vers war somit auf dieselbe
Höhe gehoben, oder konnte mit Hülfe des neuen so einfachen
Universalreceptes es werden, wie der aller andern Literaturen,
die bisher so vornehm und, wie es schien so berechtigt, auf
seine Rohheit herabgesehen hatten.

Die Form aber allein hätte es nicht gethan, das wußte
schon der 19jährige Reformator und handelte später darnach.
Es kam darauf an, der Poesie nicht bloß einen richtigen Geschmack, sondern auch wieder einen idealen Gehalt zu geben,
ihr das Reich, das ihr gehört, wieder zu erobern, sie dadurch
wieder zu adeln, oder practisch nach dem Sinn der Zeit ausgedrückt, sie wieder vornehm zu machen.

Darin lag der eigentliche Todeskeim der bisherigen
deutschen Literatur, daß sie, aus dem Volk und für das Volk
geschaffen, so völlig plebejisch geworden war. Auch unsere
Vorzeit hat ja ihre Volkspoesie gehabt; der Heliand und die
Nibelungen gehören dazu, trotzdem, daß der Verfasser des einen
Gedichtes ein gelehrter Mönch, der des andern ein gebildeter
fahrender Mann gewesen ist, und wenn man es nur nicht
mechanisch versteht, gehört ein Homer vor allem der Volksdichtung an. Ohne weitere Auseinandersetzung begreift man
an diesen Beispielen, daß Volksdichtung und Volksdichtung
sehr verschiedener Art sein können, und daß das plebejische
Element nur eine Entstellung ihres Wesens, nicht aber dieses
selbst ist.

Plebejisch darf man nicht bloß die aus der gemeinsten
Wirklichkeit des Tages genommene Inscenirung des Einzelnen
nennen, das Hineingreifen in die Rohheit und den Schmutz der

Volkssprache einer Zeit, die sich gewöhnt hatte, alles Schmutzige und Unfläthige, weil es dieses war, witzig zu finden, und kaum einen Witz mehr verstand, der nicht nach Koth roch. Das Plebejische liegt viel tiefer. Nenne man Fischart immerhin ein humoristisches Genie, und habe für ihn die Phrase zur Deckung, daß einem solchen alles erlaubt sei. Wer die Würde des menschlichen Geistes an sich, den Gehalt des Lebens, und die Aufgabe, die der Poesie in diesem Geiste und in diesem Leben allein zugewiesen ist, die ihr allein ihre Legitimität, ihre Berechtigung zur Existenz giebt, begreift, muß auch begreifen, was es heißt, daß der größte dichterische Genius seiner Zeit, den Deutschland hervorgebracht hat, ein solcher von dessen Fülle und Schöpferkraft Niemand zu hoch denken kann, diese seine ganze Kraft auf einen Gargantua — der zwar nicht in Versen, aber doch als poetische Conception gemeint und zu beurtheilen ist — auf die Versificirung des Eulenspiegels, auf die Flohhatz und Anderes nicht Feineres verbraucht hat. Das sind seine poetischen Großthaten, daneben noch geistliche Lieder, Psalmen und confessionelle Polemik, wo er nicht er selbst, sondern nur eine Stimme des ganzen Chors ist, sein glückhaftes Schiff, ein Gedicht von unvergleichlich glücklichem Wurf, aber welch' ein nicht gerade nichtiger, doch unbedeutender Stoff! seine gewaltige Mahnrede an die Deutschen, gehaltvoll, wie es kein anderer konnte, aber ein paar Dutzend Verse zählend, dies und Anderes in seinen Augen und in der Schätzung der Leser poetische Kleinigkeiten neben jenen Hauptwerken. Eine Poesie, in der so etwas möglich ist, hat ihr Recht auf das Dasein verwirkt. Ebenso folgt auch daraus, daß die Verachtung, mit der die Gebildeten auf sie herabsehen zu dürfen glaubten, von dieser Seite her vollkommen berechtigt war, auch wenn diese Gebildeten selbst meist noch so tief in der Rohheit staken, daß sie gerade solche Producte des Kothes oft als Witze mit größtem Wohlbehagen genossen.

Man vergleiche damit die Titel und die darin enthaltenen Ziele der poetischen Leistungen Opitzens. In der geistlichen Dichtung brachte er wie Fischart nicht dem Genius der Poesie, wie ihn jeder von ihnen verstand, sondern einer andern nach der Vorstellungsart der Zeit viel höheren Macht seinen pflichtschuldigen Tribut dar. Eben deshalb ist es im Wesen gleichgültig, daß neben den geistlichen Liedern und Psalmen Fischarts Opitz mit einer wahrhaft erdrückenden Fülle eigentlich lyrischer, episch=lyrischer, didactischer und allegorischer derartiger Versificationen steht. Sie sicherten seiner Poesie, und das war für den practischen Weltmann, zugleich aber auch für die Zukunft dieser neuen deutschen Poesie etwas sehr Wichtiges, man darf wohl sagen, eine Lebensfrage, die Correctheit der religiösen Stellung oder ihrer Stellung zu dem, was man Glauben nannte, was doch damals und noch lange später selbst allen denen als etwas von dem Anstande nothwendig Gefordertes galt, die innerlich schon in einem kühlen Indifferentismus der bloßen Nützlichkeit und Verstandesmäßigkeit lebten.

Aber sein heroisch=idyllisches Schäferspiel Daphne, seine biblische Tragödie Judith, seine Trojanerinnen, seine Antigone mochten immerhin nichts Anderes als Uebersetzungen, die zwei ersten aus dem Italienischen, die dritte aus dem Lateinischen des Seneca, Antigone die des Sophokles sein: dem Verfasser selbst und dem deutschen Publicum galten sie im Gegensatz zu der ganzen bisherigen schon so hoch angeschwollenen Uebersetzungsliteratur aus den classischen und neuclassischen Sprachen als ein wohlerworbenes Eigenthum der deutschen Poesie.

Auch im äußerlichsten Sinn gilt dies von den anderen didactisch=beschreibenden Gedichten größeren Umfanges, von dem Trostgedichte in Widerwärtigkeiten des Krieges, von dem uns so langweiligen „Vielguet", von seinem „Zlatna" oder von Ruhe des Gemüths, von seinem „Vesuvius", ja sogar von der „Schäfferei von der Nimfen Hercinien", die in ihrer äußeren Form — Prosadialog mit eingestreuten Versen — weil es bei Opitz hauptsächlich auf das Aeußerliche und Mechanische der Form ankommt, nicht eigentlich unter die Rubrik „Poesie" gestellt werden darf, wohin man doch Fischarts Gargantua unbedenklich stellen wird.

Endlich auch noch in der dazwischen liegenden Unzahl specifisch lyrisch gemeinter oder unter das Schema der Lyrik nach der gewöhnlichen Terminologie gehörender Schöpfungen, Oden und Gesänge, Gelegenheitsgedichte aller Art, von dem scherzhaften Hochzeitsgedichte für irgend einen seiner Freunde oder Anbeter bis zu den feierlichsten Tönen der Elegie — mag das alles nur ein Flickwerk aus anderen Dichtern, wirklichen und bloß so genannten, aller Völker und Zeiten, er selbst also nichts weiter als ein Plagiator im allergrößten Stile sein, auch das galt, und wieder mit Recht, ihm selbst und den Andern als seine That. Selten hat sich der Instinct einer Zeit auf eine uns so grotesk und barock erscheinende Weise Luft gemacht, als es damals Opitz gegenüber geschah. Die bauschigen Tiraden, die stelzenhaften Hyperbeln, in denen er sein Lob hören konnte und es als sein Recht in Empfang nahm, klingen uns oft wie Spott, aber sie sind ernst gemeint. Sie passen ganz genau zu dem Mann und der Sache, denen sie bestimmt waren.

Es gab durch ihn doch wieder eine deutsche Poesie, die sich an die Stoffe getraute und in ihnen ihre eigentliche Heimath fand, die der Zeit selbst als die erhabensten, als die geistvollsten, als die gehaltreichsten galten. Was wir heute über den Gehalt dieser Poesie denken, kommt nicht in Rechnung, höchstens insofern, als wir vollkommen berechtigt sind, sie als eine bloße Entwicklungsphase, als ein bloßes historisches Phänomen ohne alle Lebensbeziehung zu uns zu betrachten. Einiges davon, was er theils der Bibel, theils der classischen Literatur entnahm, hat ewigen Gehalt, fast nichts von dem, was er aus den modernen Literaturen geborgt, gar nichts von dem, wo er selbst wenigstens das Schema ausgesonnen hat, während er seine Ausfüllung ganz wie bei den directen Nachahmungen aus Anderen entnahm, denn man kann ihm überall nachrechnen, und für ihn ist es unter den gegebenen Verhältnissen ein Ruhm, daß er niemals einen eigenen, wirklich poetischen Gedanken gehabt hat, aber auch keinen nichtpoetischen, wenn er ihm nicht von Anderen vorgedacht worden war.

Glaubten es auch nicht alle, so glaubten es doch sehr viele, voran natürlich und wieder mit Recht, er selbst, daß die deutsche Poesie allein durch sein Verdienst auf dieselbe Höhe der Vornehmheit gehoben war, wie ihre bisherigen Verächterinnen, die französische, italienische, holländische, ja sogar die neulateinische. Es war ja auch nicht bloß eine gelehrte Coterie, oder ein literarischer Winkelclubb, wie es in dem zerspaltenen Deutschland so viele mit dem Cultus eines Separatgötzen oder Heiligen geben kann, die so dachten, sondern Leute, die etwas in der Welt bedeuteten, Herzoge, Fürsten, Grafen, Freiherren und so herab bis zu fürstlichen Räthen und Geheimsecretären, und daß ihm selbst von der Hand der kaiserlichen Majestät der Adelsbrief und die Krone des poeta laureatus zu Theil wurde, paßt zu dem barocken Bombast, in welchen sich damals alle idealeren Regungen des Lebens einzuhüllen gezwungen sahen, wenn sie nicht als plebejisch mißachtet werden sollten. Jedenfalls war es die allgemein verständlichste Huldigung, die dem wiedererworbenen Rechte der deutschen Literatur oder der deutschen Poesie dargebracht wurde und der wahre Ausdruck der öffentlichen Meinung in den höchsten Schichten der Nation. So konnte schon 1626 der hochvornehme Dietrich von dem Werther Opitz den Fürsten aller deutschen Poeten heißen, denjenigen, von dem er selbst seine Kunst gelernt habe, und der vor allen andern den Lorbeerkranz verdiene. Will man einmal Kleines mit Großem vergleichen, so darf man wohl sagen, daß Opitz die Seelen seiner Zeitgenossen gerade so im Sturm erobert habe, wie einst Luther, und in seiner Weise mit demselben Rechte, denn die Seelen der Zeitgenossen Opitzens waren von anderer Zusammensetzung und Inhalt, wie die der Zeitgenossen Luthers.

## Viertes Capitel.
### Opitzens Genossen und Gehülfen.

Opitz allein hätte es aber doch nicht gethan, so staunenswerth auch das ist, was er gethan hat, durch seine Massenhaftigkeit, denn auch darauf kommt immer etwas an, damals aber in einer so nüchternen und seelenlosen Zeit mehr wie je, und durch seine unübertreffliche Anschmiegsamkeit an die gegebenen Menschen und Verhältnisse. Er wäre überhaupt nicht denkbar, wenn nicht derselbe Gedanke, an den er sein ganzes Leben setzte, auch in Andern gekeimt, und, wenn man die Hindernisse der Zeit und der angeborenen deutschen Art erwägt, mit Energie und Erfolg practisch gemacht worden wäre. Das Jahr 1617, in dem Opitz sein Programm verkündete, ist bekanntlich auch das Stiftungsjahr der fruchtbringenden Gesellschaft. Dort war es ein Gymnasiast, der Sohn eines Handwerkers in einem Städtchen am äußersten Ostwinkel Deutschlands, hier waren es Männer auf der Höhe des Lebens oder in seiner absteigenden Hälfte, regierende Herren aus den erlauchtesten deutschen Fürstenhäusern, Edelleute aus den angesehensten Familien, die zusammen gerade dasselbe leisten wollten, was jener sich allein zutraute. Er sagte es in lateinischem Phrasenschwulst, sie in leiblich einfachem Deutsch, dem man die Verwandtschaft mit der Canzleistube weniger ansieht, als den sonstigen Kundgebungen hochgeborener Leute von damals in ihrer Muttersprache.

Daß sich aus diesen Kreisen eine Art von Reaction gegen die Verwälschung erheben würde, war um 1600 noch nicht zu sehen. Aber von 1580—1600 stand überhaupt alles das, was einer Nation Lebensberechtigung giebt, am tiefsten, weil es zugleich die Periode ist, in der sich die gemeinste Sinnlichkeit am behaglichsten fühlte, und der Cultus der eigentlichen Religion der Zeit, des Bauchgötzenthums, wie es Luther nannte, seine gröbsten Orgien feierte. Von 1600 an tritt durch die Furcht vor den immer drohender geballten Wetterwolken, die sich dann im großen Krieg entladen sollten, eine Wendung zum Bessern ein. Man sucht sich zusammenzunehmen, nüchterner, mäßiger, ernster, verständiger zu werden. Natürlich sind es die Spitzen der Gesellschaft, an denen sich das zuerst wahrnehmen läßt: die Nation gewöhnte sich damals, ihre wichtigsten Geschicke ganz in deren Hände zu geben, unmerklich meist und ohne daß es eines gewaltsamen Anziehens der Zügel bedurft hätte, wie sie ja auch in bequemlicher Indolenz das, was sie doch für ihr Seelenheil hielt, einem neuen Pfaffenthum, neukatholischen, neulutherischen und calvinischen anheimgegeben hatte.

Die Reaction ging aus der Mitte des höfischen oder vornehmen Calvinismus hervor, denn hier allein war doch noch Verstand, Ehrgefühl und ein gewisser Sinn für das Wohlanständige, eine Art von weltmännischer Bildung im guten und schlechten Sinn zu finden. Die lutherischen Höfe um diese Zeit, wo der Calvinismus seine größten Triumphe feierte, auch an Zahl von jenen weit überflügelt, hatten fast alle nichts von alle dem, und von den katholischen durfte schon lange überhaupt nicht mehr gesprochen werden, wenn es sich um irgend ein deutsches Interesse handelte.

Daß der Ascanier Fürst Ludwig von Köthen die Initiative zu der fruchtbringenden Gesellschaft gegeben hat, und 33 Jahre lang ihre eigentliche Seele gewesen ist, wird ihm immer von der dankbaren Nation unvergessen bleiben. Eine Persönlichkeit, die für ihre geschichtliche Mission gerade so richtig angelegt war, wie Opitz für die seinige, und eben deshalb das völlige Widerspiel zu Opitzens Wesen. Denn um vereinte Kräfte in Fluß zu bringen und laufend zu erhalten, dazu bedurfte es einer Summe von gemüthvoller Humanität, Menschenkenntniß und Selbstlosigkeit, Eigenschaften, die in dem damaligen Deutschland selten allein, noch seltener vereint gefunden wurden und von denen Opitz gar nichts besaß, denn selbst tiefere Menschenkenntniß ging ihm ab, so weltklug oder schlau und intriguant er auch sein mochte.

Der Zweck der Gesellschaft war leicht zu formuliren. Man brauchte sich nur an die ausländischen Muster zu halten und es war auch gar nicht anders möglich, als es so zu machen. Daß die Florentiner Academia della crusca das nächste Modell geliefert hat, ist allbekannt. Aber was in Italien selbstverständlich war, war es noch nicht in dem damaligen Deutschland. Hier hatte sich an die Stelle der alten plebejischen

Zerfahrenheit der ganzen Gesellschaft eine Exclusivität der Vornehmheit inzwischen schon in recht pedantischen und herben Formen festgesetzt. Die Höfe und der Hofadel und so der Adel insgesammt waren eben darüber, nicht sich zu einem Stande, wie es die lebendigen Gliederungen der Nation im Mittelalter gewesen, sondern zu neuen Kasten zusammenzuschließen. Davon wußte Italien nichts, denn seit 200 Jahren fielen dort die Begriffe gute, d. h. vornehme Gesellschaft und gebildete zusammen. Setzt man für gebildet, ein Ausdruck, der für das damalige Deutschland gar nicht paßt — denn es gab wohl einzelne gebildete Menschen, aber keine gebildete Gesellschaft — gelehrt, so klafften bei uns die Sphären von vornehm und gelehrt fast ohne alle Vermittelung auseinander. Denn die Brücke der Bureaukratie war doch erst im rohesten Sparrenwerke fertig, noch nicht zum Betreten. Die fruchtbringende Gesellschaft, richtiger ihr leitender Genius, Fürst Ludwig, schuf zum erstenmal in Deutschland den Begriff der gebildeten Gesellschaft, worauf der ganze Weiterfortschritt der nationalen Cultur gestellt war, indem sie über die Schranken der Kaste — Fürsten und Adel fühlten sich als eins — auch in den gelehrten Mittelstand griff. Die hervorragendsten Namen der damaligen Schriftsteller bürgerlichen Standes — darunter auch Opitz, der trotz seines „von Boberfeld" immer nur wie sein Freund und Bewunderer Tobias Hübner ein geadelter Bürgerlicher blieb — stehen neben Churfürsten, Herzogen, Fürsten, Grafen, Freiherren und Rittern; Professoren, Rectoren und Consulenten neben Feldmarschällen, Obersten und Ministern, ein armer Literat wie Georg Neumark neben Friedrich Wilhelm dem Großen Churfürsten. Mochte die Gesellschaft immerhin in der Majorität aus Honoratioren zusammengesetzt sein, darauf kam zunächst nichts an, sondern auf das Princip, das

in ihr unbewußt sich als eine Macht der deutschen Entwicklungs=
geschichte bethätigt hat.

Das literarische Programm der Gesellschaft lautete: „die
hochdeutsche Sprache in ihrem rechten Wesen und Stande,
ohne Einmischung fremder Wörter erhalten, sich sowohl der
besten Aussprache im Reden, als auch der reinsten Art im
Schreiben und Reime=Dichten befleißigen." Der erste Theil
ist uns nur insofern bemerkenswerth, daß hier der Begriff
hochdeutsch so schlicht und klar, wie noch nie ausgesprochen ist,
obwohl man ihm allerdings schon längst nahe genug gekommen war,
wie wir gesehen haben. Das Ziel überschießend, konnte bald
darauf Niederdeutsch in demselben rein abgezogenen Sinn für
alles was nicht die gebildete Schriftsprache war, einzeln ge=
braucht werden, es hat aber keinen Anklang gefunden, wohl
weil ihm Niederländisch gleichsam als Deckung seiner ethno=
graphisch geographischen Eigenschaft zur Seite stand.

Wichtiger ist der zweite Punkt, in ihm tritt ein ganz neuer
Gedanke als Resultat zuerst in unserer Sprachgeschichte auf,
die Forderung, sich der besten Aussprache im Reden wie auch
der reinsten Art im Schreiben zu bedienen. Es ist damit
anerkannt, daß dies Hochdeutsche auch die lebendige Sprache,
die Muttersprache des vornehmen oder gebildeten Deutschen
in abstracto sein sollte. Das Verhältniß, in welchem Schrift
und Wort hier zu einander gedacht werden, ist nicht angedeutet.
Nach der Geisteshaltung der Zeit und nach den positiven
Kundgebungen der Theoretiker, wie Gueintz und Schottel, die
zu der Fruchtbringenden gehörten, und die als ihr officielles
Organ gelten müssen, ist es aber klar. Es ist das umgekehrte
von dem, was einst im Mittelhochd. gegolten hatte. Dort
war aus der lebendigen Sprache der Bildung die gebildete
Büchersprache erwachsen, hier sollte die Büchersprache die Regel

für die lebendige sein. Man hätte also, wenn man die schon lange gefundene und später so viel wiederholte Maxime der Beachtung werth gehalten hätte, sagen müssen: „Sprich, wie du richtig schreibst", nicht „schreib, wie du richtig sprichst." Ob in der Wirklichkeit damals auch nur ein kleiner Theil dieses Resultats erfüllt wurde, ist von untergeordnetem Belang. So etwas wie eine Art von gebildeter Sprache der höheren Stände mit Anlehnung an die Schriftsprache oder das Gemeindeutsch gab es wohl, und so etwas muß es in jedem auch noch so zerfahrenen Volkskörper geben. Directe Fingerzeige in dieser Zeit weisen z. B. nach Speier, dem Sitz des Reichskammergerichts, die Stätte, wo nächst den Universitäten die größte Anzahl gelehrt vorgebildeter Menschen im damaligen Deutschland sich zusammenfand. Dort sollte das beste Deutsch gesprochen werden, Andere glaubten es anderswo, seltsam genug und wohl nur aus devoter Loyalität am kaiserlichen Hofe unter den wälschen Pfaffen, Lakeien, Musikern, Castraten, Architekten und Bildhauern zu hören. Man entnimmt schon daraus, was wir auch sonst wissen, daß der instinctive Zusammenschluß der Gemeinsprache zur hochd. Schriftsprache noch kaum die ersten Ansätze einer lebenden Gemeinsprache der gebildeten Welt erzeugt hatte; dazu hätte, von allem Andern abgesehen, eine centralisirende Hauptstadt als erste Vorbedingung gehört. Aber eben deshalb war es ein gewaltiges Ereigniß für unsere Sprache und Literaturgeschichte, daß diese Forderung als selbstverständliche Ergänzung oder Begründung der andern jetzt oben an auf dem Programm ihrer vornehmen und gebildeten Vertheidiger gegen die Verwälschung und andere Feinde stand. Dieser Theil des Programms ist bis heute noch nicht ausgeführt, aber man sieht doch, wie er sich der Ausführung zu nähern beginnt.

Gewöhnlich zollt man den nach Art der Zeit in breitspurig prosaischer Ehrbarkeit und Deutlichkeit sich einher schleppenden einleitenden Sätzen, die diesem specifisch sprachlichen Theil des Programms der specifischen Sprachgesellschaft vorhergehen, eine höfliche Anerkennung wegen der darin ausgesprochenen wohlmeinenden und verständigen Grundsätze, übersieht aber, daß noch etwas ganz Anderes darin steckt. Es heißt da nämlich, nach einigen allgemeinen Ermahnungen an alle Gesellschafter, überall die gute Sitte in ihrem eigenen Verhalten lebendig darzustellen, „jeder solle sich aller groben, verdrießlichen Reden und Scherze enthalten." Damit ist das gemeint, worauf es damals am eigentlichsten ankam, denn die deutsche Literatur hatte bisher der entgegengesetzten Gottheit gehuldigt. „Grobe, verdrießliche Reden", d. h. in unsere Sprache übersetzt, der cynische Humor, der groteske Witz, die gemeine Zote hatte in ihr eben so gut, ja man darf sagen, noch mehr Bürgerrecht, als das, was diese vornehmen Leute „erbar, nützlich, ergötzlich" nannten. Was Opitz wollte und wirklich durchgesetzt hat, das, worin seine eigentliche Großthat für unsere Literatur und damit für unsere Sprache beschlossen ist, die Plebejerin wieder vornehm und salonfähig gemacht zu haben, das ist auch hier gemeint und so gut es jeder verstand, hat es auch jeder in seinen Schriften zur That umzusetzen versucht.

Wenn auch noch so pedantisch, geistlos und nüchtern gefaßt, war auch von hier aus wieder die Literatur mit dem Begriff der Idealität, der höheren geistigen und sittlichen Bildung verschmolzen, von dem sie sich nie hätte trennen sollen, natürlich die Poesie am wenigsten, der von selbst die Aufgabe zufällt, in der Gesammt-Literatur wieder die bevorrechtete Repräsentantin dieser höheren oder idealen Sphäre des Menschendaseins zu sein. Mochten die Verse der Mitglieder des Palmenordens

noch so dürftig ausfallen, es war schon genug, daß hier keine
Flohhatz und kein Eulenspiegel Reimenweis mehr geschrieben
und gedruckt werden durften. Denn wenn daneben ein Shake=
speare, Cervantes oder Ariost, oder auch nur ein Sydney, Tasso
oder Ronsard gestanden hätten, dann mochte immerhin auch
diese wilde Ranke an dem Baume der nationalen Geistescultur
geduldet werden können. Wo sie aber die alleinige oder die
kräftigste von allen wurde, da gab es keine Zukunft mehr für
die Poesie, für die Literatur, für die Sprache der Bildung.

Da man die Bedeutung der Gesellschaft nach der Zahl
der Mitglieder, oder nach der Menge der aus ihrem Schoße,
d. h. von Verfassern, die zu ihr gehörten, ausgegangenen
Bücher, oder nach dem sichtbaren Erfolg ihres Programms in
der unmittelbaren Gegenwart von damals zu messen pflegt, so
fällt das Urtheil von heute, das von vornherein an einer
gewissen ungeschichtlichen Voreingenommenheit dagegen leidet,
immer etwas abschätzig aus, auch wenn es in noch so höfliche
Redensarten eingekleidet ist. Aber auf alles dies kommt nicht
viel an. 800 Mitglieder in den höchsten Regionen bis hinab
zu dem gelehrten Mittelstand sind doch immer schon eine er=
kleckliche Anzahl in einer Zeit, wie die von 1618—1648 oder 50,
dem Jahre, wo der große Krieg wirklich endete, und wo
Fürst Ludwig, die Seele der Gesellschaft, starb. Namen, wie
Opitz, August Buchner, Siegfried v. Birken, Andreas Gryphius,
Harsdörfer, Logau, Moscherosch, Neumark, Johann Rist, Dietrich
von dem Werder, Philipp von Zesen bezeichnen doch die
Spitzen des damaligen literarischen Könnens. Sollten, wie es
auf dem Programm nicht stand, aber hinein erklärt werden
könnte, alle Fremdwörter aus den Actenstücken und diplo=
matischen Memoires, die fremden Sprachen aus den Höfen,
oder gar aus den hohen und niederen Schulen hinausgeworfen

werden, woran damals wohl auch schon manche Deutsche, nur nicht die ehrbaren Mitglieder einer so ehrbaren Gesellschaft dachten, so war das eine Sisyphus-Arbeit, die immer nur mit Spott und Schande für den unglücklichen Patrioten endete. Dagegen ist von den meisten Mitgliedern der Gesellschaft in Hinsicht auf Sprachreinheit und Correctheit alles geleistet worden, was damals dem mittleren Talent möglich war, und über das Mittelmaß konnte sich in dieser Zeit doch eigentlich keiner erheben: einen Luther, einen Hans Sachs und einen Fischart bringt nicht jedes halbe Jahrhundert zusammen oder auch nur einzeln hervor. Wir haben aber gesehen, daß der Schwerpunkt des ächt geschichtlichen Urtheils über die Leistungen der Fruchtbringenden Gesellschaft ganz wo anders hingelegt werden muß, und darnach wird auch sein Ausfall ein ganz anderer sein.

Gleichsam aus den logischen Prämissen der Grundidee abgeleitet, treten noch einige andere practische Consequenzen auf, die wir wenigstens im Vorübergehen streifen wollen.

In den Statuten der Gesellschaft ist nirgends auch nur eine Andeutung confessioneller Beschränkung. Man könnte sagen: wie alles unmittelbar von dem Statut der Crusca abgeschrieben ist, so auch das, denn dort steht auch kein Wort davon. Aber in Italien, dem Italien der päpstlichen Inquisition, verstand es sich von selbst, daß nur Katholiken aufgenommen werden konnten — daß man später als bloße Höflichkeitsformel gegen Fremde von höchster Auszeichnung davon absah, gehört nicht hieher. Mensch und Katholik fiel ja officiell wie in dem Volksbewußtsein dort wieder zusammen. Für das confessionell immer tiefer gespaltene Deutschland gehörte aber umgekehrt ein bewußter Muth, eine bewußte Geistesfreiheit dazu, und Fürst Ludwig, persönlich immer ein sehr glaubenstreuer Anhänger des Calvinismus, hat sie besessen.

Thatsächlich sind unter den etwa 890 Mitgliedern alles zusammen kaum 20 Katholiken, aber Lutheraner und Calvinisten ungefähr zu gleichen Theilen: die vornehmere Kaste überwiegend das zweite, der gelehrte Mittelstand fast ausschließlich das erste. Aber die principielle, wenn auch nicht in Worte gefaßte Anerkennung, daß über dem, was man damals herkömmlich als die wichtigste Sphäre des Geisteslebens zu verehren gewohnt war, noch etwas Höheres, der Nation noch viel Werthvolleres stehe, und wenn es sich auch hier nur um ihre Sprache und Literatur handelte, ist doch eine That von epochemachender Bedeutung, wie für das Allgemeine, so auch für das Einzelne, für die Geistescultur der Nation, sowie auch für die Adelung der Sprache im Bewußtsein derselben.

Natürlich konnte auch nur wieder von calvinistischer Seite ein solcher wahrer Fortschritt in dem Einigungswerk der Nation ausgehen, und wenn er sich auch nur auf ein ganz enges Gebiet beschränkte. Das Lutherthum, nicht weil es Luthers Geist trug, denn der hatte mit denen, die sich jetzt nach ihm nannten, am wenigsten zu schaffen, wäre nicht sowohl aus fanatischer Intoleranz, als aus indolenter Rohheit, unfähig zu so etwas gewesen, fügte sich aber in die fertige Thatsache.

Einstweilen aber gestaltete sich diese so aus, wie es nach dem ganzen Entwicklungsgang der deutschen Dinge seit der Reformation sein mußte: die fruchtbringende Gesellschaft trug, trotzdem, daß sie keine Confession kannte, einen specifisch, man darf sogar sagen, ausschließlich protestantischen Typus. Alles, was seit Luther in der Nation als lebenskräftig und zukunftverheißend sich ankündigt, hatte denselben getragen und so lange die Begriffe deutsch und protestantisch in der Wirklichkeit beinahe zusammenflossen, mußte es selbstverständlich so sein. Aber mit dem Beginn des 17. Jahrhunderts schneidet auch hierin eine neue Epoche ein, und der große Krieg vollendet nur das damals zuerst in festeren Umrissen hervortretende Werk der jesuitisch-absolutistischen Gegenreformation. Während die fruchtbringende Gesellschaft sich kräftigst entfaltete, also bis 1650, wurde die Hälfte Deutschlands durch Verrath und Gewalt wieder katholisch gemacht. Sie blieb zunächst ihr und der deutschen Literatur eine unzugängliche Wüste, deren einzelne Oasen den tristen Character derselben erst recht grell hervortreten lassen. Die Begriffe deutsche Literatur, Protestantismus, oder auf die Sprache als Darstellungsmittel gewandt, Protestantismus und hochdeutsche Sprache, in dem jetzt endlich abgeklärten Sinn, treten jetzt in scharfen Contrast mit dem Katholicismus und seiner Literaturlosigkeit, mit seiner zum Theil vorsätzlichen, zum Theil aus naiver Rohheit veranlaßten Unfähigkeit, das Hochdeutsche zu handhaben. Man denke nur an die doch hochdeutsch gemeinten greulichen deutschen Verse eines nicht gerade so überschwenglich reichen, wie er manchen gilt, aber doch immer sehr reichen poetischen, namentlich formal oder technisch entwickelten Talentes, wie Balde. Daran war für die nächste Zukunft nichts zu ändern: die deutsche Bildung, die deutsche Literatur und ihre Sprache blieb nur auf das protestantische Deutschland beschränkt, wenn auch in dem Programm der fruchtbringenden Gesellschaft ein Protest dagegen im Namen der weiteren Zukunft eingelegt war, der seiner Zeit auch in die That umgesetzt werden sollte.

Man wirft uns wohl einen Friedrich von Spee und einen Johannes Scheffler entgegen, um den Satz, daß alle deutsche Literatur von jetzt ab protestantisch sei, zu entkräften. Es geschieht dies meist von Leuten, deren Lebensaufgabe darin besteht, die Geschichte wissentlich zu fälschen, und mit denen bedürfte es keiner Auseinandersetzung. Aber kurzsichtige

Gedankenlosigkeit spricht dies und anderes jenen nach, und so hat es doch schon einige Verwirrung in den Begriffen unserer Gebildeten angerichtet. Friedrich von Spee, dessen persönliche Engelhaftigkeit die Literaturgeschichte nichts angeht, ist als Dichter eine mäßig begabte, gefühlige, anempfindende Natur. Er schwankt zwischen der sentimentalen Idyllenstimmung der Italiener und dem fanatischen Taumel der Spanier hin und her. Anerkennenswerth ist seine Geschmeidigkeit im deutschen Vers, doch erklärt es sich durch seine Herkunft aus dem niederrheinischen, nach unserer Bezeichnung niederdeutschen Sprachgebiet, gerade so wie die anderen Niederdeutschen begreiflich das reinste Hochdeutsch schreiben lernen konnten. Er ist dadurch am merkwürdigsten für die deutsche Culturgeschichte, daß sich in ihm die Spitze und zugleich das Ende jener erobernden Thätigkeit der hochdeutschen Literatur am Niederrhein darstellt, der wir oben gedachten. Nach ihm ist alles vertrocknet, warum, ist oben zur Genüge auseinandergesetzt und daß er als eifriger Katholik das geworden ist, was er ist, entkräftet unsere Beweise nicht. Uebrigens thut man Unrecht, ganz abgesehen von dem Gehalt, über den Jeder denken mag, wie er will, einen Johann Heermann, Valerius Herberger, also noch dazu seine Zeitgenossen, die auch noch nichts von Opitz wußten und doch ebenso regelrechte Verse wie Spee und fast bessere als Opitz machten, hinter ihn zurückzusetzen. Ihn mit dem so viel jüngeren Paul Gerhard zu vergleichen, wäre in jeder Art unstatthaft.

Angelus Silesius, einst das Schoßkind moderner Geistreichigkeit, neuerdings von ultramontaner Tendenzlüge stark besudelt, hat, wie bekannt, seine ganze Bildung aus dem Protestantismus, und ist erst spät im Leben dem Renegatenthum verfallen. Bis heute wird hin und her gestritten, ob er das, was Protestanten und Katholiken für sein Bestes halten, bloß als Protestant oder theilweise schon als Katholik gemacht habe, seine geistlichen Lieder, die in unsern protestantischen Gesangbüchern stehn. Sein cherubinischer Wandersmann ist bekanntlich von ihm selbst als ein Geheimniß für wenige Auserwählte behandelt worden und mußte somit durch die gelehrte und geistreiche Spürkraft unserer Zeit erst wieder entdeckt werden. Dieser Wandersmann trägt nicht nur keine Spur von Katholicismus, freilich aber auch nichts von Protestantismus, überhaupt nichts Christliches an sich, sondern ist der vollständigste pantheistische Atheismus, wie jeder ehrliche Mann und genügend vorgebildete Leser unumwunden zugiebt. Gewiß wird Angelus Silesius der geistvollste und gedankenreichste aller deutschen Dichter des 17. Jahrhunderts bleiben, aber der katholischen Literatur können ihn eben nur die zuzählen, die es müssen oder die ihn nicht kennen. Ihn zu einer noch größeren Höhe eigentlicher Genialität emporzuschrauben, wie es die blasirte Geistreichigkeit und exquisite Vornehmthuerei einiger seiner modernen — jetzt freilich schon sehr altmodisch gewordenen — Verehrer versucht hat, verbietet unser Verstand und unser Gemüth. Oder will man auch den wüsten Sprachmischmasch des Abraham a St. Clara, wo uns ein schwäbisch-wienerisch verunstaltetes Hochdeutsch mit allen möglichen lateinischen und wälschen Brocken unterbreitet wird, zu einer classischen Literaturgröße stempeln? Die Sprachgeschichte wenigstens kann es nicht.

Wenn wir in dem allegorischen Stile der Zeit bleiben wollen, so können wir sagen, daß der Indianische Palmbaum, in dessen Schatten deutsche Bildung gedeihen sollte, seine eine Hauptwurzel in Köthen, seine andere in Weimar eingetrieben hatte. Also ganz naturgemäß die Mitte jenes „mittleren

Deutsch", das durch Luther schließlich zum Hochdeutsch geworden war. Zunächst blickte man auf Leipzig und Wittenberg, das letztere trotz mancher zeitweiliger, aber keineswegs permanenter orthodoxer Verfinsterung doch noch immer ein glänzender Mittelpunkt der regsten literarischen Thätigkeit. Aber weit darüber hinaus war jetzt schon der ganze Norden factisch der hochdeutschen Sprache und Literatur unterworfen und die große Hälfte aller Mitglieder sind geborene Niederdeutsche, eigentlich ja auch Fürst Ludwig und die anderen Askanier miteinander. Hier war jetzt jene compacte Landmasse, ohne welche eine Schriftsprache nicht existiren kann, wirklich erobert, oder doch so gut als erobert, denn wenn z. B. die Hamburger Republik noch bis 1603 bei ihrem noch dazu sehr schlechten Niederdeutsch blieb, wie Venedig bei seiner Mundart, so wurde gerade jetzt aus Hamburg ein großer Brennpunkt deutscher, d. h. hochdeutscher Literatur, dessen Glanz längere Zeit alle anderen verdunkelte. Denn selbst, daß ein Lauremberg, der einzige deutsche Schriftsteller des 17. Jahrhunderts, in dem ein Funke von dem ist, was man Genialität nennen wird, in aufrichtiger Begeisterung für die Stetigkeit und treue Alterthümlichkeit seiner plattdeutschen Muttersprache eine scharfe Lanze gegen das ewig wechselnde, immer neuen Moden fröhnende Hochdeutsch brach, half dem Plattdeutschen nichts mehr. Inzwischen war es überall officiell, nicht bloß aus den Bureaus, sondern auch aus Kirche und Schule verdrängt, und wo es sich noch hielt, geschah es nur durch Connivenz gegen die wohlbegründete Anhänglichkeit mancher Kreise, nicht etwa bloß wegen des Landvolkes oder der unteren Klassen in den Städten. Aber Lauremberg selbst hat schon 1652 nur seine veer Schertzgedichte plattdeutsch schreiben können und da ist gleich das Schlagwort des Titels, Schertzgedichte, ganz hochdeutsch in Laut und Begriff.

Auch hat Niemand mehr ernstlich versucht, ernste Stoffe tieferen Gehaltes niederdeutsch zu behandeln, was doch noch 50 Jahre früher einzeln möglich war. Die Mundart blieb trotz Laurembergs unläugbarer Genialität oder vielmehr eben deshalb dem Gebiete zugewiesen, wohin sie allein gehörte, sobald es eine hochdeutsche Schriftsprache daneben gab, mit der zu concurriren das Niederdeutsche nach seiner Geschichte nicht angelegt war. Sie sank somit auf dieselbe Stufe, die alle hochd. Mundarten der Zeit von selbst einnahmen, gleichviel, wie man über ihre linguistischen Vorzüge vor der Schriftsprache denken mochte. Natürlich gab es immer einzelne Doctrinäre, die in eigensinnigem Trotze gegen den naturgemäßen Zug der Dinge, gegen die in Deutschland selten so reinlich sich herausarbeitende Logik der Geschichte, die Herrlichkeit des Niederdeutschen in dröhnenden Posaunenstößen der Welt verkündeten, nur schade, daß alle Ohren taub dafür blieben. Wenn schon 1582 der grundgelehrte Nathan Chyträus eine Art von gegenseitigem Austausch zwischen Hoch= und Niederdeutsch als die humane Lösung des zwischen beiden schwebenden Sprachkampfes ersehnt hatte, so erkannte er dabei die eigenartigen Vorzüge des Hochdeutschen verständig genug an, und er irrte nur darin, wenn er glaubte, daß irgend eine Maßregel der besonnenen Reflexion in dieser naturmächtigen Bewegung Stillstand gebieten oder sie reguliren könne. Die späteren Vorkämpfer des Niederdeutschen wußten natürlich von solchen Compromissen nichts: ihnen war das Niederdeutsche die Deutsche Sprache an sich), ja die damals seit Conrad Gesner in allen Köpfen spukende Ursprache, und des halbtollen Georgius Beccanus Träumereien, der das Paradies und die Ursprache in der Flur seines flaemischen Stammdorfes „zwischen Husterlo und Krekelborn" entdeckt hatte, wurden im blinden Eifer als wissenschaftliche Beweisgründe gegen eine Thatsache, natürlich umsonst, geschleudert, an der ein guter Theil der Zukunft des ganzen deutschen Volkes ober- und niederdeutscher Zunge hing.

Eben deshalb aber läßt sich schon an der äußeren Verbreitung der fruchtbringenden Gesellschaft über den Boden Deutschlands die anderwärts so deutliche Thatsache abnehmen, daß der ganze Süden und Südwesten mehr und mehr in die Stellung eines bloßen Anhängsels zu diesem eigentlich gebildeten Theile von Deutschland zu kommen begann. Im Süden war die katholische Reaction ungefähr ³/₄ aller deutschen Landschaften von Steyermark an bis zum Sundgau vor und nach dem westphälischen Frieden mächtig geworden. Sie waren damit von selbst der Sprache und Literatur der deutschen Bildung versperrt und es bedurfte gar keiner besonderen Prohibitivmaßregeln dagegen. Die geistige Mauth wurde durch die überall eingeführte Büchercensur genügend gehandhabt und auch ohne sie blieb hier einstweilen alles todt. Aber auch die protestantischen Enclaven im Süden, denn dazu waren sie unversehens geworden, litten deutlich unter dieser widernatürlichen Wendung der deutschen Geschichte. Zwar Straßburg in der ersten Hälfte des Jahrhunderts, Nürnberg in der zweiten behaupten in ihrem Kreise auch noch immer eine gewisse hegemonische oder selbstständige Stellung in der Literatur, namentlich Nürnberg. Daraus erklärt sich auch die ächt deutsche Sonderbarkeit, daß in Nürnberg neben dem Palmenorden der Blumenorden der Pegnesischen Schäfer und doch nicht wieder als stricte und klare Opposition dazu, die doch allein etwas gewesen wäre, entstehen konnte. Nein, man lavirte zwischen beiden hin und her und die Harsdörfer, Birken und Dilherr stehen mit dem einen Fuß dort, mit dem andern da. Hier in Nürnberg konnte darum auch ein Harsdörfer, ohne sich lächerlich zu machen, von der „unterschieblichen Landsprach Arten" reden, während er wie alle seine schäferlichen Cumpane ein andermal wieder die hochtrabendsten Reden von der Reinheit und Herrlichkeit der wahren hochdeutschen Heldensprache losließ, eines so phrasenhaft-gedankenlos wie das andere. Das Wahre ist, daß die neugeschaffene Isolirung der protestantischen Süddeutschen jetzt wieder es ihnen schwerer machte, zu diesem ächten Hochdeutsch zu gelangen, das ja auch früher, als es anderwärts seine entscheidenden Siege erfochten hatte, hier noch mit dem meisten Nachgeplänkel belästigt worden war. Ihre Sprache ist in jeder Hinsicht und an sich eine viel unreinere als die, in welche jeder, der in dem compacten Gebiet der norddeutschen d. h. protestantischen Bildung lebte, ohne alles eigene Verdienst hineingeboren wurde.

Das, was jeder gebildeten Sprache ein practisches Bedürfniß ersten Ranges ist, eine wirkliche steinerne Hauptstadt Deutschlands oder auch nur des protestantischen Deutschlands, konnte auch die fruchtbringende Gesellschaft nicht aus unserem dafür so spröden Boden hervorzaubern. Die eigentliche Hauptstadt Deutschlands war ja ohnedem Paris, „die Zier der Städte, die Schule der Leutseligkeit, die Mutter der guten Sitten bei der Insul der Seine", wie sie Opitz nennt; da er das in seiner Art auch anerkennenswerthe Verdienst besitzt, nie einen eigenen Gedanken gehabt zu haben, so ist nicht er es, der so spricht, sondern die Stimme des ganzen vornehmen und gebildeten Deutschlands. Dresden schien Manchem dazu bestimmt, Paris abzulösen, und hat es ja auch später unter seinen polnischen Augusten, nur in einem etwas anderen Sinne gethan, als jene patriotischen Schwärmer meinten. Churfürst Johann Georg III. ist noch 1658 als der „Preiswürdige" in die fruchtbringende Gesellschaft aufgenommen worden. Damals, wo die Gesellschaft sich mit dem Abscheiden ihrer lebendigen Seele, des Fürsten Ludwig, schon völlig überlebt hatte, setzte man große Hoffnungen auf den Erwerb dieses vornehmsten unter allen weltlichen Reichsfürsten. Sie wurden ebenso getäuscht wie die politischen Combinationen der evangelischen Mächte, die immer an Sachsen sich vergeblich anklammerten. Ein schwacher Ersatz für die fehlende Hauptstadt war es, daß durch die Heranziehung so vieler gebildeter Elemente aus dem Mittelstand an manchen Universitäten und in mehreren Großstädten kleine Localheerde deutscher Bildung und geregelter Sprachpflege entstanden.

## Fünftes Capitel.
### Die Hochdeutsche Sprache unter Opitzens Einfluß.

Die neue Form und die neue Tendenz der deutschen Literatur und damit die Zukunft der neuhochd. Schriftsprache war schon in allen entscheidenden Punkten sicher gestellt, als der große Krieg die Nation der härtesten Prüfung unterwarf, die sie überhaupt jemals zu bestehen gehabt hat. Wäre nicht schon vor 1618 eine innere Umkehr des Nationalgeistes wenigstens angebahnt gewesen, Deutschland hätte sich an den tausend Wunden des Krieges und des kaum besseren Halbfriedenszustandes von 1650—1715 bis zum Schlusse des spanischen Erbfolgekrieges verbluten müssen, wie die Literatur und Sprache, wenn sie nicht schon vorher sich aufgerafft gehabt hätten, von dem allgemeinen Chaos verschlungen worden wären.

Der Krieg selbst bezeichnet also nur insofern das tiefste Niveau der deutschen Geschicke, als sich in ihm das lange vorbereitete, vollständig verschuldete Unheil in furchtbaren Schlägen entlud. Schuld und Strafe stehen aber hier in einem so scharf abgewogenen Verhältniß, wie wohl nirgends in der Geschichte eines andern Volkes, und es war ein Glück, daß sich der denkende und ernster gesinnte Theil der Zeitgenossen noch mit dem Worte des Glaubens „Wen Gott lieb hat, den züchtiget er" über die furchtbaren Zweifel des Gemüths und des Verstandes hinweghelfen konnte.

Die Thätigkeit eines Opitz oder der fruchtbringenden Gesellschaft hätte nach dem Beginne des Kriegs keinen Boden gefunden, wäre überhaupt, wenn sie vor 1620 nicht schon im lebendigen Zug gewesen, nach 1620 nicht denkbar, aber da sie einmal Wurzel gefaßt hatte, ist sie auch durch den Krieg nicht zertreten worden. Man hört häufig neben dem anderen Unheil, was dieser Krieg angerichtet, auch den Schaden beklagen, den er unsrer Literatur zugefügt habe. Davon ist so viel richtig, daß ohne den Krieg wahrscheinlich noch viel mehr an Poesie und Prosa producirt worden wäre, als während des Krieges. Aber es bleibt eher zu verwundern, daß doch noch so vieles und in seiner Art Tüchtiges, nach den einmal gegebenen Voraussetzungen des Zeitgeistes und der davon abhängigen Menschen geschaffen werden konnte. Im Vergleich mit der Dürre und Oede von 1590—1620 sind selbst die entsetzlichsten Kriegsjahre, von 1635—1650, fruchtbar und gehaltvoll. Auch wird es nicht der Krieg gewesen sein, der das Hervortreten wirklich genialer Kräfte unmöglich gemacht hat, sondern die Signatur dieses nüchternsten und prosaischsten Jahrhunderts der neueren Geschichte. An Talenten gebricht es auch damals nicht, daran war die deutsche Literatur dieser

Zeit, wie man ohne alle Selbstüberhebung sagen kann, ebenso reich wie die französische. Daß aber nur diese sich zu der Höhe der Classicität emporheben konnte, verdankte sie neben anderem allerdings auch dem Umstande, daß Frankreich elastisch genug war, einem wirklichen Seitenstück des großen deutschen Krieges noch in der letzten Stunde auszuweichen: die Hugenotten und die Fronde hätten hinreichenden Stoff dazu liefern können. Aber selbst wenn Deutschland der Krieg erspart worden wäre, hätte es den Vorsprung von mehr als einem Jahrhundert, den die französische Literatur im 17. als wirklich erreicht darstellte, zu dem sie sich aber schon im 16. gerüstet hatte, nicht eingeholt. Wenn mit einer Vergangenheit so gänzlich gebrochen, und wenn so ganz von vorne wieder angefangen werden muß, wie es Opitz und die Seinen mit vollster Berechtigung thaten, ist dabei ein rascher und glänzender Erfolg an sich nicht ausgeschlossen, und das damalige gebildete Deutschland, das unter dem Banner der neuen Literatur sich zu gestalten begann, glaubte ja auch in einer uns Spätern unbegreiflichen Selbstüberschätzung an den Werth des Geleisteten. In der That aber war durch die Zeit, die durch sich selbst jede Möglichkeit eines schöpferischen Genius verneinte, die Stellung dieser deutschen Literatur unwiderruflich bestimmt. Sie mußte bei fremden Lehrmeisterinnen in eine lange dauernde Schule gehen, ehe sie auch im besten Falle wirklich es ihnen hätte gleich thun können. Und selbst wenn sie es dann gekonnt hätte, wäre es doch nur eine formale Umgestaltung eines fremden Inhaltes gewesen, niemals eine originale That des deutschen Geistes selbst, deren Originalität nichts genommen wird, wenn ihr auch eine Schulzeit in der Fremde vorhergegangen ist. Das 17. Jahrhundert konnte nicht original sein, weil dazu vor allem ein idealer Kern des nationalen Lebens gehört: das 16. und 18., jedes in seiner Art, konnten es, weil sie einen solchen hatten.

Die Literatur mußte mit der Vergangenheit in allen Stücken brechen, aber sie durfte die Sprache als eine fertige, für ihre neuen Bedürfnisse ausreichende aus dieser Vergangenheit mit herüber nehmen. Nie ist der Schatten eines Zweifels durch Opitzens Geist gegangen, daß Luthers Sprache, wie sie jedem hieß, der sie nach ihrer Seele nennen wollte, das vollkommene Ideal der gebildeten deutschen Sprache sei. Es kam nur darauf an, sie von den Flecken zu reinigen, die, wie man glaubte, meist durch Beschmitzung fremder Stoffe an ihr entstanden waren, und sie so zu handhaben, wie es einem gelehrten Mann, einem, der von der Würde eines Schriftstellers so hoch wie möglich dachte, wohl anstand.

Die Sprache der neuen Literatur stellte sich also scheinbar in reflectirter Absichtlichkeit, in der That aber durch die Macht der gegebenen Verhältnisse von selbst auf den Boden des neuhochdeutschen Sprachdurchschnitts, wie sie ihn in den ersten beiden Decennien des 17. Jahrh. vorfand. Wie weit es noch Luthers Sprache war, und daß es nicht im mechanischen Sinn seine Sprache sein konnte, hat sich in dem Bisherigen gezeigt, aber es war eine nützliche Fiction, daß man sich ein solches Vorbild noch mit unbedingter Gläubigkeit anzueignen vermochte.

Die Originalität der Sprache Luthers von denen fordern zu wollen, die sie zu sprechen glaubten, wäre lächerlich. Sie besteht eben darin, daß bloß er so zu sprechen verstand, und es mag als ein Zeichen eines gewissen verständigen Sinnes angesehen werden, der in einer an so manchen Verirrungen der Phantasie und Selbstüberschätzung krankenden Zeit immerhin einige Anerkennung verdient, daß eigentlich keiner Luther direct zu copiren versuchte, während doch alle in ihm ihren Sprachmeister sahen. Inzwischen war die neuhochdeutsche

Schriftsprache zwar noch nicht ganz nahe an das Ziel der äußeren Regelung ihrer Gestalt, das schon Luther vorschwebte, aber doch einige Schritte weiter gelangt. Deutschland hat das wenig beneidenswerthe Vorrecht, jene kleinen Geister, die sich durch Eigensinn in Lappalien so unendlich groß dünken, in besonderer Fülle der Zahl und in besonders grotesker Rüpelhaftigkeit des Gebahrens hervorzubringen. Ueberall ist die Orthographie, die dem Auge wahrnehmbare Gestalt des Wortes, ihr besonderes Steckenpferd, und so wimmelte es auch um 1620 in Deutschland von Leuten, die nicht aus Zufall oder aus Schlendrian, sondern aus Princip anders schrieben und druckten, wie die Mehrzahl. Einer und der andere davon ist uns schon in den Wurf gekommen, anderen werden wir später nicht ganz stillschweigend vorbeigehen können, obgleich es sich eigentlich nicht verlohnt, solche bloß als Symptome einer bestimmten Krankheit der Volksseele bemerkenswerthen Einfälle und Launen halbverrückter Gesellen nach dem Maßstab historischer Erscheinungen zu beachten. Trotzdem aber und noch mehr trotz der Macht des Schlendrians und des nicht sowohl eigensinnig als behaglich auf seine verjährten Rechte sich stützenden Herkommens waren große Fortschritte gemacht. Opitz, den man in allen Stücken als den sprachlichen Prototyp der Neuzeit ebenso gelten lassen muß, wie er unbestritten ihr literarischer Führer oder Bildner ist und das eine wie das andere aus demselben Rechtstitel, hat sogar schon eine in der Hauptsache leidlich geordnete Orthographie vorgefunden, in die er sich bloß mit einigem eklektischen Tact hineinzuleben brauchte. Luther mußte sich eine solche erst schaffen. Freilich ist das alles nur relativ und im Vergleich mit der so viel strammeren Uniformität von heute, die übrigens, wie jedermann weiß, von einer nicht bloß möglichen, sondern auch dringend nöthigen wirklichen Uniformität noch sehr weit entfernt ist, sieht der Boden, auf den Opitz treten mußte, sehr schwankend aus, und er selbst hat nichts dazu gethan, ihn fester zu machen. Er selbst ist eigentlich im Einzelnen sehr inconsequent, wahrscheinlich in dem, was er für gleichgültig hält, und von jenem instinctiven Fortschritt der Lautbezeichnung, den man bei dem späteren Luther im Vergleich zu dem früheren wahrnimmt, hat er eher das Gegentheil, indem er je später desto überladenere Schreibungen begünstigt, was sich bei ihm sehr wohl begreifen läßt, weil es der Zeit sympathisch war. Aber man vergleiche damit gerade hundert Jahre früher — denn so lange war es her, daß Luther seine ersten Sermonen gedruckt in die deutsche Welt sandte — und der gewaltige Unterschied, der entschiedene Fortschritt zur Uniformität springt doch trotzdem sofort in die Augen. Daß damit auch ein Fortschritt in der systematischen Gestaltung dieser Lautbezeichnung verbunden war, versteht sich von selbst, denn nur aus allgemeinen Abstractionen, meist solchen, die sich auf richtige oder falsche Analogien stützten, war ja überhaupt dem einzelnen Schreiber oder Drucker das Bedürfniß nach einer Regelung gekommen.

Irgend einen äußeren Zwang, wenn auch nur den des Herkommens, gab es nicht, denn auch in jener früheren Zeit der ärgsten Verwilderung der äußeren Sprachform, wo allein Laune und Zufall so häufig über die Orthographie zu entscheiden scheinen, ist doch meist eine, wenn auch noch so verkehrte Reflexion betheiligt, die nur, weil sie selbst auf schwankem Grunde steht, auch in ihren Ergebnissen dem bloßen Zufall so ähnlich sieht. Jetzt war man im Princip eigentlich auch nicht weiter gekommen, aber der in allen Dingen schablonenhafte und nach reglementirter Gleichförmigkeit strebende Geist der Zeit brachte es doch von selbst mit sich, daß jeder Schreiber und Drucker in demselben Maße sich der allgemeinen Ordnung zu conformiren suchte, wie er früher im Bewußtsein seines Rechtes von ihr abgewichen war. Ein origineller Sonderling wie Schuppius mochte auch in der Orthographie seine Freiheit wahren, ein Cavalier wie Logau sie vornehm ignoriren; das waren jetzt schon Ausnahmen. —

Man hat in neuester Zeit einiges Gewicht darauf gelegt, daß sich in den Reimen des Vaters der deutschen Poesie doch verhältnißmäßig nicht wenige Besonderheiten oder Abweichungen von der Regel des damaligen durchschnittlichen Hochdeutschen finden, die mit den bekannten Eigenthümlichkeiten seiner heimischen schlesischen Mundart stimmen. So wenn er erhöht auf geht, führen auf zieren, Gießen auf Flüssen, muß auf Fuß, streut auf bereit und dergl. reimt, was seinem Ohre, wenn es bloß als ein schlesisches hörte, gleich klingen durfte. Indessen alle, die bis dahin deutsche Reime verfertigten, selbst ein Robolf Weckherlin und ein Ernst Schwabe v. b. Heyde, die man mit Vorliebe als Opitzens Vorgänger oder unabhängige Concurrenten ansieht, sind darin ebenso ungenau, nur wieder in anderer Art, als er, ja Weckherlin noch um vieles ungenauer. Ihn kümmert es nicht, wahre Rohheiten seiner Stuttgarter Mundart, Reime wie feindlich: unfreundlich, bezeugen: stillschweigen, verdrießen: begrüßen, verbindet: gegründet, als die eigentliche Regel oder als sein Recht trotzköpfig durchzuführen. Opitz thut es immer nur als Nothbehelf: zu entschuldigen in unserer damals, und schon seit der mittelhochdeutschen Vernichtung fast aller rein und voll vocalischen Wortausgänge so überaus reimarmen Sprache, der reimärmsten unter allen Weltcultursprachen, namentlich bei dem Ersten, der überhaupt, wie das 7. Capitel seines Buchs von der deutschen Poeterei zeigt, diesen Dingen ein methodisches

Studium zugewandt hatte. Auch verhält es sich mit diesem landsmannschaftlichen Element in seinen Reimen etwas anders, als gewöhnlich gesagt wird. Lassen wir uns doch noch heute wie damals solche falsche Reime gefallen, oder können nicht ohne sie auskommen. Man sieht deutlich ebenso sehr aus seiner Reimpraxis, wie aus den theoretischen Sätzen des erwähnten Capitels, daß er den deutschen Reim auf den wirklichen Gleichlaut für das Ohr, nicht auf die Buchstabengleichheit für das Auge gründen wollte. So ungeheuerlich uns das letzte vorkommen mag, er hätte es, so gewiß er Opitz war, gethan, hätte er nur eine festgeordnete „vollkommen richtige" Rechtschreibung der Sprache vorgefunden. Es gab aber auch, wie wir wissen, nur noch den schattenhaften Anfang einer lebendigen Gemeinaussprache des gebildeten Deutsch oder der gebildeten Deutschen. Wenn irgend einer, so war der so viel umhergeworfene, so durch und durch anschmiegsame Opitz befähigt, sie zur Correctur seiner heimischen angestammten Mundart, in der sich ihm die hochdeutsche Schriftsprache unwillkürlich in Klänge übersetzte, zu verwenden. Man sieht nun, wenn man jene angeblich bloß mundartlichen Idiotismen prüft, daß er eine Art von Compromiß zu treffen gesucht hat: das Idealbild der Laute der gebildeten Gemeinsprache, wie er sie sich construirt, ist das eigentlich Legitime, aber in einzelnen Fällen, wo es versagt, oder wo die Noth es erheischt, greift er zur Aushilfe in die Klänge seiner Mundart. Er thut also genau das Umgekehrte von Weckherlin, dessen Reime nur dann zufällig richtig sind, wenn sie der Eigensinn seiner Mundart passiren ließ, auch das Umgekehrte von seinem Landsmann und Schüler, Friedrich von Logau, der in allen Fällen, wo er seinem Ohre in Hinsicht auf die correcte Lautgebung — nicht Schreibung — der gebildeten Gemeinsprache nicht traut, mit Bewußtsein seine lebendigen schlesischen Klänge dafür einsetzt, und also dieselben Reimungenauigkeiten wie Opitz, nur aus einem andern Princip heraus, zeigt und natürlich auch in größerer Zahl, weil sie ihm gewissermaßen berechtigt erscheinen. Von den andern, die alle in Opitz auch darin ihren Leitstern sehen, hat doch keiner ihn an Reinheit des Reims übertroffen, gleichviel wie er ihm sonst an poetischem Kerne überlegen war, weder die Obersachsen Flemming oder Paul Gerhard, noch die Schlesier Angelus Silesius oder Andreas Gryphius oder die Hofmannswaldau und Lohenstein, noch viel weniger irgend einer von allen denen, die an der Pegnitz Ufer ihr idyllisches Wollvieh geweidet haben. Sie sind begreiflich auch darin die uncorrectesten von allen und die eigentlich fremdsprachigen, die Niederdeutschen, die correctesten.

Ueber die Reime hinaus würde es schwer sein, bei Opitz wirkliche landschaftliche Idiotismen zu finden, die in der eigentlich literarischen Zone des damaligen Deutschlands, in Mitteldeutschland, unverständlich oder anstößig gewesen wären. Sein Wörterbuch ist, wie es sich von selbst versteht, trotz seiner so umfangreichen Schriftstellerei, doch ein sehr beschränktes. Wer seinen eigentlichen Character darin hat, immer auf der Mitte der Heerstraße zu bleiben, kommt nicht in Gefahr, sich in bedenkliche Irrpfade zu verrennen, aber es ist auch immer eintönig und langweilig um ihn. Ein Birgmann für Bergmann, Herbrige für Herberge, gerichts für gerades Wegs, ersprößlich für ersprießlich, oder wie es noch lange schwankte, erspießlich, ein rauen für reuen, Rohm für Rahm, Plitz für Blitz und dergl. sind nicht der Rede werth und auch in dem consequenten Läuterungsproceß von allen mundartlichen Schlacken hat er sein Ziel erreicht, wie kein Anderer, der aus

einer hochdeutschen Mundart heraus, also nicht aus einer
niederdeutschen, damals das rechte Hochdeutsch zu schreiben
unternahm.

Wenn man statistisch Zahl gegen Zahl die Fälle zusammenstellt, in denen das Hochdeutsche auch nach Luther und bis in den Anfang des 17. Jahrhunderts noch keine feste Regel der Wortform gefunden hatte, so kommt eine erkleckliche Summe heraus. Wägt man sie aber, wie man muß, so sind darunter doch nur wenige von wirklichem Belang für das innerste Gefüge und die Physiognomie der Sprache. Gerade in diesem Falle hat nun Opitz meist seinen gewöhnlichen Tact bewiesen: er hat sich fast immer auf die Seite gestellt, der die Zukunft gehörte, gleichviel wie es um ihr inneres oder äußeres Recht, ihren Wohlklang oder ihre Geschichte stand. Damit hat er ihren schon innerlich vorbereiteten Sieg auch äußerlich entschieden und mehr durfte man von ihm nicht verlangen. So ist er es, der definitiv jene mit i oder ie ablautenden starken Präterita der Verba, die ei- im Präsens haben, treibe, bleibe, reite, schneide, nach dem jetzigen Modell handhabt, oder vielmehr dies definitiv durchgeführt hat, was, wie wir sahen (f. o. B. I, 305), schon seit 150 Jahren der Sprache vorschwebte. Hatte doch selbst Luther geschwankt und war beinahe wieder zu der alterthümlichen Form zurückgekehrt, aber eben auch nur beinahe. Seine Autorität hat ihr offenbar noch ein Scheinleben gefristet und so versteht es sich, daß sie in abgelegenen Ecken der Literatur oder bei literarischen Sonderlingen, auch noch bei einzelnen Theoretikern, obgleich diese schon seit Albertus Ostrofrancus und Oelinger sich überwiegend für die neuere Form erklärten, noch lange über Opitz hinaus aufzuspüren ist: für die hochdeutsche Schriftsprache war sie von jetzt an todt. Ebenso hat er in den Pluralen und in den Participien der starken Verba, die i- im Präsens, neben dem e der anderen gleichgearteten haben, zerrinne, schwimme, singe, finde, neben werbe, werde, helfe, schelte, jenen Wechsel von o und u, der historisch angesehen durchaus unberechtigt ist, der sich aber auf Luthers freilich auch hier wieder schwankenden Vorgang, wie dieser selbst auf die Neigung des mitteldeutschen Organs berufen konnte, so geregelt, wie er bis in die neueste Phase unserer Schriftsprache gültig geblieben ist: schwommen, gewonnen, nicht schwummen, gewunnen, aber sungen und funden, für Prät. und Part. Dagegen wurden und worden, hulfen und geholfen im Prät. und Part. durch den Vocal unterschieden, wie es seit der althochd. Zeit üblich war. Opitz hat auch die 1. Pers. Sing des Indicat. Präs. aller der starken Verba, die hier einst ein i hatten: gibe ahd. gibu, wirde, ahd. wirdu, consequent in e gebildet, wie erwähnt, mit Ausnahme derjenigen, die u oder m im conson. Schluß ihres Stammes haben: finde, schwimme. Luther hatte dasselbe angestrebt, es aber doch nicht reinlich durchgeführt, weil ihn die alten in oberdeutscher Gemeinsprache lebendigen i-Formen beirrten.

Opitz hat ferner, und das ist ein zweifelhafteres Verdienst, die Schablone der mit ge- zusammengesetzten Participien vollständig ausgefüllt bis auf das eine worden, das ihm noch entschlüpft ist, und dessen Maßregelung erst späteren Pedanten vorbehalten war. Die Trümmer des alten lebensvollen Sprachgefühls, die sich in funden, kommen, gangen, bracht, blieben etc. noch bei Luther, und bald mehr, bald minder kräftig bei den andern unabhängig neben ihm stehenden Meistern der Gemeinsprache gerettet hatten, sind jetzt dem Erdboden gleich gemacht und die Schablone fertig mit jener einzigen Ausnahme von worden. Er hat aber auch das schwerfällige welcher, mit dem sich Luther schon herumschlug

und es durch fein mittelb. wilch, wilchs wenigstens etwas
belebte, in voller Breitspurigkeit, natürlich auch mit dem
würdigen Ergänzungsstücke derjenige, was einstmals, wo
es auch schon sich herandrängte, in der daneben noch festge=
haltenen ältern Form der jener eine etwas bescheidenere Rolle
spielte. Alle die andern einst so lebendigen und gelenken
Wörter, um die freilich an sich immer ungelenke Einfügung der
Relativbestandtheile der Perioden mit den andern zu vermitteln,
jenes Luther und andern sprachkundigen Geistern einst so liebe
wo, oder das noch ältere und geschmeidigere so, sind über Bord
geworfen, oder nur selten einmal als Flickwerk und Noth=
behelf benützt. Selbst die uralte und immer lebendige doppelte
Verwendung des demonstrativen — der — mittelst veränderter
Wortfolge zur Anknüpfung eines näher bestimmenden Zusatzes
— der Mann, den ich meine — muß vor dem statiösen „der=
jenige Mann, welchen ich meine" sich verkriechen und mehrere
solcher welcher in allen denkbaren Casusformen wechselnd,
aber auch ein welcher unbedenklich mehrmals hintereinander,
kommen jetzt ganz behaglich neben oder incinander vor.

Er anerkennt nur allein die schwerste Form für das leicht=
füßige Deminutiv: -elein oder lein, Männlein, Röselein, Rös=
lein, nur ausnahmsweise, halb komisch entschlüpft ihm noch
ein mannlin für mennlein, und jener Kampf zwischen lein
und lin, der durch das ganze 16. Jahrhundert dauert, den
Luther selbst, wie wir sahen, für sich so originell entschieden
hatte, ist von nun an beendet. Aber die an sich immer un=
schönen -ichen, chen, oder in weicherer Aussprache -igen, gen,
die Luther doch so geistvoll zu verwerthen verstand, duldet
Opitz nicht oder nur einzeln zu komisch=vertraulicher Wirkung,
ganz wie Luther, nur nicht mit dessen herziger Genialität,
sondern als Opitz mit frostiger, aber geschickter Berechnung

und das ist ein Vorzug seiner Sprache, leider ein solcher, der gegen die eben so sehr von „Obersachsen" wie von den westlichen deutschen Mundarten an und über dem Mittelrhein herandrängenden halbniederdeutschen Zwittergebilde des -chen selbst von den gläubigsten Verehrern des Boberschwans doch nicht ganz festgehalten wurde. Ihm selbst mochte dabei weniger sein Geschmack, als sein heimathliches Ohr zu Hilfe kommen, dem diese -chen zu jeder Zeit fremd geblieben sind. Aber sogar die spätern Schlesier, selbst der für das Sinnliche der Sprache seinfühligste von allen, Hofmannswaldau, können sich ihrer schon nicht mehr erwehren und gegenüber der als -clein so schwerfällig gemachten, ächt hochdeutschen Form hat freilich auch diese in ihrer zugleich stumpfen und scharfen Klanglosigkeit ihre natürliche Berechtigung. Noch weniger hat er den Versuch einer Wiederherstellung der klingenden Adjectiv-Ableitungsendung -in, einst in, woraus ein hätte werden müssen, durchgesetzt, freilich nicht einmal consequent aufgenommen. Sein damals schon archaistisches krystallin, erzin und dergl. hat Bewunderung, aber keine dauernde Nachfolge gefunden und das klanglose -en ist selbst im hochgespanntesten Pathos der Verse in sein natürliches Recht getreten.

Aber auch in andern Dingen erwies er sich gewöhnlich als scharfsichtigen Kenner des scheinbar so unentschiedenen Geschmacks der gebildeten oder gelehrten Deutschen dieser Zeit. Die zweisilbigen Formen des starken Präteritums, sahe, nahme ꝛc., deren Geschichte früher berührt worden ist (s. B. I, 315), hatte Luther sehr mäßig, aus entschieden rhetorischer Absicht, und darum stets mit großer Wirkung gebraucht. Andere haben es damit ungefähr ähnlich gehalten, keiner mit so warmem Sprachgefühl. Die Canzlei- und Kanzelsprache am wenigsten; von der ersteren versteht es sich von selbst, daß sie diese bauschigen Formen den einfacheren und in jeder Art richtigeren vorziehen mußte. Die Kanzelsprache konnte zwar auch noch in dieser Spätzeit ihren Schöpfer und Meister nicht ganz verläugnen, aber sie pfropfte sich doch allerlei, was sie für Schmuck hielt, aus der Canzleisprache auf, wie sie denn auch auf der andern Seite nicht verschmähte, gelegentlich im Stile des Eulenspiegels, des Peter Leu und des Lalenbuches ihren Zuhörern neben dem utile eine Portion dulce zukommen zu lassen. Opitz schlägt einen mittleren Weg ein: sein hielte, riethe, schwiege, schiene, sahe ꝛc. sind immer dem Fall des Satzes, wie er gerade seinem Ohre am imposantesten klang, angepaßt und ungefähr in demselben Maße und nach den Grundsätzen, denen er dabei folgte, hielten sich auch alle die, die ihn als ihren Meister anerkannten.

Ebenso folgenreich war es für eine geraume Zeit, daß er die Imperative aller Verba mit Vorliebe ohne Endung bildete, nicht bloß die durch Vocalabweichung vom Präsens getrennten gewisser starker Verba wie gib, nimm, zeuch, fleuch, sondern auch halt, fall, reit, schneid, ja sogar hör, führ, lieb, wo das e der Endung seine historische Berechtigung hatte, und nur da und dort abzufallen pflegte, wo die Sprache überhaupt allen auslautenden e den Krieg erklärt hatte. Offenbar klangen ihm die einsilbigen Formen energischer, imperativischer als die zweisilbigen und daher sind die letzteren der Zahl nach bei ihm viel seltener und jedes mal deutlich durch den Vers oder die Rhythmik des Satzes besonders gerechtfertigt. Auch darin ist er für lange maßgebend geblieben, obgleich der Zug der Sprache entschieden nach den zweisilbigen Formen hinging. Selbst die grammatische Theorie hat erst am Ende des 17. Jahrh. in Böbiker das gleiche Recht beider Formen, keineswegs die größere Sprachrichtigkeit der zweisilbigen anerkannt.

Dagegen klingt ihm die 2. und 3. Person Präs. Indic. Sing. nur dann gut, wenn sie ein e vor ihrem consonantischen Schluß hat: liebest, giebest ꝛc., sogar weißest, statt weißt, wofür doch weder geschichtlich noch in der lebendigen Sprachbildung irgend eine Stütze zu finden war. Nur wirst und hast sind wie bist einsilbig geblieben. In der 3. Person erscheinen ihm liebet, giebet, gleichet, trennet, spinnet, heißet u. s. w. auch für den Prosastil, nicht bloß für den Vers, wo metrische Gründe die Wahl bestimmen könnten, gebildeter, als liebt, giebt ꝛc. Doch unter Umständen versteht er sich auch zu ihnen, immer aus ganz sichtbaren Motiven der Satzrhythmik. Aehnlich hält er es mit dem e zwischen der Stamm= und Flexionssilbe der schwachen Präterita: betrübete, besorgete, stimmete, sind ihm wohlklingender und gleichsam natürlicher als betrübte, besorgte, stimmte. Besonders wenn der Stamm mit einem t=Laut schließt, unterläßt er es nicht, allem natürlichen Sprachgefühl ins Gesicht zu schlagen und die ganze Form durch ein =ete so schwerfällig und dem Mund und Ohr so widerwärtig als möglich zu machen: erdicht=ete, erleucht=ete, blendete, nur daß sich einmal in einem so überaus häufigen Worte wie reden ein redte statt redete hervorwagt. Ob er es der Canzleisprache abgesehen, die in solchen albernen Unformen schon um 1550 Großes leistete, ist nicht zu erkennen. Möglich, daß sein eigener prosaisch dürrer Genius von selbst darauf gekommen ist, weil er in Formen wie erleuchte die sichere oder regelrechte Bezeichnung ihres Präteritums vermißte, und damit hat er bei allen seinen Nachfolgern, wie sich von selbst versteht, Beifall gefunden.

Die Participien der schwachen Verba sind nach demselben Schema von ihm behandelt, wie die Flexionen. Es entscheidet das jeweilige Bedürfniß des sprachlichen Numerus, ob gedienet oder gedient, vertrauet oder vertraut gesagt wird, aber die längere Form ist die eigentlich berechtigte. — Daß seine Verse so viele mit -keit zusammengesetzte Wortbildungen sich gefallen lassen müssen, will uns Späteren nicht recht munden, obgleich auch wir sie nicht mehr los werden-können. Worte wie Einigkeit, Freundlichkeit, Herrlichkeit und andere dreisilbige, die bei jedem Schritte begegnen, schleppen sich so mit durch, aber die Widerwärtigkeit, Unvergänglichkeit, Unveränderlichkeit und dergl. sind doch eine harte Nuß für die Zunge und die Scansion. Uebrigens hätte sich Opitz dabei auf einen Vorgänger oder Concurrenten mit Fug berufen können, der darin noch ganz Anderes geleistet hat, auf Rodolf Weckherlin, dessen Sprache hier wie überall das rechte Widerspiel des gesunden deutschen Sprachinstincts darstellt. Doch Weckherlins unzählige -heit und -keit hatten wenig Nachfolge gefunden; Opitz wirkte, wie sich von selbst versteht, ganz anders, indem er eine in der Zeit liegende Verkehrtheit systematisch berührte. Dagegen ist ihm nachzurühmen, daß er die vor und seit Luther bedenklich angeschwollene Fluth der nuss, nusse, nisse, etwas zurückstaute, trotz der Liebhaberei der Canzleien, die nach wie vor darin schwelgten. Auch hat er der relativ erträglichsten Form -nis zum entschiedenen Siege verholfen und so die anderen in den Bereich der bald lächerlich werdenden Archaismen versetzt.

Daß er seine Perioden nach dem Schema construiren muß, das allein einem gelehrt Gebildeten von damals als das gebildete, logisch richtige und zugleich wohlklingende gilt, versteht sich auch von selbst. Wir sahen, wie Luther und alle anderen sprachgewaltigen Meister schwanken und die Ursachen davon sind oben aufgezeigt (s. o. 119). Jetzt aber ist es die doppelte Macht der Canzleisprache und des lateinisch gewöhnten Ohrs, die die letzten Reste des ächtdeutschen Satzbaues vertilgt.

Die Canzleisprache mit ihren mehr eingewickelten und verstrickten als kunstvoll, wenn auch noch so undeutsch, ineinander ge=
flochtenen Satzpolypen, die nicht einmal in Declamation, wenn man auch ganz auf den Sinn verzichten wollte, dem Ohr dieser Barockzeit und wälschen figurirten Musik angenehm hätten klingen können, würde es allein nicht gethan haben, aber jenes Zauberding, was noch in unserer heutigen gelehrten Schulbildung und bei ihren Adepten so gläubig verehrt wird, der ächt lateinische Numerus im Satze und in den Sätzen, der that es in Verbindung mit seinen im Grunde doch sehr nahe verwandten Doppelgängern in den Schreibstuben. Jeder, für den Opitz seine Sätze baute, bekannte mit all der damals in Glaubenssachen noch allgemein gültigen Rigorosität seinen unbedingten Glauben daran, er selbst hatte es nicht anders gelernt und sein Aristarchus ist ein wahres Meisterstück im eleganten Latinismus von damals, hohlem Phrasengeklingel im Einzelnen, sonorem Bombast im Ganzen. Ganz so weit konnte es das Deutsche nicht bringen, aber da es doch auf gutem Wege dazu war, that Opitz sein Bestes, es soweit als möglich zu führen in aller Bescheidenheit und demüthigem Augenaufschlag zu jenen unerreichbaren Mustern. Auch seine Perioden haben alle einen und zwar ein und denselben, nur durch eine größere oder geringere Anzahl Tacte, durch=
gepeitschten „Numerus", der deutlich derselbe, wie der der nachclassischen und neoclassischen Latinität ist, so weit er in un=
seren so viel simpleren Sprachformen ausklingen konnte. Dieses neue Satzgefüge verdeutlicht man sich am besten an dem Bilde einer Kurbel, um die sich mehrere angebundene Stricke drehen und sie, wenn sie ganz aufgedreht sind, dick angeschwollen erscheinen lassen. Dazu muß nun alles helfen, was helfen kann, doch erfordert es die Gerechtigkeit zu sagen, daß jene

undeutschen Participialconstructionen des sog. absoluten und der als Apposition verwandten Participien (s. o. S. 123 f.) bei ihm in der Praxis so gut als beseitigt sind. Ein paar Formeln, wie unangesehen daß, unbeschadet daß und dergl. bleiben davon noch übrig und treten factisch in die Reihe der conjunctionellen Partikeln, nur daß sie schwerfälliger als die meisten anderen sich handhaben lassen, was ihnen natürlich damals eher eine Empfehlung als ein Hinderniß war. Opitz ist darin allen anderen seiner gelehrt gebildeten Genossen und nächsten Nachfolger in Apollo voraus, und wie oft in richtiger Fühlung mit dem Willen oder der Neigung des Sprachgeistes der Zukunft. Sonst aber finden sich bei ihm jene doppelt und dreifach eingeschachtelten Relativsätze, ohnedem, wie wir sahen, wo möglich nur mit dem bauschigen „welcher", in sie hinein Bedingungs= und Begründungsätze: „welche, wenn sie, weil sie — wobei die zugehörigen Verba, ganz wie in der Canzleisprache, so weit als möglich in der äußersten Locke der ganzen Satz= perrücke Platz finden müssen. Doch lassen sich alle diese Sätze immerhin noch declamiren, nur nicht lesen oder in gewöhn= licher Stimmlage sprechen und darin sind sie den Musterstücken der Canzleien entschieden überlegen, für die, wie schon gesagt, der Finger das einzige Verständigungsmittel bleibt. Natürlich giebt es bei ihm nur ein entweder — oder, niemals ein ein= faches oder, wo es einen wirklichen Gegensatz, nicht eine Er= läuterung oder Verdeutlichung des ausgesprochenen Begriffes ist, also „entweder gut oder böse", wohl aber: „hurtig oder schnell", ebenso auch immer ein weder — noch, nicht mehr jenes weit über Luther frisch erhaltene einfache noch, das namentlich in Luthers Sprache selbst, aber auch bei Andern, in solcher Lebendigkeit wuchert.

Es ist schon bemerkt, daß ein gewisser durch und durch

reflectirter Purismus dem Zuge der aufstrebenden deutschen
Bildung nothwendig einwohnte. Er hat überall, wo er sich in
verständigen Schranken hielt, und das that er meist, bis sie Zesens
Wunderlichkeit durchbrach, recht anerkennenswerthe Ergebnisse
gehabt. Die gebildeten oder gelehrten Schriftsteller der Zeit
um Opitz schreiben, namentlich wenn das mitteldeutsche Cultur-
centrum ihre natürliche Heimath ist, ein von Fremdwörtern
sehr reines Deutsch, versteht sich, nicht ein ganz gereinigtes.
Auch Opitz ist darin den Besten gleich und z. B., wenn man
seine und Luthers Sprache darauf hin abschätzen wollte, unendlich reiner als dieser, und zwar auch er meist — nicht
überall — ohne daß man ihm einen Zwang oder einen besonderen Dünkel der damit vollbrachten Großthat anmerkte.
Es sind nur ein paar Fremdwörter neben den allgemein schon
üblichen und unmöglich antastbaren, die er selbst hereingeschleppt und für die er eine besondere gemüthliche Zuneigung
hat Sie ist ihnen für die Zukunft bestens zu Statten gekommen. Vorab Prinz und Prinzessin auch im tropischen Sinn,
„Prinz aller hohen Thürme", so singt er den Straßburger
Münsterthurm an, „Prinzessin aller Städte" die allmächtige
Gebieterin an der Seine, auch Poet und was damit zusammenhängt, gehört dazu, weil es so viel vornehmer klingt, und insofern that er es zum Heile der deutschen Poeterei, ja der
ganzen Nation. Aber es giebt keinen „aller Poeten Prinz",
sondern aller Poeten Fürst, weil ein Fremdwort genug war,
die Phrase zu nobilitiren, zwei sie bedenklich verwälscht hätten.
Auch Policei gehört dazu, weil das bald so allgewaltige
„Staat", das es ablösen sollte, noch nicht gewagt werden durfte.
Wenn im Reim ein Fontein noch dazu mit ächt deutscher Aussprache auf Wein und dergl. sich findet, so ist es der Reim
und nicht die Sprache des Schriftstellers, wohin so etwas gehört.

Aber er und alle, die an ihn glaubten, oder die seine Geistesconstruction besitzen, haben sich für diese Enthaltsamkeit, zu der damals eine große, beinahe bewundernswerthe Selbstüberwindung gehörte, reichlichst zu entschädigen gewußt. Mit und durch ihn, natürlich nicht allein durch ihn, ist das ganze ungezählte Heer der römischen und griechischen Mythologie, der römischen und griechischen Antiquitäten, nicht bloß in den Stil der Poesie, sondern auch in die gebildete Prosa eingezogen. Aus Opitz allein ließe sich leicht ein, so viel wir zu beurtheilen vermögen, vollständiges Lexicon ausziehen dieses von nun an unentbehrlichen Apparates jedes deutschen Satzes, der von Gebildeten für Gebildete geschrieben, also von allen Andern nicht verstanden wurde oder werden sollte. Er that den glücklichen Griff zugleich in die lateinische und die griechische Vorrathskammer, er konnte Luna und Selene neben einander scheinen, Diana und Artemis neben einander jagen, Liber und Lyäus neben einander zechen, Favonius und Zephyrus neben einander wehen lassen, und war sicher, von seinen Lesern verstanden zu werden, die doch meist einen noch solideren classischen Schulsack als er ins Leben hinausgetragen hatten. Natürlich blühten jetzt auch nur noch Violen und Narcissen, glänzten nur noch Corallen und Saphire. Ein Freund, eine Herzenskönigin konnte nunmehr nur noch Corydon, Daphnis, Tityrus, Flavia, Asteria und Galathea heißen, und selbst der alte Nilstrom, der dem Verfasser und dem Publicum des Heliand vor 800 Jahren so wohl bekannt war, daß sie ihn nur mit diesem seinem angedeutschten Namen benennen konnten, zog bei ihm als Nilus ein vornehmeres Gewand an. Wie ihm erging es, nebenbei bemerkt, den anderen ungezählten deutschen Namen fremder Länder, Orte und Flüsse, die der deutschen Phantasie von Alters her vertraut waren: der Pfad verschwand und der Padus oder Po kam an seine Stelle und es gelang nur sehr wenigen, ihre Deutschheit vor dieser seltsamen restitutio in integrum zu retten. Denn daß die Canzleisprache noch auf ihrem Hohen Sinne, Kammerich und Wälsch-Leyden beharrte, konnte ihnen nicht helfen gegen die Poeten und gebildeten Weltleute, die da überall gewesen und die rechte Aussprache gehört hatten.

Opitz brauchte auch aus dieser Region nur das zu Munde zu führen, was ihm andere ganz mundgerecht zugerichtet hatten. Keine europäische Literatur dieser Aera von dem Cap St. Vincent bis an den Forth of Firth und in die Sümpfe Hollands hinein oder an das Cap Spartivento konnte damals ohne diesen Hauptschmuck leben, der ihnen allen als hinreichender Ersatz für das galt, was ihnen allen an innerem Gehalt abging. Ja, als sie einst vor dem Eintritt des Geistes oder vielmehr der Geistlosigkeit des 17. Jahrhunderts, in ihrer Art das Außerordentlichste leisteten, wozu die moderne Kunst überhaupt bestimmt war, hatten sie doch diese blechernen Schellen und falschen Locken schon an sich hangen. Die ganze Neoclassicität, die ganze Renaissance athmete darin als in ihrer eigentlichen Lebensluft. Nur wer deutsch vor Opitz schrieb, bekundete mit wenigen Ausnahmen auch darin sein und seiner Sprache Barbarenthum, daß er nichts davon wußte. Aber dieselbe Feder, sobald sie sich lateinisch erging, strömte davon über, so die geistlose jenes schon genannten Paulus Melissus und die geistvollere eines Paul Rebhun oder Nicodemus Frischlin.

Auffallend ist dabei nur, daß Opitz sich in der Einfügung dieser Edelsteine in die deutsche Satzmosaik offenbar kein rechtes System gebildet hat: die Canzleisprache und andere, selbst Luther, decliniren alles frisch weg, wie man es in der lateinischen

Schule lernte, also Apollo mußte Apollinis, Diana Dianä geben. Aber das will ihm doch nicht so recht ins Ohr, bald steht er auf dem Parnasso, bald auf dem Parnassus oder gar Parnaß, bald hat er einen Marcum Ulpium oder die Lupos und Statios, bald Scaurier, Syrer und Frontonen vor sich, und so ist es bei allen seinen Nachfahrern geblieben.

Alles dies gehört nicht bloß der Stilistik oder Rhetorik an, sondern auch in bedingter Weise der eigentlichen Sprachgeschichte. Es ist ihr nicht gleichgültig, ob die deutsche Sprache nun auf einmal von einer Seite her, wo es bis jetzt noch nicht geschehen, mit einer Sündfluth von Fremdwörtern überschwemmt wurde, die ebenso herrisch, wie die eigentlich wälschen Bürgerrecht verlangten und es größtentheils für immer erhielten. Denn Luna und der Monde, das ist Opitzens eigentliche und die damals gebildetste Form, sind ihm gleichverständlich und sind es fortan immer geblieben. —

Trotzdem ist bei Opitz doch noch ein gewisses Maß anzuerkennen, das weniger der Sprache als dem Geschmack zu Gute gekommen wäre, wenn es sich nur hätte halten lassen. Aber auch hierin wie fast überall ist er es, wenn man so sagen darf, der das reinste Deutsch zu schreiben verstand, alle Anderen, soweit sie von der neuen Bildung erfaßt oder seine Schüler sind, thun es ihm nicht gleich. Einen Valentin Andreae mit seinem überbarbarischen Gemengsel lateinischer und volksthümlicher Brocken älteren Stils wollen wir nicht rechnen: er hat das Recht sich mit angestammtem Eigensinn eben draußen zu halten, obwohl auch sein Name in dem Erzschrein der Fruchtbringenden eingetragen steht. Sein Wesen und seine Gesinnung, durch die er so viele seiner rohen und schlechten Zeit- und Zunftgenossen überragt, gehen die Sprachgeschichte nichts an. Sie muß die Schriftstellerei Valentin

Andreae's für eine unschöne Schrulle halten. Wie sich die Nürnberger Schule zu der Frage der Sprachreinheit stellte, ist schon bei verschiedenen Gelegenheiten berührt worden. Ohne irgend wie auf ihre künstlerische Eigenart einzugehen, muß doch gesagt werden, daß diese, die darin besteht, auf einen sehr werthlosen Untergrund ein möglichst buntes und krauses Arabeskengewirre zur Blendung des Auges aufzutragen, es von selbst mit sich brachte, die Sprachreinheit sowohl in dem Sinn der möglichsten Enthaltung von Fremdwörtern, als in dem andern, der Wahl möglichst correcter Sprachformen, sehr lax zu nehmen. Dazu stellten sich dann auch noch unläugbar örtliche Idiotismen, dieselben zum Theil, die einst Hans Sachs ohne Bedenken verwenden durfte, die aber mehr als 100 Jahre später in jedem Sinn fehlerhaft heißen müssen. Denn mit dieser Aera der reflectirten Gelehrten-Bildung und ihrer Correctheit vertrugen sich solche Naturwüchsigkeiten, sie mochten an sich sein, wie sie wollten, schlechterdings nicht mehr.

Kaum günstiger wird in sprachlicher Hinsicht das Urtheil über die Straßburg-oberrheinische literarische Zone lauten. Moscherosch und Grimmelshausen sind Namen, vor denen jeder Kenner der deutschen Literatur Ehrfurcht hat, aber ihrer Sprache gegenüber ist darauf keine Rücksicht zu nehmen. Moscherosch leidet eben so sehr an einer selbst damals nicht allgemeinen gespreizten Unbehülflichkeit des Periodenbaues, wie an einer gewissen reflectirten oder unreflectirten Widerspenstigkeit gegen das, was die Zeit einmal in der Sprachform und im Versbau — dies letztere gilt also nur für einen sehr kleinen Theil des ganzen Mannes, ist aber für den ganzen characteristisch — mit Fug und Recht für correct hielt. Außerdem ist die Sprache dieses Patrioten vom reinsten Wasser, dieses Todfeindes der à la mode Sprachmengerei nicht bloß da, wo sie persiflirt, sondern auch in ihrer natürlichen Lage und in ihrem pathetischsten Schwunge überall von Fremdwörtern, lateinischen und wälschen, angefüllt, ganz anders als bei Opitz und dem mitteld. Schriftstellerkreis. Man sieht auch warum. Frankreich hat schon seine Krallen in Straßburg und am Rhein fest eingeschlagen. Gleiches gilt auch von seinem Gesinnungsgenossen und Geistesverwandten, zugleich halbem Landsmann, Grimmelshausen. Auch da soll der Humor oder die Ironie alles entschuldigen, aber er hat auch viel Ernsthaftes, wenn auch langweiliges und wenig gelesenes, geschrieben, und seine Sprache ist überall dieselbe. Sein Satzbau ist, wo er erzählt, etwas flüssiger und klarer als der des Moscherosch im Wesen aber derselbe, dem wir überall damals begegnen: die rhetorische Methode nach der Schablone des lateinischen Satznumerus, wie ihn die damalige Schulgelehrsamkeit auffaßte. — Wie es mit seinem deutschen Sprachinstinct beschaffen war, das lehrt am besten seine Antwort auf die von ihm aufgeworfene Frage, wo das beste Teutsch zu finden? „bei den Gelehrten, so viel lesen und schreiben, zweitens bei den Kaufleuten, so viel reisen: das allerbeste aber, beides im Reden und im Schreiben, wird hin und wieder in den fürstlichen Canzleien gefunden, allwo man einen weit anderen und ansehenlicheren Stylum findet, als der etlicher Sprachhelden." Ob deswegen, weil er selbst bekanntlich von seinen unzähligen Irrfahrten zuletzt in einer solchen fürstlichen Canzlei ausruhte, oder zum Theil wohl auch, weil er wie alle Süddeutschen ihren alten particularistischen Tick gegen die durch die Vernunft der Geschichte festgestellte Thatsache der in Mitteldeutschland wurzelnden Einheitssprache doch nicht ganz los werden konnte? — Hochgradig winkel=patriotisch ist auch seine Ansicht „wo das beste und zierlichste Teutsch geredet werde: „in der

Stadt Speier und deren nächstem Bezirk bis überhalb Durlach und Baden hinauf", also auch noch um und bei Renchen, wo er seinen Lebensabend beschloß. Da kann es nicht Wunder nehmen, wenn ihm ein nachöhmen für ahmen, Züge für Ziege, Würbel für Wirbel, ja sogar die widerlichen Deminutive in -gen, Plural in -ger, seiner Gelnhäuser-Wetterauer Mundart entschlüpfen, Liebger, Knöbelbärtger und dergl., wie man sie ja noch jetzt an gleichem Ort zu hören bekommt, nur daß sie heute im Druck wenigstens die civilisirten Formen Liebchen, Knebelbärtchen haben müssen.

Dagegen hat der aus Gießen gebürtige, also landschaftlich sehr nahe verwandte Balthasar Schuppe, oder wie auch er heißen mußte und hieß, Schuppius, der seiner Bildung und seinem Lebensgange nach dem protestantischen Kernlande Niederdeutschland, und hier wieder dessen größtem Centrum Hamburg angehört, ein gutes Recht, seine sprachliche Eigenart, die nichts mit den rohen und eigensinnigen Auswüchsen einer Localmundart zu schaffen hat, zu behaupten. In seiner Sprache ist wirklich etwas von Luthers Kraft und Plastik, freilich so viel um 1660 noch sich halten konnte. Sonderbar genug, er als naturfrischer Mann, ein feuriger Verfechter des Rechtes der deutschen Sprache für alle Art von gelehrtem Vortrag in der Schule und in Büchern, hat sich doch in einem Wuste lateinischer Brocken wohlgefallen, die seine Sprache noch massenhafter mit Fremdwörtern, nur nicht gerade wälschen, durchsetzten, als die des Moscherosch und Grimmelshausen. Seine Prosa ist aber trotzdem die kernigste und lesbarste des Jahrhunderts und wird bis zu einer gewissen Grenze nie veralten. Aber eine Schwalbe macht keinen Sommer. Den Zeitgenossen galt er als Sonderling und eine gewisse bedenkliche Verwandtschaft auch in der Sprache mit seinem katholischen Concurrenten

Abraham a Santa Clara ist nicht zu läugnen, nur daß Schuppius in der Hauptstadt der norddeutschen Bildung, Abraham in der durch die katholische Reaction künstlich geschaffenen süddeutschen Barbarei lebte. Von den andern haben es die eigentlichen Schlesier, zumal Lohenstein, allem dem, was auch in Opitz verkehrt heißen muß, mit einem wahren Taumel der Selbstbefriedigung zuvorzuthun gesucht und die Sprache fast keines von ihnen ist von diesem harten Urtheil auszunehmen, wenn sie auch bei der angestammten Mundfertigkeit dieser Leute hie und da über ihre wahre Natur täuscht.

Am reinsten, und insofern am meisten der Zukunft dienend stellt sie sich noch bei Paul Fleming und Andreas Tscherning dar, von denen man den ersten doch nur uneigentlich zu Opitzens Trabanten zählen wird, obgleich er es selbst gethan hat. Sein poetischer Gehalt geht uns hier nichts an, aber er wird doch durch seine Sprache nicht vernichtet, so wenig wie bei einem Paul'Gerhard, oder bei irgend einem andern, der selten genug in dieser Zeit bedeutender literarischer Talente, aber sehr geringer poetischer Substanz, etwas davon besaß. —

## Sechstes Capitel.
### Die Stellung der Theorie zu der Schriftsprache.

Die Sprache unter den Händen eines Opitz und seiner Geistes Brüder und Söhne bedeutet von selbst, daß die Doctrin sich auch in bisher ungekannter Weise selbständig neben oder über sie stellen mußte. Die Grammatiker des vorigen Jahrhunderts, ein Albertus Ostrofrancus, Oelinger und Clajus hatten es als eine Ehrensache der deutschen Nation betrachtet, ihrer Muttersprache dieselbe wissenschaftliche Behandlung zukommen zu lassen, die nicht bloß die classischen Sprachen, sondern auch die andern europäischen Cultursprachen bereits besaßen. Wie sich damals ein sehr empfindliches nationales Pathos in alle die Fragen mischt, die die deutsche Literatur und ihre Stellung zum Leben angehen, so auch hier. Der Ehrenpunkt ist es, der vor allen vorzugsweise betont wird, nicht so sehr das practische Bedürfniß oder gar die unabweisbare Nothwendigkeit. Keinem fiel es ein, zu behaupten, daß von der Existenz einer Grammatik die Kraft und Tüchtigkeit der deutschen Sprache bedingt sei, von der sie um so höher dachten, je mehr sie durch den schon recht frech sich herauswagenden Hohn der Fremden, vorab der Franzosen, aber auch gelegentlich der nachbarlichen Barbaren im Osten, und die schmähliche Verwälschung der gesammten vornehmen Welt in ihrem Stolze und in ihrem Gewissen verletzt wurden. Einen Nutzen für die gute Sache erkannten auch sie natürlich in der Aufstellung einer übersichtlichen und verständigen Norm für den Sprachgebrauch und es war also nicht bloß jenes ausschließlich idealistische Moment der nationalen Ehre, das ihnen die Feder in die Hand gab. Sie wollten die vorhandene Wirtlichkeit, die factischen Züge des Sprachbildes firiren, um dadurch der Zukunft eine feste Stütze zu geben. Immer aber hielten sie sich selbstverständlich nur dazu berufen, das Wahre und Rechte, so wie sie es erkannten, systematisch vorzutragen. Mochte sich der eine auf die göttliche Sprachoffenbarung in Luther berufen, der andere auf die besten deutschen Bücher, die auf dem damals noch nicht geschmälerten und überall lebensfrischen Boden von Gesammthochdeutschland gedruckt wurden — im Grunde ist es dasselbe: der Grammatiker ist nur der Ordner, Verkünder des Sprachgeistes, und dieser selbst

ist es, der die Sprache schafft. — Ein gelehrter und pflicht=
eifriger Schulmann classischen Stils, zugleich aber auch ein
eifriger Verfechter für die Ehre und Würde der „deutschen
Haupt= und Heldensprache", wie man sie jetzt mit scharf accen=
tuirter Drohung gegen alle ihre fremden und einheimischen
Verächter schon nicht gut mehr anders nennen durfte, Christian
Gueintz, der wenigstens nicht immer als Gueintzius, sondern
mitunter auch als Gueintz, (Genetiv Gueintzen, auftritt, obgleich
er in seiner Art ein vornehmer Mann, Rector am Pädagogium
oder Gymnasium zu Halle war, schrieb 1641 einen „deutscher
Sprachlehre Entwurf", eine Grammatik der deutschen Sprache,
die sich neben dem noch immer am meisten gebrauchten Clajus
ein gewisses Ansehen und Verbreitung erwarb, vielleicht weniger
wegen ihrer eigentlichen Vorzüge, als wegen des in der ge=
lehrten Welt durch seine Polyhistorie berühmten Namens des
Verfassers und wegen seiner persönlichen Beziehungen zu der
fruchtbringenden Gesellschaft, unter deren Aegide er arbeitete.
Sonst ist er in allem Wesentlichen, das eine abgerechnet, das
wir an dieser Stelle noch nicht nach seiner ganzen Bedeutung
erwägen können, nicht weiter als Clajus gekommen, und jeden=
falls durch seinen Grundsatz, alle und jede grammatikalischen
Terminologien, deren lateinische Fassung jeder, der überhaupt
eine deutsche Grammatik nach lateinischer Schablone gebrauchen
sollte, doch gleichsam mit der Muttermilch eingesogen hatte,
durch mehr oder minder dunkle, immer aber einer Glosse be=
bebürftige deutsche zu übersetzen, um vieles unbequemer als
seine Vorgänger, die ihre deutschen Grammatiken lateinisch
verabfaßt hatten. Da er deutsch schrieb, wie es die ganze
wissenschaftliche Richtung, der er angehörte, mit sich brachte,
so glaubte er auch ganz deutsch sein zu müssen.

In dieser Grammatik sind es zum Theil noch die alten her=

kömmlichen Muster der Sprache, aus denen die Sprachrichtigkeit abstrahirt werden soll: ganz wie bei Clajus steht ihm auch Luther über allen, aber auch, und dies ist nicht so seltsam, als es auf den ersten Blick erscheint, wieder oder noch einmal die Canzleisprache, unter dem etwas weniger verfänglichen Namen der Reichsabschiede versteckt. Man erwäge, daß diese Canzleisprache, wie wir genügend gezeigt zu haben glauben, in einer so autoritätssüchtigen, zu allem Vornehmeren, b. h. äußerlich Hochgestellten, demüthig hinaufschauenden Zeit ihren Nimbus nicht einbüßen konnte, auch wenn sie, was allerdings nicht möglich war, noch viel erbärmlicher entartet wäre; dann, daß der eigentliche Kern der Verkehrtheit in ihr vollständig mit dem Verkehrten in dem Geiste der ganzen Zeit wahlverwandt oder vielmehr einerlei war. Daß Gueintz auch außerdem noch einige ihm mustergültig dünkende Werke in deutscher Sprache aus den letzten 40 Jahren anführt, geschieht, wie man deutlich sieht, nur, um die Fäden nach dieser Seite hin nicht gänzlich abzuschneiden. Es ist weder Fischart auf der einen, noch Opitz auf der andern Seite genannt, obgleich dessen Leben schon 3 Jahre vor dem Erscheinen der Gueintzischen Grammatik, 1639 geendet hatte, und seine eigentliche Sonnenhöhe entschieden mit den Jahren 1624—25 beginnt. Diese ablehnende Haltung gegen das wirklich Alte und gegen das wirklich Neue ist das Characteristische daran und die Musterkarte des Mustergültigen ist in nothwendiger Consequenz aus jener unbehaglichsten Gattung der deutschen Literatur gewählt, die ohne alle nachhaltige Bedeutung für die Zukunft und namentlich für die Sprachgeschichte ohne weiteren Belang, als den, ein Symptom der beginnenden Krise zu sein, zwischen beiden geistlos und unbehülflich in der Mitte taumelt, jenen Uebersetzungen der französischen Amadis-Romane, italienischer

Schäfereien, der Aſträa des d'Urfé und anderer entſetzlich un=
geſchickter Aneignungsverſuche aus der Modewelt-Literatur der
Zeit, die alle im Augenblick und für immer vernichtet waren,
als Opitz ſeine erſte wirkliche Ueberſetzung oder Uebertragung
aus einer fremden Sprache in die neue Sprache der deutſchen
Bildung geſchaffen hatte. Offenbar iſt dem wackern Schul=
mann das neue Licht zu grell geweſen, hat ihn mehr geblendet
als erwärmt, vielleicht iſt auch die ſonderbar ſpröde Haltung,
welche die fruchtbringende Geſellſchaft ſo lange gegen den
Vater der deutſchen Poeſie einnahm, daran mit ſchuld. Die
innerſte Motivirung davon iſt heute nicht mehr oder heute noch
nicht klar zu ſehen, daß aber neben doctrinären Bedenken rein
perſönliche Abneigungen und Intriguen dabei ein entſcheidendes
Wort mit geſprochen haben, iſt unzweifelhaft. Denn mit dieſer
neuen, auf eine Clique, die gelehrte oder gebildete Zunft,
principiell begrenzten Literatur niſtete ſich ſelbſtverſtändlich auch
das ganze literariſche Cliquenweſen, die Cameraderie, das
Literatenthum mit ſeinem ewig gleichen, nur äußerlich zeit=
gemäß anders drapirten Typus, auf dem Boden Deutſchlands
ein, der bis zu Opitzens Zeit noch kaum einige Ableger dieſer
exotiſchen Pflanze in ſich aufgenommen hatte.

Dieſer ſelbe Gueintz aber ſchrieb unter dem 29. Januar
1644 an ſeinen fürſtlichen Gönner, den von uns ſchon ſo oft
genannten Fürſten Ludwig von Anhalt in dem benachbarten
Cöthen, die denkwürdigen Worte, um ſo denkwürdiger, weil er
ſie als ſelbſtverſtändlich in der größten Schlichtheit nur als
kleinen Nebenſatz einer zeitgemäß breiteſtens geſponnenen
Periode beifügt, — „da doch bekannt, daß die andern
Sprachen durch die Gelehrten in Richtigkeit gebracht, die
deutſche noch zu bringen". Darin iſt der Lebensnerv der
Anſchauung für die Doctrin dieſer Zeit ſo offen wie nirgends

anders bloßgelegt, und in einer Kürze und Deutlichkeit, die nichts zu wünschen übrig läßt. Gueintzens deutsche Grammatik hatte dies Geheimniß noch nicht offenbart, und doch war es eigentlich das, was die Seele derer bewegte, die jetzt als gebildete oder gelehrte Männer es für Ehrensache oder Vergnügen hielten, sich mit der deutschen Sprache abzugeben. Opitzens ganze Schriftstellerei ist natürlich nichts weiter, als die correcte und insofern geniale Umsetzung dieses Gedankens in eine geschickte That und wenn die eigentlichen Theoretiker scheinbar a priori sich diesen weltumwälzenden Gedanken construirten, so thaten sie wie immer, ohne es zu wissen, nichts anderes, als daß sie ihn von der ohne sie geschaffenen Wirklichkeit abstrahirten und auf eine regelrechte Formel brachten.

Die fruchtbringende Gesellschaft konnte darum diesen Grundsatz, auch wenn sie sich nicht mit so unzweideutigen Worten dazu bekannte, für den ihrigen gelten lassen, wie er der Leitstern aller derer geblieben ist und bleiben mußte, die nach Gueintz oder neben Gueintz sich an der Ausarbeitung deutscher Sprachlehren versuchten. Denn natürlich fand er Concurrenten, unter andern solche, die mehr die eigentlichen practischen Gesichtspunkte herauskehrten, und es auf Unterweisung der noch ganz Ungeübten, namentlich der Kinder in den Schulen, abgesehen hatten. Denn schon begann der deutsche Sprachunterricht, wie wir in anderem Zusammenhang noch sehen werden, hie und da in den Elementarunterricht einzugreifen und verlangte, da die Zeit herankam, wo alles methodisch und principiell getrieben werden sollte, seine systematische Darstellung. Ist doch auch Gueintzens Sprachlehre dafür gerüstet: sie soll dem gelehrten Kenner und dem Schüler zugleich genügen. Aber schon vor ihm hatten es Andere für die letzteren allein versucht, so eine anonyme Deutsche

Sprachkunst, 1630 in demselben Halle erschienen, als deren Verfasser Magister Tilemann Olearius gilt, später als ein Hauptlicht theologischer Polyhistorie berühmt genug, natürlich da in lateinischer Sprache. Noch viel früher, schon 1618, hatte die sog. Weimar'sche Deutsche Grammatik, die von einem verdienstvollen, practischen Theologen und Schulmann, Kromeyer, herrührt, der sich auf dem Titel eines so plebejischen Werkes nicht nennen durfte, dieselbe Aufgabe ungefähr nach derselben Schablone zu lösen versucht. Weimar, die eine Mutterstätte der fruchtbringenden Gesellschaft, damals der einzige lutherische Hof in Deutschland, der zwischen der alten deutschen Bestialität und der neuen wälschen Frivolität eine nie hoch genug zu rühmende Mitte gediegener Bildung aus dem besten Marke dieser schlechten Zeit zu halten vermochte, war der rechte Boden für solche pädagogische Experimente. Leider zertrat der große Krieg auch diese junge Saat, die ohnehin um einige Menschenalter zu früh dem Boden anvertraut war.

Nach der andern Seite hin wäre als Concurrent von Gueintz auf das sich gleich auf dem Titel so ankündigende Sammelwerk des Jenenser Joh. Girbert „Deutsche Grammatica" von 1653 zu verweisen, indem es beiden Bedürfnissen, dem, was wir das wissenschaftliche nennen würden, und dem practischen gerecht zu werden sucht, und natürlich es keinem auch nur nach dem Maße der Zeit wird.

Ganz anders lautet aber das Urtheil über des schon oft erwähnten Philipp Harsdörfers Specimen philologiae germanicae von 1646. Harsdörfer war der eigentliche Theoretiker der Nürnberger Poeten, von denen jeder, wie es nothwendig jedem, der seit Opitz gebildet schrieb, gehen mußte, einigermaßen ein reflectirter Sprach- und Kunstdoctrinär wurde.

Daß er in seiner Art eine gewisse Productivität entwickelte — mag man ihm den Namen eines Dichters oder eines bloßen Versmachers beilegen — kommt ihm vor den bloßen Theoretikern, die wenn sie gelehrt producirten, es nur lateinisch konnten, sehr zu Statten. Ueberall ist sein Interesse der gelehrten Erforschung und Begründung der lebenden deutschen Sprache zugewandt. Geschieht es nach unserer Auffassung in der Form des naivsten Dilettantismus, so genügte es doch der Zeit vollständig. In den Anmerkungen zu seinen poetischen Gesprächspielen (seit 1642), noch mehr in dem wegen des Titels mit Unrecht uns so lächerlich gewordenen „poetischen Trichter" (seit 1648), hat er schon vor dem Specimen jene gedunsenen, aber damals allein wirksamen und practischen Hymnen auf die überschwängliche Herrlichkeit der deutschen Sprache, so viel ihm möglich, in die nüchterne Sprache der Wissenschaft übersetzt und durch linguistische Thatsachen zu begründen versucht. Practisch läuft es immer darauf hinaus, zwischen dem auch ihm wie allen Andern immanenten Princip, das Gueintz so unverholen ausgesprochen, und der Wirklichkeit ein leibliches Abkommen zu treffen. Denn nur ein unproductiver Pedant und Doctrinär, was ein Gueintz sein durfte, konnte übersehen, daß dann aller und jeder subjectiven Willkür erst recht Thür und Thor geöffnet war. Dem Auge des Practikers entging es nicht, und schon standen die Aspecten von dem was überspannte Schrullenhaftigkeit darin zu leisten im Stande war, deutlich genug am Firmament der deutschen Sprache und Poeterei, von dem doch erst durch die in Opitz aufgegangene Sonne die alte Nacht der Barbarei gewichen war. Die Disquisitio X. jenes in jeder Art außerordentlich merkwürdigen Specimen, das allerdings mehr in die Geschichte der Sprachwissenschaft und in die der deutschen poetischen Formen gehört, giebt dafür dem Einsichtigen völlig genügende Aufklärung. Auch Harsdörfer klammert sich schließlich an das allgemeine Sprachbewußtsein, den Sprachgeist, obgleich er von der Voraussetzung ausgegangen, die Sprachrichtigkeit a priori beweisen zu können.

Gueintz könnte allenfalls für den officiellen Grammatiker der fruchtbringenden Gesellschaft, also der geschlossenen Masse der im neuen Sinn gebildeten Pfleger der deutschen Sprache gelten, aber doch nur allenfalls. Man begreift, und die vorhandenen urkundlichen Zeugnisse bestätigen es vollkommen, daß sein beschränkter Eigensinn dem doch so viel freieren, weltmännisch geschulten Verstand des Fürsten Ludwig und aller derer, die in ihm ihr eigentliches Organ sahen, nicht behagen konnte. Zwar verstand auch dieser rechthaberische Schulmonarch, Concessionen zu machen, und nur in dieser Hinsicht ist seine Anweisung zur deutschen Rechtschreibung, im Auftrage und im Namen der fruchtbringenden Gesellschaft 1646 gedruckt, von Werth. Alle seine sonst so behaglich vorgetragenen überspannten Systematisirungsversuche sind hier völlig aufgegeben, und es ist immer schließlich der Usus, im Grunde also kein Princip, dem die Entscheidung anheimfällt.

Grammatikalische, überhaupt linguistische Wissenschaft oder methodische Wissensconstruction lag aber so in der Luft, daß nothwendig irgend eine nach dem Maße der Zeit bedeutende Kraft sich daran für das Deutsche wagen mußte. Alles, was die fruchtbringende Gesellschaft immer von Neuem plante, eine ausführliche, d. h. erschöpfende wissenschaftliche Grammatik der Sprache, ein großes Wörterbuch, worin zugleich der ganze poetische oder rhetorische Sprachschatz in Sprichwörtern, Tropen und dergl. enthalten sein sollte, stockte nicht bloß durch den Krieg, sondern noch mehr durch die Unbehilflichkeit und

Ergebnißlosigkeit jedes Arbeitens viribus unitis, wo es gilt, etwas wahrhaft Neues auf neuem Weg zu erreichen. In einem ausgetretenen Geleise, nach fertiger Schablone mögen immerhin Mehrere sich die Hand reichen; wo es die Concentration der Geisteskraft auf eine im Geiste selbst noch als Embryo schlummernde Idee gilt, kann nur der einzelne etwas thun, und die vielen bloß hindern, wie ja alles wirklich große in der Welt immer nur von einzelnen und in gewissem Sinne einsamen ausgegangen ist und für alle Ewigkeit ausgehen wird.

Dieser eine fand sich in dem namhaften Juristen Justus Georg Schottelius aus Eimbeck, durch seine Geburt in der niederdeutschen Sprachdomäne zum Theoretiker über das Hochdeutsch der neuen Bildung noch besser disponirt als die Girbert, Gueintz, Olearius u. s. w., die sich von den Schlacken der mitteldeutschen Landsmannschaft nie ganz befreien konnten, oder gar als ein Harsdörfer und die andern Süddeutschen. Schottel's Arbeiten über deutsche Linguistik stehen in notorischer Verbindung mit der Fruchtbringenden, deren gelehrte Zierde er war, und insofern können sie als ihr Programm gelten, nur nicht in jenem mechanischen Sinn, wie es für Gueintz gilt. Schottel ist, was er sein wollte, die berufene Stimme Aller, d. h. der aus der Zeit geborenen und sie beherrschenden Ideen über das wahre Wesen und den Beruf der deutschen Sprache, und was Opitzens That über alle Maßen erfolgreich ins Leben hatte treten lassen, das faßte Schottel in die Doctrin und vollbrachte damit unter der damaligen Signatur der Menschen und der Verhältnisse auch eine große, von jedem Deutschen dankbar zu erkennende That.

Die weitläufige deutsch-linguistische Schriftstellerei des überaus fleißigen und federgewandten Mannes, die schon 1641 mit einer Grammatik nach dem gewöhnlichen Schema beginnt, erhält durch sein eigentliches Centrallebenswerk 1663 ihren inneren Abschluß: Justi Georgii Schottelii opus, partim renovatum et auctum, partim plane novum de Lingua Germanica quinque libris constans. Ausführliche Arbeit von der teutschen Haubtsprache, dero uhralterthum, reinigkeit, vermögen, grundrichtigkeit, mundarten, Stammwörter, Sprichwörteren rc., sammt beigefügter Sprachkunst und Verskunst, lateinisch und deutsch." Der Titel ist für die Zeit, deren practischem Sinn es zusagte, darin eine vollständige Uebersicht des Inhaltes zu finden, von merkwürdiger Kürze, hebt aber alles Wesentliche genügend hervor. Lateinisch und Teutsch ist, wie jede Seite des Buches zeigt, so zu verstehen, daß nicht, wie es Gueintz und noch mehr andere Weltstürmer, zu denen der Hallische Rector wahrlich nicht zählt, verlangten und thaten, das Deutsche ausschließlich die Sprache des wissenschaftlichen Vortrags bildet. Clajus 100 Jahre früher hatte mit Recht noch das Lateinische allein brauchbar gefunden, jetzt war ein Compromiß zwischen beiden, das nur dem gänzlich geschichtsunkundigen Auge barock oder schnurrig vorkommen mag, das allein Berechtigte, und zwar so, daß sich das Deutsche an der Hand der wissenschaftlichen Gemeinsprache der Welt, die seit 1000 Jahren es auch in Deutschland geworden war, gewöhnte, im grammatikalischen Ausdruck sich zu bewegen. Des lateinischen Commentars oder der Stütze an dem Latein, dem jeder Deutsche damals ausschließlich alles das verdankte, was er an wissenschaftlichen Begriffen besaß, konnte kein deutscher Leser entrathen, dem es um ein ernstes Verständniß des Gegenstandes zu thun war. Diese Doppelsprachigkeit war also eine Art von Adelsbrief für die deutsche Sprache und nicht eine Herabwürdigung.

Man kann den meisten der von Schottel gewählten deutschen Kunstausdrücke eine gewisse Anerkennung nicht versagen: er hat sie nur zum kleinen Theil selbst neu geschaffen, gewöhnlich durch eine sehr verständige Auswahl seinen Vorgängern entnommen. Gegenüber den Zesen'schen und anderen Schrullen nehmen sie sich ganz manierlich aus, und viele von ihnen haben sich bis heute in unsern deutschen Sprachlehren behauptet, wenn diese auch darin deutsch sein wollen, so Abwandlung für declinatio, Nennwort für nomen, Zeitwort für verbum u. s. w., wir wissen aber, daß damit weder der Sprache noch der Sprachwissenschaft viel geholfen gewesen wäre, so lange die grammatischen Categorien selbst die von der antiken Grammatik überlieferten waren oder blieben.

Auch in dem grammatischen Materiale des Buches selbst liegt nicht seine Bedeutung für die Zeit. Gewiß ist es die ausführlichste, übersichtlichste und im Ganzen richtigste Zusammenstellung des gebildeten Sprachdurchschnitts, die bis dahin gegeben worden war. Aber in den eigentlich entscheidenden Fragen d. h. in denen, die dem spätern Betrachter der damaligen Theorie der deutschen Sprache als solche gelten, ist auch Schottel so wenig wie seine Vorgänger zu einer lebensvollen Klarheit gekommen. Er ist überzeugt und muß es auch wohl sein, da er die Arbeit eines ganzen Lebens daran gesetzt hat, daß es inepte prorsus et stulte gesagt sei, man könne die deutsche Sprache ex usu erlernen. Die Grammatik ist die Säule und Grundfeste, worauf jeder Sprache Kunstbau beruht, und aller Sprache Fortschritt hängt davon ab, daß sie auf der sichern Grundlage der Grammatik ruhe. Daß die hochdeutsche HauptHeldensprache nichts mit irgend einem Dialect zu schaffen habe, weiß er natürlich wie alle andern Unbefangenen und brauchte es nicht mehr ernstlich zu beweisen. Namentlich kehrt sich sein Spott gegen ein und den andern, „sonderlich aus Meißen, die sich einbilden dürfen, der Hochdeutschen Sprache, ihrer Mundart halber, Richter und Schlichter zu seyn, ja so gar sich erkühnen, nach ihrem Hörinstrument und wie sie nach beliebter Einbildung ihre Ausrede dehnen, schlenken, schöbeln und kneisen, die Hochteutsche Sprache — zu ändern." Die lächerliche Frage, über den Vorzug der Meißner Mundart, die noch später, wie wir sehen werden, so viel Staub aufwirbeln sollte, war eigentlich schon längst vor Schottel durch den Scharfsinn eines der größten kritischen Genies aller Zeiten, des trotzdem oder ebendeshalb nicht mit Unrecht so berüchtigten Scioppius, des gut oberpfälzischen Schoppe, 1626 endgültig entschieden. Was einst Matthesius noch in voller Unschuld des damaligen Naturalismus mehr gesagt als behauptet hatte, das Meißnische sei die Sprache Luthers und insofern die eigentliche deutsche Sprache (s. o. 196), das war dann von der keimenden Theorie' oder Doctrin der deutschen Linguisten hin und her, discutirt, immer aber mehr renovirt, als entschieden worden. Scioppius trifft den Nagel auf den Kopf: er weiß, daß von Meißen — als katholischer Renegat darf er nicht sagen, von Luther — der communis sermo ausgegangen und einen starken örtlichen — wir nennen es mitteldeutschen — Bodengeschmack erhalten habe, der aber wohl zu unterscheiden sei von den Zufälligkeiten der dortigen Volksmundart. Diese, von denen er in Jott für Gott, Gar für Jahr u. s. w. einige ergötzliche Beispiele verspottet, hat nicht das geringste Vorrecht vor allen andern deutschen Mundarten, deren Schwächen er eben so grausam geißelt. Daß er die weitere Frage, die 1626, wie wir sahen, schon aufzutauchen begann, wo denn nun das beste Deutsch gesprochen werde, mit „in Speier und am kaiserlichen Hof" beantwortet, kann nur für eine Inconsequenz gerechnet werden, wenigstens, was den kaiserlichen Hof betrifft, deren innere Begründung wir schon oben angedeutet haben (s. o. 225).

Schottelius weiß natürlich, daß Luther und Opitz die eigentlichen Großmeister der hochdeutschen Sprache sind, aber er ist sich über das Verhältniß der gesprochenen zu der Schriftsprache doch nicht recht klar worden, so entschieden er auch gegen die Roheiten der Mundarten und für das Recht der grammatischen Theorie seine Lanze bricht. Er steht zu sehr unter dem Einfluß einer durch die innere Entwicklungsgeschichte der Sprache, wie wir sahen, hinlänglich erklärten Richtung, die namentlich in der fruchtbringenden Gesellschaft als ein Hauptproblem freilich mehr betastet als discutirt wurde, wie sich die lebende Sprache überhaupt zu der Schriftsprache verhalte. Man strebte auch, und mit Recht, nach einer lebendigen Sprachgemeinsamkeit neben der scheinbar todten schriftlichen, aber unter den ungünstigsten Verhältnissen und von völlig unzureichenden Voraussetzungen aus. Schottelius als Niederdeutscher hat es nicht schwer, die Anmaßung der Meißner zurückzuweisen, und doch war, wie sich gezeigt hat, auch in ihnen ein Körnchen innerer Berechtigung. Der im Ganzen so burleske, aber oft auch mit glücklichem Instinct für das natürlich Gegebene begabte Philipp Zesen hatte sich schon 1651 in seiner Art gar nicht so übel darüber geäußert, „es sei eine allgemeine Meinung (d. h. in ganz Mittel= und Norddeutschland), daß man von dem vornehmen Frauenzimmer in Leipzig das beste Hochdeutsch lernen könne. Das käme daher, weil dasselbe nicht mit fremden und gemeinen Leuten und dem Landvolke umgehe und gemeiniglich zu dem Ende gute Bücher lese, daß es eine zierliche Sprache annehme." Im Grunde dasselbe, was schon Scioppius weiß, nur wissenschaftlicher ausspricht. Schottelius aber verläßt sich ohne alle Absichtlichkeit umgekehrt wieder auf sein niederdeutsches Ohr: wenn er das hochdeutsche seh in der damals und jetzt gleichen Aussprache vor l, m, n, w, überflüssig nennt, und auch wirklich einmal fließen, dann schließen, einmal smekken, dann schmekken schreibt, weil er fließen, smekken spricht, so zeigt sich für uns, daß er sich sehr über ein Grundprincip der hochdeutschen Lautgebung, das von allen Mundarten schon längst unabhängig geworden war, im Unklaren befand.

So dient Schottelius Werk der Sprachgeschichte eigentlich nur als leicht übersehbarer Durchschnitt weniger für das, was die wahre hochdeutsche Sprache der Zeit schon als ihr festes und sicheres Gut aufweisen konnte, als für die schwankenden und unklaren Stellen in ihr: von der Rechtschreibung an bis zu dem Satzbau. Nirgends weist da im gegebenen Fall der Verfasser eine unumstößlich sichere Entscheidung und der Usus, gegen den er so heftig eifert, d. h. ein ungefährer Instinct, ist zuletzt doch der eigentliche Entscheid. Im Ganzen ist es der literarische Querdurchschnitt, den Opitz durch seine schöpferische That dem ganzen Jahrhundert als unübertreffliches Muster aufgestellt hat, im Einzelnen aber ist, wie es sich begreift, nach alle dem, was wir bis jetzt von der Umgebung gerade dieser spätern Zeit haben kennen lernen, doch manches anders, in den seltensten Fällen besser als bei ihm, schon deshalb nicht, weil Schottelius auch vor der so vielfach in Form und Wesen unreinen Sprache der Schäfer an der Pegnitz eine maßlose Bewunderung hat.

Der eigentliche Werth des Buches dürfte daher doch noch in etwas Anderem bestehen, als in seinem unläugbaren Verdienst, die beste deutsche Grammatik zu sein, die bis dahin erschienen war. Wir setzen ihn auch nicht in die Begeisterung, womit er für die Ehre und die Reinheit seiner Muttersprache kämpft. Darin ist er nur eine Stimme aus dem ganzen Chor aller seiner hervorragenden Genossen und Vorgänger seit dem

Ende des 15. Jahrhunderts, und wenn er in tiefstem Groll
zürnt, daß unsere so herrliche, majestätische, prächtige Sprache
zu einer hungrigen Bettlerin gemacht worden sei, die von der
spöttischen Gnade der Feinde und Verächter lebe, so trifft er
damit in den eigentlich faulen Fleck, den alle Andern auch
sahen und unermüdlich verdammten, ohne doch die Quellen der
Fäulniß verstopfen oder abschneiden zu können. Aber wenn
er und so viele mit ihm darin den eigentlichen Stolz der
deutschen Sprache setzten, daß sie mit ihren „Doppelungen"
(zusammengesetzten Wörtern) alle andern aus dem Felde
schlagen können, streift er in ein sehr bedenkliches Gebiet.
Wir sahen, diese unläugbare Virtuosität der Sprache war doch
nicht ganz frei von der Natur eines Nothbehelfes (s. o. B. I, 344).
Mit richtigem Sprachgefühl verwandt, wie es der frischen
Natürlichkeit des 16. Jahrhunderts noch zugehörte, konnte sie
Großes leisten und hat es auch, womit wir nicht Fischart
meinen, dessen particulare Genialität die deutsche Sprache im
Ganzen nichts angeht, höchstens insofern er den Beweis liefert,
daß sie sich bieten läßt, was keiner andern geboten werden
könnte, was selbst ein Aristophanes seinem so unendlich ge=
lenkigeren Griechisch nicht zu bieten vermocht hat. Aber wenn
die trockene Nüchternheit des 17. Jahrhunderts ihre rhe=
torische Prosa in Metrum und Reim, oder auch in fort=
laufenden Sätzen mit Vorliebe durch einen unmäßigen Griff
in diesen jedem, dem Stümper wie dem Meister gleich offen=
stehenden, an sich unerschöpflichen Speicher von Doppelungen auf=
putzte und verdeckte, so war damit der Sprache nichts gedient.
Es wäre wieder, wie es Gottfried von Straßburg von Wolfram
gesagt hat, nöthig gewesen, daß diese bickelwort jedesmal gleich
den Glossator oder die Glosse daneben gehabt hätten, und der
grenzenlose Unfug, den ein Zesen und Genossen zu allgemeiner

Entrüstung damit anrichteten, war doch principiell vollkommen
berechtigt oder wenigstens nicht verboten, weder durch die
Doctrin noch durch das Sprachgefühl selbst. Thut sich doch
Schottelius sehr viel darauf zu gute, daß die Ausländer diese
deutschen Wortungeheuer gar nicht einmal aussprechen können:
er sieht darin den besten Zug der Heldenhaftigkeit unserer
„Haubtsprach". Das eine wie das andere aber fehlt, vielleicht
den einzigen Opitz und ein Paar Lyriker ausgenommen, allen in
dieser Zeit: ein natürliches Gefühl wenigstens für einigen
Wohllaut in solchen Neuschöpfungen und der feine Instinct
für ihre unwillkürliche Einordnung in das jedem deutschen Sinn
angeborene Sprachverständniß. Beides konnte eine Zeit der
doctrinären Schablone nicht schaffen, vermißte es freilich auch
nicht, aber die Sprache im Ganzen hat doch Ursache gehabt, es
schwer zu vermissen.

Das eigentliche Verdienst Schottels setzen wir in den
Grundgedanken und den Gesammteindruck seines großen Lebens=
werkes. Alles, was die deutsche Sprache in irgend einer Be=
ziehung war und leisten konnte oder sollte, ist hier in einem
Brennpunkt vereinigt. Ist es ja doch nicht bloß eine trockene
Grammatik, Laut=, Formen=, Wortbildungslehre, Syntax,
sondern eine Stilistik, Rhetorik und Poetik (Metrik und
Rhythmik eingeschlossen), eine Geschichte der Sprache und
Literatur von der ältesten Zeit bis auf den damaligen Tag, eine
systematische Zusammenstellung des ganzen Sprachschatzes an
Grundwörtern (Wurzeln) und deren lebendigen Bildungs=
mitteln, Ableitungen und besonders Zusammensetzungen, der
Eigennamen, der Sprichwörter und Gleichnißreden, also der
ganzen in der Sprache niedergelegten Weisheit des Alterthums
oder der lebendigen Thaten des Volksgeistes in der Sprache.
Die deutsche Sprache erschien hier zum erstenmal der gelehrten

Zeit als das, was damals allein imponirte, und wofür sie immer nicht hatte gelten sollen, als eine Rüstkammer voll unermeßlicher Schätze der Gelehrsamkeit. Was Opitz apodictisch-declamatorisch ausgesprochen, was Andere pathetisch ihm nachgesprochen, dafür war schwerfällig und gründlich auf 1500 enggedruckten Quartseiten der Beweis gebracht, wie ihn die Zeit forderte und würdigte.

## Siebentes Capitel.
### Die Puristen des 17. Jahrhunderts.

Schottelius ist als ein verständiger Geschäftsmann durch seine fortwährende Berührung mit dem Leben zwar zu Inconsequenzen in seiner Theorie veranlaßt worden, aber doch nie zu eigentlichen Absurditäten gelangt, höchstens daß er einmal im Uebermaß seines ehrenvollen Eifers für seine Herzenssache daran streift. Andere waren nicht so glücklich, die rechte Mitte, wie die Zeit sie verstand, einzuhalten. Das eigentliche, sprichwörtlich noch jetzt deshalb lebendige Musterbild dieser Andern ist der schon öfters erwähnte Philipp Zesen. Gerade weil er eine wenig beneidenswerthe Unsterblichkeit vor so vielen andern am literarischen Himmel verschwundenen Sternen erster, zweiter und aller Größe besitzt, thut es nicht Noth, ihn hier eingehender zu characterisiren. Auch ist die wirkliche Entwickelungsgeschichte der deutschen Sprache sehr wenig von ihm berührt, noch viel weniger etwa durch ihn in eine neue Richtung gedrängt worden, gerade weil er mit der vollsten Anmaßung der Reflexion sich für den Propheten eines neuen Glaubens hielt und sich mit einer, alle Anerkennung verdienenden

Rührigkeit und Elasticität trotz einem Heere von Feinden und
Spöttern, trotz der jammervollsten Zustände seines eigenen
literarischen Landstreicherlebens, unermüdlich, unerschrocken und
sehr bald fanatisch an seine Unfehlbarkeit glaubend, der Nation
als ihren Sprachheiland aufzudrängen suchte. Niemand wollte
zuerst viel von ihm wissen, und wenn sein ehemaliger Lehrer,
der Rector Gueintz, dem Fürsten Ludwig von Anhalt, Zesens
Landesherrn, versichert, „daß Zesius sein Lerner (Schüler)
gewesen und daß sein Witz niemals sich so erwiesen, daß man
was sonderliches bei ihm verspüret, außer daß er alle Zeit
was neues in dem Deutschen ohne Grund und beliebte Wahr=
heit ihme eingebildet", spricht er in seiner nüchtern=pedantischen
Weise das aus, was eigentlich die gesammte öffentliche Mei=
nung, so weit sie in den Schriftstellern sich äußerte, immerzu
über ihn geurtheilt hat. Und doch konnte er sich auf momentane
Erfolge berufen und hat diese ausgebeutet mit allen Kunst=
griffen der literarischen Reclame, wie sie seit der Ueberpflanzung
des Literatenthums auch auf deutschem Boden üppigst gedieh.
Seine deutschgesinnte Genossenschaft oder Rosengesellschaft, die
er am 1. Mai 1643 mit einem einzigen Bundesbruder gegründet
hatte, wuchs bald so stattlich heran, daß sie an Mitgliederzahl
die fruchtbringende Gesellschaft, deren Schoß er selbst und sein
Werk entsprossen war, wahrscheinlich, und den Blumenorden
an der Pegnitz wirklich überflügelte. Das Ordenswesen war
das eigentliche Steckenpferd einer Zeit, in der vornehm und
exclusiv als dasselbe und das Höchste galt, und so nimmt es
nicht Wunder, daß selbst ein solcher abenteuerlicher Prophet wie
Zesen einen Haufen von andächtigen Gläubigen um sich ver=
sammelte. Doch etwas muß dabei außer der Spielerei mit
den Ordensdevisen, Kleinoden und Motto's, mit den vier Zünften
mit ihren besonderen Vorrechten und Geheimnissen doch auch

die Sache gethan haben. Selbst ein solcher Prophet war doch auch ein Organ des öffentlichen Gewissens in der Nation. Es regte sich mehr und mehr in Reue und Scham über die schändlichen Unbilden, die die rohe Unachtsamkeit der Einheimischen und der freche Uebermuth der Fremden der Muttersprache anthun durften. Selbst Frauen wurden davon ergriffen: die Rosengesellschaft zählte in ihren vier Zünften, in der Rosen=, Lilien=, Nelken= und Rautenzunft eine stattliche Anzahl hochadeliger Frauenzimmer; die fruchtbringende Gesellschaft war zu ernsthaft oder zu pedantisch dazu, um diese immerhin bedenklichen, gelegentlich aber sehr brauchbaren Hilfstruppen zuzulassen.

Zesen selbst hatte in den Statuten seines Sprachordens das aufgenommen, was die andern auch: „den äußersten Fleiß aufzuwenden, daß der edelen hochdeutschen Sprache eigen angeborene Grundzierde nicht allein erhalten, und vor allem fremden Unwesen und Gemische bewahret, sondern auch je länger, je trefflicher vermehret, ja alles ungeschlachte unreine ungesetzmäßige und ausheimische abgeschaffet und in ein besseres, wo immer thunlich, verändert werde." Es kam nur auf die Auslegung an. — Er selbst hat sich anfangs Caesius, später, als er wie Opitz und Birken und neben vielen andern Literaten kaiserlicher gekrönter Poet und geadelt wurde — denn eigentlich stammt er aus einem ächt lutherischen Landpredigerhaus — von Zesen genannt, aber Philipp nicht wie spätere Sprachkünstler derselben Art es thaten, mit Roßlieb, sondern viel vornehmer und geistvoller übersetzt. Eccard, Leibnitzens Secretär, ein gelehrter, aber wenig zuverlässiger Mann, behauptet, er, oder vielmehr seine Familie, habe eigentlich Blau geheißen, daher denn sein Ritterhold von Blauen.

Man hat ihn sehr oft geärgert, daß man ihm nachsagte,

er habe in seinem Verdeutschungseifer das undeutsche Mantel mit Windfang, Pistol mit Taschenpuffer übersetzt: ausdrücklich verwahrt er sich wieder und wieder gegen eine solche „unverschämte, grobe, ehrlose Schand- und Landlüge", aber sie wurde doch geglaubt und wird es bis heute. Wer aber den jurist. Kunstausdruck crimen stellionatus mit Sternbalgschaft, jus postliminii mit Entfremdbungsrache übersetzen konnte, dem ist viel eher jenes andere zuzutrauen. Zwar weiß sich der geniale Verdeutscher in der Vorrede zu seinem Rosenmänd, wo beide Proben seiner Kunst sich finden, in tiefgelehrten Anmerkungen bestens darüber zu rechtfertigen, daß stellio deutsch nicht durch das gemeine Eidechse, sondern wegen seiner Ableitung von stella, Stern, nur mit „Sternbalg", d. h. ein Thier, das einen gestirnten Balg hat, gegeben werden könne, während sein „Entfremdbungsrache", wenn man nur die dazu gehörige Anmerkung aufmerksam liest, wirklich nicht so übel gebildet ist. Auch sein so oft gebrauchtes und oft belächeltes „Zeugemutter aller Dinge" oder bloß „Zeugemutter" für das fremde Natur, das er übrigens abwechselnd damit immer schreibt, thut hie und da eine glückliche Wirkung und andern seiner Erfindungen ist wenigstens eine humoristische Schlagkraft nicht abzusprechen, z. B. wenn der ägyptische Jupiter Ammon als „Hammelgötze", Neptun als „Fluthgötze" auftreten, Venus, Fräue (d. i. Freie, denn über ei und äu oder au ist sich seine Orthographie nie recht klar geworden), die „Alsgöttin der Fräuerei und Liebe", Amor, „der verschalkte kleine Fräuhold", Minerva, „die Alsgöttin der Weisheit, Bläuinne oder Blauäugle", Flora, „die Alsgöttin der Bluhmen, Bluhminne", die Grazien, „die lieblichen Holdinnen" u. s. w. heißen. — Uebrigens schmeckt Windfang stark nach Jesens populärstem Titel „Sausewind", unter dem ihn Johann Rist in einer Posse auf die Hamburger

Bühne gebracht hatte. Es wollte Zesen nicht gelingen, dieses und die andern „unnützen, unverschämten und naseweisen Lästermäuler" zu stopfen, daß hinfort dergleichen zweibeiniges Müllervieh die Rosen= und Lilienzunft unangegigackt lasse, oder vielmehr ihn als den unvergleichlichen, wunderthätigen Retter, Beschirmer und Heiland unserer theuren hochdeutschen Heldensprach", wie er bei den Seinen hieß und geheißen sein wollte. Denn es waren wirkliche Offenbarungen des Sprachgeistes, die er mit derselben innern Ueberzeugung wie Muhammed die seinen, nur nicht mit solchem Erfolge vortrug, nicht mühsam ersessene und erschwitzte Schulweisheit. Sieht man nun genauer zu, worin diese überschwenglichen Geheimnisse bestanden, so läuft es zuerst auf eine vollständige Revolution des deutschen Wörterbuchs hinaus, die er aber immer nur stückweise der stutzenden Zeitgenossenschaft vorlegte: das ganze sammt dem cabbalistischen Schlüssel dazu sollte in einem großen Wörterbuch offenbar werden, von dem er schon 1672 — er starb 1689 70 Jahre alt — behauptet, daß es nach 20jähriger Arbeit druckfertig vorliege, seine Spötter, daß nicht ein Buchstabe davon existire. Es sollte heißen, der hochdeutschen Sprache Wort= und Stammbuch, und er machte sich unter anderm anheischig, den Beweis zu führen, daß die hochdeutsche Sprache die einzige ächte Tochter der hebräischen, der Sprache Adams sei; jener oben erwähnte Beccanus hatte es bequemer gefunden, den lieben Gott und Adam flaemisch sprechen, und alle andern Sprachen, vorab hebräisch, jene Ursprache, bloß rabebrechen zu lassen. Der orthodoxen Theologenschaft, die in der deutschen Literatur dieser Zeit doch noch immer einen sehr bedeutenden Ton angab, war natürlich selbst Zesens eigentlich ganz correcte Ansicht etwas bedenklich: hebräisch als Ursprache verstand sich von selbst, aber das Deutsche sollte doch erst durch

allerlei Mittelglieder, wobei Griechisch und Latein nicht fehlen
durften, bescheidentlich davon abgeartet sein.

Aber auch mit Hilfe der Ursprache oder des Urparadiesisch=
deutschhebräischen ist Zesen in Etymologien nicht glücklicher, als
seine andern Zeitgenossen. Ost, Süd oder Süden, West, gelten
ihm z. B. mit Recht als urdeutsch, aber Ost scheint ihm so
viel als Orst, und das r, wie angeblich in Verlust von verlieren, des Wohlklangs wegen ausgeworfen. Orst selbst aber
dünkt ihm eine aus Ur-, Orstand, Auferstehung, zusammen=
gedrückte Form, weil Ostern, das Fest der Auferstehung, doch
offenbar dies Ost in sich enthält. Süd, noch leichter zu er=
klären, „weil es im Mittag südend=heis ist" und West, „das
Teil der Welt, da die Sonne gewest ist." Da kann es auch
nicht verwundern, daß er das damals nur noch in Luthers
Bibel lebendige Färse, junge Kuh, durch „für=jahr", vorjährige,
d. h. einjährige Kuh, und das entsprechende „Farre" gerade
so erklärt; auch nicht, daß ein Mann, der so etwas zu Stande
bringt, den Plural von ward durchgängig warden für wurden,
— freilich nicht er allein — flectirt.

Eben so wichtig ist ihm aber noch ein Anderes, die Recht=
schreibung: auch hier sind es lauter Offenbarungen, und die
haben ihn gelehrt, daß e der eigentliche wahre Grundvocal sei
— was freilich alle andern damaligen Linguisten auf dem Wege
der Induction auch herausgebracht zu haben glaubten, ebenso
daß o der äußerste Pol von a sei, weil Christus das A und
O ist; alles soll absolut richtig sein und von allen geglaubt
werden, wie es einer himmlischen Offenbarung ziemt. So
weiß er auch, daß man in deutscher Schrift des c, x und y
entrathen könne, weil sie im Laut mit andern gleich sind, aber
h als Dehnungszeichen tastet er so wenig wie Schottel an.
Ein Jahrhundert früher waren gar viele noch ohne dasselbe

ausgekommen: das Auge dieser breitspurigen Zeit kann es nicht entrathen und quält den Verstand mit allerlei wunderlichen Ausflüchten zu seinen Gunsten — gewöhnlich, daß es keine eigentliche Dehnung des Vocals, sondern nur halbe vorstelle, eine „gleichsam etwas hauchende Länge, ein Mittelhauchlaut" werde, wie Schottel sagt, der hier ganz auf einer Bahn mit Zesen wandelt. Natürlich darf es nicht nach, sondern muß vor dem Consonanten, der die Silbe schließt, stehen, also Noht, Muht, aber stahl, wahr, wie wir es auch noch zu schreiben gewohnt sind, jedoch nicht begreifen, daß sich dies stahl von stehlen, von Staal, oder Zesens Stäl, chalybs, irgend in der Qualität unterscheide. Doch glauben er und die Seinen, und was mehr heißt, Schottel und die Seinen daran. Aber v neben f bleibt ganz ruhig, da hat ihm der Geist nicht offenbart, daß jeder Lautunterschied seit mehreren Jahrhunderten verwischt war, auch die einfachen ch und sch mit zwei oder drei Buchstaben zu schreiben erlaubt er ihm. Zum Ersatz giebt er ihm ein äußerst complicirtes System von Accenten, das sich im Druck recht piquant, aber unbequem ausnimmt. Wie sich von selbst versteht, überboten die Jünger noch den Meister, und darunter ist einer, der Zesens aus dem Französischen übersetzte Romane, seine vielgenannte Abriatische Rosamunde, seine Assenat, Moses, Simson und seine lyrischen Kleinigkeiten, die nicht schlechter als die der Pegnesier sind, durch gefühlige Innigkeit und eine gewisse weiche Flüssigkeit der Form weit übertrifft, der Schlesier Samuel von Butschky. —

Alles dies begreift sich am leichtesten auf dem Hintergrund der thatsächlich immer ärger und in breiterem Umfang zunehmenden Sprachmengerei, die solche Auswüchse auf der andern Seite nothwendig heraustrieb. Zwar in den Schriftwerken ist es in und nach dem großen Kriege nicht schlimmer geworden: selbst die Meisterstücke der Canzleien konnten nicht füglich ärger mit lateinischen, oder wenn es Actenstücke waren, mit französischen Brocken überstopft werden, und in der übrigen Literatur ist, wie wir sahen, ein grundsätzlicher Damm dagegen gezogen, der zwar oft durchlöchert, nie aber ganz durchbrochen wird. Nur für das Auge ist es jetzt auffälliger, weil sich die sog. deutsche Schrift von der lateinischen, d. h. der in der italienischen Renaissance geformten unterscheidet, die in Deutschland pflichtschuldigst bei allen ganzen und halben Fremdwörtern Eingang fand und die Buntscheckigkeit hervorbrachte, die uns an den Schriften und Drucken des 17. Jahrhunderts im Gegensatz zu dem 18. so auffällt.

## Zweite Abtheilung.

Die neuhochd. Schriftsprache im Zeitalter des gesunden Menschenverstandes und der rationellen Wissenschaftlichkeit.

### Erstes Capitel.

Die Vorkämpfer für die Berechtigung der deutschen Sprache in der Schule und Wissenschaft.

Derselbe schon öfter genannte Balthasar Schuppe hat unter seinen tausend schlechten und guten Anecdoten und Schnurren auch eine köstliche Geschichte von seinem Landsmann, einem Procurator in Hessen, der dicke Lorentz geheißen, zu erzählen gewußt: „welcher sich der Zierlichkeit im Teutschen Reden sonderlich hatte befleißigen wollen. Einsmahls hatte er zu seinem Jungen sagen wollen: Jung hole mir mein Messer. Damit er nun kund mache, daß ein Unterschied sey zwischen ihm und einem gemeinen hessischen Bauern, hatte er gesagt: Page, bringe mir mein Brotschneidendes Instrument. Einsmahls hatte er zu seiner Frauen sagen wollen: Frau, es hat neun geschlagen, gehe zu Bett, ich hab noch etwas zu thun. Damit nun die Frau wisse, daß er ein Hessischer Cicero sey, hatte er gesaget: Du Helffte meiner Seelen, du mein ander Ich, meine Gehülfin, meiner Augen Lust, das gegossene Erz hat den neunbten Thon von sich gegeben, erhebe dich auf die Säulen deines Cörpers, und verfüge dich in das mit Federn gefüllte Eingeweide" und in diesem Tone weiter — eine Fülle ächten Volkswitzes, der in der deutschen gebildeten Welt von damals allein noch in einem Pfarrhause nicht sofort als „Pöbelhaftigkeit" vor die Thüre geworfen wurde. Noch bekannter ist der Stadtschreiber im Teutschen Michel Grimmelshausens, zu dem „Schuppii" hessischer Procurator Porträt gesessen haben könnte, wenn es nicht vielmehr ein und dieselbe Person des Volkshumors ist, die bald als hessischer Procurator, bald als pfälzischer Stadtschreiber auftritt. Grimmelshausen übertreibt ins Ungeheuerliche: was bei Schuppe eine bureleske Anecdote, kurz und schneidig, ist nach Grimmelshausens breitspuriger Art eine frattzenhafte Haupt- und Staatsaction geworden und verliert wenigstens für uns die Schlagkraft des Witzes.

Jedermann hatte damals in dieser so durch und durch schreibseligen oder literarischen Periode auch einmal ein Epigramm oder eine Satire fabricirt, und sich darin über solche „Phantasten" lustig gemacht, aber keinem fiel es ein, daß, wer nur einen Satz oder einen Vers in der gebildeten Sprache von damals schrieb, es gerade so machte wie sie und gar nicht anders machen konnte. Wenn der alles auf „kunstmäßige Lehrsätze" gründende Gesetzgeber der deutschen Sprachrichtigkeit, der gelehrte und wirklich gebildete Schottelius, das Wesen der lautnachahmenden Wörter wissenschaftlich analysirt, drückt er sich folgendermaßen aus: „durch die natürlich bekundte Unmöglichkeit ist es schlecht unmöglich, eine leichtere, gründlichere und wundersamere Art der Lettern oder Buchstaben und Wörter, als die Teutschen sind, aufzubringen: Sie sind nicht allein einlautend, die durch einen natürlichen

Zug all den gehörigen Laut verursachen, sondern ihr einstimmiger Laut ist so wunderreich und ihre Zusammenstimmung so überkünstlich), daß die Natur sich hierin völlig und aller Dinges ausgearbeitet hat, denn ein jedes Ding, wie seine Eigenschaft und Wirkung ist, also muß es vermittelst unserer Lettern und kraft derer, also auch zusammengefügten Teutschen Wörter aus eines wolredenden Munde daher fließen, und nicht anders, als es gegenwärtig da wäre, durch des Zuhörers Sinn und Hertze bringen. Zum Exempel nehme einer nur diese Wörter: Wasser, fließen, Gesäusel, sanft, stille 2c., wie künstlich ist es, wie gleichsam wesentlich fleust das Wasser mit stillem Gesäusel von unser Zungen? Was kann das Geräusch des fließenden Wassers wesentlicher abbilden? Was kann stiller, sanfter und lieblicher uns zu Gemüthe gehen, als diese geordnete Letteren stille, sanft und lieblich? Wolan, laßt uns ein Gegenexempel nehmen, laßt uns sagen Donner, brausen, brechen, Blitz 2c. Man durchsieht doch den kräftigen Tohn dieser Wörter, und die Eigenschaft des Dinges, so sie andeuten. Lieber, was bricht mächtiger zu uns herein als das Donneren und brechen und brausen? Was fleucht mit einer mehr erschreckenden Schnelligkeit dahin als der Blitz? Also wenn Opitz sagte: da eine siedende Flamme mit solchem Brechen und schrecklichem Getöse heraus fuhr: Welcher Teutscher vernimt alhier nicht anfangs ein flammendes siedendes Gemäng, darauf durch die folgende hart brechende Wörter ein Krachen auf uns losbricht."

Gewiß, die deutsche Sprache war durch und durch „majestätisch" geworden, und majestätisch, das Sublimat von vornehm, war ja das Losungswort der Zeit. Schade nur, daß sie viel zu majestätisch geworden war, um zu dem gebraucht zu werden, wozu sie doch auch geschaffen sein sollte, zu dem unmittelbaren Ausdruck der Wirklichkeit eben so wie zu der klaren und zureichenden Auseinandersetzung wissenschaftlicher, Materien.

Das Deutsche als Sprache der Wissenschaft war ein Problem, das selbst der großartige Aufschwung des nationalen Geistes im 16. Jahrhundert nicht zu lösen vermocht hatte, wie wir gesehen haben. Hier blieb eine Lücke, eine für das Ganze sehr bedenkliche in einer Zeit, in der die Grundzüge der Wissenschaft in der gesammten europäischen Culturwelt als das kostbarste Gut der Menschheit erfaßt zu werden begannen. Die Tradition des Mittelalters und die besonderen Zufälligkeiten, unter denen die moderne Bildung entstand, brachten es mit sich, daß die Sprache dieser Wissenschaft zuerst lateinisch bleiben durfte. Doch überall regte sich in den andern europäischen Culturländern das Bedürfniß, die Landessprachen auch für diese höchste Aufgabe gerecht zu machen. Die Ehre der Nation, wie das innerste Wesen der modernen Wissenschaft selbst forderten es. Denn im Gegensatz zu dem, was das Mittelalter Wissenschaft genannt hatte, was nur ein Conglomerat von autoritätsmäßig fortgepflanztem wirklichem oder meist eingebildetem Wissen auf der einen Seite, von methodischer Ausbildung und Schematisirung der äußern Formen des Denkens auf der andern gewesen war, hatte die neue Wissenschaft, auch wo sie es selbst nicht wußte, die Erkenntniß der Wirklichkeit, der materiellen und immateriellen, durch ein systematisches Erforschen der einzelnen Thatsachen, aus denen sie sich zusammensetzt, zu ihrem Ziele. Wenn der Begriff der wissenschaftlichen Wahrheit in solcher Weise ein Gemeingut ward, mußte auch das sprachliche Hilfsmittel, an das alle wissenschaftliche Discussion gebunden war, ein neues werden. Das Lateinische war eine todte Sprache geworden, nachdem man darin grundsätzlich zu der Classicität des Alterthums zurückgekehrt war. Ein Compromiß zwischen dieser reflectirten Sprachreinheit und den Bedürfnissen der modernen wissenschaftlichen Neuerwerbungen durfte zwar in jedem Augenblick und von jedem, der im neuen Geist forschte und schrieb, versucht werden, aber es fiel in jedem Fall ungenügend aus. Nur die lebendige Sprache selbst konnte sich dem Princip des Fortschritts und des Wachsthums des lebendigen Geistes anbequemen.

Ueberall kostete es das schwerste Ringen, bis nur die ersten Versuche dazu mit einigem Erfolge gemacht waren, nirgends aber lagen die Verhältnisse einem solchen, von der Nothwendigkeit der Dinge selbst gebotenen Unternehmen ungünstiger als in Deutschland.

Nicht als wenn die damalige deutsche Sprache an sich dazu weniger befähigt gewesen wäre, als ihre Nachbarinnen im Westen und Süden; die naturwüchsige Genialität, von der sie wenigstens bis in die zweite Hälfte des 16. Jahrhunderts trotz aller ihrer Gebrechen strotzte, hätte es einem bahnbrechenden Genius unzweifelhaft ermöglicht, für die deutsche Sprache der Wissenschaft dasselbe zu werden, was Luther für die Sprache im Allgemeinen geworden ist. Aber daran fehlte es trotz dem Ueberfluß an Talent und Begeisterung, und so vielen der Wissenschaft wesentlichst zugewandten deutschen Geistern in dieser Zeit. Wer Aventin, sogar Sebastian Franck, und noch mehr Sebastian Münster aufmerksam liest, wird erkennen, daß die Ansätze dazu in gesundester Tiefgründigkeit vorhanden waren, aber es blieb bei den Ansätzen, und wie es nicht anders sein konnte, auch deren Wurzeln begannen allmählich zu vertrocknen.

Wäre es allein die Praxis selbst gewesen, die sich der

einmal gegebenen Thatsache fügend das Lateinische hätte gefallen lassen oder an dem Lateinischen hangen blieb, weil es ihr so viel bequemer war, so würde der Zukunft die Arbeit, eine deutsche wissenschaftliche Sprache zu schaffen, nicht so sauer geworden sein. Aber zu der Praxis gesellte sich sofort der pedantischste Doctrinarismus, wie es bei uns immer üblich zu sein pflegt. Er bewies und suchte es auch, soweit sein Einfluß reichte, in die That umzusetzen, daß es so wie es stand, immer bleiben müsse, weil es a priori vernünftig sei. Unsere gelehrten Schulmänner der Reformationszeit, ein Johann Sturm, ein Trotzendorf, sind von dem Glauben erfüllt, daß die Erlernung des Lateinischen, neben dem Griechischen, dem Hebräischen und allen möglichen andern Sprachen das eigentliche Ziel der gelehrten Vorbildung, dessen, was wir Gymnasialstudium nennen, sei, alles andere Wissen nur eine dienende und aushelfende Aufgabe habe. Sie glaubten an diesen Satz mit dem ganzen Fanatismus einer Zeit, die das Heil der Seele von der Intensität dessen, was sie Glauben nannte, ausschließlich abhängig machte. Sie wissen auch, warum die Gymnasien nur Lateinschulen sein sollen. Die Aufgabe der Gymnasien ist die Propädeutik für die eigentliche Wissenschaft: weil diese eigentliche Wissenschaft aber nur in lateinischer Sprache gedacht werden kann, müssen auch die Gymnasien nur lateinisch sein.

Dem gegenüber war durch den leitenden Geist des Jahrhunderts, durch Luther selbst, das Deutsche in der Schule principiell heimathberechtigt gemacht worden. Es hatte zwar schon lange vor ihm allerwärts in Deutschland sogenannte deutsche Schulen gegeben, er aber sprach es als eine Gewissensforderung aus, daß dieser bloß zufällige Zustand in einen grundsätzlich geregelten, methodisch geordneten verwandelt werden solle. So hat das 16. Jahrh. in allen deutschen Landschaften, wo die Reformation gründlich durchdrang, in Meißen, Thüringen, in den meisten Territorien Niederdeutschlands, Hessen und Würtemberg eine deutsche Volksschule neben der lateinischen Gelehrtenschule geschaffen, aber unverkennbar trotz der unermeßlichen Autorität Luthers stiefmütterlich neben dieser behandelt. In dem trockenen und kahlen Spätherbst und Winter nach Luthers Tode hat auch hierin Melanchthon, der Vater der lateinischen Schule, den Sieg über Luther davon getragen.

Aber der Herbst und Winter dauerte nicht immer. Genau in derselben Zeit, wo die deutsche Sprache durch Opitz aus ihrer Erniedrigung erlöst und so vornehm gemacht wurde, um es in der schönen Literatur mit ihren Verächtern aufnehmen zu können, wurde auch versucht, sie zu gleichem Range mit dem Lateinischen als Sprache der gelehrten Bildung zu erheben. Opitz und Ratichius sind Söhne derselben Zeit und desselben Geistes, nur daß Opitzens Aufgabe eine unendlich leichtere und dankbarere war.

Ratichius gehört zu jenen damals so häufigen, uns beinahe undurchsichtigen Naturen des ausgehenden 16. und beginnenden 17. Jahrhunderts, in denen sich der keimende gesunde Menschenverstand, die Richtung auf das Zweckmäßige und unmittelbar Nützliche, der moderne Geist, mit der idealistischen Phantasterei einer begrifflich schon ganz überwundenen tieferen Entwickelungsstufe der Menschheit, des Mittelalters unauflöslich verbanden. Den Zeitgenossen erschien er daher, je nachdem sie selbst mehr von dem einen oder dem andern Schlag waren, bald als ein Charlatan, bald als ein Prophet. Zunächst handelte es sich ihm allerdings nicht um die Erhebung des Deutschen zur Sprache der höchsten wissenschaftlichen Geistescultur, obgleich er auch diesen Gedanken nebenbei in sich trug, schon weil er wie alle, die der aufstrebenden Richtung angehörten, von einem starken nationalen Selbst- oder Ehrgefühl erwärmt war, das durch den Hochmuth der Fremdsprachen aufs äußerste gereizt wurde.

Ratichius wollte dasselbe, was 600 Jahre früher von Notker Teutonicus, aber seitdem nicht mehr versucht worden war. Das Deutsche sollte in sein naturgemäßes Recht als Verständigungsmittel für jede Art von Unterricht von der untersten bis zur höchsten Stufe eingesetzt werden. Der Mönch des 11. Jahrhunderts hatte es sich in seiner Zelle ganz nüchtern und ohne eine Spur von patriotischem oder intellectuellem Idealismus aus den Thatsachen seiner practischen Lehrthätigkeit abstrahirt, der nirgends heimische gelehrte Zugvogel des 16. Jahrhunderts war nicht durch die Erfahrung, sondern durch das reflectirte und methodische Nachdenken über die Principien und Ziele aller Lehrthätigkeit, das damals in der Luft lag, darauf gekommen: er hatte sich's a priori construirt und versuchte das Gefundene der Welt practisch zu beweisen. Der Beweis mißglückte natürlich und es geht uns hier nichts an, durch wessen Schuld, aber die Idee selbst ging damit nicht unter.

Unmittelbar durch Ratichius angeregt traten zwei wissenschaftliche Geister ersten Ranges nach damaligem Maßstab, die Gießener Professoren Jungius und Helvicus, für den wissenschaftlichen Beruf der deutschen Sprache ein, der jenem doch eigentlich nur im Hintergrunde gestanden hatte, weil er selbst zwar ein vielwissender, aber kein gelehrter, noch weit weniger ein wissenschaftlicher Mann war. Jungius und Helvicus behaupteten, daß alle Künste und Wissenschaften, als Vernunftkunst (Philosophie), Sitten- und Regierkunst, Maß-, Wesen-, Naturkundigung, Arznei-, Figur-, Gewicht-, Stern-, Bau-, Befestigungskunst — oder wie sie Namen haben mögen", viel leichter, bequemer, richtiger, vollkommlicher und ausführlicher in deutscher Sprache können gelehrt und fortgepflanzt werden, als jemals in Griechischer, Lateinischer oder Arabischer Sprache geschehen ist, sind aber den Beweis schuldig geblieben: Jungius hat kein einziges seiner wissenschaftlichen Werke aus der „Vernunftkunst, Maß- und Naturkundigung" und was sie sonst Namen haben mögen, sowohl der gedruckten als der noch zahlreicheren im Manuscript hinterlassenen in deutscher Sprache verabfaßt. — Helvicus hat es zwar in seiner Grammatica universalis gethan, aber mit nicht besserem Erfolg als Gueinz oder Schottel. Denn was im vorigen Jahrhundert einer genialen Kraft im glücklichen Wurfe hätte gelingen können, das war in diesem Jahrhundert der Reflexion und der prosaischen Empirie weder einem einzelnen, immerhin talentvollen Manne, noch auch vielen Einzelnen nach und nebeneinander möglich. Auch Helvicus schreibt ein Deutsch, das in jedem Augenblick der lateinischen Glosse bedarf, um verstanden zu werden. Was sollte die gelehrte Welt, oder was sollte die Wissenschaft damit?

Liest man die Titel der damaligen wissenschaftlichen Literatur, so giebt es allerdings in allen Fächern auch deutsch geschriebene, deutsche Kräuter- und Arzneibücher, Rechenbücher, sogar Logiken, die schon Schottelius sorgfältig aufzählt, aber die Zahl wächst nicht im Verhältniß mit der selbst durch den Krieg nur momentan zurückgestauten literarischen Productivität und es ist kein einziges von durchschlagender wissenschaftlicher Bedeutung darunter. Hat ja selbst Opitz alle seine eigentlich gelehrten Projecte, auf die er eben so viel Gewicht, wie auf seine poetischen Großthaten legt, nur in lateinischer Sprache theils ausgeführt, theils, wie es ihm bei der Kürze seines Lebens ging, nur umrissen. Denn sein deutsches Buch von der teutschen Poeterey hat weder er selbst, noch irgend einer seiner Bewunderer für eine wissenschaftliche Leistung im Stile der Zeit gehalten. Dazu hätte er es nicht in fünf Tagen schreiben dürfen und dann wäre es gewiß nicht in deutscher Sprache geschehen. Wie hätte aber ein Kepler seinen weltbewegenden Commentarius de stella Martis, ein Samuel Pufendorf die lange Reihe seiner durchschlagenden naturrechtlichen, völkerrechtlichen, staatsrechtlichen, politischen und historischen, auch in der Form vollendeten Arbeiten — wenn er einmal deutsch schrieb, so war es so schlecht, wie das des zopfigsten Canzlisten — selbst ein Johann Gerhard seine loci Theologici deutsch schreiben können? Mehr als genug Erbauliches und Polemisches in deutscher Sprache, wenn gleich nicht mehr in dem Deutsch eines Arndt oder Luther, entfloß seiner rastlosen Feder, aber sobald er sich als Gelehrten, als Mann der Wissenschaft geben wollte, schrieb er nur lateinisch.

Daß ein Originalgenie auch hierin den Kampf weniger gegen die Macht des Herkommens, als gegen die Wucht der Verhältnisse aufnehmen konnte, ändert nichts daran. Jacob Böhme hat es gekonnt, der neue philosophus teutonicus, der wiedererstandene Meister Eckhart, sprachgewaltig wie sein Zunftgenosse, der Schuster von Nürnberg, der noch aus der ersten Zeit des 16. Jahrhunderts herausgewachsen ist. Der Görlitzer Schuster aber war erst eilf Jahre alt, als Hans Sachs 1576 starb, und stand so recht mitten inne in der mattesten und trockensten Zeit. Denn als es wieder lebendiger sich regte, da starb er 1624 in demselben Jahre, wo mit Opitzens Buch von der teutschen Poeterey der erste große Sieg der neuen Literatur erfochten wurde. Ein solcher Mann hält sich außerhalb der Bedingungen von Zeit und Raum, die für den Haufen gelten, und seine Sprache mit ihm. Und sieht man diese Sprache genauer an, so ist sie natürlich in Formen und Worten dieselbe, die alle andern um ihn sprechen, aber im Wesen ein wundersames Wiederaufleben jenes so eigenartigen Idioms der Philosophie und Theosophie des 14. Jahrhunderts. Es ist schon früher gezeigt worden, daß sich daraus nimmermehr die Sprache der inductiven, empirischen Wissenschaft, auf die jetzt alles drängte, hätte gestalten können. Eine völlig andere Seelenconstruction, eine ganz andere Gedankenassociation liegt ihr zu Grunde. Darum mag man Jacob Böhme's Sprache wie seine Ideen so hoch bewundern als man will, aber man bedenke, daß man dem Unvergleichlichen selbst eben so schweres Unrecht anthut, wenn man das Gewöhnliche darnach mißt, als wenn man es selbst nach diesem Gewöhnlichen messen wollte.

Leute wie Schuppe hatten gut sagen und darum sagten es ihm so viele nach: „Es ist die Weisheit an keine Sprach gebunden; warumb sollte ich nicht in teutscher Sprache eben so wohl lernen können, wie ich Gott erkennen, lieben und ehren solle, als im Lateinischen? Warumb sollte ich nicht in teutscher Sprache lernen können, wie ich einem Krancken helfen könne, auf Teutsch, als auf Griechisch oder Arabisch? Die Frantzosen und Italiäner lehren und lernen alle Facultaeten und freyen Künste in ihrer Muttersprache" (was nebenbei bemerkt, doch für Frankreich und Italien damals nur sehr bedingt richtig ist, nur so weit, daß es kein Fach der Wissenschaft gab, worin nicht wenigstens der Versuch zum Gebrauch der lebenden Sprache gewagt worden wäre). Und wenn Schuppe zusetzt: „Es ist mancher Cardinal, mancher große Prälat in Italien, welcher nicht Latein reden kann", so stimmt das mit bekannten Thatsachen der damaligen Sittengeschichte, aber die Geschichte der Wissenschaften hat, so viel wir sie kennen, von dieser Art von Patrioten keine Bereicherung erfahren.

Doch ist es merkwürdig zu sehen, wie diese fortwährende, von den Thatsachen Lügen gestrafte Forderung, immer mehr die Form eines unumstößlichen Vernunftgesetzes annimmt, dessen Wahrheit jeder anerkennt, wenn er sich als wissenschaftlich gebildet documentiren will. Selbst der große Hermann Conring, der letzte und bedeutendste aller Polyhistoren, ehe die ganze Polyhistorie durch ein wahres wissenschaftliches Universalgenie Leibnitz, in die Rumpelkammer der Vergangenheit verwiesen wurde, hat gegen einen nicht bloß subsidiären, sondern ausschließenden Gebrauch der deutschen Sprache in den strengen Wissenschaften — seine eigenen deutschgeschriebenen staatsrechtlichen Deductionen und politischen Pamphlete rechnete er natürlich nicht dazu — keine andere Einwendung, als puniunt se ipsos fraudantque fama ac laude qui uni suae genti scribunt, cum possent toto orbi inclarescere — er mußte wohl, was das nach Heller und Pfennig werth war, denn deutsche Bücher hätte ihm sein großer Patron an der Seine nicht mit Gold aufgewogen.

## Zweites Capitel.
**Leibnitz als der Schöpfer einer deutschen Sprache der Wissenschaft, überhaupt der höchsten intellectuellen Interessen.**

Diese in der Sache selbst liegenden Schwierigkeiten, die die Schöpfung einer deutschen Sprache der Wissenschaft ebenso verhinderten, wie sie den Ehrgeiz und Patriotismus der besten Köpfe fortwährend zu neuen Experimenten aufstachelten, konnten von den Nächstbetheiligten am ersten in ihrer wahren Natur verkannt werden. Einer aber darunter erkannte sie in ihrem genetischen Zusammenhange und kann zugleich auf ihre Beseitigung durch. eine auf volles Bewußtsein gegründete, im strengen Zusammenhange mit dem erstrebten Ziele gedachte practische und theoretische Behandlung des deutschen Sprachkörpers. Dieser eine war Leibnitz, der größte wissenschaftliche Genius des Jahrhunderts, das einen Kepler, Galiläi, Cartesius, Spinoza, Baco, Locke und Newton, einen Isaak Vossius und Mabillon hervorgebracht hat. Soll die Bezeichnung der größte wissenschaftliche Genius nicht eine Trivialität sein, so muß sie sich auf ein richtig angesetztes Rechenexempel gründen. Bei den Schöpfungen des eigentlich producirenden Genius, die der Sphäre der Kunst angehören, wäre eine solche Reduction auf Zahlenformeln eine Albernheit: hier ist jeder so groß wie der andere, oder der größte in seiner Art; der Genremaler, der etwas Vollkommenes geschaffen hat, so gut wie der Historienmaler. In der Wissenschaft aber, die selbst ihre Resultate errechnet, läßt sich auch rechnen und nach einem solchen Rechenexempel ist die Summe der intellectuellen Thaten, die von Leibnitz ausgehen, die größte in diesem Jahrhundert. Er ist der einzige Deutsche seit Kepler, der ganz im Anfange des Jahrhunderts steht, in der Reihe jener wissenschaftlichen Heroen, die den modernen Geist zum Durchbruch gebracht haben, aber der größte von allen.

Für unsere eigentliche Aufgabe kommen die beiden bekannten Gelegenheitsschriften Leibnitzens zunächst in Betracht, seine „Ermahnung an die Teutsche (so schrieb er meistens nach den grammatischen Systematikern im Gegensatz zu Luther, Opitz, aber auch Zesen, die Deutsch bevorzugten), ihren Verstand und Sprache besser zu üben" 2c. von 1679 und seine „Unvorgreifliche Gedanken, betreffend die Ausübung und Verbesserung der teutschen Sprache" von 1697, beide zunächst nicht für die Oeffentlichkeit, sondern für den Autor selbst bestimmt, denn beide sind erst aus seiner Hinterlassenschaft, die erste 1846, die zweite schon 1717 veröffentlicht worden. Gerade deshalb sind sie aber um so bedeutungsvoller für Leibnitz selbst und für die Entwicklung der deutschen Sprache, weil der darin gewiesene einzig verstandesrichtige Weg, von der Sprache selbst, oder von der Zeit wirklich eingeschlagen worden ist, ohne daß die Autorität des Propheten dabei irgend welchen Einfluß gehabt hätte.

Leibnitz schon als systematischer Denker hat das Ganze der deutschen Schriftsprache im Auge, nicht die Sprache als Werkzeug des wissenschaftlichen Vortrags allein. Er erkennt das Recht der schönen Literatur in Vers und Prosa in seinem vollen Umfang an, aber als wissenschaftlicher Genius an sich hat er sein Hauptaugenmerk auf die Sprache, insofern sie seinem eigentlichen Bedürfniß oder Berufe dienen konnte, gerichtet. Wenn er die Sprache als Werkzeug der redenden Künste betrachtet, so steht er selbstverständlich ganz auf dem conservativ-doctrinären Standpunkt der Zeit, nur daß er entschiedener als die meisten und mit besseren Gründen als alle, soweit er es bei seiner nicht gemachten, sondern angeborenen Verehrung und Empfänglichkeit gegen jede Art geistiger Productivität über sich gewinnen konnte, Opitz, d. h. die relativ classische Einfachheit der Kunstmittel im Gegensatz zu denen seiner Nachfolger hervorhebt. Leibnitzens eigene poetische Versuche in deutscher Sprache machen die practische Probe auf diese seine theoretischen Sätze: ohne allen eigentlich poetischen Gehalt sind sie metrisch, stilistisch und rhetorisch ein Protest gegen das, was den Lohenstein und Hofmannswaldau, aber auch den Harsdörfer und Klaj als ihr mit eben so maßloser Eitelkeit wie Feigheit ganz im geheimsten Kämmerlein des Herzens über Opitz gefeierter Triumph der eigenen Kunst galt.

Leibnitzens Theilnahme für die deutsche Sprache fließt aus zwei Quellen. Die erste ist seine tief gegründete Vaterlandsliebe. Seine „Ermahnung an die Teutsche" beginnt mit dem Satze „Es ist gewiß, daß nächst der Ehre Gottes einem jeden tugendhaften Menschen die Wohlfahrt seines Vaterlandes billig am meisten zu Gemüthe gehen solle", und sein ganzes Leben hat diesen Satz in allen Dingen bewahrheitet. Er spricht ihn nicht aus als das Erzeugniß seines besonderen Denkens und seines wissenschaftlichen Calculs, wie seine Monadentheorie oder seine Harmonia praestabilita oder seine Differentialrechnung, sondern als ein der menschlichen Substanz an sich zugehöriges Eigenthum, als ein Gemeingut der Menschheit, wie den Gottesbegriff, den Begriff der Tugend, der Wahrheit u. s. w., und hat vollständig Recht, wenn er sagt, jeder „tugendhafte", jede richtig organisirte, nicht durch irgend welches Gift des Lebens zerstörte Menschenseele empfinde ebenso. Man darf wohl sagen, daß selbst in dem damaligen Deutschland, das sich eben erst aus seinem Scheintod durch den großen Krieg zu beleben begann, das seine Belebungsversuche unter einem wie absichtlich durch das Schicksal gehäuften Berge der allergefährlichsten und schwierigsten Hindernisse anstellen mußte, doch jeder „anständige" Mann — Leibnitz braucht diesen Ausdruck eigenthümlich genug ganz im neuesten Sinn, wahrscheinlich dem französischen honnête homme nachgebildet — eben so dachte wie Leibnitz, und daß sich, wie es in jedem nationalen Gemeinwesen sein sollte, damals noch die Intensität des Patriotismus in völlig richtigem Verhältniß zu der intellectuellen und sittlichen Bildungshöhe der Individuen befand. Dies Erbtheil einer gesunderen Vergangenheit war es allein, wodurch die Nation vor gänzlicher Zerstörung gerettet wurde, der sie nach allen Conjuncturen der Geschicke verfallen schien. Daß im folgenden "philosophischen Jahrhundert" dieser kernhafte, ehrliche Patriotismus durch einen verschwommenen, an= phantasirten Kosmopolitismus abgelöst werden sollte, der den Begriff eines "anständigen Mannes" seiner schönsten Zierde entkleidete, ahnte wohl ein und der andere scharfsichtige Geist, namentlich Leibnitz selbst, aber er und seine Zeitgenossen waren und blieben in dieser Hinsicht noch ganz Leute alten Schlages.

Die Zeit ist längst vorüber, wo man in dem kosmopolitischen Hofmann und Diplomaten Leibnitz den Patrioten verkennen durfte. Aber in einen kosmopolitischen Hofmann, wenn man es so nennen will, mußte sich der Patriot Leibnitz ver= kleiden, wenn er den Universalismus seiner wissenschaft= lichen Ideen auch nur einigermaßen der Menschheit oder der Wissenschaft, und damit auch seinem Volke, nutzbar machen wollte. Denn ein specifisch=deutsches wissenschaftliches Publicum, das dafür irgend vorbereitet gewesen wäre, existirte nicht. Alle geborenen Deutschen, die man dazu hätte rechnen können, gehörten durch ihre gesellige Bildung und Beziehung einer kosmopolitischen, einer bei den eigentlich Gelehrten lateinisch, bei den andern, den gebildeten Weltleuten, französisch gefärbten Coterie an. Nur hier oder dort konnte er verstanden werden, und daher schrieb er alles eigentlich Wissenschaftliche, oder vielmehr alles, was er zu unmittelbarer Wirkung in der Wissenschaft bestimmte, entweder lateinisch oder französisch. Daß er aber auch Deutsch als schon vollkommen ausreichende Sprache der Wissenschaft nach den theoretischen Grundsätzen, die er selbst für seinen Gebrauch gefunden hatte, zu handhaben verstand, zeigen nicht sowohl jene beiden Gelegenheitsschriften, die bei einem überwältigenden Reichthum an Ideen doch die strenge Form der wissenschaftlichen Deduction nicht bedürfen, weil sie nur ihm selbst galten, auch nicht jene staats- und völkerrechtlichen Pamphlete, die er mitten in die große Politik seiner Zeit hineinwarf, und die sich an alle Deutschen wenden, nicht an die gelehrte Zunft, als vielmehr die doch recht zahlreichen deutschen Schriften ächt wissenschaftlichen Gehaltes und völlig durchgearbeiteter wissenschaftlicher Form, die sich in seinem Nachlaß, gleichsam als Probe des gewissenhaften Rechnens für die Richtigkeit seiner Ideen gefunden haben. Keine derselben giebt einen wesentlich neuen Zug in dem Gesammtbilde seines wissenschaftlichen Genius oder enthält eine wesentlich neue, von ihm nicht auch anderwärts lateinisch oder französisch vorgetragene wissenschaftliche Idee und dies ist auch der Grund, weshalb er sie deutsch schrieb und in seinem Pulte verschloß oder nur an Einzelne mittheilte.

Leibnitz drückt sich in seiner „Ermahnung an die Teutsche" darüber eben so zierlich wie scharf aus, „denn unser deutscher Garten muß nicht nur anlachende Lilien und Rosen, sondern auch süße Aepfel und gesunde Kräuter haben; jene verlieren bald ihre Schönheit und Geruch, diese lassen sich viele Jahre zum Gebrauch behalten." Aus dem Bild in den Ausdruck der verständigen Reflexion übersetzt, heißt das: daß keine Verbesserung der Mißstände in der deutschen Sprache zu hoffen sei, „so lange wir nicht unsere Sprache in den Wissenschaften und Hauptmaterien selbsten üben, maßen wenig rechtschaffene Bücher vorhanden so in deutscher Sprache geschrieben und den rechten Schmack oder reinen Saft haben, wir schreiben gemeiniglich solche Bücher, darin nichts als zusammengestoppelte Abschriften aus andern Sprachen genommen, oder zwar unsere eigene, aber oft gar ungereimte Gedanken." Es ist, wie man sieht, ausschließlich der dem Verstande und der Reflexion begreifliche Gehalt der Literatur, den er nach seiner eigenen Geistesindividualität als das eigentlich würdige Object der sprachlichen Darstellung gelten läßt, die Poesie ist ihm nur ein an sich überflüssiges Ornament, aber nicht die strenge Form der Wissenschaft allein, noch weniger etwa bloß die Philosophie, sondern alle und jede Objecte aus der Wirklichkeit, die dem Menschen „nutzbar" sein können. Diese principiell prosaische Auffassung, die aus der gleichen des gesammten Lebensgehaltes fließt, hat, wie man leicht begreift, in einer Sprache, wie die der poetischen und prosaischen Rhetorik des 17. Jahrhunderts, das denkbar schlechteste Darstellungsmittel gefunden und so läßt sich Leibnitzens ganzes Streben für die deutsche Sprache kurz dahin zusammenfassen, daß man es als die begrifflich nothwendige Reaction dagegen, als ein Suchen nach dem ächten Prosaausdruck, oder die sprachlich zureichende Darstellung des gesunden Menschenverstandes und der geschulten Reflexion characterisirt.

Was Leibnitz der wissenschaftliche Genius und Leibnitz der Patriot für die Erforschung der gesammten nationalen Vergangenheit in Recht, Geschichte und Sprache gethan hat, gehört zunächst in die Geschichte der deutschen Sprachwissenschaft oder der deutschen Philologie und Alterthumskunde, nicht in die Geschichte der neuhochd. Schriftsprache. Daß er zuerst im Gegensatz zu allen Früheren, die Principien der historisch-kritischen Methode auch diesen Studien erschlossen hat, liegt auf der Hand, und daß dieselbe neben der massenhaften Anhäufung von Material, die Eccard auf der einen Seite, auf der andern Schilter und die Straßburger Germanistenschule, wie nicht minder die Leipziger, als die eigentliche Aufgabe der Wissenschaft practisch zur Geltung brachten, einstweilen etwas verkümmerte, ist nicht Leibnitzens Schuld, obgleich er selbst durch die imposante Fülle des merkwürdigen Stoffes, den er zusammenzubringen verstand, eine der Veranlassungen dazu wurde.

Dem Manne der Wissenschaft konnte seine deutsche Haupt- und Heldensprache — und so tauft er sie in conventionell-loyalem Conservatismus nicht bloß, sondern auch mit einer allseitigen, für seinen Verstand zureichenden Begründung — wie alle andern Sprachen nichts weiter sein als ein Spiegel des Verstandes, und sie zu einem richtigen von allen Flecken gereinigten zu machen, das war das Ziel seines logischen Rechnens und seiner daraus abgeleiteten practischen Vorschläge. Die Worte sind ihm aber doch nicht bloße willkürliche oder conventionelle Zeichen, wie sie seinem philosophischen Antipoden, dem Engländer Locke, für sein Englisch es wohl sein durften, sondern sie sind ihm aus der eigentlichen Begriffswurzel vollzogene Schöpfungen, in denen sich durch den übereinstimmenden Gebrauch eine ganze Summe von feststehenden Begriffsmaterialien auf einmal spiegelt. Insofern darf er sie mit Ziffern oder Rechenformen vergleichen, aber er ist viel zu geistvoll, sie nur dafür zu halten, wie es Locke thun mußte. Alle jene buntscheckig schillernden Phantasieseifenblasen einer im Grunde unendlich prosaischen und trivialen Sprachmystik, die selbst noch einem so nüchternen Mann wie Schottel die Sinne umnebelt hatten, sind damit zerstoben, und wenn sie auch nicht sofort verschwanden, so waren es von da an Gespenster und keine Wirklichkeiten mehr. Für den Verstand kommt es, wie er weiß, auf zweierlei in der Sprache an: 1) Auf die vollständige Begriffsmäßigkeit der Worte, 2) auf ihre logisch, oder was ihm damit identisch sein muß, grammatikalisch richtige Verbindung. Die deutsche Sprache hat nach Leibnitzens Wahrnehmung — und hierin, wie in allem Andern, ist jedes Wort von ihm eine absolut richtige Offenbarung des Verstandes, oder die auch isolirt richtige Ziffer eines im Ganzen richtigen Rechenexempels — die Fähigkeit, in diesem Sinne ihre ganze Schuldigkeit zu thun, bisher noch nicht entwickelt; die Poesie auf der einen Seite, das Bedürfniß des gewöhnlichen oder practischen Lebens, also nach der gewöhnlichen Auffassung die beiden entgegengesetzten Pole, können durch die vorhandenen Sprachmittel alle ihre Anforderungen decken, nicht aber jene mittlere Region, die von den practischen Interessen eines höheren Cultur- und Gesellschaftsstandes, Staat, Recht, Politik ꝛc. bis hinauf zu der eigentlich abstracten Wissenschaft reicht, und es kommt nur darauf an, daß diese Lücke ausgefüllt werde.

Insofern als diese deutschen Schriften entweder nur als Entwürfe ihres Verfassers, oder in einem engeren Kreise von Freunden und Gönnern circulirend, oder wie die verschiedenen staatsrechtlichen und politischen Abhandlungen bloß durch ihren Inhalt, aber nicht durch ihre Form dem Verfasser selbst etwas galten, kann man zugestehen, daß die gesammte deutsche Schriftstellerei Leibnitzens unmittelbar keine Wirkung auf die Entwickelung der deutschen Sprache seiner Zeit ausgeübt habe. Es gilt also für ihn das Umgekehrte, was für Luther, mit dem er von den Vorgängern allein nach seiner, wenn auch gründlich anders gearteten, geistigen Potenz vergleichbar ist. Und doch möchte man auch Leibnitz als deutschem Schriftsteller wenigstens ein ähnliches ideales Supremat in der Sprache seiner Zeit zuerkennen, wie es Luther real übte. Andere waren dazu berufen, das auszuführen, was der eine Mann in dem ganzen Kreis der ihm zugänglichen Stoffe und Darstellungsformen allein leistete, jeder in seinem Fache, keiner aber mit solcher Meisterschaft wie er, denn selbst ein Christian Wolf, wie wir noch sehen werden, steht nicht bloß in der Substanz seiner Philosophie, sondern auch in der flüssigen, gewandten und absolut lichtvollen Darstellung seiner Lehrsätze durch die Mittel der deutschen Sprache wie ein dürftiger Nachahmer zu dem Originalgenie.

Man kann daher auch sagen, daß es dem deutschschreibenden Leibnitz eigentlich darauf ankam, die Ergebnisse seines auf die deutsche Sprache gerichteten systematischen Denkens, seiner rationellen Durcharbeitung des Sprachbegriffs und der vorhandenen Sprachmittel, die er in den Unvorgreiflichen Gedanken und sonst gelegentlich niederlegte, in seinen verschiedenen deutschen Schriften thatsächlich, wenn auch ohne eigentliche systematische Absichtlichkeit, als richtig zu erweisen. Namentlich seine streng philosophischen Abhandlungen „Von der wahren Theologia mystica, von dem Naturrecht, von der Weisheit, von dem höchsten Gute, von dem Verhängnisse" thun dar, wie jener tiefe Gedanke, den er in einem Briefe an den Herzog Johann Friedrich von Hannover einmal gelegentlich hinwirft, „die deutsche Sprache leide keine „Terminaisonen" (willkürlich erfundene Kunstausdrücke), man wolle denn fremde Worte ungescheut hineinflicken", von ihm zuerst und beinahe allein für den höchsten wissenschaftlichen Stil practisch gemacht werden konnte. Denn hier in diesen Schriften finden sich weder „fremde Worte", die mit einer wunderbaren und eben deshalb dem Leser gar nicht im geringsten auffälligen Gewandtheit vermieden sind, während seine politischen Memoires und seine Briefe alle die lebendig circulirenden Fremdwörter gebrauchen, noch das, was er „Terminaisonen" nennt, selbsterfundene Schulterminologien, die zwar dem Klang und der Herkunft nach deutsch, aber nur durch erläuternde Noten dem Leser deutlich gemacht werden konnten. Hier ist das Problem ge-

löst, das bisher noch keiner gelöst, kaum überhaupt einer zu lösen
versucht hatte, die deutsche Sprache ohne fremde Beihilfe zum
Ausdruck der höchsten wissenschaftlichen und intellectuellen
Aufgaben fähig zu machen, sie zu einer Sprache der Wissen=
schaft zu gestalten, und doch für jeden, der sie versteht und
der die nöthige Vorschule des Denkens durchgemacht hat, voll=
kommen verständlich zu sprechen, und es ist so gelöst, wie es
von allen Nachfolgern Leibnitzens im Bereich der abstracten
Speculation bis herunter zu Hegel keiner besser zu lösen ver=
standen hat. Rechnet man dazu noch jenen zu einer aus=
führlichen, sorgfältig disponirten Abhandlung angeschwollenen
Brief an Gabriel Wagner in Hamburg vom Jahre 1696, die
Vertheidigung des Werthes der formellen Logik gegen diesen
ihren revolutionär=idealistischen Verunglimpfer, so hat Leibnitz
den ganzen Kreis der philosophischen Deduction in deutscher
Sprache umfaßt und zwar mit absoluter Vollendung. Alles,
was Spätere leisten konnten, ist hier auf den ersten Wurf der
souveränen Genialität des rationellen Verstandes in seiner
höchsten Potenz noch besser geglückt. Daß die äußeren Sprach=
formen, die Satzfügung und der Wortgebrauch, so weit sich
Leibnitz nicht selbst nach seinem Bedürfniß neue Worte für
seine eigensten Begriffe schuf, der Zeit angehören und insofern
ein vergängliches oder zufälliges Gewand tragen, versteht sich
von selbst; denn darin, wie in seiner stets schwankenden Or=
thographie, schließt er sich je nach der Eingebung oder dem
Zufall des Augenblicks an das Vorhandene äußerlich an und
das eigentlich Neue liegt wo anders. Dies ist darin zu suchen,
daß er, weil er Leibnitz war, an die Stelle der Phrase und
der conventionellen Rhetorik, der sich bis dahin nichts, was in
deutscher Sprache seit Opitz geschrieben war, zu entziehen ver=
mochte, den rationellen Gedanken des selbständig reflectirenden

Verstandes setzte, der für seine systematischen Deductionen
natürlich auch die einmal in der Sprache gegebenen Wörter
und ihre herkömmliche Zusammenfügung brauchte, aber das
gerade Gegentheil von conventioneller Phrase, durchaus selbst-
erzeugtes und selbstbewußtes Denken und Urtheilen war. —

Wie er sich das am practischsten oder begrifflich richtigsten
dachte, ist für die Characteristik des Mannes von Belang,
nicht aber für die Sprachgeschichte, ,da sich deren thatsächliche
Wirklichkeit um solche isolirte Gedanken nicht kümmern konnte.
Daß die Grammatik trotz seiner unverholenen und aufrichtigen
Anerkennung des darauf verwandten Fleißes eines Schottel
und anderer, noch der größten Verbesserung bedurfte, fiel ihm
nicht schwer zu bemerken.

Seine practischen Vorschläge lehnen sich auch hier wie
überall bei ihm an den Gedanken einer organisirten Verbindung Gleichstrebender: es sollte eine deutsche Academie oder
Sprachgesellschaft erstehen, wie er schon 1679 eine solche
teutsch gesinnte Gesellschaft geplant hatte. Einem Leibnitz
schwebt dabei sein anderes Ziel vor, als einem Zesen oder
dessen Jünger Rist, der doch in seinem Elbschwanenorden die
Lächerlichkeiten der Rosengesellschaft als Nachahmer eigentlich
nur noch überbot, aber sie mit einer gewissen geschmeidigen
Klugheit zu überkleistern verstand, was dem relativ ehrlichen
und nobeln Zesen nicht gelang. Sobald dieser Leibnitzische
Gedanke ausgesprochen war, mußte das Reich der Sprachorden,
die überall mit poetischen Cliquen zusammenfielen, für immer
gestürzt sein. Auch äußerlich hat sich nur die Rosengesellschaft
Zesens bis ins folgende Jahrhundert ein jämmerliches Siechen-
leben gefristet. Bei Leibnitz ist auch hier alles männlich reif,
was bei den Andern kindische Seifenblasen, höchstens kindliche
Ahnungen sind. Ist ja doch Leibnitz überhaupt der erste

Deutsche auf dem intellectuellen Gebiete, der den Eindruck männlicher Reife des Geistes macht. Die Geschichte selbst übernahm es, diese seine Vorschläge in die Wirklichkeit umzusetzen, sie that es aber zum größeren Theil durch andere Mittel, als er im Auge hatte, hauptsächlich durch einzelne wissenschaftlich reife Männer, nicht mehr wie bisher unreife Kinder und zugleich Monstra von gelehrtem Kram, denn auch die Polyhistorie ist durch Leibnitz begraben worden, weil er mehr wußte, nicht bloß mehr gelernt hatte, als alle Polyhistoren zusammen.

Schon die Betrachtung des nächst an Schottelius reichenden und insofern ihn fortsetzenden Morhof zeigt den Fortschritt, den Leibnitz für sich selbst gemacht hatte, wenigstens in einigen Andeutungen als einen Erwerb der Zeit. Denn einen Morhof und Leibnitz wirklich miteinander zu vergleichen, wäre albern. Morhofs allbekanntes Hauptwerk, sein Unterricht von der teutschen Sprache und Poesie, ist 19 Jahre nach Schottels „Ausführlicher Arbeit" und 15 Jahre vor Leibnitzens „Unvorgreiflichen Gedanken" 1682 gedruckt. Ganz nach demselben Schema von Schottel angelegt, unterscheidet es sich nicht sowohl durch eine relativ größere sachliche Richtigkeit des Inhalts, als durch einen relativen Instinct für die der wissenschaftlichen Darstellung zustehende Form. Seine Sprache ist äußerlich, was Orthographie, Flexionen, Wörterbuch und Satzbau betrifft, dieselbe wie Schottels, aber sie ist aus der rhetorischen Declamation in die Deduction der Sachen und Begriffe getreten und insofern durch eine große Epoche der menschlichen Geistesentwickelung von jener getrennt, mit der sie die äußerliche Betrachtungsweise verwechseln kann. Von nun an konnte es keine deutsche Grammatik, Rhetorik, Stilistik, Poetik, Sprachgeschichte oder was sonst noch ungeschieden, gewöhnlich jetzt schon immer schärfer von einander sich abscheidend, als wissenschaftliche Darstellung des deutschen Sprachmaterials gelten wollte, wagen, wieder in die declamatorische Rhetorik zu verfallen. Jede mußte es versuchen, als Sprache der Wissenschaft wenigstens zu stammeln.

Als Christian Wolf die Leibnitzische Philosophie systematisch zusammenfaßte, und zum Mittelpunkte des gesammten deutschen wissenschaftlichen Unterrichts machte, auf der Universität, die damals genau dieselbe Rolle von der Geschichte erhalten hatte, die einst Wittenberg zu Luthers Zeiten und seitdem keiner andern mehr zugefallen war, in Halle, konnte schon damals der und jener fragen, ob denn wirklich das Leibnitz'sche und Wolf'sche System sich deckten. Um so wohlfeiler ist heute eine solche Frage. Aber damals konnte man noch nicht sehen, was wir heute wissen, daß Wolf und die Wolf'sche Philosophie eine der größten Revolutionen im Geiste der deutschen Nation bezeichnen, einen unermeßlichen Fortschritt auf der Bahn ihrer innerlichen Reise. Es war die erste Philosophie der modernen Zeit, die in Deutschland Wurzel schlug, und als eine ganz nationale Pflanze auf diesem noch ein Menschenalter für alle höhere Wissenschaftlichkeit scheinbar so ungünstigen Boden eine Triebkraft entwickelte, die alles, was sich an auswärtigen verwandten Erscheinungen vergleichen läßt, weit in Schatten stellte. Denn wo haben Descartes, oder Locke oder Spinoza in ihren Vaterländern ähnliche Erfolge zu verzeichnen? Es war überhaupt zugleich die erste systematische Philosophie in deutscher Sprache, denn Jacob Böhme und Bruder Eckhart sind wohl große Philosophen, jedenfalls größere als Christian Wolf und vielleicht ideenreicher als Leibnitz selbst gewesen, aber sie konnten kein philosophisches System schaffen. Die Wolf'sche Philosophie

that es, und zwar ohne alle patriotische Grimasse, aber in ächt
patriotischer Gesinnung in deutscher Sprache. Sie wurde auf
den Kathedern mit Vorliebe sofort deutsch vorgetragen, wie
es ihr Schöpfer that, und ihre bald sehr zahlreiche wissenschaftliche Literatur ist zwar nicht ausschließlich, aber überwiegend deutsch. So löste Chr. Wolf in der deutschen Centralwissenschaft, denn dazu hat er für jeden, dessen Auge sich nicht
durch die Zufälligkeiten eines kleinen und vorübergehenden
Ausschnitts der Gegenwart trüben und verwirren läßt, die
Philosophie ein und für allemal gemacht, die Aufgabe, die Leibnitz
sich und seiner Nation oder vielmehr die Vernunft der Dinge
diesen stellte. Wolf löste sie, wenn man ihn nur nicht mit Leibnitz
vergleichen will, in bewunderungswürdiger Weise weit über
das Maß dessen hinaus, was man billigerweise von dem
Bahnbrecher verlangen konnte. Es scheint, als sei ihm
eine gewisse Routine des sprachlichen Ausdrucks als Schlesier
angestammt gewesen, die er in dem sprachlichen Ausdruck der
höchsten Sphäre der intellectuellen Probleme mit einer Geschicklichkeit verwandte, daß er darin von keinem seiner Nachfolger in seiner philosophischen Mission übertroffen, kaum von
einem und dem andern in seiner Weise annähernd erreicht
worden ist, nur daß er, wie schon bemerkt, ohne daß er
oder die deutsche Sprache es ahnte, schon von Leibnitz überholt war.

Da in der Centralwissenschaft die Hauptschlacht so glänzend
gewonnen war, ist es nur zu verwundern, erklärt sich aber
wieder aus der Ungunst des Zufalls, die damals und
schon seit lange in allen deutschen Dingen so sichtbar waltete,
und aus den zum Theil davon bedingten, zum Theil davon
unabhängigen Grund- und Erbfehlern der nationalen Seelen-
anlage, daß die übrigen Wissenschaften verhältnißmäßig so

zögernd und so talentlos diesem Vorbild oder dem Gebote der geschichtlichen Logik folgten. Sie thaten es indeß doch einigermaßen, und wenn man zusieht, genau in demselben Verhältniß, als sie selbst im deutschen Geistesleben der Zeit lebendige Wurzel geschlagen hatten. Darum hat sich die classische Philologie, wenn man sie vorgreifend so nennen darf, am sprödesten und längsten gegen die deutsche Sprache der Wissenschaft sperren können. War sie doch noch am weitesten von dem modernen Begriff der Wissenschaft entfernt und ganz und gar eine Rumpelkammer von bloßem Wissen oder Notizen. Ein wenig, aber nicht viel besser stand es mit den Naturwissenschaften im allgemeinen: nur durch ihre Berührung mit Leibnitz und Wolf erhielten sie einiges Leben, sonst war ihre Zeit in Deutschland noch lange nicht gekommen und sie auf deutschem Boden mehr oder minder eine exotische Pflanze. Auch die Rechtswissenschaft ist nur zum kleineren Theil von dem neuen wissenschaftlichen Princip erfaßt worden: größtentheils zog sie es als bequemer und einträglicher vor, in dem alten Schlendrian des Romanismus, der Renaissance, der Barock- und Perrückenzeit zu bleiben. Die deutsch geschriebenen juristischen Bücher, wenig an Zahl, gehören von Seite ihrer sprachlichen Darstellungsmittel zu den schlechtesten, die es damals gab, und stehen im Durchschnitt sogar noch tief unter dem mittleren Niveau derjenigen aus dem Bereich der Naturwissenschaften. Aller Wissenskern und alle Charactertüchtigkeit in einem Jacob Moser kann doch nicht die barbarische Art, mit der er, der erst 1701 geboren ist, noch 50 Jahre nach Wolf die deutsche Sprache mißhandelt, entschuldigen, sondern läßt diese innere Zurückgebliebenheit nicht eines Einzelnen, sondern einer ganzen Disciplin desto greller hervortreten.

Neben der Philosophie pulsirt das eigentliche deutsche

Geistesleben damals noch immer oder wieder in der Theologie. Es ist bekannt, daß sich der Geist der Neuzeit hier zuerst in der eigenthümlichen deutschen Verkleidung als Pietismus darstellen mußte und der Pietismus hat, was keine frühere Theologie in Deutschland, was selbst Luther nicht thun konnte, eine theologische Literatur ächt wissenschaftlichen Gehaltes in deutscher Sprache geschaffen. Ob man Spener's deutsche Schriften hierher zählen wolle, läßt sich bestreiten, aber die von Gottfried Arnold, sowohl seine Theosophie „Das Geheimniß der göttlichen Sophia" als und noch vielmehr seine Unparteiische Kirchen- und Ketzerhistorie (seit 1697), sammt vielen andern in der Mitte beider gehören hierher. Das letztere Buch ist ohne Frage die solideste, gelehrteste und am meisten von dem neuen Geist der Wissenschaft durchdrungene Leistung ihrer Zeit in deutscher Sprache, nicht bloß das Hauptwerk der damaligen deutschen Theologie. Die Sprache erhebt sich bei Arnold nicht bis zu solcher in ihrer Art classischen Vollendung — natürlich in dem Rahmen der ihr gebotenen Mittel — wie bei Wolf oder gar bei Leibniz, aber sie hat sich doch von all den Schlacken des 17. Jahrhunderts gereinigt und ist die des ächten wissenschaftlichen Vortrags, nur etwas unbeholfen und schüchtern ihre Mittel gebrauchend. Daß die populär theologische Literatur, die einen Aufschwung ohne gleichen nahm, ihre Sprache im Wesentlichen noch in einigem Zusammenhang mit der Vergangenheit hielt, geschah aus der Natur der gegebenen Verhältnisse heraus. Wir sahen, hier war das Rinnsal, das zuletzt aus dem einen ewigen Jungbrunnen Luther entsprang, nie ganz vertrocknet, und die Butschky — trotz seines Renegatenthums — Scriver und Spener sind durch Johann Arnd und seines Gleichen auch äußerlich mit ihm verbunden.

Wie aber neben ihrer stillen Gehaltenheit und maßvollen Würde ein Balthasar Schupp originell aber auch eigensinnig genug in dem ganzen Sprachirrgarten seiner Zeit unbedingt zur Kurzweil seines Publikums, bedingt zu der der Nachwelt herumtaumelt, so wagte es auch der geniale Zinzendorf. Da er in allem und jedem etwas ganz Neues originell Seelisches leibhaftig machen wollte, so springt er auch über die starren Mauern der Sprachrichtigkeit oder der bisherigen Autorität oder des bisherigen Glaubens an dieselbe und wird in dem Bestreben ganz apart, ganz individuell zu sein, sehr oft einer der ärgsten Sprachverderber, die sich je an der deutschen Sprache versündigt haben, der sich z. B. nicht bloß an lateinischem und französischem Phrasenwerk genügen läßt, wie es Viele thaten, sondern auch griechisch und englisch, da es ihm ganz geläufig geworden war, mit ächt vornehmer Ungenirtheit zwischen unrichtiges Deutsch wirft. Es ist jedem erlaubt, über die ethische oder gefühlige Basis dieser räthselhaften Erscheinung so oder so zu denken: die deutsche Sprachgeschichte hat nur dies eine Urtheil über ihn.

Die Geschichtschreibung endlich unabhängig von der Kirchengeschichte und zugleich auf der wirklich wissenschaftlichen Basis der Zeit, datirte wie eigentlich das ganze wissenschaftliche Neuleben, von Leibnitz. Er selbst war aber als Quellensammler, Geschichtsforscher und Geschichtschreiber — dies eigentlich nur in seinen großartigen Annales Imperii Brunsvicenses — nur lateinisch aufgetreten, und unter seinen nächsten Gehilfen und Fortsetzern war keiner, am wenigsten der geistlose uob schwächliche Eccard oder Eckhardt, geeignet, die von ihm gelassene Lücke auszufüllen. Daß Leibnitz selbst den ächt historischen Stil in deutscher Sprache wie kein Anderer, sogar in derselben Meisterschaft wie den philosophischen, oder den der Staatsschrift hätte handhaben können, dafür zeugen die beiden officiellen Biographien seiner Landesherren, des Herzogs Johann Friedrich und des Kurfürsten Ernst August von Hannover, aber sie kamen nur von der Kanzel zur Verlesung. — Der erste, der ungefähr das in deutscher Sprache leistete, was Leibnitz viel besser gekonnt hätte, war der von ihm ganz unabhängige Leipziger Professor J. J. Mascou in seiner „Geschichte der Deutschen bis zu Anfang der fränkischen Monarchie, 1726", ein Werk, dessen durchaus wissenschaftliche Basis mit einer ganz verständigen, auf das Denken und Urtheilen des Lesers gerichteten Formgebung glücklich harmonirt. Ungefähr gleichzeitig ist von einem vornehmen Manne, einem hohen Staatsbeamten, dem spätern Reichsgrafen Heinrich von Bünau, eine „Genaue und umständliche Kaiser- und Reichshistorie" in 4 starken Quartbänden von 1728 an veröffentlicht worden, deren sprachgeschichtliche Bedeutung zwar nicht ganz so hoch steht, wie die Mascou's, aber doch gegen das ältere nächst Vergleichbare, z. B. Pufendorf's Einleitung zu der Historie 2c., Birkens „Spiegel der Ehren des Erzhauses Oesterreich", Chemnitzens „Schwedischer Krieg" gehalten, den neuen Geist energisch genug auch in der Sprache darstellt.

## Drittes Capitel.

### Die Umwälzung in der deutschen schönen Literatur und ihrer Sprache durch und seit Weise.

Leibnitz in seinen unvorgreiflichen Gedanken hat auch das literarische Material zu einer der großen lexicalischen Arbeiten, die er für die Ehre und den Nutzen seiner Muttersprache unerläßlich hielt, in kurzer Uebersicht sich vorstellig gemacht. Es geht bis auf den „Oesterreichischen Theuerdank" zurück und herunter bis auf die bevorzugten Romane des Tages, Lohensteins Sophonisbe und Ibrahim Bassa — wobei es bekanntlich komisch genug seinem sonst so unvergleichlichen Gedächtniß passirt, Lohenstein mit Zesen zu verwechseln. Luther und Opitz stehen natürlich in der Mitte dieser Schatzkammer der lebendigen Sprache, obwohl er weiß, daß Luthers Sprache selbst in seiner Bibel schon theilweise veraltet ist. Unter allen ist ihm Opitz auch in der Sprache der eigentliche deutsche Classiker, wenn wir diesen modernsten Ausdruck gebrauchen wollen. Auch darin zeigt sich eben so sehr die klare absolute Verstandesmäßigkeit, womit Leibnitzens Auge die deutsche Sprache erfaßte, wie jene ihm so eigenthümliche Mischung natürlicher Bewunderung jeder productiven Geistesthat und eines die Autorität des feststehenden Namens schon deshalb hochhaltenden Respects. —

Im Ganzen sprechen auch alle seine Zeitgenossen wie er und in allen Poetiken, die vor und neben dem einen Morhof zu Dutzenden, von den namhaftesten und den obscursten Verfassern, den deutschen literarischen Markt damals erfüllen, steht das Axiom fest, daß die deutsche Literatur, oder was damit als gleichbedeutend gesetzt wird, die deutsche Poesie in Opitz eine Spitze erreicht habe, zu der alle Spätern nur mit Ehrfurcht hinaufblicken, niemals aber wähnen dürften höher zu steigen. Wie alles in dieser Zeit ist es, schärfer besehen, nur eine hohle Phrase. Denn ein Harsdörfer, Birken, Zesen, die sich alle auf dem deutschen Parnaß thatsächlich einen Namen gemacht hatten, ehe sie daran dachten, in ihren verschiedenen Gradus ad Parnassum die Mitwelt darüber zu belehren, wie das anzustellen sei, waren jeder für sich in innerster Seele überzeugt, nicht bloß alle zeitgenössischen Rivalen, sondern auch Opitz weit überflügelt zu haben. Wenn man dessen Nimbus nicht antastete, so geschah es weniger aus Pietät, noch weniger aus einem Verständniß für die wirklichen Vorzüge, die er vor der Gegenwart voraus hatte, sondern um in beliebter Weise durch den lügenhaften Cultus eines Todten die Lebenden herabzudrücken.

Doch auch hier kündigte sich seit Morhof ein gewisser neuer Geist selbst an, zuerst so, daß bei allen hergebrachten Lobesformeln doch Opitz gegen den oder jenen seiner Nachfolger etwas zurückgesetzt wird. Bald ist es Fleming, bald Andreas Gryphius, bald Hofmannswaldau und endlich mit Vorliebe Lohenstein, wo sich das oder jenes Sinn- und Kunstvolle, diese oder jene Geistherrlichkeit und Zierlichkeit, die Opitz noch nicht gekannt, finden sollte.

Wer Lohenstein als die Spitze der deutschen poetischen Leistungsfähigkeit dieser Zeit bewunderte, that es insofern mit gutem Recht, als er auf dem Wege, den Opitz eingeschlagen hatte, das äußerste Ende bezeichnete, da wo die reflectirte Rhetorik, die sich aller möglichen Kunstformen principiell mit gleichem Rechte bemächtigt hatte und sie alle mit gleicher Virtuosität innerhalb des einmal gegebenen Kreises der Sprachmittel verarbeitete, in die sinnlose Tirade oder den Galimathias umschlagen mußte. Es lag in der Logik der Verhältnisse, daß dieser Weg bis zum äußersten Ende ausgegangen wurde, aber es liegt an der eigenthümlichen Zähigkeit unserer Volksseele, von der die deutsche geistige Entwickelungsgeschichte überall, aber nicht überall zu ihrem Vortheil, zeugt, daß es mit solchem unerschütterten Glauben an die Vollkommenheit der Methode und der Ziele, mit solcher schwerfälligen und eigensinnigen Gewissenhaftigkeit, die der

Nachwelt immer neue psychologische Räthsel aufgiebt, geschehen konnte.

Die Welt der Kunst hatte seit Opitz ein ganz anderes Gesicht gewonnen, und die Muster, die ihm noch allein gültig sein durften und mußten, allen voran sein Daniel Heinsius, der den Kunstgenius des Barockstils oder der äußersten Spätrenaissance in niederdeutsche Poesie gebannt und dadurch dem hochdeutschen Schüler so mundgerecht gemacht hatte, war nunmehr längst durch die Classicität des Zeitalters Ludwigs XIV. und des antiquisirenden Perrückenstils abgelöst und in die verachteten, vergessenen Winkel der Vergangenheit geschoben, als in Deutschland das große schlesische Dreiblatt, A. Gryphius, Hofmannswaldau und Lohenstein, wie als wenn ihre und ihrer Nation Augen für das neue Licht gar nicht geschaffen wären, die alten abgestandenen Götzen und Dogmen in ihren eigenen Schöpfungen gleichsam erst recht zur Anbetung appretirten.

Deutschland hätte noch lange seine Lohenstein bewundern, und ein Heer von subalternen Geistern sie in gewöhnlicher Art unendlich nachahmen und wo möglich noch überbieten dürfen, wenn nicht trotz aller Hemmnisse jener innere Umschwung der nationalen Geistessubstanz, der in Leibnitz seinen entsprechenden reinsten Ausdruck auf dem Felde der Intellectmellität gefunden hat, sich überall, folglich auch in der Literatur, deutlich angekündigt hätte. Es ist oberflächlich, in dem nur für heutige, aber nicht damalige Augen auf einmal so mächtig gewachsenen Nimbus der französischen Classicität Ludwigs XIV., eines Racine oder Molière's oder gar der auf die Doctrin abgezogenen Schablone des neuen Kunstgenius Boileau's den Anstoß dazu zu suchen, oder in andern Schwingungen des damaligen politischen und socialen Weltlebens, so weit sie vom Ausland her stattgefunden. Alle Refugiés, und wenn sie noch zehnmal zahlreicher an den calvinischen Fürstenhöfen ihren Einzug gehalten hätten und jeder ein noch zehnmal fanatischerer Apostel der alleinseligmachenden, damals neufranzösischen Classicität gewesen wäre, hätten die Deutschen nicht überzeugt, daß Lohenstein nicht mindestens eben so hoch als Racine stehe und die Lustspiele des A. Gryphius noch geistreicher und kunstvoller, als die des Molière seien. Auch der bedeutende Glanz, der die politischen und militärischen Erfolge Ludwig XIV. umgab, die ja alle im letzten Grunde über Deutschland davon getragen waren, hat es mit gethan. Alles dies hat mit geholfen, und dann natürlich in einem wechselnden Gewichtsverhältniß innerer Ueberwältigungskraft, aber erst dann, als sich der deutsche Geist selbst von innen heraus eine neue Bahn in der Literatur eröffnet hatte.

Endlich war nunmehr in ihm das Hin- und Herschwanken zwischen der forcirten Gedunsenheit eines nur anreflectirten Idealismus und dem Triebe, sich den natürlichen Anforderungen einer verständigen und practisch-rationellen Auffassung und Darstellung der Außenwelt ehrlich hinzugeben, zu Gunsten des letztern entschieden worden. Leibniß selbst, der eigentliche Genius der Wahrheit und Correctheit des verständigen Denkens über die Welt, ist insofern auch nur als ein Symptom dieser in dem ganzen Volksgeist vorgehenden Revolution zu fassen, wie jeder andere weltgeschichtliche Bahnbrecher. Und so ist es auch mit Weise auf seinem engeren Gebiete und in seiner von vorn herein so beschränkten Tendenz.

Der äußere Beweis dafür ist so leicht als möglich zu führen. Bekanntlich ist es Christian Weise, der Zittauer Schulrector, der den Umschwung des literarischen Geistes durch seine productiven Thaten darstellt. Hier ist nicht der Ort zu einem literaturgeschichtlichen Characterbild: nur das sei erwähnt, was ja von Niemand bestritten wird, daß dieser sächsische Magister völlig unberührt von allen den Großthaten der französischen Kunst= heroen seiner Zeit ist. Er kennt sie kaum dem Namen nach, und versteht ihre Sprache nicht. Er ist darin noch ganz ein Mann der alten Schule, daß er nur seine deutschen Poeten bis auf Opitz, und in ätherischer Höhe über ihnen die Griechen und Lateiner sieht. Will man den Kern seines Wesens be= zeichnen, so ist mit ihm die Herrschaft der rhetorischen Phrase, des rhetorischen Idealismus zu Ende und das entgegengesetzte Reich der trockenen Natürlichkeit und der verstandesmäßigen Wirklichkeit beginnt. Die ganze bisherige Literatur hatte von jenem andern Elemente gelebt: sie mußte es, weil sie in einer durch und durch prosaischen und verstandesdürren Zeit die idealen Ansprüche der Kunst, um ihr Dogma zu wahren, nicht anders retten konnte, als durch das, was dem gesunden Menschenverstand als Lüge oder Grimasse erscheinen darf, wie er dadurch existirt, daß er von der Existenz einer idealen Welt keine Vorstellung hat. Jetzt war dieser gesunde Menschen= verstand, der Verstand überhaupt, durch die Einflüsse der wissenschaftlichen Arbeit des Jahrhunderts auch in Deutschland so weit geschult und erstarkt, daß er jene Maske des con= ventionellen Idealismus mit Verachtung von sich warf und sich ganz zu sich selbst und zu keinem andern Götzen bekannte. Daraus erklärt sich das Ganze und das Einzelne in der leider, aber sehr begreiflich, zu Vielschreiberei ausartenden literarischen Geschäftigkeit des federfertigen Lausitzers, daraus erklärt es sich auch, daß Leibnitz ihn zwar auch unter den lebendigen Quellen seines deutschen Sprachschatzes gelten läßt, aber doch bedauert: daß einige sinnreiche Teutsche Scribenten und unter ihnen der sonst Lobewürdige Herr Weise selbst diesen merklichen

Fehler noch nicht abgeschafft, daß sie etwas schmutzig zu reden kein Bedenken tragen, und auf das Beispiel der Franzosen hinweist — was freilich einem Weise nicht viel hatte helfen können — daß sie sich einer großen Sauberkeit der Worte sogar in den Lust- und Possenspielen befleißigen.

Und wirklich wie mit einem Schlage ist das Lexicon des literarischen Ausdrucks bei diesem Weise ein anderes, als bei seinen Zeitgenossen. Aber er hat nichts weiter gethan, als daß er, so weit er sich selbst seiner sprachlichen Hilfsmittel durch die Reflexion bewußt werden konnte, in die Sprache der Wirklichkeit, natürlich nicht in den Formen der Mundart, die er selbst sprach, oder die sein Ohr berührten, griff. Jener mittlere Durchschnitt der lebenden Sprache, der in allen Theilen Deutschlands als natürliches Gegenstück zu der literarischen Gemeinsprache, zu der hochdeutschen Haupt- und Heldensprache eines Lohenstein und Ziegler sich aus unmittelbarer practischer Nöthigung ungefähr gleichförmig, soweit die Gleichförmigkeit der Grundlage der Volksbildung reicht, durchgesetzt hatte, der bis dahin nur schüchtern und so nebenher einmal in der zünftigen Literatur zu ganz bestimmten Zwecken Aufnahme gefunden, z. B. in Grimmelshausens Sittenbildern aus der Wirklichkeit in Romanform und in der Fluth ihrer schalen Nachfolger, wohl auch in einzelnen Scenen des classischen Lustspiels der Schlesier und ihrer Nachahmer, bricht nun auf einmal durch und setzt sich nicht allein, aber doch, und zwar in der wunderlichsten Verschlingung der Glieder, neben das correcte Pathos, das bis dahin allein für möglich oder einer deutschen Feder würdig gegolten hatte. Leibnitz schuf sich die Sprache des zureichenden Ausdrucks des wissenschaftlichen Verstandes zum Theil aus denselben Elementen, aber seine überlegene Intelligenz und seine gediegene weltmännische

Feinheit machten daraus ein in ihrer Art bewundernswerthes Meisterstück. Weise wird Niemand, der unsere innere Begründung für richtig hält, auch nur entfernt eine solche Genialität zutrauen, aber auch er hat sich eine Sprache geschaffen, die für ihn Wahrheit ist und die er schreibt.

Diese Sprache Weise's ist nicht meißnisch, nicht lausitzisch, so wenig wie das Deutsch Leibnitzens Leipziger Mundart oder das Lohensteins Breslauer ist, aber es nimmt doch unwillkürlich einen ganzen Haufen von Localausdrücken auf neben dem, was man den allgemein deutschen Jargon des Mittelstandes nennen kann, die zwar nicht der eigentlichen „Pöbelsprache" angehören, d. h. einer wirklich naturwüchsigen Mundart, wovor Weise wie jeder andere gelehrte Mann der Zeit eine unaussprechliche Verachtung hat, sondern der mittleren Gesellschaftsschicht, aber in dieser doch nur in Zittau und Umgegend in Gebrauch waren. Wahrscheinlich darauf bezieht sich das für Leibnitz ungewöhnlich scharfe Wort über Weise's Sprache. Anderes ebenso Unfeines legt ihm das Bedürfniß der Komik in den Mund und dies Andere ist wieder nur zufällig local, der Schriftsteller Weise sucht das Alles, was er als Neues in seiner Sprache hat, nach eigenem Instinct in die correcten Formen des Schriftdeutschen umzusetzen. Es fällt ihm so wenig ein als Gryphius oder den andern Dramatikern, der Mundart als solcher eine andere Geltung als die eines auf die Lachmuskeln wirkenden Reizmittels einzuräumen. So hatte sie ja schon Herzog Heinrich Julius verwandt, und so hätte er es auch machen können, aber es scheint, als sei ihm das unbequem gewesen, oder hätte nicht in seinen Begriff von Stil und Sprache gepaßt, daher thut er es nie in zusammenhängender Folge, sondern nur in einzelnen Ausdrücken, wie sie ihm gerade in den Wurf kommen.

Diese seine Gesellschaftssprache war wie die gesammte eigentlich lebendige deutsche Sprache mit Fremdwörtern gespickt: wir sehen, jeder, der aus seiner originellen Geistesart heraus oder durch äußere Veranlassung ihnen auch bisher einen gewissen Spielraum in seiner schriftstellerischen Sprache verstattet hat, ein Schuppe wie ein Grimmelshausen, zeichnet sich dadurch auf eine sehr unvortheilhafte Art vor seinen andern Zunftgenossen in Apollo aus, denen Sprachreinigkeit durch und seit Opitz als heiligste Gewissenssache galt, wenn sie sie auch anders verstanden, als die eigentlichen Puristen, ein Lohenstein anders als ein Zesen. Dieses neumodische, vom Tag genährte fremdsprachige Sammelsurium erhielt durch seine Aufnahme in das Leben eine ganz andere Stellung zur Sprache überhaupt, als sie den lateinischen Floskeln eines Canzleihelden, oder den wälschen, französischen, spanischen und italienischen Verbrämungen einer adelichen Perrücke à la mode zukam. Was Weise davon aufgegriffen hat, besteht aus ungefähr gleichen Theilen wälscher, hier wieder überwiegend französischer und lateinischer Wörter; insofern ist Hof- und Canzleideutsch ungefähr gleich abgewogen, beides aber unmittelbar aus dem Gebrauche des Mittelstandes, nicht von den Höfen und nicht von den Bureaus abgezogen. Er macht es nicht wie sein jüngerer Landsmann aus Berthelsdorf, der fromme Lausitzische Graf und Kirchenverbesserer, dessen gräuliche Sprachmengerei überall den Gelehrten und zugleich den kosmopolitisch abgeriebenen Cavalier, wie es scheint, mit reflectirter Selbstgefälligkeit ankündigen sollte. Dazu ist der schlichte Rector zu bürgerlich bescheiden, kennt auch gar nichts von dieser großen Welt, in deren Atmosphäre Zinsendorf abwechselnd mit der des himmlischen Jerusalems athmete. Was Weise Französisches hat, und er hat viele Hunderte französischer Wörter, hat er nicht auf dem Parquet von Versailles, sondern in den Stuben der Bürgersleute aufgelesen, oder vielmehr er hat es wie jeder andere Deutsche dieser Zeit mit der Muttermilch eingesogen, denn so sprach damals dieser unser Mittelstand in der That immer, wenn er unter seinesgleichen sich ein wenig gewählt ausdrücken wollte; nur mit den Dienstboten und Bauern ließ er allenfalls sich noch etwas mehr gehen, d. h. sprach er nicht bloß in dem Tonfall und den Lauten, sondern auch mit den Worten der eigentlichen Mundart.

Es giebt bei Weise ein untrügliches Kennzeichen, woran man diejenigen Fremdwörter, welche ihm selbst oder seiner lebendigen Sprache noch etwas Fremdartiges enthalten, von den andern, genetisch gerade so beschaffenen, aber völlig in das Bewußtsein der lebenden Sprache aufgenommenen, unterscheiden kann. Es ist dasselbe wie bei den meisten, ja so ziemlich bei allen, die seit Opitz deutsch geschrieben hatten: jene erste Art ist mitten in der deutschen Schrift durch fremde Lettern als solche dem Auge bezeichnet, die zweite wie jedes andere deutsche Wort gedruckt. So gehört ihm zu den ersten Sollicitante, Comoedie, Privilegium, contribuiren, dediciren und dergl. — man beachte, daß er mit einem in seiner Art wohlberechtigten Sprachinstinct auch noch zwischen dem fremden Stamm und der für das Sprachgefühl allein gültigen deutschen Ableitung -ren unterscheidet — zu den andern aber Wörter wie präsentiren, visiren, legitimiren, Vagante, und in jedem einzelnen Falle würde die Specialgeschichte eines solchen Wortes die Berechtigung eines solchen Grundsatzes erhärten, wenn sie sich immer bis in die verborgenen Falten der lebenden und Localsprache verfolgen ließe.

So wurde von ihm die Natürlichkeit und Wirklichkeit in der Sprache, in der er schrieb, mit demselben Rechte durchgesetzt,

wie er sie in dem Gehalte seiner sprachlichen Productionen zum
obersten Princip erhob. Eben deshalb giebt es keinen grim=
migeren Feind der Puristen von Zesens Schlag, aber auch der
aufgeblasenen Sprachmenger, die das mit Bewußtsein, und
um vor den Andern etwas vorauszuhaben, thun, was er in
naiver Unbefangenheit that, als Weise. Beide verfolgt er un=
barmherzig im Roman wie in dem, was er Comoedie nannte,
ein Genre, das wir in den meisten Fällen unbedenklich Posse
nennen würden.

Aber das mittlere bürgerliche Deutsch hatte doch das
Bedenken gegen sich, daß es zu wenig vornehm oder gebildet
klang. Der eigentliche Weltmann erkannte darin wohl eine
verständige, aber nicht die seinen socialen und ästhetischen
Ansprüchen entsprechende Sprache. Auch er war, ohne es zu
wissen, unversehens der Rhetorik des 17. Jahrhunderts ent=
wachsen und in den neuen Geist der Verstandesmäßigkeit
hineingewachsen. Er blickte aber zugleich auf die neuen
Muster der französischen Classicität, die Weise nicht kannte,
und lernte von ihnen, wie es Leibnitz am correctesten für
diese ganze Schicht seiner Zeit- und Bildungsgenossen formulirt
hatte, daß man wohl gewandt und natürlich, aber nicht roh
und pöbelhaft schreiben dürfe. So war es denn eine zuerst
kaum merklich von der ältern rhetorischen Literatur, deren
Götzen bis auf Wernicke noch auf allen kritischen Altären
Weihrauch gestreut wurde, sich abzweigende neue Poesie, die
in der Literaturgeschichte als die Hofpoesie eines Christian
Gryphius, Neukirch, Canitz, Besser, König keine besondere
Gunst zu genießen pflegt, ebenso wohl einem Andreas Gryphius
und Lohenstein wie einem Weise gegenüber. Und neben ihr
eine andere, uns etwas sympathischere, die ihren localen Mittel=
punkt nicht in der nach Patschuli riechenden Atmosphäre der

Höfe, sondern in der damals gesunden Luft der einzigen gebildeten Weltstadt des damaligen Deutschlands, in Hamburg hat. Jener Wernicke, dessen innere Hohlheit anmaßliche Selbstüberhebung dem Auge der Späteren nicht verbergen kann, Brockes und Richey kommen da auf, wo zum Theil noch in ihrer eigenen Jugend ein Rist und ein Zesen, die beiden Todfeinde und doch im Wesen ein und derselbe Mann, beide abwechselnd das 17. Jahrhundert allmächtig beherrscht hatten. Auch diese Hamburger mit ihrer etwas höher gestimmten Vornehmheit in der Sprache, so viel höher, als ein Hamburger Schulrector wie Richey vornehm behäbiger war, als ein Zittauer wie Weise, wollen die Sprache der Natur reden, nur nicht in Weise's Jargon, und es gelingt ihnen auch, nur daß ihre Sprache, weil um so viel vornehmer und gezüchteter, auch um so viel langweiliger und unbeholfener ist, was durch keine Politur des Verses und des Reimes verdeckt werden kann.

Jedenfalls aber war es um 1710 oder 1715 nicht mehr möglich, in der Sprache zu dichten oder zu schreiben, die Grimmelshausens Stadtschreiber von Renchen oder Bretten, und noch ergötzlicher Schuppes dicker Procurator Lorentz um 1670 gesprochen hatten, aber nicht bloß sie, sondern alle Helden und Heldinnen der Romane, Schäferspiele, Tragödien und Comödien bis auf Weise — denn sie waren es, die aus jenen Figuren des Volkshumors heraus sprachen und dieser hatte sie bloß zu copiren gebraucht — waren Grimasse und das Ganze eine einzige gedunsene Lüge, die dadurch nicht zur Wahrheit wurde, daß die Gläubigen sie für den Gipfel der deutschen Sprachkunst hielten.

## Viertes Capitel.

**Die Theorie der neuhochd. Schriftsprache unter den ersten Einflüssen des modernen wissenschaftlichen Geistes.**

Als Leibnitz seine „unvorgreiflichen Gedanken" niederschrieb, hatte er einen Morhof und einen Schottelius hinter sich, aber er hätte nicht Leibnitz sein müssen, wenn er von deren grammatikalischen Leistungen befriedigt gewesen wäre. Doch die Grundsätze der deutschen Sprache, die 1690 Johann Bödiker, Rector am Cölnischen Gymnasium zu Berlin, verfaßte, würden seinen Beifall erhalten haben, wenn er sie gekannt hätte, denn in ihnen waltet zum erstenmal der Geist ächt wissenschaftlicher Abklärung, dem keiner seiner Vorgänger Raum gegeben hatte, obgleich seit Gueintz jeder eine Ahnung davon empfand und Morhof ihm ziemlich nahe gekommen war. Was Weise für die Literatur und insofern für die lebendige Fortbildung oder Umbildung der Sprache gethan hat, das hat Bödiker für ihre theoretische Schematisirung geleistet.

Um dies zu können, mußte er vor allem jener einstigen Begriffsunklarheit über den Beruf der deutschen Grammatik oder des deutschen Grammatikers sich entwinden, die noch bei Morhof nicht überwunden ist, wenn schon er im Vergleich zu Schottel den Anhauch des gesunden Menschenverstandes, der jetzt überall sich durchzusetzen begann, deutlich verspüren läßt. Alle Vorgänger Bödikers waren in einem ungelösten, und wie sie es formulirt hatten, auch thatsächlich unlösbaren Dilemma stecken geblieben. Ein so dürftiger Geselle, natürlich nicht er allein, wie Gueintz hatte sich doch im guten Glauben eingebildet, daß die Gelehrten, d. h. die Leute wie er, die andern

Sprachen allein in Richtigkeit gebracht, und daß also auch die
deutschen Grammatiker zu dieser erhabenen Mission berufen
seien. Als er an ihre practische Ausführung ging, schlug
freilich die Macht des Thatsächlichen so gewaltig über ihm zusammen, daß er in dem völlig bilettantischen und zufälligen
Tasten nach dem Usus den einzigen Halt fand, wie wir sahen.
Keiner seiner Nachfolger wagte es, so unbefangen wie er seine
innerste Meinung vorzutragen, aber jeder war im Herzens-
grunde davon ebenso überzeugt wie er und in der practischen
Durchführung eben so rathlos. Alles läuft schließlich darauf
hinaus, daß der einzelne Grammatiker sich eine ungefähre
Abstraction von dem Sprachbilde zu machen sucht, das nach
seiner subjectiven Reflexion den meisten der deutschen Schriftsteller und Leser als das richtigste erscheinen würde, und dieses
unter gewisse feststehende wissenschaftliche Kategorien bringt.
Im Einzelnen versuchte ein solcher Gesetzgeber der Sprache
darin seinen Beruf zu bethätigen, daß er durch allerlei Einfälle seiner Laune oder seines Halbwissens jene Regel des
Usus noch regelrichtiger, als es der bloße Usus thut, zurecht-
zurücken beflissen ist.

Bödiker gebührt das Verdienst, diesem kindisch-bilettantischen
Getriebe mittelst der Reife seines rationell gearteten und geschulten Verstandes ein Ende gemacht zu haben. Daher denn
auch seine Grammatik, bis sie seit 1748 von Gottscheds
Grammatik verdrängt wurde, die eigentlich mustergültige in
Deutschland, wenn auch mit immer zahlreicheren Concurrenten,
geblieben ist.

Besonders in der Umarbeitung durch Bödikers jüngeren
Collegen Frisch 1723 darf sie als der eigentlich zutreffende
Ausdruck der rationellen Betrachtungsweise der lebenden
Schriftsprache gelten. Er weiß, daß nicht die Gelehrten die

Sprache machen, sondern daß diese sich selbst macht, und daß
die Gelehrten, die grammatische Theorie nichts weiter zu thun
haben, als die Intentionen des Sprachgeistes zu begreifen und
auf wissenschaftliche Formeln zu abstrahiren. Darin besteht
ihm denn auch der eigentliche Nutzen der Grammatik: das
unsichere Tasten, die Zweifel, denen die Sprache des Einzelnen,
wenigstens im einzelnen Falle unterworfen ist, auch wenn sie
im Ganzen von der Macht des Sprachgeistes zusammengehalten
wird, kann und soll die Grammatik aufheben. Sie ist ein
Mittel der rationellen Belehrung über Dinge, die man ohne
sie wohl auch treffen, aber nicht wissen könnte, und insofern
von höchster Bedeutung für die Sprache selbst. Genau dieselbe
Gedankenreihe, die Leibnitzen den Mangel an guten deutschen
grammatikalischen Arbeiten als einen practischen Schaden für
die Sprache beklagen ließ, leitet auch das eben so verständige
wie patriotische Thun des Berliner Rectors. Auch er glaubt
mit voller Herzenswärme an die Herrlichkeit der hochdeutschen
Haupt= und Heldensprache und weiß, daß sie nicht bloß allen
ihren modernen Nebenbuhlerinnen, sondern auch den classischen
Sprachen es gleich thun könne, wenn sie nur erst ihre Kräfte
gebrauchen lerne. Auch er sieht dieselben hauptsächlich in
ihrem innerlich beseelten Wortvorrath, der in dem Worte selbst
durch die dem Sprachbewußtsein deutliche oder erschließbare
Verknüpfung mit den Grund= und Stammwörtern eine un=
erschöpfliche Fülle von geistigem Leben entfalte, dann aber
auch in ihrer schrankenlosen Fähigkeit immer neue Begriffe
durch passende Zusammensetzungen schon vorhandener Wörter
zu gewinnen, aber er hat hier wie dort jene phantastische und
abstruse Sprachmystik, die noch Schottel ganz beherrscht, ab=
gestreift, und wenn man die nach dem damaligen Stand der
Linguistik und Sprachvergleichung auch ihm anhaftende, uns

so unzureichend dünkende gelehrte Verbrämung zu entfernen versteht, kommt man in jedem Falle zu einem rationellen, sachgemäßen Begriffskern, einer richtigen und brauchbaren Vorstellung. Daß Böbiker in der Philosophie der Sprache oder in der allgemeinen Grammatik über Leibnitz hinausgegangen sein solle, ist doch nicht zu fordern, und es ist schon genug, daß seine Befangenheit oder seine Irrthümer hierin seiner eigentlichen Aufgabe nicht geschadet haben.

Wenn er sich die nächste Frage vorlegte, woher denn die Grammatik ihr Material zu nehmen habe, so mußte er sie im Sinn der rationellen Wissenschaftlichkeit und zugleich der thatsächlichen Ergebnisse der bisherigen deutschen Sprachgeschichte entschieden dahin beantworten: aus den besten Büchern in deutscher Sprache. Seinem geschulten Verstande können jene Nebelbilder von dem Verhältnisse der mündlichen oder, wie man sie gewöhnlich nennt, lebendigen Sprache zu der geschriebenen nichts anhaben, die seit Opitz, begreiflich genug warum, so viel Verwirrung angerichtet haben. Die deutsche Sprache, die die Grammatik zu behandeln hat, ist eine Büchersprache, im Leben giebt es nur deutsche Sprachen, d. h. mehr oder minder stark mundartlich gefärbte Idiome, in denen je nach dem Bildungsstand des Sprechenden und seines Lebenskreises das einheitliche Gepräge des Hochdeutschen in verschiedener Fassung zum Vorschein kommt. Keiner seiner Vorgänger hat so klar dieses Princip der Schriftsprache gefaßt und so entschieden ausgesprochen, keiner hat auch eine so rationelle und methodische Kenntniß der lebendigen Gliederungen seiner Muttersprache, der deutschen Mundarten besessen. Er steht also auch hier mit Leibnitz zusammen und sein Canon der classischen deutschen Sprachmuster deckt sich beinahe ganz mit dem von jenem skizzirten. Nur daß Böbiker nicht weiter als bis zu Luther und zwar nicht zu dem ganzen Luther, sondern zu der „heiligen deutschen Bibelübersetzung des sel. Mannes Gottes" zurückgeht. Aber auch da weiß er das Recht der nationalen Wissenschaft zu wahren. Auch Luthers Sprache ist nur insoweit für die Gegenwart classisch, als sie noch lebendig ist. Alles innerlich Abgestorbene, äußerlich noch mit Fortgeschleppte, muß aus ihr entfernt werden, und was bleibt, das ist der lebendige Luther. Bödiker greift damit der Praxis der evangelischen Theologie dieser Zeit vor. Bis dahin hatte es sich schon thatsächlich herausgestellt, daß nur Luthers Bibel — sammt den oder eigentl. dem, d. h. dem kleinen Katechismus und einigen wenigen Liedern, noch unmittelbar fortlebte und mehr, wie man zur Steuer der Wahrheit bekennen muß, weil es die Bibel, nicht weil sie in Luthers Sprache verdeutscht war. Unzählige Wiederabdrücke seit der letzten von Luther selbst besorgten authentischen Ausgabe von 1545 hatten zwischen der reflectirten Pietät vor der Ueberlieferung und dem Bedürfniß der jedesmaligen Gegenwart, zwischen einer Beibehaltung und Ausgleichung der veralteten Sprachformen und ebenso zwischen einer Beibehaltung oder Ausmerzung der abgestorbenen Wörter principlos geschwankt. So war noch bis an's Ende des 17. Jahrhunderts in manchen Bibeln jenes bleib, treib etc., das bei Luther selbst, wie wir sahen, beinahe schon ein Archaismus heißen durfte (s. o. 79), beibehalten, rings umher aber alles Andere in Rechtschreibung und Wörterbuch neu worden. Oder es hatten sich die apartesten Besonderheiten seines Wörterbuchs, Wörter wie glum, Geren, Kogel, Kolck, löcken, Ströter erhalten, während ringsum in Laut und Form alles modern worden war. Bödikers rationelles Urtheil trifft hier allein das Rechte: er weiß, daß darin Luthers Sprachgeist nicht beschlossen ist und daß auf solches kein moderner Grammatiker oder Schriftsteller sich berufen dürfe, weil es in Luther stehe, sondern nur auf das, was Luther mit dem immanenten Geiste der lebendigen Sprache gemeinsam besitze. Es ist bei ihm, dem Grammatiker, jeder Begriff der transcendenten Autorität Luthers ebenso verschwunden wie bei den frömmsten und gläubigsten Theologen seiner Zeit und beiden hat es ein und derselbe Geist des rationellen Denkens der Wissenschaftlichkeit angethan. War es doch kein anderer als August Hermann Francke selbst, der Vater des Pietismus, der 1695, also 5 Jahre nach Bödiker, in seinen observationes biblicae bewiesen hatte, daß die Lutherische Uebersetzung sachlich an sehr vielen und erheblichen Stellen der Verbesserung fähig sei, und sofort legten auch andere gelehrte und fromme Männer die Hand an ein Werk, das von den Orthodoxen, noch mehr aus Trägheit und Geistesrohheit als in Folge einer wirklichen Beschwerung ihres gläubigen Gewissens, für eine Sünde gegen den heiligen Geist verschrieen wurde, bis dann die erste epochemachende Hallische Bibelausgabe von 1713 durch den ebenso frommen wie gebildeten Freiherrn von Canstein Bödikers Gedanken zum leitenden Princip ihrer fortan die ganze deutsche evangelische Christenheit umspannenden Thätigkeit erhob. Dieser forderte für Luthers Bibel eine Verbesserung der im Fortschritt der Wissenschaft immer zahlreicher herausgefundenen materiellen Unrichtigkeiten, aber auch in den Sprachformen der jedesmaligen Gegenwart und erhielt dadurch dem deutschen Volke einen seiner werthvollsten Literaturschätze.

Bödiker hat außer Luther alle hervorragenden Namen bis auf Weise und Morhof, also bis in seine unmittelbarste Umgebung als die lebendigen Autoritäten der Schriftsprache anerkannt, aber alle, wie es seine Wahrheitsliebe und sein wohlgeschulter Verstand selbst dem größten von allen, Luther, gethan, in derselben

bedingten Weise. Es ist überall jenes scheinbar so geheimniß=
volle und verborgene und doch überall in seinen Wirkungen
so greifbare und unwiderlegbare Etwas, das wir mit einem
damals noch ungefundenen Namen, wo es in die Reflexion tritt,
Sprachbewußtsein, wo es unreflectirt waltet und schafft, Sprach=
gefühl nennen, dem die höchste Entscheidung über das, was die
Einzelnen geleistet haben, mit souveräner Machtvollkommenheit
zusteht. Da es nicht auf einen Einzelnen bezogen werden kann,
sondern da in seinem Begriffe der des Einzelnen ganz aufgehoben
ist, so besteht auch schon nach Bödikers Ueberzeugung keine Gefahr,
daß sich die Laune und der Eigensinn eines Querkopfes zum Gebieter der Sprache machen könne. Daß solche wunderliche Patrone
namentlich in deutscher Sprache nach wie vor ihr seltsames Hand=
werk forttreiben würden, konnte auch er voraus wissen, aber
auch daß sie damit nur sich selbst, nicht die Sprache im Ganzen
in Schaden und Schande bringen mußten. Auch ist es un=
verkennbar, daß diese Sorte von Sprachverderbern unter der
Maske von Sprachpropheten oder Sprachheilanden bei dem
immer heller leuchtenden Tageslicht des Jahrhunderts, der
verstandesmäßigen Aufklärung, selbst in Deutschland immer
seltener zu werden begann. Selbst die Zesianer, die bis ins
18. Jahrhundert noch viel Lärmen von sich machten, kamen
ihrem Meister in naiver Originalität doch lange nicht gleich,
bis sie endlich in der allgemeinen Langeweile starben.

Bödiker hat demnach nach der einen Seite die größte
Beschränkung, nach der andern die freieste Hand. Der beste
Beweis, wie sehr er selbst die rechten Nerven für das besaß,
was der auf der Oberfläche oft noch so verhüllte oder confuse
Trieb des Sprachgeistes seiner Zeit im Grunde forderte, besteht
darin, daß der Grammatiker theoretisch in den meisten Fällen
so entschieden hat, wie das instinctive Sprachgefühl derer, die

die Sprache productiv verwandten und weiter bildeten, es that. Nicht Weise allein hätte seine Sprache in Bödikers Theorie wieder erkannt, sondern ebenso gut Brockes, oder Drollinger und Hagedorn, der der Zeit nach so viel jünger ist, aber auch Arnold und Wolf und vor allen Dingen Leibnitz selbst.

So kann man wohl sagen, daß die Grundzüge, in denen das äußerste Gewand des Sprachleibes, die deutsche Rechtschreibung von ihm dargestellt wurde, im wesentlichen bis heute beibehalten worden sind. Alles Einzelne war ja schon da, aber es kam darauf an, aus dem noch immer so widerspruchsvollen Gemenge, das nur im Vergleich mit dem absoluten Chaos am Ende des 15. oder der buntscheckigen Confusion am Ende des 16. Jahrh. und nicht an sich ein Fortschritt zur Einheit und Sicherheit war, etwas Festes als Norm herauszuschälen. In einigen Stücken hat er sich geirrt, gewöhnlich dann, wenn er mit gutem historischen Rechte eine an sich richtigere, aber minder gebräuchliche orthographische Gewohnheit gegen eine andere allgemeiner übliche, wenn auch in diesem Sinne weniger berechtigte vertheidigte, z. B. wenn er das h als Dehnungszeichen immer nach dem Vocal, den es für das Auge lang machen soll, gesetzt wissen wollte, auch da, wo der aus classischen Reminiscenzen stammende, uralte Schreibebrauch es nach t diesem und nicht dem Vocal, zu dem es gehörte, zufügte.

Dagegen hat er in seiner Entscheidung über den Gebrauch des ff oder ß, das eine wie das andere ganz unabhängig von aller hier ganz überflüssigen historischen Reminiscenz — ff im Innern, ß am Schlusse des Wortes — eine Frage mit sicherm practischen Blick entschieden, die noch heute so viel Verwirrung hervorzubringen im Stande ist, aber die mehr und mehr von der Praxis nach seiner Anweisung — freilich ohne sie zu kennen — gelöst wird.

Wie Bödiker über die Schreibung der Doppelconsonanten am Ende in kann, soll, Königinn, tritt und dergl. entschieden hat, dabei ist es geblieben. Ebenso bei seiner definitiven Scheidung des j von i, des u von v und w, das er in der Schreibung trew, aber ebenso in trawen oder trauwen ausmerzte. Ueberall weiß er eine rationelle Mitte herauszufinden, in der das durch seine eigene Schwerkraft richtige Herkommen sich mit dem practischen Bedürfniß nach Deutlichkeit und Einfachheit der Lautbezeichnung vereinbart. Er will weder eine bloß phonetische Orthographie, wie die Puristen, noch eine ganz dem Zufall der Geschichte überlassene, für die doch selbst noch Schottelius eingetreten war. Er weiß, daß die Orthographie für das Auge da ist, diesem das Sprachverständniß zu erleichtern, und hat in seiner Zeit noch das Recht nicht zu wissen oder zu übersehen, daß von der Orthographie einer zur Schriftsprache gewordenen Sprache der höheren Bildung auch umgekehrt die Laute und damit die ganze Leiblichkeit und Seele der lebendigen Sprache sehr stark und nicht immer zu deren Heile beeinflußt werden können. So unterscheidet er Stadt von Statt als im Begriffe verschieden, obgleich beide denselben Endlaut haben, schreibt aber auch sandte, nicht sande oder sante, um dem Auge den Zusammenhang mit senden festzuhalten, obgleich hier nach einem von ihm richtig erkannten Gesetz kein Doppelconsonant hinter einem andern Consonant gesprochen und auch in anderen Fällen, z. B. in =schaft, Gift und dergl., nicht geschrieben wird. Er unterscheidet sein suus von seyn esse, obwohl er dem y jeden Lautunterschied von i mit absolut richtiger Begründung und gediegenem geschichtlichen Wissen abspricht, was seinen Vorgängern noch keineswegs gelungen war. Conservativ aber, wie er ist, läßt er das y auch außerdem namentlich im Auslaut, bey, frey und dergl., gelten.

Er hat auch dem noch immer so unsichern Schwanken in dem Gebrauch der großen Anfangsbuchstaben ein Ende gemacht. Er lehrte zuerst mit Bestimmtheit, daß alle Substantive und was das Substantivum im Satze vertritt, absolute Adjective, wie der Freie, das Gute ꝛc., substantivisch gebrauchte Infinitive, das Schauen, Wahrnehmen, groß geschrieben werden müßten. Daß er auch in den Zusammensetzungen denselben Grundsatz befolgt wissen wollte, also wenn ein Wort, wie z. B. Grund=satz aus zwei Substantiven erwuchs, auch dem zweiten einen großen Buchstaben gab, hat man ihm nicht allgemein nachgethan, während er mit seiner Hauptregel gegenüber der bisherigen durch tollgewordene Sprachscholastik unerträglich gewordenen Confusion — Schottel giebt auch hierfür merkwürdige Belege — bei dem gesunden Menschenverstand leicht durchdrang. Denn entweder hätte man die großen Buchstaben überhaupt opfern müssen, was nicht wohl mehr möglich war, dazu hatten sie sich seit dem 15. Jahrhundert zu fest eingefressen, oder man mußte endlich Vernunft in sie bringen.

Nicht ganz durchschlagend war der Erfolg einer andern orthographischen Regel, daß alle Fremdwörter nur mit deutschen Buchstaben, aber in der Orthographie ihrer Originalsprache geschrieben werden müßten. Es wäre dem damaligen pedantischen und demüthigen deutschen Geist zu viel zugemuthet gewesen, wenn einer die Forderung gestellt hätte, daß auch ihre Lautbezeichnung dem deutschen Alphabet angepaßt werden sollte. So war man freilich und ist man heute noch ebenso wie zu Bödikers Zeit in die Nothwendigkeit versetzt, lateinisch, griechisch, französisch, italienisch, spanisch, englisch, womöglich hebräisch und arabisch und wer weiß was sonst noch zu verstehn, um einen deutschen Satz richtig zu lesen. Ein gelehrter Schulmann wie Bödiker mochte eine solche Forderung ganz correct finden und das ebenso gelehrte Publicum der damaligen Literatur desgleichen. Aber ganz ungeheuerlich ist es, daß man auch später, als die Literatur sich breitere Massen eroberte, an dieser Regel mit nicht geringer Selbstgefälligkeit festgehalten hat. Daneben ist ja auch Böbikers Grundsatz zwar im Allgemeinen, jedoch nicht in jedem einzelnen Fall durchgedrungen und wir lassen unserem Auge noch heute ein Misère, Exposé und dergl. bieten, freilich gegen die Buntscheckigkeit, die noch zu Weise's Zeit allgemein, überwiegend auch noch zu Gottscheb's Zeit herrschte, schon Fortschritt genug. —

Ueberall sind so von ihm die weder von der bisherigen Theorie noch von der Praxis gelösten orthographischen Streitfragen zum erstenmal verständig formulirt und meistens richtig, wie der Erfolg zeigt, entschieden. Aehnlich, aber nicht ganz so ist es auch mit den von ihm aufgestellten Paradigmen der Declination und Conjugation. Daß er eine tiefere Begründung des Unterschiedes der starken und schwachen Declination, der sog. starken und schwachen Conjugation noch nicht kennt, begreift sich bei einem Zeitgenossen Leibnitzens und Morhofs von selbst: es ist genug, daß er ihn in allen seinen wesentlichen Merkmalen richtig beschreibt und leidlich genügende und practische Regeln für seine Verwendung giebt. Aber während er in der Rechtschreibung meist mit großer Präcision das eigentlich Richtige heraushebt, läßt er hier dem schwankenden Sprachgebrauch einen freieren Spielraum und begnügt sich häufig mit der Anführung von Doppelformen, wenn man auf solche aus guten Sprachmustern genommene sich berufen durfte. Nur gewisse noch immer mit fortgeschleppte Archaismen oder pedantische Neuerfindungen unberufener Sprachmeister, häufig beides zugleich sind jetzt ein für allemal abgethan, die

Plurale Bürgern, Klägern werden entschieden verurtheilt. Die Verwirrung der sog. paragogischen Form des Pronomens der, die, das mit den einfacheren: derer, deren mit der, denen mit den, dessen mit des, auch das schlichtet er so, wie es die gebildete Praxis von da an immer sicherer thut, indem er dem Artikel die alten historisch allein berechtigten Formen der, den ausschließlich zuweist. Ebenso entscheidet er die practisch noch schwebende Streitfrage, ob in gewissen Fällen das eigentlich accusativische „sich" als Dativ Singular oder Plural statt „ihm oder ihn" (oder was schon allgemein durchgesetzt ist, die paragog. Form „ihnen") berechtigt sei, dahin, daß es durch die Geschichte und den lebendigen Sprachgebrauch so sei, ohne das alterthümliche „von ihm" oder „von ihnen", für von sich und dergl., oder in Phrasen wie „er nahm es ihm" für das moderne allein geläufige „er nahm es sich", „sie brachten es ihnen zu Wege", für „sich zu Wege" gerade zu verwerfen, weil es thatsächlich noch nicht abgestorben, sondern erst im Absterben begriffen war.

Eigenthümlich ist es zu sehen, wie auch der klare Verstand dieses Grammatikers in dem Verbum sich am wenigsten mit den Einflüssen der confusen Theorie seiner Vorgänger und mit den gerade hier noch so merkbaren Schwankungen der Praxis auseinanderzusetzen vermag. Daß er die sog. schwachen Verba gleichfließende, lat. regularis, die starken ungleichfließende, lat. irregularis heißt, hat er von seinen Vorgängern und Gottsched vereinfachte das später, indem er nach seiner Art für gleichfließend und ungleichfließend kurzweg richtig und unrichtig setzte, während die Grammatiker des 16. Jahrhunderts, ein Oelinger und Albertus, zwar nicht durch eine Erkenntniß von der genetischen Bedeutung dieser Formen, wohl aber durch ihr instinctives Sprachgefühl sich von einer so roh mechanischen und noch dazu grundverkehrten Bezeichnung frei gehalten hatten.

Bödiker läßt die syncopirten und vollen Verbalformen ganz gleichberechtigt nebeneinander gelten: liebest und liebst, liebet und liebt, gelievet und gelievt, nur in den Imperativen und zwar starker wie schwacher Verba gilt ihm wie allen Theoretikern die apocopirte oder flexionslose Form für die richtigere, also lieb und gieb, halt und hör. Die Praxis hatte sich hier noch in keiner Weise fixirt, obgleich sich schon um 1700 wenigstens für die Poesie das heutige System, das in den Präsential- und Präteritalformen e ausstößt, im Imperativ es aber bewahrt oder zusetzt, als das im Hintergrund der Sprache eigentlich maßgebende recht wohl herauserkennen läßt. Ebenso schwankt er in den Ablautweisen der starken Präterita, wo überhaupt noch der Sprache ein Schwanken möglich war, ärger als die gebildete Praxis selbst. Denn wenn er von trincken Prät. trunck, von schwingen Prät. schwung, dagegen stanck von stincken, aber sanck von senden und sunck von sinken und dergl. aufstellt, so sieht man deutlich, daß dem Theoretiker mehr als der nur einigermaßen lebendigen Praxis selbst das u des Plural dieser Verba im Gegensatz zu dem a des Singulars ein rechter Stein des Anstoßes war. Die Ausgleichung der Singular- und Pluralformen lag auch hier in der Luft, aber die Praxis hatte sie doch nur erst einzeln gewagt und die Theorie sie noch immer zurückgewiesen. Die Volksmundarten, nord- und mitteldeutsche, soweit sie überhaupt das einfache Präter. noch gebrauchten, und nicht das mit „haben oder sein" umschriebene, das allen oberdeutschen und mitteldeutschen schon im 15. Jahrhundert mundgerechter war, zogen gewöhnlich die energischeren Pluralablaute in den Singular, half Sing. von Plur. halfen, stunck Sing., Plural stuncken u. s. w.,

Bödiker versucht offenbar ein Compromiß, wobei er sich von seinem subjectiven Sprachgefühl, das ein niederdeutsches war, oder dem Zufall dieser oder jener schriftstellerischen Autorität leiten ließ, und eben darum nichts Dauerndes leistete. Dagegen trifft er in der Auswahl der noch lebendigen starken Präterita wesentlich mit den Grundlagen des von da ab bis heute gültigen Sprachstandes zusammen, so wenn er pflegen im Prät. nur schwach, pflag oder pflegte, Partic. schwach gepflegt und stark gepflogen braucht, wenn er von verwirren verwirrete als die eigentl., die starke verworr als die minder berechtigte Form, Partic. verwirret und verworren angiebt, von waben, wabete richtiger findet als wub, Partic. gewabet, verhehlen verhehlete, nicht verhohl, aber im Partic. verhehlet und verhohlen, von bellen bellete und boll, gebellet und gebollen ansetzt. Daß er auf Schottelius' Autorität hin noch ein jug neben jagte, schanck neben schenckte, sogar geschuncken neben geschenckt, wenigstens anführt, beweist nicht, daß er diese Formen für irgend berechtigt hielt, sondern nur, wie selbst ihm hier noch überall der Boden unter den Füßen wankte. — Daß er die Präter. mit angefügtem e einzeln als die eigentlich richtigen gelten läßt, z. B. flochte von flechten, flisse von fleißen (befleißen), glitte von gleiten, litte von leiden ꝛc., nicht bloß wie es die Praxis seit Jahrhunderten ganz gleichmäßig gehalten, als seltenere und zu besonderer rhetorischer Wirkung bestimmte Nebenformen (s. o. 80), ist dem Systematiker zuzurechnen: die lebende Sprache hält sich nach wie vor an die ihr eröffnete Freiheit der Auswahl. Wenn er aber in den Partic. des Präterit. das bis dahin immer weiter vorgerückte ge- jetzt ganz allgemein allen unzusammengesetzten Verben zuspricht, ge-blieben, dessen Entstehung aus be-leben längst vergessen ist, sogar ge-worden und ge-gessen, obgleich er

geſſen richtig von eſſen und nicht von ge-eſſen ableitet, ſo traf
er damit die eigentliche Neigung der Zeit beſſer, als wenn
er noch ein geben neben gegeben, gangen neben gegangen
des Wohllauts halber dulden wollte.

Daß er in der Wortbildung den Adverbien ihre in der
Theorie und Praxis immer noch ſchwankende apocopirte Form:
ſchön, fein ꝛc., nicht ſchöne (oder was das hiſtor. Richtige geweſen wäre) ſchone, feine ꝛc. als die allein richtige anerkennt,
und nur noch einige auf -lichen neben dem ihm allein richtigen -lich: bittlichen neben bitilich, willführlichen neben will-
führlich aus Höflichkeit gegen die früheren Grammatiker und
den Canzleiſtil nicht geradezu verwirft, hat er wieder dem
lebendigen Zuge der Sprache abgeſehen.

Vielleicht am meiſten hat ſeine Autorität in dieſem Kreiſe
da durchgeſchlagen, wo er endgültig entſcheidet über die beiden
miteinander concurrirenden Formen des Deminutivs -lein und
-chen, ſo und nicht mehr -elein oder lin oder le, aber auch nicht
-ichen oder -gen, werden ſie von ihm normirt. Er zieht unter
allen Theoretikern zuerſt mit Entſchiedenheit die Form -chen
der anderen -lein vor und findet, daß jene überall viel beſſer
klingt, Brüderchen, Bübchen, Geldchen, Diebchen, als Brüderlein,
Büblein, Geldlein, Dieblein; „lein" macht auf ihn, wie er ſich
ausdrückt, eine etwas lindiſche Wirkung. Er meint damit das
Affectirte, was dieſe Form in dem Ohre eines Norddeutſchen
haben mußte und was ihr auch, nachdem ſie zu dem ſchwer-
fällig geſpreizten -lein emporgeſchraubt worden war, ſelbſt von
denen nicht abgeſprochen werden kann, denen die Deminutiv-
form in -chen nicht angeſtammt iſt und nicht wohl klingt
Seit Weiſe iſt die Praxis genau derſelben Anſicht: die -gen'
wie Weiſe ſie nach ſeiner eigenen mitteldeutſchen Ausſprache
und nach der überwiegenden Schreibgewohnheit der Zeit anſetzt,

haben nicht bloß bei ihm selbst, sondern bei allen, die sich von der rhetorischen Sprache des 17. Jahrhunderts losgemacht haben, die -lein vollständig aus dem Felde geschlagen. Da es fast ausnahmslos mittel- und niederdeutsche Schriftsteller waren, mit Recht, denn die natürliche Lage des Sprachgefühls in dieser Zone wußte nichts von -lein, freilich auf eigentlich sächsisch-niederdeutschem Gebiet auch nichts von -chen, doch konnte sie sich diesem leichter als jenem specifisch oberdeutschen -lein accommodiren, das Luther und mit ihm alle andern Mitteldeutschen, nicht Opitz und die Seinen, gleichsam gegen ihre eigene Natur festhalten zu müssen geglaubt hatten (s. o. 81 f. und 269).

Daß einem Böditer „Wortfügung" (Syntax) als das Hauptstück der Sprachkunst gilt, ist weniger ihm selbst, als dem modernen wissenschaftlichen Verstande, dessen Organ er ist, zuzurechnen. Die bisherige Grammatik hatte eben deshalb sich gerade umgekehrt ablehnend dagegen zwar nicht ausgesprochen, aber thatsächlich verhalten. Ohne daß wir in das Einzelne uns zu verlieren brauchten, zeigen schon die Paragraphen-Ueberschriften, daß die Zeit der gebundenen Rhetorik durch die Natürlichkeit des gesunden Menschenverstandes auch für die Theorie der Sprache überwunden ist, wie sie die Praxis seit Weise allerdings mehr mit gutem Willen als mit durchschlagendem Erfolg zu überwinden beflissen war: „Wer deutlich und beweglich reden will, muß nicht allzulange Perioden machen", „Es hat keine Art im Deutschen, wenn man die Reihen (Satzglieder) sehr durcheinander setzet", „Zierlichkeit muß nicht zu weit gesucht und hochtrabend sein" ist das gerade Gegentheil von dem, was seit Opitz bis zu Lohenstein mit reflectirter Selbstgefälligkeit allein als das Sublimat der deutschen Sprachschönheit und Richtigkeit gegolten hatte. —

Wie die Grammatik sich jetzt dem rationellen Geiste der Neuzeit öffnete, so auch, nur etwas später, die deutsche systematische Lexikographie. Leibnitz hatte, wie wir sahen, auch dafür die verständigsten und zugleich großartigsten Pläne entworfen, aber es waren eben wie das Meiste, was er für seine Muttersprache thun wollte, Pläne geblieben. Von alten vergangenen Leistungen glaubte er ganz absehen und eigentlich von neuem anfangen zu müssen, und wirklich sind auch die Maaler und Henisch, die deutschen Lexikographen des 16. Jahrhunderts, schon im 17. nur für die Sprachgeschichte brauchbar. Jeder Theoretiker, von den Mitgliedern der fruchtbringenden Gesellschaft an bis auf Schottel, hatte sich mit einem „deutschen Wörterbuch" getragen, seinen Mangel als ein Nationalunglück in den gewöhnlichen pathetischen Floskeln bejammert, aber keiner hatte mehr als das gethan. Das Jahr 1691 brachte in einem gigantischen Quartanten den teutschen Sprachschatz von dem Speten, 1 Jahr nach Bödikers Grammatik und 6 vor Leibnitzens Unvorgreiflichen Gedanken. Der Spete, lat. serotinus, so ist der ominöse Beiname, den der brave Erfurter Caspar Stieler, später von Stieler, sein Verfasser, in der Fruchtbringenden führte. Es ist ein von dem inzwischen erfolgten Umschwung des Geistes schon bei seiner Arbeit zu einer historischen Erscheinung gestempelter Versuch treuesten Fleißes und wärmster Begeisterung. Das ganze lebende Sprachmaterial soll in übersichtlicher Darstellung vorgeführt werden. Aber dem „Speten" oder Verspäteten lebte nur die Sprache eines Lohenstein, eines Herzogs Anton Ulrich, dem das Buch dedicirt ist, und der andern Epigonen Opitzens: von dem neuen Tag, der inzwischen angebrochen, vermochte sein Auge nichts zu sehen.

Dieser leuchtet aber mit voller Klarheit in einem etwa

30 Jahre jüngeren Werke gleicher Tendenz, in des Breslauers Christian Ernst Steinbachs deutschem Wörterbuch von 1725. Hier ist alles auf das Leben und die Wirklichkeit gestellt, und es wäre eben so seltsam, wenn man irgend welche Forderungen der heutigen, mit Recht auf die genetische Sprachgeschichte gestellten wissenschaftlichen Lexikographie, zum Maßstab dieser in ihrer Art ebenso epochemachenden, d. h. den Umschwung der Zeit vollständig in sich spiegelnden Leistung machen wollte, als wenn man einen Bödiker aus Jacob Grimm oder gar aus Franz Bopps vergleichender Grammatik kritisiren wollte. Natürlich wird ein Einzelner nicht im Stande sein, die ganze Fülle des lebendigen Sprachvorraths zu erfassen, namentlich wenn er ohne alle Vorarbeiten und Vorgänger bloß auf sich selbst verwiesen ist. Stieler aber darf nach dem, was oben bemerkt wurde, nicht dafür gerechnet werden, wenn ihn auch Steinbach benutzt hat.

An gelehrtem Werthe ist Steinbachs Arbeit sehr rasch durch Frisch, den schon erwähnten Ueberarbeiter von Bödikers Grammatik, weit überholt worden. Das teutsch-lateinische Wörterbuch von Frisch, 1741 erschienen, gehört noch heute durch den Reichthum seines Materials und dessen ächt wissenschaftliche Behandlung zu den unentbehrlichsten Hilfsmitteln der deutschen Sprachgeschichte. Aber für den augenblicklichen Durchschnitt ihres Lebensgehaltes giebt Steinbach, eben weil er bloß ein verständiger Practiker ist, eine viel bessere Einsicht. Und darum bleibt auch neben Frisch Steinbachs Verdienst unerschüttert.

Wenn die Doctrin auf diese Art den Geist der Neuzeit in sich aufnahm, so strebte sie auch von anderer Seite her nach einer Verbindung mit der Wirklichkeit. Es geschah zunächst durch die modernen Umformungen der Sprachgesellschaften des 17. Jahrhunderts, deren einstmalige lebensvolle Bedeutung jetzt zu einer todten Grimasse oder zu einem Gespenste worden war. An ihre Stelle traten unter verschiedenen, doch im Ganzen ziemlich gleichen Bezeichnungen Verbindungen wissenschaftlich gebildeter Leute — principiell waren theilweise auch wie in den alten Sprachgesellschaften die Frauen nicht ausgeschlossen — zur Pflege der deutschen Sprache. Namentlich auf den Universitäten schlugen sie Wurzel, zuerst, wie natürlich, in Leipzig, wo 1697 als das Gründungsjahr der deutschübenden, später bloß deutschen Gesellschaft wird gelten müssen, wenn sie gleich thatsächlich schon einige Jahre vorher bestand. Dann in den ersten Decennien des 18. Jahrhunderts auch anderswo, darunter auch in Göttingen, das seit seiner wirklichen Eröffnung 1737 sofort als diejenige Universität, die den modernen Geist am vollständigsten in sich aufgenommen habe, zu gelten sich bemühte und das rasch zurückgebliebene Halle ablöste. Außerdem besaß auch Hamburg eine deutschübende Gesellschaft an der Stelle und zum Theil in unmittelbarer Anlehnung an Rist's Schwanenorden. Der gelehrte, gebildete Mittelstand, dessen Begriff wir allmählich haben herauswachsen und sich befestigen sehen, zeigt sich auch in diesen Schöpfungen als der eigentliche und im gewissen Sinn einzige Boden, auf dem die moderne deutsche Literatur und ihre Sprache, die Neuhochdeutsche Schriftsprache stand.

Was Ratichius, Vulpius und Helvicus und Andere mehr als ideale Forderung ausgesprochen hatten, die deutsche Sprache zum Mittel alles wissenschaftlichen Vortrags zu machen, das war in der Literatur durch Leibnitz und die Männer auf seinen Schultern, wie wir sahen, wirklich geworden. Aber auch als Mittel des mündlichen Vortrags der Wissenschaft setzte sich das Deutsche seit dem großen Umschwung im letzten Drittheil des

17. Jahrhunderts mit einem Erfolge durch), der die kühnsten Erwartungen jener Vorkämpfer und Bahnbrecher bald hinter sich ließ. Denn sie alle wollten doch nur das Recht des Deutschen aus patriotischen und practischen Gründen neben dem Lateinischen wahren, nicht das Lateinische als Sprache des höhern Unterrichts aus den Gymnasien und Universitätshörsälen verdrängen. Aber der Leipziger Docent Christian Thomasius kündigte schon 1687 in einem deutschen Programm zu einer in deutscher Sprache von ihm abzuhaltenden Universitätsvorlesung der staunenden academischen Mitwelt an, daß die Vernunft erfordere und das Beispiel anderer gebildeter Nationen, namentlich der Franzosen es zeige, wie man es zu machen habe, das Verhältniß umzukehren. Denn jener wohlgemeinte, aber doch wie alles Andere nur von der Phrase und der Weltunkenntniß zehrende Patriotismus der abgelaufenen Aera, der in allen Dingen es den Fremden, von denen doch auch seine eigene Literatur und Sprachkunst alles geborgt hatte, zuvor oder mindestens gleich gethan zu haben glaubte, wich jetzt gerade bei denen, die sich die größten Verdienste um die deutsche Literatur und Sprache erwarben, der verständig begründeten Einsicht, was man noch von den Fremden, namentlich den Franzosen, lernen müsse, um auch in Deutschland dereinst eine Bildung groß zu ziehen, die durch ihre eigene innere Wahrheit sich neben das Fremde stellen und es so von selbst aus seiner Oberherrschaft über den Geschmack und die Gesinnung der Nation verdrängen könne. Thomasius fand mit den Hauptvertretern der neuen Theologie, den Häuptern der Pietisten auf der Universität Halle seinen natürlichen Boden, der ihm und ihnen, sowie der neuen Philosophie, der Leibnitz-Wolf'schen, in Leipzig durch' die dort mit hartnäckiger Zähigkeit und rücksichtsloser Feindseligkeit vor=

gehenden Vertheidiger der Vergangenheit in Wissenschaft und Leben entzogen worden war.

Was in Halle geschah, wo Philosophie und Theologie, die beiden lebendigsten Wissenschaften dieser Periode, auch auf dem Katheder deutsch sprechen lernten, stachelte auch ganz Deutschland auf, und selbst Leipzig konnte sich diesem Einflusse auf die Dauer nicht entziehen. Göttingen, das in der rasch fortschreitenden Zeit schon nach wenigen Jahrzehnten, entschieden seit 1790, die Stelle von Halle einnahm, setzte die deutsche Sprache von Anfang an als die eigentliche Kathedersprache ein und damit war sie es für immer, wenn auch einzelne Vorlesungen noch bis in unsere Zeiten sich des Lateinischen nicht entschlagen mochten.

Ebenso bedeutsam war es, daß auch auf den Gymnasien, namentlich auf den niederdeutschen, die deutsche Sprache schon vor dem Ende des 17. Jahrhunderts oft ausschließlich, meist in immer ausgedehnterem Maße zur Unterrichtssprache erhoben wurde. Eine Menge Schulmänner von unanfechtbarer classischer Gelehrsamkeit wirkten dafür und zugleich auch, daß der Unterricht im Deutschen selbst, der den meisten bisher als ganz überflüssig gegolten, besonders recht gepflegt wurde, dessen Bedeutung für das practische Leben man allen denen, die sich aus Indolenz oder pedantischer Orthodoxie sträubten, als eine unwiderlegliche Thatsache entgegenhielt. Keiner verstand das beredter zu thun als Christian Weise, dem darin seine Doppelqualität als allgemein gelesener Schriftsteller und als berühmter Schulmann bestens zu Statten kam. Die meisten und nicht die schlechtesten seiner Comödien sind sog. Schulcomödien zu den Schulfesten bestimmt, an Stelle der seit Jahrhunderten üblichen lateinischen Comödien, die damals auch noch die Mehrzahl der gelehrten Schulen in Deutschland beherrschten, aber nach Weise's Vorgang in den nächsten 30 Jahren durch solche deutsche Comödien starke Concurrenz erhielten.

## Fünftes Capitel.

### Gottsched als correcter Abschluß dieser ganzen sprachgeschichtlichen Periode.

Alle diese nach einem Punkte strebenden und von einem Geiste getragenen Bestrebungen wurden durch ein gleichfalls durch und durch modernes Werkzeug in engste Verbindung miteinander gesetzt. Thomasius ist auch der eigentliche Vater des deutschen Journalismus. Zeitungen, d. h. in regelmäßigen Zwischenräumen erscheinende Blätter, worin die Neuigkeiten in Staat und Leben mitgetheilt wurden, hatten schon seit der zweiten Hälfte des 17. Jahrhunderts die Flugblätter der älteren Zeit, in prosaischer und poetischer Form, wenigstens in dem gebildeten Mittelstand verdrängt. Ein gelehrtes Journal, eine periodische und systematische Besprechung der Erscheinungen der Wissenschaft und besonders der Literatur, erhielt Deutschland wesentlich durch Leibnitzens Förderung seit 1682 in den Acta Eruditorum, die wie Leibniß selbst noch die gelehrte Weltsprache beibehielten. Thomasius that den von der Logik der Verhältnisse angezeigten Schritt in die Muttersprache hinein: 1688 erschien der erste Theil seiner „lustigen und ernsthaften Monatsgespräche", denen er selbst und Andere neben ihm bald eine Menge anderer Unternehmungen ähnlicher Form und Tendenz folgen ließen. Thomasius stellte die schöne Literatur in die Mitte, alles Andere, die strenge Wissenschaft bis zu den Interessen des gewöhnlichen Lebens, die er zu beachten versuchte, trat dagegen zurück. Diese letzteren fanden dagegen in einer bald sehr reichlich wuchernden Tagesliteratur, in den sog. moralischen Wochenschriften, ihre eigenthümliche Vertretung und so umspannte das Gebiet des deutschen Journalismus schon um 1725 den ganzen Kreis der Interessen und Bestrebungen des gebildeten deutschen Mittelstandes, der gerade dadurch seine einstmalige ausschließlich specifisch gelehrte Drapirung immer mehr abstreifen oder gewandter mit dem Leben verbinden lernte.

Was sich in der Allgemeinheit der deutschen Zustände auf diese Art durch die Wirkung vereinter Kräfte herausgebildet hatte, das schoß in einer epochemachenden Persönlichkeit, in Gottsched, gleichsam wie in den Mittelpunkt eines Kreises, dessen vorhandene Radien und Peripherie einen Mittelpunkt mit Nothwendigkeit voraussetzen. Gottsched ist noch heute nicht von dem Verhängniß befreit, eine lächerliche Figur zu sein, weil er zu seinem Gegensatz Menschen und Verhältnisse hat, in denen unser heutiges Bewußtsein zum Theil noch lebendig wurzelt. Er ist uns noch zu wenig geschichtlich geworden, um richtig gesehen zu werden. So weit dies aber möglich ist, wird man ihn als eine der wirksamsten und in ihrer Art merkwürdigsten Erscheinungen in unserer modernen Bildungsgeschichte zu respectiren haben. Nur darf man ihn zu keinem idealen Heros travestiren wollen. Bei einem solchen Versuche geht die mühsam durch Reflexion gewonnene Ernsthaftigkeit der objectiven und ächt historischen Würdigung zu scheitern. Gottsched ist der rechte Typus der Durchschnittsbildung des gebildeten Mittelstandes, wie er seit Opitz als eigentlicher Herd und Heimath der deutschen Literatur und Wissenschaft, als der Inbegriff aller der auf Förderung und Pflege der Schriftsprache gerichteten Bestrebungen herangewachsen war und jetzt als eine geschlossene Masse ebenso entschieden der elementaren Erstarrung des unteren Volkes, wie der antinationalen Gesinnung und Lebenshaltung der höheren Kreise der Gesellschaft, den fürstlichen Höfen, dem Adel, und was zu ihnen gehörte, gegenüberstand. Noch traute sich dieser Mittelstand nicht, es auszusprechen, daß die ganze Kraft und Zukunft der deutschen Nation in ihm beschlossen sei und daß das Unten und Oben nur so weit Bedeutung für dieselbe habe, als es sich den von ihm ausgehenden Impulsen dienstbar mache. Auch Gottsched, in allem der normale Sohn seiner Zeit, hat sich zu einem solchen Selbstbewußtsein nie zu bekennen gewagt, aber er hatte es in sich und dies, nicht persönliche Eitelkeit, an der es ihm freilich nicht fehlte, hat ihm die großen Erfolge zu Wege gebracht, durch die er für immer eine der namhaftesten Figuren der innern deutschen Culturgeschichte geworden ist. Er hat es aus derselben patriotischen Gesinnung heraus gethan, die einen Opitz, oder unter den ihm zeitlich und geistig Näherstehenden, einen Leibnitz, einen Bödiker und Frisch, einen Thomasius, einen Wolf erfüllte, und dieses ächte patriotische Pathos, dessen in so vieler Beziehung seltsame oder komische Aeußerung das Auge des Historikers nicht beirren darf, ist der achtungswertheste Zug in dem Bilde eines Mannes, dem sonst selbst im gewöhnlichen menschlichen Sinne so viel lächerliche und bedauerliche Schwächen ankleben. Aber dennoch steht er, wir müssen es sagen, wenn wir unser Gewissen und unser Ehrgefühl, also das Höchste in uns, nicht verläugnen wollen, für uns doch auf einer höheren Stufe, wenigstens in diesem einen, was uns das Höchste gilt, als die meisten seiner an Geist und an Lauterkeit der Gesinnung ihm so weit überlegenen Spötter und Feinde.

Gottsched ist Opitz, Wolf, Bödiker, Thomasius in einer Person. Wie sich von selbst versteht, kommt er keinem von

diesen, die in ihrer Sphäre Virtuosen sind, gleich, aber er ist
eben darin Virtuose, oder der Mann der Situation, daß er sie
alle in sich vereinigt. Gegen Opitzens unerschöpfliche Lebens-
kraft ist er schwächlich und leer, trotz seiner großartigen
Grenadierfigur. So wenig Opitz ein Dichter heißen darf, so ist
er doch ein productives Talent von eminenter Fülle, wenn
auch seine ganze Productivität nur in der warmen und in
alle Adern bringenden Aneignung fremden Geistesgutes und
fremder Kunstformen besteht. Gottsched ist in dieser Beziehung
so tief unter Opitz, wie Luther, der auch kein poetischer Genius
war, über Opitz. Thomasius hat vor Gottsched die gediegene
Gelehrsamkeit, den scharfen Verstand des geschulten Juristen
und Weltmannes voraus, Wolf die methodische Zucht des gebildeten Denkens — Gottsched mit Leibnitz zu vergleichen wäre
Blasphemie, Bödiker Frisch in ihrem beschränkten, uns hier
wichtigsten Gebiete, alle die Vorzüge des Wissens und der
exacten Methode, die einem richtigen Schulmann bester Art
eignen. Aber Gottsched hat als Docent auf dem Katheder
und in Dutzenden von Büchern der Wolfischen Philosophie
mindestens eben so große practische Dienste erwiesen, als Wolf
selbst, er hat in seinen Journalen die Thomasius'schen weit
überholt, nicht durch die größere Gediegenheit ihres In
halts, sondern durch das zeitgemäß practische Gegentheil davon,
er hat durch seine grammatikalischen Arbeiten dasselbe mit
seinen so ungleich gelehrteren und scharfsinnigeren Vorgängern
gethan. Blickte er etwa im Jahre 1738, 11 Jahre nachdem
er durch den Antritt des Seniorats in der deutschen Gesellschaft zu Leipzig seine centrale Stellung begründet hatte, auf
das Erreichte, so durfte ihm wohl etwas schwindeln: es ist
nicht zu läugnen, Keiner unter seinen Zeitgenossen übte damals
eine der seinen annähernd gleiche beinahe dictatorische Gewalt

mitten in dem Herzen der deutschen Bildung. Dazu gehört auch, daß er in Leipzig, dem natürlichen Centrum derselben, nicht bloß wohnte, sondern es geistig beherrschte, weil er Leipzig, und das ist auch ein Verdienst, das ihm bleiben wird, gegen die gefährliche Concurrenz von Halle wieder an die Spitze der gebildeten deutschen Welt gehoben hatte. Daß schon das Jahr 1738 mit jener unbegreiflich albernen Comödie, die er durch die plötzliche Niederlegung des Seniorats der deutschen Gesellschaft spielen zu müssen glaubte, der Wendepunkt in seinem Leben werden sollte, ahnte weder er noch irgend einer der Betheiligten. Er wie sie glaubten unter bescheidenen Reserven nach wie vor an seine geistige Allmacht, bis eine völlig neue Wendung der deutschen Geistesentwickelung ihn mit demselben Rechte bei Seite schob, mit dem er bis dahin der Führer des gebildeten Deutschlands, der Schöpfer der deutschen zeitgemäßen Literatur, der Gesetzgeber der gebildeten deutschen Sprache gewesen war.

Wir haben hier nur noch einen Blick auf Gottsched in diesem seinem Verhältniß zur deutschen Sprache zu werfen.

Gottsched vermaß sich alles Ernstes eine den besten Mustern, die er kannte, den neueren und neuesten Franzosen und den antiken Classikern, die er nicht eigentlich kannte, sondern durch die Franzosen hatte kennen lernen, ebenbürtige deutsche Kunstliteratur mit einem Schlag, wenn auch viribus unitis, durch methodische Arbeitstheilung unter viele Berufene gegenüberzustellen. Zu diesem Zwecke hat er die deutsche Sprache der deutschen Bildung ganz so, wie der Mittelburchschnitt der Zeit es gab, zu handhaben verstanden. Sie ist bei ihm nicht so niedrig oder spießbürgerlich bequem, wie bei Weise, aber auch nicht so trocken vornehm und kalt wie bei Wolf. Eigenartiges ist auch in seiner Sprache nicht ein Jota bei ihm zu finden, denn damit würde er aufhören, Gottsched zu sein. Als Theoretiker glättet er seine im Ausdruck manchmal noch etwas schulmeisterlich ungelenken oder rauhen Vorgänger, aber auch hier hat er absolut nichts Neues, wenn man nicht die große Entdeckung dafür gelten lassen will, daß die „ungleichfließenden Zeitwörter", die starken Präterita, „unrichtige" seien, aber durch den Sprachgebrauch und gute Autoritäten vor allen polizeilichen Anfechtungen geschützt. Aber daß er zuerst resolut den Begriff der deutschen classischen Autoren nach dem wirklichen Instinct oder der Ueberzeugung seiner Zeit ausspricht, ist ihm als wirkliches Verdienst zuzurechnen, weil es eine That der Verstandesehrlichkeit war und diese in dieser Situation als die eigentliche sittliche Grundmacht der Zeit, der Nation, deren Literatur und Sprache gelten muß.

Er zuerst hat Luther von dem Canon ausgeschlossen und damit das gethan, was der Wirklichkeit der deutschen Sprachentwickelung entsprach. Denn bisher hatte man sich nur noch äußerlich aus Motiven, die mit ihr selbst gar nichts zu thun haben, an Luther angeklammert, innerlich war jeder bewußte oder sichtbare Zusammenhang mit ihm zerrissen, und daß das Beste in dem Lebenssafte der Sprache, das was ihr ihre eigentliche Lebensdauer gab, aus ihm geflossen war, konnte und mußte diese Zeit, die nur auf ihre eigene Verstandesmäßigkeit gestellt sein durfte, vergessen, ohne daß es Andere zu anderer Zeit vergessen durften.

Endlich noch sein vielberufenes Eintreten für die Meißner Mundart, womit er sich in den entschiedensten Gegensatz zu allen seinen Vorgängern und Meistern in der theoretischen Erfassung der teutschen Sprache setzte, vielleicht mit Absicht, vielleicht aber auch ohne es zu wissen, denn wie überall, ist es auch auf diesem Sprachgebiet mit seinem eigentlichen Wissen, oder seinen positiven Kenntnissen dürftig bestellt. So wie er den Vorrang der Meißner Mundart über alle andern deutschen aussprach, ist es möglich, etwas Absurdes darin zu finden, wenn man immer seine Meinung mißverstehen will, wozu seine Worte die Handhabe geben. Und so ist es ihm damals und bis heute gewöhnlich gegangen. Aber im Grunde meint er etwas ganz Richtiges, Selbstverständliches, das durch alle Thatsachen der bisherigen neuhochdeutschen Sprachgeschichte bewiesen wurde. Der „Spete" preist im Stile Lohensteins den Churfürsten Johann Georg im Jahre 1691 als „den großmächtigen Beherrscher der wahren Sitz- und Stammhäuser der hochdeutschen Reichssprache, einen Herrscher über solche Städte und Festungen, worinnen die hochdeutsche Sprache glücklich geboren, glücklicher erzogen, und auf's glücklichste ausgezieret und geschmückt worden, auch noch täglich einen erneuerten und mehr lieblichen Glanz empfähet: ich meine das prächtige Dresden, das heilige Wittenberg, und die süßeste aller Städte, Leipzig". Ganz dasselbe behauptet Gottsched, nur nicht mehr in Lohensteinischen Tiraden, sondern in der verständigen Sprache seiner Zeit. Jedes Blatt unserer Sprachgeschichte giebt den erklärenden und bedingenden Commentar dafür. Als Unterschied von Stieler ist bei Gottsched das Bewußtsein für die Existenz einer lebenden Repräsentantin der Sprache der deutschen Bildung verstandesmäßiger entwickelt und klarer ausgedrückt und gerade das ist der Punkt, wo er in seiner Zeit selbst und bis heute am meisten, weil mißverstanden, angefochten werden sollte. Er behauptet nicht bloß, daß in Meißen, d. i. in Leipzig, d. i. im Breitkopfischen Hause, in seiner Residenz, das beste Hochdeutsch geschrieben, sondern auch gesprochen werde, und auch darin hat er Recht. So weit sich damals eine lebendige Sprache der Bildung, ein für den mündlichen Verkehr

aller Art bestimmtes Gegenstück zu der hochdeutschen Schrift
sprache herausbilden konnte — und wir haben das Bedürfniß
dazu, aber auch die Schwierigkeiten, mit denen es zu kämpfen
hatte, an uns bei passenden Gelegenheiten vorübergehen
lassen — hatte Leipzig, oder wenn man mit der noch
damals allein begreiflichen Courtoisie und Servilität sich
ausdrückte, Dresden, der Sitz des im Wesen undeutschesten
aller Höfe, das Recht zu einem solchen Vorzug vor allen anderen deutschen Städten. Ob dabei das Ohr des Nichtmeißners
von der singenden Betonung und andern Widerlichkeiten des
Meißner Organs unangenehm berührt wurde oder nicht, ändert
an der sprachgeschichtlichen Thatsache nichts. Gottsched selbst hatte
practischen Blick genug, um zu sehen, daß eigentlich doch eine
andere Stadt, eine wirkliche Hauptstadt der ganzen Nation
dazu gehöre, nicht eine Winkelresidenz wie Dresden, wenn sie
auch noch so prächtig aufgepufft war, oder eine nahrhafte
Mittelstadt wie Leipzig. Schon Leibnitz hatte das gewußt und
mit einer Art von Verzweiflung darnach gesucht. Er war
sogar auf Wien verfallen, das doch in jeder Hinsicht der un
passendste Ort unter allen war. Nach seiner Art hatte er es
bei bloßen Projecten und Ideen bewenden lassen, Gottsched
aber machte ebenso ernsthafte Anstalten, dies Wien dem Paris
und London gegenüberzustellen, wie er seinen aus Deschamps
und Addison mit der Scheere und Nadel zusammengeflickten
Cato uns unbegreiflich, aber in voller Uebereinstimmung mit
seiner Zeit, den Heroen der französischen und englischen Theater-
classicität ernsthaft gegenüberstellte. Er versuchte es persönlich
und seine Wiener Reise ist das schönste Prachtstück an Knall
effecten, das ihm je in Scene zu setzen gelungen ist. Wien
wurde dadurch freilich nicht die Hauptstadt der deutschen Bildung, sondern das bescheidene Leipzig behielt einstweilen noch

diesen ihm durch die Geschichte zugeworfenen Rang, aber durch und mit Gottsched beginnt auch hier in dem äußersten Süd= osten eine von da ab nicht wieder erloschene Reaction der literarischen und sprachlichen deutschen Bildung, die dort länger als ein Jahrhundert, wie wir sahen, ganz zu Boden getreten war — immer, wenn man nicht Pater Abraham zu unsern Classikern rechnen will. Auch dies ist ein sehr großes Verdienst Gottscheds um die deutsche Bildung: er hat den Anfang zur Wiedereroberung der ihr so schmählich entrissenen katholisch= jesuitischen deutschen Landschaften gemacht und dies Verdienst sollte am wenigsten von denen vergessen werden, die noch heute seiner rührigen Initiative ihre verspätete Wiederaufnahme in den Kreis der deutschen Bildung verdanken. —

www.ingramcontent.com/pod-product-compliance
Lightning Source LLC
Chambersburg PA
CBHW030344230426
43664CB00007BB/531